U0358413

俞辛焞著作集

第三巻

孫文の革命運動と日本

俞辛焞　著

南开大学出版社

天　津

はしがき

　孫文の革命運動は、中国近代ブルジョア革命運動である。孫文はこの革命運動の先駆者であり、また指導者であり、中国において近代ブルジョア共和国を創建するために一生を捧げた政治家である。

　孫文の革命運動と日本との関係は、近代中日関係史の重要な一構成部分である。近代中日関係を全面的に解明するには、過去の戦争の歴史のほかに、孫文の革命運動と日本との関係を究明しなければならない。日本では、孫文研究の一環として孫文の革命運動と日本との関係に対する研究が進んでいるが、中国では種々の原因により、日本より遅れている。本書は、先学の研究成果を吸収しながら、新刊の『孫中山全集』と新発掘の史料に基づいて、19世紀末から1925（大正14）年までの孫文の革命運動と日本との30余年間の関係を系統的に整理しながら、この両者の関係が結ばれ変遷する歴史過程をたどり、思想・文化史よりも、政治・外交史に重点を置きながら、その相互関係の変化の法則を探ろうとした。

　本書は、できるだけ孫文の革命運動と日本との関係の幅を広げて考察しようとし、例えば、孫文のほかに、その周辺の黄興ら主要メンバーと日本との関係、あるいは日本の政府・軍部・財界・民間など多層にわたる関係を考究しようとした。さらに、

孫文の革命運動と日本との関係を単なる両者の関係でなく、中国をめぐる国際環境の中でとらえようとした。しかし、紙数の制限により、孫文の革命運動の歴史的背景である中国近代の歴史、および孫文の革命運動自身の変遷に対する記述をできるだけ圧縮した。この点、読者の了解を得られれば幸いだと思う。

　孫文は中国と日本を東洋の同文化圏の兄弟友邦国と見なし、維新後、急速に近代化した強国日本が、中国の革命運動を支援してくれるよう希望した。孫文の革命運動の日本に対する希望と期待は遠大なものであり、理想主義的なものであったのに対し、日本の孫文の革命運動に対する政策は近視眼的であり、実利主義的であった。孫文の革命運動は、日本と欧米列強の中国に対する植民地的権益を保障する不平等条約を撤廃し、独立共和の国を建てようとしたのに対し、日本は孫文の革命運動に対する政策を通じて、中国における日本の植民地権益を伸張しようとした。故にこの両者は根本的な目的においてまっこうから対立していた。しかし、一時、部分的なことでは相対的に一致することがあった。これはまっこうから対立する各自の目的を達成しようとする時、その手段・方法が特異な歴史的条件の下で、たまたま一致することがあり得たことを物語る。

　孫文の革命運動と日本との関係は、既に半世紀前の歴史となり、われわれもこれを過去の歴史として研究している。もし孫文の革命運動が日本に対する希望のとおり、不平等条約を撤廃し、平等互恵の原則の下で互いに協力・提携していたならば、その後の不幸な戦争の時代はなかったであろう。歴史は、歴史的発展・変化の必然性がありながらも、その時代の人間が選択する余地のあるものである。今後の中日関係の発展・変化において、何をどのように選択するかは、その時代の人びとの責任であろう。本書が、中日両国民の、この選択に意義ある啓発を与

えることができれば、望外の幸せである。

　孫文の革命運動と日本との関係の研究は、史料の不充分など
の諸要因により、不明な点がかなり残っている。かつ、この両
者の内在的思想と論理的研究もまた不充分である。本書におい
ても、不明な点は避けたり、あるいは充分な叙述ができなかっ
たところが残っている。また孫文は死ぬ間際まで「犬養さんや
頭山さんは元気か？」と聞いた。犬養毅・頭山満ら多数の日本の
民間志士と孫文の革命運動との文化的・思想的関係、およびそ
の人間関係等に対しても一層の研究が必要であると思う。孫文
の革命運動と関わりをもった日本の同時代の人々がはっきり
言っていないその相互の関係を歴史として明確に復元するのは
容易なことではない。本書はこの領域の研究の完成を意味する
ものではなく、新しい研究の出発点としてあえて出版させてい
ただくことにする。この拙書を世に問い、中日両国の学界と国
民の批判と意見を心から仰ぐ次第である。

　本書の出版に当たり、本書の執筆にご協力いただいた東京の
辛亥革命研究会、神戸の孫文研究会、神戸孫中山記念館の諸先
生方、ならびに孫文とゆかりのある子孫の方々に、厚くお礼申
しあげる。同時に、日本との学術交流を心から支えてくださっ
た宮城県名取市の友人らに敬意を表する。

　最後に、中日学術交流のため、本シリーズを計画し、本書の
出版を快諾してくださった六興出版の賀来壽一社長と福田啓三
編集担当取締役に謝意を表する。

1988 年 2 月 17 日
天津南開園にて
俞辛焞

目　　次

序章　視点と方法

　孫文は1895（明治28）年来日して以来、日本に十数回出入りし、日本滞在期間は10余年間にわたり、その革命生涯の三分の一を占めている。孫文は日本に大きな期待を寄せ、日本を中国革命の一根拠地として中国国内の革命運動を指導しようとした。

　日本との結びつき　孫文の革命運動と日本が、このように密接に結ばれたのは、20世紀前後の東アジアにおける日本の国際的地位と関係があった。東アジア諸国は一九世紀中葉から欧米列強の侵略により、植民地あるいは半植民地に転落する民族危機に直面した。日本も1854年開港以来列強と締結した不平等条約により、植民地化への民族危機に襲われた。しかし、1868年の明治維新により富国強兵の道をたどり、国内的に欧米の近代文明を吸収し、対外的には隣国に対する侵略戦争を推進することにより、列強と締結した不平等条約を改正し、東アジアにおける唯一の近代的独立国家になり、世界五大強国の一つになった。これは東アジアにおける日本の地位の一大転換であった。東アジア諸国の人民は、このような日本を仰ぎ、朝鮮の金玉均の開化党、中国の康有為・梁啓超の変法派と孫文の革命党は維新後の日本の道を歩もうとし、かつまた日本は彼らの運動を支援してくれると信じ、日本に大きな期待を寄せた。

　同時に日本は東アジアにおいて欧米列強と対抗し得る唯一の

強国になり、東アジアにおける勢力範囲と植民地を争奪するた
め、欧米列強と競争あるいは戦争までも辞さぬ国になった。日
露戦争における日本の勝利は、東アジア人民に白色人種と戦っ
ても勝てるとの自信を与え、東アジア人民の民族解放闘争を鼓
舞した。故に、東アジア人民は欧米列強の侵略に抵抗する戦い
においても日本の支援を期待し、また東アジアをめぐる欧米と
日本との対立と、争奪における矛盾を利用して、日本からの支
援を得ようとした。しかし、日本はまた徐々に東アジア諸国を
侵略する最大の侵略国になり、東アジア人民に最大の脅威と災
難をもたらす国になった。これはまた日本と東アジア人民との
対立を激化させ、東アジア人民は日本の侵略に抵抗するため、
欧米列強（後にはソ連）に頼らざるを得なかった。

　東アジアにおける日本の国際的地位のこのような多様性は、
孫文とその革命運動を結ぶ重要な要因であった。

　孫文と日本とを結んだものは、先ず明治維新である。明治維
新に対する孫文の見方は、彼の対日観の形成に影響を与え、そ
の対日観の一構成部分となった。明治維新はブルジョア革命で
あるか、または絶対王政の変革であるか、その維新の性格に関
して孫文は直接に触れていない。孫文は 1894（明治 27）年「李
鴻章への上書」で明治維新を高く評価している。その後も、日
本の維新は中国革命の第一歩であり、中国革命は維新の第二歩
であり、中国革命と日本の維新とは実際同一意義のものである
と強調した。これは、共和体制を主張する孫文が、維新後確立
した天皇制を評価したのではなく、維新により欧米近代文化を
吸収して衰微した国家から強盛な国家に変わったことを評価し、
中国も日本を手本として、弱者から強者に変わろうとする意図
を表わしたものであった。

　孫文のこのような維新観は、清朝頑固保守派と対照的であっ

た。彼らは、維新後日本が急速に文明開化の道をたどり、洋学を重視し、中国文化圏から離脱する傾向を軽蔑し、維新後の改革を悪政と見なし、改革は遠からず必ず失敗すると言った。しかし、甲午（日清）戦争と義和団運動における失敗により、清朝も日本を重視し、日本に留学生を派遣し始めた。

　20世紀初めに勃興した留日学生運動は、孫文の革命運動と日本を幅広く結びつけた。孫文の革命運動の一基盤は留日学生であり、その主要なメンバーは留日学生が絶対多数をしめた。留日学生は日本を通じて欧米の近代文明を学び、ブルジョア革命の思想を身につけ、これを中国国内に導入した。日本は、客観的に、留日学生にこのようなことをなし得る条件と集団的革命活動を展開する空間を提供した。もしこのような条件と空間がなければ、孫文とその革命運動はその周辺にそれほどの革命青年を結集させることはできなかったであろう。留日学生運動と孫文の革命運動の結合は、中国ブルジョア政党＝中国同盟会を生みだし、孫文の革命運動を新しい段階に推し進めた。孫文の革命運動の主要なメンバーと、その組織の中に多数の留日学生が活躍していたことは、以後その革命運動と日本との関係を密接にする一要素であったことは無視できない。このような留学生と日本との関係は、直接的でありながらも、また間接的であった。日本が数万人の中国留学生を受け入れたのは、日本の対中国政策のためであったが、客観的には、孫文の革命運動を促進し、間接的に中国革命を「支援」した。この意味から、中国に対する日本の存在は意義深いものであった。

　近代中日関係は、侵略と被侵略の関係であった。日本の中国に対する侵略は、維新により資本主義の道を歩み始めた日本の必然的産物であった。それは、日本の近代化＝資本主義化は対外侵略戦争を必要とし、またその侵略戦争によって遂行された。

孫文の革命運動と日本との関係も近代中日間の侵略と被侵略の
枠内で結ばれ、またその中で展開し変遷したのであった。これ
は侵略国・被侵略国間における特異な現象である。

図 1　孫文が広州蜂起を指揮した司令部

　故に、孫文の革命運動と日本との関係を考究するには、先ず
この侵略と被侵略の関係に注目しなければならない。例えば、
孫文の革命運動はアヘン戦争以来列強の中国侵略に起因する中
華民族の危機の産物であった。この意味から、孫文の革命運動
勃興の要因に、日本の中国に対する侵略の要素が含まれており、
甲午戦争以来の対中国侵略は孫文の革命運動に拍車をかけたと
いえる。

　孫文は、日本の中国侵略による日本と清朝との激化した矛盾
を利用しようとして日本の支援を期待した。これにより、その
革命運動と日本との関係が結ばれたのであった。1895（明治 28）
年の広州蜂起と 1900 年の恵州蜂起における孫文と日本との関
係も、袁世凱をめぐる孫文の革命運動と日本との関係も、日本
の中国に対する侵略関係により結ばれたものであった。

　大陸浪人頭山満・内田良平らと孫文の革命運動も中日間の侵

略と被侵略の関係で結ばれた。彼らは玄洋社・黒竜会系統の国
家主義的な浪人であった。彼らと孫文の革命運動とは主義上の
共通点はなかったが、彼らは孫文の革命運動に一定の理解を示
しながらも中国侵略のために、孫文はこの侵略と清朝あるいは
袁世凱ら軍閥政権との間に発生する矛盾を利用して清朝を打倒
するために、両者は一時的ながらも握手するようになった。

図2　宮崎滔天（右）梅屋庄吉・徳夫妻　梅屋庄吉は孫文の革命
運動を資金面から支え、孫文と生涯にわたり親交を結んだ。

　犬養毅との関係にもこの側面があった。犬養は対外強硬策を
主張し、隣国に対する侵略を強調し、このため孫文の革命運動
を利用しようとした。しかし彼はブルジョア立憲政治を主張す
る政党の首領であり、その立憲政治と孫文の共和思想との間に
は相違がありながらも、また相対的な共通点があり、孫文の革
命運動に対しても理解があった。犬養は、孫文の革命党は「一
挙にして満洲朝廷を倒すと共に、有らゆる政治上の改革を断行
して、文明的新国家を創建しやうと言ふ一派である」[1]「深く

---

[1]　犬養毅「中華民国の過去及将来」、『太陽』第18巻、1912年12月号、111頁。

彼れを知って居る僕は彼れを以て得難い人傑とするに躊躇せぬ」①
と言い、その運動に対する理解と同情を示した。犬養には、孫
文の革命運動を同情・支援しながらも、また中国侵略のために
それを利用するという二面性があった。

　孫文の革命運動と宮崎滔天の関係にもこのような二面性が
あったと言える。孫文と滔天は主義上の共通点があったが、孫
文が彼に期待したのはこの思想・主義上の支持のほかに、革命
に必要な軍資金と武器の提供であった。故に、滔天は革命の思
想を抱きながらも、日本政府・軍部・財界の中を奔走し、直接
的には孫文の革命のために、間接的には日本の中国侵略に有利
な行動をとらざるを得なかった。これは思想と行動の矛盾した
現象であったが、孫文の対日観が矛盾していたため、滔天の行
動も矛盾せざるを得なかった。秋山定輔にもこのような側面が
あったと思われる。

　しかし、孫文と日本人とのすべての関係が、この枠組みの中
で結ばれたとは言えない。例えば、孫文と梅屋庄吉との関係は
特異なものであった。梅屋は映画会社を経営する実業家であり、
自分の理想と人生観に基づいて、自分の財産を傾けて孫文の革
命運動を誠心誠意支援した。彼は孫文に対する自分の理想を実
現するため、大陸浪人らと横の関係を保ってはいたが、政府・
軍部・財閥とは関係がなかった。彼は間接的にも、日本の中国
侵略のために孫文を支援したのではなかった。

　また孫文とつきあった明治・大正期の人間は命を擲って人を
救う俠気の精神を持っていた。孫文と犬養毅・頭山満・大陸浪
人らとの間には、政治的に対立していたとは言え、こういう人
間的側面もあったと思われる。この問題は今後研究すべき課題

---

① 犬養毅「清国の革命党」、『太陽』第 15 巻、1909 年 1 月号、70 頁。

であると思う。

　孫文の革命運動を支援し、あるいはそれを利用しようとした日本人の相互関係はどうであったか。明治・大正期の彼らは個性が強く、個々の理想と主義を持ちながら複雑にからまっており、それぞれの立場・性格・理想・認識の相違からくるニュアンスの差があった。彼らは日本社会におけるそれぞれの地位により、孫文に対しそれにふさわしい役割を果たしたのである。彼らは孫文の革命運動に対し、厳密な組織系統をもって行動したというより、その時その時の事態に応じて横の関係を結び、一時的に統一行動をとっていたと思われる。彼らの縦の関係は相対的なものであったと言える。頭山満のような人物も、孫文をめぐって、このように行動したという。

　維新と戦争、そしてまた日本の友人を通じて日本と結ばれた孫文の革命運動は、日本を革命運動推進の根拠地にした。革命には政治・経済・軍事・文化等を含む総合的な根拠地が必要である。第一・二・三次軍政府期の広東はこのような根拠地であっなが、日本のこの根拠地は中国国内における弾圧により海外に亡命せざるを得ない特定条件下のものであった。孫文が日本を根拠地にしたのは、その運動に有利な面があり[①]、その先決条件として、日本政府が一時的ながらも孫文と革命党人の在日居留を許可したから、このような選択ができたのである。それは孫文とその運動が日本の中国侵略に利用できる可能性があったからであり、孫文も中日間の侵略と被侵略の矛盾を利用したからであった。

　しかし、孫文は日本を唯一の、また理想的な根拠地とは初めから思っていなかったと思われる[②]。1902（明治35）年3月孫

---

① 本書第一章「2 孫文の革命運動の勃興・日本人との結合」。
② 本書第一章「2 孫文の革命運動の勃興・日本人との結合」。

文はフランス側に「我綱要と目標」という文章を提示し、彼の革命計画を吐露すると同時に、フランスは「強国の中ではわれらが協力を求める唯一の国家だ」とし、フランスの政治体制は手本とすべきものである[①]、と言った。1905年8月中国同盟会成立前後の時期においても、孫文はその本部を東京に置き、日本を根拠地としているような態勢を示しながらも、実はベトナムを根拠地として西南諸省における武装蜂起を準備した。同盟会成立から1907年3月日本から追放されるまでの二十か月間のうち、その半分の十か月間はハノイ、サイゴン、シンガポールで活躍し、ベトナムを根拠地にして1907・08年の武装蜂起を準備した。上述のように孫文が日本のほかにベトナムを根拠地にしようとしたのは、ベトナムが、日本より有利な条件があったからである[②]。しかし、1908年1月フランス当局も孫文をベトナムから追放した。第二革命失敗後から孫文は、日本を唯一の根拠地としたが、これはその時代の歴史条件が規定したのである[③]。

　日本への期待　孫文は日本に大きな期待を寄せ、中国革命運動に対する支援、不平等条約の撤廃、アジア諸国人民と連合して欧米列強に抵抗することなどを日本に要望した。しかし、孫文はまた日本の中国侵略をあばき、1919（大正8）年には日本は帝国主義だと批判したが、この後にも依然として日本に期待を寄せていた。この矛盾した現象はどう解釈すべきであろうか。孫文が日本に期待しながらも批判し、批判しながらも期待したことは、帝国主義に対する批判のほかに、期待の目的を達成するために日本を批判したのである。ある意味から言えば、期待

---

① 巴斯蒂「論孫中山在法国政界中的関係」、4−5頁。
② 本書第二章「3 1907・08年の武装蜂起・西南辺境での武装蜂起」。
③ 本書第五章「2 在日の革命活動」。

は目的であり、批判はその目的達成のための一手段でもあった。
故に、孫文の講演あるいは書簡でこの両者は常に対照的になっ
ていた。そして、その批判は期待が裏切られた失望から出たも
のが多かった。故に、孫文の対日観は期待→失望→批判→期待
の連続であったと言えよう。

　1919年日本を帝国主義だと批判して以後は、孫文はその期待
と要望を日本国民に訴えた。では、日本政府・軍部には期待を
抱いていなかったのであろうか。そうでもない。孫文は日本政
府に対する期待が裏切られたため、日本国民に彼の期待を訴え、
日本国民の同情と支援を得ると同時に、日本国民の力を借りて
日本政府・軍部を説得し、あるいは国民の圧力により、政府・
軍部がその期待を受け入れるようにはかった。これは三大政策
を提起した孫文の日本国民の力への認識が高まったことを物語
ると同時に、ある意味においては、日本政府・軍部がその期待
を受け入れるようにするための一手段であったとも言えよう。
それは、孫文の日本への期待は、日本国民の意志と力によって
完全に成し遂げられるものでなかったためである。

　孫文が日本に期待していたのは、借款の提供であった。借款
には、不動産あるいは国家主権を抵当にしなければならなかっ
た。1912年孫文が対外開放政策を唱えた時に、借款に抵当を付
けないこと、国家主権と権益を守ることなどを強調したが、日
本はこれに耳を傾けようとしなかった。故に孫文は、革命運動
に必要な資金獲得のため、国家主権を侵犯するような抵当を承
諾せざるを得なかった。これは彼の主義と一時的に矛盾するこ
とであるが、特定の歴史的条件の下では避けられないことであ
り、革命の最終目的のためには必要なことであったと言えよう。
偉大な政治家は、その遠大な理想と最終目的を達成するために、
一時的にその理想と目的と矛盾する方法を採用しようとするこ

とがある。これは他の政治体制下の政治家にも見られる現象である。孫文のこのような行動は、彼特有のものではなかった。

　では、孫文はなぜ日本に期待を寄せ、日本の支援を要望していたか。

　それには第一に、中国の伝統文化と関係があった。歴史の流れには断絶ということがあり得ないと思う。歴史は伝統文化に対する継承と否定の中で変化・発展するものである。歴史はその伝統文化を継承しながら否定し、否定しながら継承する。孫文の革命思想も中国の伝統文化を否定するその中で欧米文化を吸収し、また中国伝統の儒教の中からも有益なものを吸収している。例えば孫文の「天下為公」は、孔子の「大道之行、天下為公」から引用したものである。しかし、その目的は三民主義の合理性とその歴史的合理性を論証するためであった。

　孫文は中日関係と国際関係を論ずる時にも、中国と日本との伝統的関係を利用し、それで日本に対する期待を実現しようとした。孫文は「中国と日本は、同文同種の国家であり、兄弟の国であった」[1]「同じく東洋的道徳の根本の上に立って居る国家であり、而して両国民は共に同系統の道徳的薫陶を受けて生れた人間であるから、思想の上に於いて感情の疎隔を来たす恐れなく、又道徳上に於いて衝突を来たす理由がないのだ」[2]と強調し、この故に日本は中国革命に助力してくれると期待していた。

　第二に、孫文の革命運動主体の軟弱さのためであった。1870年代から興った中国近代産業は、1930年代に国民経済の10パーセントしか占めない微弱なものであり、この経済基盤から生まれたブルジョア階級とその革命運動自身もたいへん軟弱なもの

---

　[1]『孫中山全集』第11巻、中華書局、1986年、414頁。
　[2]『朝日新聞』1917年1月1日。

であり、その革命は国内では会党と軍閥に頼り、海外では日本などの列強に頼らざるを得なかった。

図 3　孫文の書 孫文は「博愛」という言葉を揮毫して多くの友人に贈っている。（東京国立博物館蔵）

　第三に、孫文の革命運動の主体が軟弱でありながらも、中国革命の原動力＝中国の広範な民衆に頼ろうとしなかったためであった。三大政策を提出した後の孫文の対日期待は、相対的にそれ以前より淡泊であった。それは三大政策により労働者・農民ら広範な民衆に依拠しようとしたからであった。

　第四に、孫文の革命運動の思想は、中国国内の資本主義発展により中国自身の啓蒙運動から生まれたものでなく、中国国内の情勢の要求により、外国から得られたものであった。その思想の外来性は、その運動の外国に対する依頼感を強化したのである。

　第五は、孫文が日本の中国侵略の本質に対する認識があったか否かの問題である。過去の一般的解釈では、その認識が不足であったために日本に期待を寄せ、日本に依拠しようとしたと言っている。孫文の日本帝国主義に対する認識は後で述べるこ

とにするが、その認識があったために、日本に期待を抱いていたと思う。孫文はその革命運動主体の軟弱により、日本の中国侵略から生まれる日本と清朝との矛盾、日本と袁世凱・直隷系軍閥らとの矛盾などを利用して、政敵である清朝と袁世凱・直隷系軍閥の政権を打倒しようとした。もし認識の不足により日本に期待を寄せていたとすれば、1919年日本を帝国主義だと批判しながら、その後も依然として日本に期待を抱いていたことはどう解釈できるだろうか。その論理では解釈できないのである。

　孫文の日本に対する期待と要望は、孫文の革命運動にプラスとマイナスの二面があったと言えよう。プラスの面は、一時的ながらも日本の借款と武器の獲得、日本の友人と大陸浪人の支援、根拠地としての日本の利用、革命運動の基盤としての留日学生の受入れなどであった。しかし、マイナスになった面も大きかった。

　甲午・日露戦争以後、日本が英・仏に代わり、徐々に中国侵略の最大の国になった。孫文はこの最大の侵略国に抵抗するため、欧米列強を利用すべきであった。孫文は、欧米列強の対中国侵略、中国をめぐる日本と欧米列強間の争奪と対立等に対して明確な認識があった。故に孫文は、日本と列強に侵略されながらも中国が滅亡しない原因はそこにあると言った。これは正確な分析である。このような認識があったため、孫文は 1900 年前後から 1907 年まではフランスの支援を[①]、1909 年からはアメリカの支援を[②]、辛亥革命勃発後には欧米の支援を、1917 年からはアメリカとドイツの支援をそれぞれ獲得しようとした[③]。

---

① 本書第二章「3 1907・08 年の武装蜂起・西南辺境での武装蜂起」。
② 本書第二章「3 1907・08 年の武装蜂起・孫文の来日」。
③ 本書第三章「1 辛亥革命の勃発・孫文の外交活動」。

この事実は、孫文が日本だけに期待を寄せていたのでなく、他の列強にも期待を寄せていたことを証明する。他の列強からこのような支援を得ようとしたのは、日本からの支援が得られない条件の下で行われたものである。例えば 1909（明治 42）年から辛亥革命の勃発までの時期には、日露戦争後中国に対する侵略を強化する日本に対応するため、中国東三省における日米の矛盾と対立を利用して、アメリカから支援を得ようとした。1917（大正 6）年以後日本が孫文の政敵段祺瑞政権と張作霖を積極的に支援した時期には、孫文はこの援段政策を牽制するためにアメリカとドイツの力を利用して、日本に対応しようとした。しかし、それは一時的な政策であり、1923 年からはまた日本と連合して欧米に対抗しようとした。欧米列強も孫文の革命運動に対する理解、中国政治舞台における孫文の地位、孫文のいわゆる親日的傾向、彼らの世界戦略における中国の地位などの諸原因により、孫文の要望に応じようとしなかった。このような状況で、孫文は最後に連ソの方針をとり、彼の革命運動を新段階に推し進めた。連ソ方針を採択した後も孫文は日本への期待を放棄してはいない。「世界でわれわれを平等に待遇する民族と連合して、ともに奮闘しなければならない」①との孫文の最後の遺言は、1924 年 11 月最後の渡日において日本に失望した孫文の、日本への期待の否定であったとも言えよう。

　日本と欧米列強は中国侵略という面で孫文と対立する存在でありながら、また中国をめぐる日本と欧米列強の相互争奪による対立によって、孫文が利用あるいは連合しようとする存在になっていた。日本と欧米のどちらと連合し、どちらに対抗するかは、主に孫文の政敵＝北京政権を掌握している軍閥と日本あ

---

①『孫中山全集』第 11 巻、中華書局、1986 年、639 頁。

るいは欧米との関係によって、孫文がどちらかを選択するかに
よるのであった。例えば、北京政権を掌握した軍閥が欧米と結
んでいた時には、日本と連合して欧米に対抗しようとし、逆に、
北京政権が日本と結んでいた場合には欧米と連合して日本に対
抗しようとした。これはまず、国内の政敵を打倒しようとする
孫文の革命戦略によって選択・決定されたのであり、中国侵略
における最大の敵国が誰かによって決定されたのではなかった。
ここに孫文と日本・欧米列強との関係における問題点があった
と言える。

　　日本帝国主義に対する認識　　孫文の革命運動の一大課題は、
帝国主義列強の中国侵略に反対し、民族の独立と解放をかち取
ることであった。孫文の反帝国主義の主な内容は不平等条約の
撤廃であり、それは帝国主義に対する認識と密接な関係があっ
た。過去、孫文の帝国主義に対する明確な認識と対日態度は
1919 (大正 8) 年を機に大きく転換したといわれている。では、
孫文の帝国主義および日本帝国主義の認識と、それに対する態
度はどうであっただろうか。

　帝国主義に対する古典的な定義としては、1916 年 7 月に発表
されたレーニンの帝国主義論によってその五大特徴が規定され
た。日本帝国主義の形成問題は、主に 1930 年代の日本資本主義
論争において論議されたが、第一次大戦前後に形成・確立され
たとする説が、第二次大戦後には多数見られる。1919 年 6 月、
孫文が「日本武人は帝国主義の野心を遑う」[1]と批判したのは、
偶然にも日本帝国主義の形成・確立の時期と共通している。こ
のことから、孫文が 1919 年に日本を帝国主義だと批判したこと
は適切であった。しかし、この時期の孫文の帝国主義に対する

---

[1]『孫中山全集』第 5 巻、1985 年、72 頁。

認識は、レーニンの帝国主義論で規定された帝国主義の五大特徴をすべて理解していたとは言えない。孫文はただその一大特徴である対外侵略のことだけを批判したのであった。日本帝国主義は戦争遂行の過程において形成・確立され、それは日本の対外侵略により、いっそう拍車がかけられた。故に日本帝国主義は侵略であると言えるし、孫文の日本帝国主義論も侵略の意味からのものであったと言える。

　このような論理から、日本帝国主義が形成・確立する前に、日本帝国主義に対する認識があり得ないのは当然であるが、日本帝国主義の本質である対外侵略に対する認識不足のために日本に対して楽観的な幻想を抱き、期待を寄せていたと言えようか。

　孫文の革命運動の歴史を振り返ってみれば、孫文は1894（明治27）年興中会を設立した時から日本の中国侵略に対する認識があったと思う。興中会の章程で孫文は、列強は虎視眈々と（中国を）取り巻き、中国の豊富な鉱産物や豊かな物産に垂涎し、蚕食鯨呑の侵略を次々と見習い、瓜分（分割）の危機は目前に迫って、憂うべき事態にある[①]、と指摘した。甲午戦争の最中におけるこの指摘は、先ず日本の中国侵略とその侵略戦争が中国にもたらした分割の時代を事前に洞察し、それを疾呼したものであった。甲午戦争における日本の中国侵略に対し、このような明確な認識があった故に、孫文は興中会を設立し、革命の道を歩み始めたと思う。この意味からして、興申会は甲午戦争の産物であったとも言えよう。1903年の「支那保全分割合論」においても、日本の中国分割論者が浙江・福建省一帯を中国から分割しようとする意図を公然と指摘した[②]。1905年、日露戦

---

① 『孫中山全集』第11巻、中華書局、1986年、19頁。
② 『孫中山全集』第11巻、中華書局、1986年、220頁。

争における日本の中国侵略にも明確な認識があった。同年パリ
を訪れた孫文は、フランス外務省のレオに、日本に抵抗するた
めフランスと連合することを力説し、もし日本が戦いに勝てば
日本は北京の清朝政府の政策を支配し、もし敗れれば華南に浸
透してその失敗を補うであろう、と予言した[①]。1911 年 3 月宮
崎滔天宛の書簡で、日本が朝鮮を併合した後中国をも併合する
恐れがあることを疑い[②]、同年 8 月ホーマ・リー宛の書簡でも
日本が中国に開戦する可能性があるがその準備がまだ整ってい
ない[③]、と言った。このことは、辛亥革命前、孫文が日本の対
中国侵略に対する認識と警戒の念を相当抱いていたことを物語
る。故に、武昌蜂起勃発後、孫文がいちばん懸念したことは、
日本とロシアの出兵・干渉であった。この時欧米における孫文
の外交活動の一つの目的は、日本とロシアの出兵を牽制するこ
とであった。

　しかし、帰国後の孫文の対日観は大きく転換した。孫文は黄
興・宮崎滔天・池亨吉らの説得により日本に依拠しようとし、
1913 年 2、3 月の訪日期には、日本には「東亜を侵略する野心
が絶対にない」[④]「東亜において平和を維持し得る力を有して
いるのは唯だ日本のみである」[⑤]と述べた。これは特定の歴史
条件の下での一時的な転換であり、日本朝野の表面上の熱烈な
歓迎にまどわされた錯覚であった。これ以後孫文がまた日本の
侵略をあばいていることは、これを立証する。

　1917 年「中国存亡問題」において、日本が一時北京政権の対
ドイツ・オーストリア戦参加に反対したため、それをほめたた

---

① 巴斯蒂「論孫中山在法国政界中的関係」、4−5 頁。
②『孫中山全集』第 11 巻、中華書局、1986 年、508 頁。
③『孫中山全集』第 11 巻、中華書局、1986 年、532−533 頁。
④『孫中山全集』第 3 巻、中華書局、1984 年、26 頁。
⑤『孫中山全集』第 3 巻、中華書局、1984 年、14 頁。

えながらも、日本が南満・東内蒙古・山東・福建等、中国領土の百分の五を占有していることを指摘した①。同年 1 月の「日支親善の根本義」においても孫文は、日本が欧米列強の利益均霑機会均等に乗じて、中国における利権拡張を行っている事実を公然と批判した。

　以上の事実は、1919 年以前にも日本帝国主義の中国侵略に対し明確な認識があったことを物語る。1919 年から対日批判の回数も多くなり、その程度も強まったのも事実であるが、これは対日認識の飛躍だというよりも、孫文の過去における自制からの解放であり、革命戦略の変化とも密接な関係があったと言えよう。

　図4　1913 年 2 月、孫文訪日の歓迎宴　中央に孫文、その左が梅田庄吉、萱野長知（前列左 1）, 宮崎滔天（同 3）、孫文の後方に頭山満、内田良平、平山周らの顔が見える。写真の人物名は梅屋が記載。

　では、日本の中国侵略に対する明確な認識があった孫文が、反帝国主義の主な内容であった不平等条約問題に対してはどう対応しただろうか。孫文が不平等条約の撤廃を国民党の綱領と

①『孫中山全集』第 4 巻、中華書局、1985 年、45 頁。

して明確に提出したのは、1924 年 1 月の国民党第一回大会で
あった。しかし、その思想は興中会・同盟会の時代から芽生え
ていたと言える。日本の中国侵略に対する認識とその侵略に対
する反対闘争の間に、時間的ずれが出てくるのは当然なことで
ある。孫文が日本人の前で公然と不平等条約の撤廃を訴えたの
は、1913 年日本を訪問した時、東京実業家連合歓迎会での演説
であった。この中で孫文は、中国政治の一大障害である不平等
条約の撤廃に対する日本の助力を要望した[①]。1914 年 5 月大隈
重信宛の書簡（偽物の説もある）でも、日本にこの条約の改正
を提案し、上記「日支親善の根本義」においてもその助力を要
望した。1924 年 11 月神戸訪問の時は、主にこの不平等条約改
正と撤廃を日本に訴え、日本の支持がなければその改正と撤廃
は不可能であるとまで断言した[②]。

　しかし、孫文は 1906 年「中国同盟会革命方略－対外宣言書」、
1912 年 1 月南京臨時政府の「対外宣言書」、その後第一・二次
広東軍政府の時期などにおいて、既成の不平等条約と日本と列
強の在中国の権益を引き続き承認した。

　では、この矛盾した現象は、どう解釈すべきであろうか。過
去の解釈は帝国主義に対する認識が不充分であったためとか、
あるいは中国民族ブルジョアの軟弱性から出てくる妥協性だと
か、あるいは列強の革命干渉への危惧とか、あるいは列強の革
命援助への期待とかに起因するといわれている。これらの説に
は一定の道理があるが、このほかに、次のような原因があった
と思う。

　第一に、それは孫文の革命戦略と密接な関係があった。孫文
の革命運動は、対内・対外の二つの革命課題を抱えていた。対

---

　①『孫中山全集』第 3 巻、中華書局、1984 年、18－19 頁。
　②『孫中山全集』第 11 巻、中華書局、1986 年、375 頁。

内的には、先ず清朝を打倒し、次に袁世凱らの軍閥政権を打倒
して共和政治の体制を確立し、国内の産業を振興させ、富強な
国をつくることであり、対外的には、列強の侵略に反対し、不
平等条約を廃棄し、平等と独立を回復することであった。この
課題は中国のブルジョア旧民主主義革命、プロレタリアの新民
主主義革命が共に遂行すべき革命課題であったが、これを並行
的に同時に推進することは当時の力関係において不可能なこと
であった。故に、孫文は先ず対内的任務を遂行し、これが革命
の主要な課題だと思い、一貫して国内の革命課題の遂行を優先
し、国内の問題を先ず解決すれば、対外的な課題は容易に解決
されると思っていた。

図5　孫文と国民革命軍

　第二に、この対内的革命課題を遂行するため、何より重要な
のは、列強の武力干渉を排除することであった。これは義和団
の失敗から得た貴重な教訓であった。このため、革命の一戦術
として、一時的に不平等条約を承認して対内的革命課題の遂行

を保障しようとした。辛亥革命期の孫文の行動はこの典型で
あった。これは革命の理想と原則とに矛盾しながらも、その理
想と原則に到達する革命の戦略として一時的に統一されていた。
このようなことは日貨ボイコット運動においても見られる。
1908 年の第二辰丸事件による日貨ボイコット運動、1923 年広
東・福建省における日貨ボイコット運動に対し、孫文は反対の
態度をとった。それには種々の原因があるが、革命の最終理想
の達成のための一時的政策として、反対する態度をとらざるを
得なかった。革命の目的と革命の政策は統一的なものであるが、
特定の歴史条件の下では、矛盾した現象で現われることがある。
しかし、革命の最後の目的から見れば、この矛盾も統一される
ものである。

　第三に、日本と列強に対する二元論とも関係があると思う。
二元論とは、一面において資本主義国家の国内文明に感服し、
中国国内においても欧米資本主義のような政治・経済・文化体
制を建設しようとし、一面においては、その対外侵略に反対す
る。資本主義は、歴史の流れから言えば、国内の近代文明と対
外の野蛮的侵略の矛盾的統一体であった。これが孫文の資本主
義認識に上記の二面性を与えたのであり、彼の不平等条約撤廃
を目ざす闘争にも反映されたと思われる。1911 年武昌蜂起勃発
後、アメリカでフランスの一記者の排外的暴動に懸念すること
なきや否やの質問に対し、孫文は我党の人物はロンドン・パリ
とアメリカを知り、憲政の要義を学び得ているため、排外的暴
動はしないと言った。これは、資本主義列強の国内文明に対す
る感服が、一要素としてその対外的行動を牽制することがあり
得るということを示した。このことはブルジョア革命家である
孫文とプロレタリア革命家である毛沢東の相違であった。毛沢
東は帝国主義列強の対外侵略に反対すると同時に、その国内政

治体制にも反対した。故に、その反帝の内容と方法が異なっていた。

　第四に、孫文は列強の国内文明に対する感服から対外開放政策を主張し、排外主義に断固反対した。彼は清朝が列強と不平等条約を締結した一原因としてその排外主義を指摘し、もし開放主義をとっていたならば、このような不平等条約を締結しなかっただろうとまで言った。彼は外国の資本、外国の技術、外国の管理方法を導入して、合弁会社をつくり、国内の産業を振興させ、この対外開放政策で不平等条約を改正することができるし、治外法権も回収することができると強調した①。

　孫文は革命の最終理想と革命課題を遂行する戦略・戦術と列強の国内文明に対する以上のような認識等により、不平等条約撤廃問題を解決しようとしたから、現象としては革命の理想と課題とその行動が矛盾しているが、最終目的を達成する一戦術としては、それが統一されていた。

　日本の対孫文政策　孫文は日本に大きな期待を寄せていたが、日本政府と軍部は1912年南京臨時政府の時期と1915年前後の時期に一時的に孫文に借款と武器を提供し、1913年の2、3月訪日の折に孫文を歓迎しただけで、それ以外は冷淡であり、時には追放した。では日本政府と軍部の孫文に対するこのような政策を決定した諸要素は何であったか。この要素は、日本政治体制の構造の複雑さと政治舞台における諸勢力の多様さによって、複雑多様なのである。政府・軍部内部には、対孫文対策をめぐってさまざまな意見の対立・相違があった。このような複雑多様な政策決定の要素を一言で総括するのは困難であるが、おおまかに言えば、次のとおりであると思う。

　①『孫中山全集』第2巻、中華書局、1982年、340、499頁。

　日本政府と軍部の対孫文政策は、単純なものではなく、日本
の対中国政策の一部分であり、日本の対中国政策の総合的目的
達成のための一政策で、その政策の変化に伴って対孫文政策も
変化したのである。甲午戦争以来の日本の対中国政策は、中国
における日本の植民地的権益を擁護・拡大することであり、日
本の対孫文政策も、この総目的達成のために、孫文とその革命
運動を利用するか否かの問題であり、利用するとすればどう利
用するかの問題であった。これは日本の対孫文政策決定の原則
であり、その政策決定の前提でもあった。この前提と原則に基
づき、日本政府と軍部は対孫文政策を決定する時に、次のよう
な五つの要素を考慮して決定したと思われる。

　第一の要素は、単に孫文に限って、また孫文の希望と期待に
よって決定されるのでなく、孫文の国内における政敵、即ち孫
文の反対する相手側との相互関係の中で決定されたのである。
これは、孫文が中国国内において孤立的な存在でなく、その政
敵との対立的存在であったからである。

　例えば、辛亥革命前は特に孫文が打倒しようとする清朝との
相互関係において、その政策が決定された。1897（明治 30）年
8 月孫文が来日した時、小村（寿太郎）外務次官は孫文の日本
居留に躊躇し、1907 年 3 月と 1910 年 6 月には、清朝の要求に
より二回孫文を日本から追放し、1911 年には訪日の要望を拒否
した①。当時日本の対中国政策には、対立する孫文と清朝が存
在し、どちらの要望を受け入れ、どちらの要求を拒否するかの
選択に迫られたが、日本はどちらの選択が日本の対中国政策に
プラスになるかを考慮して決定したのである。当時の孫文は辛
亥革命後の孫文ではなく、中国政治舞台におけるその地位はま

---

　① 本書第二章「2 同盟会の成立と留日学生運動・孫文の追放」、「3 1907・08 年の
武装蜂起・孫文の来日、孫文の対日意識」、第三章「1 辛亥革命の勃発・武昌蜂起」。

だ低く、日本の孫文に対する期待もまだ小さかっか。逆に、中国における日本の植民地的権益はすべて清朝から受け取っているものであったから、清朝そのものの存在と、甲午・日露戦争後、日増しに悪化する両国間の国交を改善することは、孫文の存在よりも重要なことであったので、最後には清朝の要求どおりに孫文を追放した。

　1913 年第二革命失敗後、孫文は日本に亡命して、日本を根拠地として反袁の第三革命を準備したが、袁世凱は数回孫文の追放と引渡しを日本政府に要求した。しかし、日本はこれに応じなかった。それは孫文の政敵袁世凱が日本に対し好意的でなかったからであった。1915 年末から翌年の春、日本は孫文を支援し、借款と武器とを提供した。これは親英米的であり日本に好意を抱いていない袁世凱を打倒するためであった①。

　その後孫文は段祺瑞・呉佩孚らの北洋軍閥との対立の中で存在し、日本はその相手が親日的段祺瑞の場合には孫文に一顧の価値も与えず、逆にその親日勢力を利用して孫文の革命党を弾圧しようとした②。その相手が親英米の呉佩孚の場合には、孫文に対し相対的に好意を示した③。

　第二の要素は、孫文が中国の天下を押さえ、中国の最高支配者になる可能性があるか否かの日本側の自己判断である。その可能性が大きい時には孫文に対する政策は積極的であり、その可能性が小さい時には消極的になり、その可能性と対孫文政策は比例関係になっていた。これは、日本あるいは他の列強が中

---

　① 本書第五章「3 対孫文政策の転換・孫文の帰国、山東挙兵」。

　② 本書第六章「1 中国政局と寺内内閣・軍閥林立と寺内内閣、参戦問題、中国存亡問題」、「3 原内閣と対日批判・原内閣の対中国政策、南北和平会議」。

　③ 本書第七章「1 第三次広東軍政府と関余・商団事件・商団事件、国民党の改組」。

国の最高支配者を自国の手中に掌握すれば、自国の意思どおり
に中国においての植民地権益を獲得することができるからで
あった。このため、日本と列強との中国における争奪でいちば
ん激烈であったのは、中国の支配者を自分の手中に収めること
であった。1913年孫文は南京臨時政府の臨時大総統になり、中
国の天下を治める態勢を示した。この時の日本の対孫文政策は
その前後のどの時期よりも積極的であり、実際的であった。1913
年2、3月孫文が国賓として日本を訪問した時の日本朝野の熱烈
な歓迎も、孫文が中国の天下を治める人物の一人であるとの判
断からであったと思われる。

　1913年8月第二革命に失敗した孫文が来日した時、日本での
居留は許可したが、孫文の第三革命の準備にはなんらの支援も
与えようとせず、孫文とその革命党を青島占領、袁世凱との二
十一箇条交渉の切札として利用しようとした。この時期、日本
の対中国政策における孫文の地位とそれへの政策は、辛亥革命
期および1913年2、3月の訪日期とは対照的であった。これは、
この時期に袁世凱が中国の南北を完全に統制し、孫文が中国の
天下を治める可能性がない、あるいはその可能性が少ないと判
断したからであった。

　第三の要素は、孫文をめぐる国際関係である。これは、日本
と列強、日本と孫文およびその政敵、列強と孫文およびその政
敵などの相互関係である。この関係は、日本と他の列強が中国
における各自の植民地的権益を伸張するため、相互に激しい争
いをしていたから、このような要素が孫文に対する政策決定に
おいて重要な地位を占めていたのである。

　例えば、武昌蜂起勃発後、日本政府と軍部は出兵して清朝を
支援し、孫文の革命に武力干渉しようとしたが、種々の原因に

より出兵できなかった[①]。その重要な一つの原因は、英米の対
日牽制であった。もし辛亥革命に対する出兵になれば、今度は
義和団の時期と異なり、長江流域とその以南の地域に出兵する
ことになる。この地域はイギリスの勢力範囲に属し、アメリカ
の貿易権益が集中しているから、もし出兵する場合には、義和
団の時期のように日本が大量の兵隊を出動させることになり、
日本はその軍事力をバックに英米よりももっと大きな権益を獲
得するようになるから、英米に不利になる。故に、英米は日本
の出兵を牽制し、日本はこれにより武力干渉ができなかったの
である。英米は、日英同盟に基づく対中国政策の協調一致で日
本を牽制し、ワシントン会議以後は九か国条約の門戸開放・機
会均等で日本の対中国政策とその一構成部分である対孫文政策
を牽制した。二流の帝国主義国であった日本も、その牽制によ
り英米の対中国・対孫文政策に協調せざるを得なかった。

　しかし、1911 年 12 月イギリスが袁世凱を支持して南北停戦・
南北和議に踏み切り、日本との協調を破った時には、日本もそ
れに対応する一政策として臨時大総統に就任した孫文を一時的
ながらも支援した。しかし、政府・軍部が公然と支援すること
を避け、財界と民間が支援する形式をとった。これも列強との
関係を考慮したからである。

　孫文とその政敵をめぐる日本と列強、日本と孫文、日本と孫
文の政敵、列強と日本、列強と孫文、列強と孫文の政敵などの
相互関係は、日本と列強の中国における争奪によって起こる現
象であり、中国国内政治もこの争奪戦に伴って展開されるよう
になるのであるから、日本もこの両面を検討しながら対孫文政
策を決定するようになったのである。例えば、辛亥革命後、孫

---

　① 本書第三章「2 日本の対応と孫文の期待・出兵の企図」。

文と政敵袁世凱との対立をめぐる日本の対孫文政策は、この両面を検討しながら決定されたのである。イギリスは中国の政治勢力の中でいちばん強い人物は袁世凱だと判断し、辛亥革命中期から袁を支持し、袁も主にイギリスに頼って清朝後の中国の政治・軍事大権を掌握した。イギリスは孫文が親日的な人物であり、また実力のない政治家だと判断して、孫文に興味をもたなかった。日本は逆に、袁世凱は親英米的な人物であり、大陸浪人らは袁が反日的であるから彼を暗殺しようとし、政府・軍部も彼に興味をもたなかった。しかし、袁が辛亥革命後中国に君臨した事実と、その背後に強大なイギリスの支持があったことは、時には日本の対孫文政策を牽制し（第二革命とそれ以後の時期）、時には日本の対孫文政策を推進した 1915 年末から翌年の春までの時期）。

　日本の対孫文政策は、他の列強との争奪により、時には二面性をもつこともあった。例えば、第三次広東軍政府期の関余問題と商団事件において、中国における日本と列強の共通の利権を維持するために、日本は他の列強と共に孫文に対し強硬な態度をとりながらも、他の面では孫文に対し余裕を残し、列強と共同の態度をとらなかった。特に商団事件の場合はそうであった[1]。これは中国をめぐる他の列強との争奪に起因している。当時、北京政権は英米の支持する呉佩孚が実権を握っており、日本はこれに対応するため北京では東三省の張作霖を積極的に支援し、南では孫文の広東軍政府に好意を示した。1924 年 10 月の奉直戦争と北京政変により呉佩孚が敗北し、親日的な張作霖と段祺瑞が再び馮玉祥のクーデター（北京政権）を握り、孫文が彼らとその後の中国政局収拾の話し合いをしようとしてい

---

① 本書第七章「1 第三次広東軍政府と関余・商団事件・商団事件、国民党の改組」。

た時には、孫文のこの行動を支持するため日本は孫文に比較的好意を示さざるを得なかった。

　以上はいくつかの例にすぎないが、日本の孫文に対する政策決定において、孫文と中国をめぐる国際関係が常に重要な地位を占めていたのである。

　第四の要素は、経済的要素である。日本の対中国・対孫文政策の最終目的は経済問題であった。この意味から、日本の対孫文政策決定の基礎は経済問題であったとも言えよう。中国における日本の経済的権益とは、植民地的経済特権、資本の輸出、貿易等である。辛亥革命期、日本の孫文に対する支援は、主に借款─資本輸出であった。辛亥革命期の三つの借款交渉、1913年の孫文訪日期に発足した中国興業株式会社、1916年久原房之助の借款は、すべて資本の輸出である①。これは第一次大戦前後、帝国主義段階に入った日本の対外政策の新しい特色を表わし、これにより中国における経済特権を獲得しようとした。

　辛亥革命期、日本の対中国貿易は、輸出・輸入共に急激に減少し、日本の対中国貿易は半年間その影響を受けた②。故に、日本は孫文の革命運動により中国国内に動乱が起こるのを恐れ、第二革命の時には、孫文に武力による「討袁」を避け、平和的方法で解決することを終始勧告し、辛亥革命期のように孫文を支援しようとしなかった。それには種々の原因があったが、その一つは貿易問題であり、直接的な経済損失を避けようとした。しかし、日本の対孫文政策決定において財界の要望はその主要な要素ではなく、政府・軍部の意見が決定的な要素であり、財界の経済的要望は政府・軍部の決定を執行する一手段として、

---

　① 本書第三章「4 日本の経済活動・借款交渉、対中国貿易」、第四章「2 孫文の訪日と対日意識の変化・中国興業株式会社、対日意識の変化」、第五章「3 孫文政策の転換・孫文の帰国」。
　② 本書第三章「4 日本の経済活動・対中国貿易」。

政府・軍部に従属していた。

図6　孫文　1925年3月、孫文が署名して梅屋庄吉に送ったもので、孫文最後の肖像写真と思われる。

　最後に、日本政府・軍部の孫文に対する政策決定において、孫文の共和思想と革命運動の性格が、どれほどの地位を占めていたかという問題である。

　1897年来日した孫文は、共和国の政治思想を率直に表明し、この政治思想と君主制を暴力で打倒しようとする革命の性格における双方の相違は、孫文と日本との関係が結ばれたその時からはっきりとしていた。日本は立憲君主制であり、中国の封建社会における皇帝のような天皇制が存在し、政治の上では、孫文と日本との関係が結ばれるはずがなかった。辛亥革命期に、南北和議で立憲君主制と共和制の論争が出た時、日本は立憲君主制に賛成し、孫文の共和制に反対した。しかし、日本は孫文に軍資金と武器を提供し、大陸浪人らは直接にこの革命に参加した。孫文の革命運動に積極的に対応しようとした人びとの中には、立憲君主制を主張する古いイデオロギーの持主が多かっ

た。孫文も自分に接近してくる人の中には右翼が多いと言った
ことがある。これは確かに矛盾した現象である。しかし、共和
制と立憲君主制は共にブルジョア階級の政体に属するものであ
る。共和制を主張する革命派が、革命の進行過程において中国
における日本の既得権益に反対しない限り、これと同様な範疇
に属する政体との間には、根本的な矛盾が発生しない。もし孫
文の革命党が、日本と同様の立憲君主制を主張しながらも、中
国における日本の既得権益に反対したとするならば、その対立
と矛盾は調和不可能になったであろう。当時，袁世凱は日本の
ような立憲君主制を主張したけれども、日本は袁に好意を抱い
ていなかった。また 1915 年、袁が帝制を復活しようとした時に
も、日本は初めは支持したものの、後には反対した。以上の事
実は、孫文の共和思想とその革命運動の性格が、原則的な問題
として日本の孫文に対する政策決定において重要な要素になっ
ていなかったことを示している。

　それよりも重要なのは、その政体を主張するその人の傾向、
即ち日本の方に傾くか、または英米の方に傾くかであった。英
米の方に傾くものが立憲君主制を主張しているからそれを支持
するのでもなく、日本側に傾くものが共和制を主張してもそれ
を支持する。この根本的原因は、日本が辛亥革命において、日
本に傾くものを支持して中国に君臨させ、日本の植民地的権益
を擁護・拡大しようとしたことにあったと思われる。しかし、
孫文の共和革命の性格が、日本の対孫文政策に一定の影響を与
えていたのも事実ではあるが、これは重要な要素ではなかった。

　では、孫文の連ソ・連共・扶助工農の三大政策は、日本の孫
文に対する政策決定においてどのような地位を占めていたか。
孫文の三大政策は、孫文の対内・対外政策の大きな転換を示す
政策ではあるが、孫文のブルジョア共和制思想とその政治体系

には変化がなかった。しかし、日本は孫文の連ソ政策を孫文の「共産化」だと見なし、それに伴う不平等条約撤廃の要求などに対し相当の警戒心を抱いた。これは日本の対孫文政策決定において一定の影響を与えたと思われる。それは共産主義と資本主義はまっこうから対立する二つの政治体制であったからである。

　要するに、日本の孫文に対する政策決定の過程には、中国における日本の権益を擁護・拡大する原則の下で、上記のような諸要素が総合的な多様な役割を果たしたのであるが、時ごとにあるいは事ごとによって、その中の一、二の要素が、特に重要な役割を果たすこともあった。故に、具体的政策に対しては、もうすこし具体的に分析する必要があると思う。

第一章　孫文の革命運動の勃興と日本

　　孫文の革命運動は中国近代ブルジョア革命運動であり、中国近代社会の変化の必然的産物である。本章では、孫文の革命運動勃興の社会的背景、革命の課題および革命派の形成過程を究明すると共に、孫文の革命運動と日本との関係が、どうして、どのように結ばれたかを考究しようと思う。

第一節　中国ブルジョア革命の課題

　　二〇世紀前後の中国社会　孫文の革命運動は中国近代ブルジョア革命運動であり、中国の半植民地・半封建社会の必然的産物であった。

　　では、この半植民地社会はどのように形成されたのであろうか。中国は悠久な文明を誇る大帝国で、15、6 世紀の時点で世界を横に切断するなら、中国は技術水準を含めて最も先進的な国として東洋に屹立していた。この社会は、人類の歴史発展法則に基づき、封建社会から近代化したブルジョア社会に自然に発展すべきであった。16 世紀中葉、商品経済が発達していた江南地帯においては既に資本主義的生産様式が芽生えていた。しかし、列強の侵略により、近代的な資本主義社会に進むべき道は阻まれ、中国は列強の半植民地社会にその姿を変えざるを得

なかった。

　その姿を変え始めた起点は、1840 年のアヘン戦争であった。戦争前の中国は、中国二千年の封建社会の最後の王朝である清朝支配の時代であった。この時代は閉鎖的な封建社会であり、経済的には中世的農業経済の社会であり、政治的に満洲族を中心とした専制の国家体制であり、その社会内部には皇帝を中心とした支配階級＝地主と、農民を中心とした広範な民衆との階級対立が日増しに激化し、その半ばごろから衰微の道をたどり始めていた。アヘン戦争以来相次ぐ列強の侵略戦争における清朝の敗北は、その衰微に拍車をかけた。アヘン戦争後に締結された南京条約は、中国と列強が締結した最初の不平等条約であり、それに続いてアメリカと望厦条約、フランスと黄埔条約等を締結し、列強は香港等中国の領土を割譲させ、税関行政権、沿海貿易権、内河航行権、内地通商権、治外法権、最恵国待遇等の植民地的権益を獲得した。列強はまた中国各地に租界を設置して中国侵略の拠点とし、中国から原料を略奪し、大量の商品を中国に輸出して中国をその商品市場に変えた。こうして中国は政治・経済的に国家主権を失い始めた。

　1894-95 年の甲午（日清）戦争における清朝の敗北は、列強の中国侵略の新しい段階を切り開いた。日本は中国に下関条約を強要し、中国から台湾・遼東半島・膨湖諸島等を割譲させた。その後、遼東半島は列強間の争奪・干渉により 3000 万両で一時中国に返還されたが、下関条約の締結は中国における列強の領土と勢力範囲分割の嵐を巻き起こし、イギリスは長江流域、ロシアは蒙古と満洲、ドイツは膠州湾と山東、フランスは広東・広西・雲南、日本は朝鮮半島・南満洲・福建等をそれぞれ勢力圏とし、中国を再分割し始めた。同時に列強は天津・上海・漢口・杭州・蘇州・重慶・沙市等で租界を拡大し、厳しく中国の

国家主権を侵害した。日本は下関条約で中国に2億両の賠償金を要求した。当時清朝政府の年間財政収入は7000-8000万両であり、この賠償金はその三年間の総収入に当たる。したがって清朝政府はこの賠償金を支払うためイギリス・フランス・ロシア・ドイツに借款をしなければならなかった。この借款により、清朝はまた列強の債務奴隷になってしまった。下関条約は、中国国内に工場を設置して製造業を経営することを日本に許可し、他の列強は最恵国待遇により日本と同様の権益を中国から獲得した。時あたかも帝国主義段階に入った列強は清朝に対する借款をバックに中国に対する資本輸出を拡大し、中国をその投資市場にした。

　列強のこのような侵略に対抗して 1900 年義和団運動が勃発した。日・露・英・仏等八か国はこの運動を弾圧するため出兵して北京を占領し、1901 年清朝政府と辛丑条約（北京議定書）を締結して9億8000万両の賠償金を強要すると共に、北京と京山線の駐兵権を獲得した。

　下関・辛丑条約により中国は完全に列強の半植民地になった。孫文はこの半植民地を「次植民地」と呼び、植民地以下の植民地だと言った。このようにして半植民地化された中国社会において、中華民族と列強との対立と矛盾が日増しに激化し、侵略と反侵略の闘争が絶えまなく展開され、中華民族と列強との対立が中国社会において解決すべき主要な矛盾となった。

　この矛盾の形成過程において、従来の清朝支配層と民衆との対立がいっそう激化した。清朝支配層は一時列強の侵略に抵抗する態勢を示したが、義和団以後からは国家と民族の独立を守るのではなく、国家の主権と民族の利益を全面的に列強に売り渡し、侵略に抵抗する民衆を弾圧し、それにより揺れ動く支配体制を維持しようとした。列強も義和団運動以後は清朝分割の

政策から清朝保全の政策をとり、列強の侵略に従順な清朝支配層を中国侵略に利用価値があるものと見なし、それを保全して中国における既得権益を確保すると同時に、またそれを通じて新しい権益を獲得しようとした。清朝支配層と列強とのこのような相互依頼と結託により、清朝政府は完全に「洋人の朝廷」になり、買弁的官僚がその政権の中枢部を掌握し、帝国主義列強と封建的清朝支配層が一体となって反動的ブロックを形成した。故に、中国民衆の反侵略・反帝国主義の闘争は必然的に反清朝闘争と結びつくようになった。

　清朝政府は 10 数億両の賠償金と借款を抱え、毎年それを支払わなければならなかった。例えば、1905 年の国庫歳出ではそれが四割を占めていた。清朝政府はこの支払いを確保するため、民衆に苛斂誅求を強制し、民衆の生活は塗炭の苦しみに陥った。民衆はこれに抵抗し、清朝支配層と中国民衆との対立はよりいっそう激化して中国社会の一大矛盾となった。

　以上で述べたように、近代中国社会は列強の侵略により半植民地社会に転化し、また列強の侵略は中国封建社会の解体を促進し、二千年の封建社会を半封建社会に変え、中華民族と列強、清朝支配層と中国民衆という二大矛盾を生み出した。孫文の革命運動はこの産物であり、またこれを解決する革命運動として中国の政治舞台に登場し始めた。

　中国革命の課題と新興ブルジョア・イッテリ　中国近代社会の二大矛盾は中国近代革命運動に二つの革命課題を提示した。それは第一に、帝国主義列強の侵略に反対し、喪失した国家主権を回復し、民族の独立を獲得すること、第二に、中国民衆を搾取・圧迫し帝国主義列強に追随する封建専制の清朝政府を打倒し、新しい近代化された共和国体制を樹立して、民衆の幸福を図ることであった。これはつまり、反帝国主義・反封建主義

の課題であった。この二つの革命課題は有機的に統一されたものであり、不可分のものであった。1840 年以来の中国民衆の革命運動は、この二つの革命課題を成し遂げる方向をたどって動き始め、中国近代史の主流となった。

　しかし、この歴史の流れに対する認識は多様なものであった。1841 年の三元里闘争は近代中国民衆運動の第一歩であったが、これは単純な反英闘争であり、1851 年から 64 年までの太平天国の革命は反清朝の革命運動で、清朝の支配に一大打撃を与えはしたが、依然として旧式な農民蜂起であり、近代的な政治・思想と理想を提示することができなかった。いずれも列強の侵略に対する認識不足により、反侵略・反列強の闘争を展開することもできず、清軍と列強の連合軍によって弾圧された。甲午戦争以後列強の中国侵略が激しくなるに伴い、反帝・反侵略の闘争が盛り上がり、1900 年に義和団運動が勃発した。この運動は「扶清滅洋」のスローガンを掲げ、帝国主義列強の侵略には大打撃を与えたが、清朝を擁護し、白蓮教等の宗教的色彩が濃厚であり、近代的な政治・思想と理想を提示することができなかった。

　いわゆる近代的な政治・思想とは、近代化されたブルジョアの政治・思想を指すものである。このような政治・思想は近代的な資本主義経済発展に伴って発生し、また逆にこの経済の発展を促進するものである。列強の経済的侵略は中国封建社会の解体を促進し、都市・農村における商品経済を発展させた。これに伴って、農村では資本主義要素を代表する富農層が増加し、都市においては外国資本による近代企業が建てられ、相次いで中国の民族資本が生まれた。中国の近代企業は、甲午戦争以後急激な発展を遂げ、企業数は 1894 年の 72 から 1911 年の 491

に、払込資本は 2090 万元から 1 億 855 万元に増加した①。その
うち民族資本は、企業数が 1894 年の 53 から 1911 年の 416 に増
加し、その増加率は 7. 8 倍、払込資本は 470 万元から 8277 万元
に増加し、その増加率は 17. 6 倍であった②。海外においては、
華僑のブルジョア層が成長し始めた。19 世紀の 60 年代から、
破産した手工業者と農民が海外に職を求め、東南アジアと欧米
で艱難辛苦を経て近代的企業を経営し始めた。彼らは中国の民
族資本の主要な構成部分であった③。これらの民族資本は、中
国社会における新しい生産様式を代表し、中国ブルジョア革命
運動の経済的基盤となった。

　中国の民族ブルジョアジーは、その形成の特異性により上層
部と中・下層部に分けられた。上層部は封建支配層・帝国主義
列強と密接な関係をもっていた。故に彼らは皇帝を中心とした
現存の封建社会を打破しようとはせず、それを改良して君主立
憲制の社会に変え、社会の根本的改革を目ざす革命派と対立し
た。これらの政治的・経済的利益を代表して中国近代政治舞台
に登場したのが康有為・梁啓超らの改良派であった。民族資本
の中・下層部は、その上層部と異なり、列強と封建支配層との
関係が薄く、またその経済発展が列強と封建支配層の抑圧を受
けていたため、独立自主の経済発展を希望していた。しかし、
彼らのこの要望は常に封建支配層と列強に抑圧された。故に、
彼らは封建支配層と列強に不満を抱き、現存社会の変革を希望
した。

　華僑ブルジョアジーは海外において外国資本の抑圧を受け、

---

　① 厳中平他編『中国近代経済史統計資料選輯』、科学出版社、1955 年、93 頁。汪敬虞
編『中国近代工業史資料』第 2 輯（1895－1914）下冊、科学出版社、1957 年、870－919 頁。
　② 厳中平他編『中国近代経済史統計資料選輯』、93 頁。汪敬虞編『中国近代工業史
資料』第 2 輯（1895－1914）下冊、870－919 頁。
　③ 1907 年の華僑総数は 631 万人（台湾・香港を含まない）。

清朝政府からはなんの保護を受けることもできなかった。彼ら
は国内封建勢力との関係が少なく、海外において西洋文明の影
響を受け、その革命性が国内の中・下層民族ブルジョアジーよ
り強く、かつまた徹底的であり、中国ブルジョア革命運動にお
ける急進的な勢力となった。

　このような民族ブルジョアジーの中・下層部と華僑のブル
ジョアジーは、中国における資本主義の発展を要求し、中国が
独立・民主・自由・富強の国になることを希望していたが、こ
れらの要求と希望を政治的に直接代表する主要な人物は彼らの
中から生まれなかった。彼らのこのような政治・経済的要求と
希望を代表して登場したのは、中国のブルジョア・インテリと
プチブルショア・インテリであった。このインテリ層は中国近
代社会に新しく興った社会勢力であり、中国ブルジョア革命運
動において前衛的役割を果たした。彼らは封建的士大夫層から
生まれたのでなく、19世紀末から海外に留学した留学生、ある
いは新学堂ないし教会の新式の学校で新学を勉強した青年学生
の中から生まれてきた。彼らは海外での留学あるいは翻訳され
た日本ないし西洋の書物を通じて近代化された日本と欧米世界
に対する認識を高め、ブルジョア政治学説と文化思想を摂取し、
新しい理想を抱くようになった。これらの思想と理想は彼らの
強烈な愛国心を呼び起こし、救国の意識を強めた。彼らはアメ
リカの独立運動とフランスの革命は中国の独立と民主を実現す
る手本であると思い、西洋のブルジョア革命時代において積極
的な役割を果たした進化論・天賦人権論・共和思想をもって中
国の民族独立と民主・自由・富強の問題を解決しようとした。
このようなインテリ層から中国ブルジョア革命運動の中核が形
成された。孫文もその中の一人であり、革命運動の進行過程に
おいて、徐々に領袖的地位を確保したのである。

第二節　孫文の革命運動の勃興

孫文の青少年時代　孫文が革命の道を歩み始めたのは、その青少年時代と密接な関係がある。孫文は 1866 年 11 月 22 日広東省香山県（1925 年中山県と改称）翠亨村の貧しい農家に生まれた。幼名を帝象と呼び、やや長じて文と称した。字は徳明、号は日新であった。広東語で「日新」と「逸仙」は同音であったために、号を改称して逸仙と呼び、欧米諸国では孫逸仙（Sun Yat-sen）と呼ぶようになった。日本亡命中に、一時中山樵の変名を使用したことがあり、その縁によって中山がまた号になり、現在中国では孫中山と呼称するようになった。

　孫家は祖父敬賢の代から小作農であり、父達成は青年時代澳門に出稼ぎに出て裁縫あるいは靴直しの仕事をして家計を補わねばならなかった。孫文は三男三女六人兄弟の五番目の子供であった。当時の孫家の生活は非常に困窮しており、子供らも野良仕事・柴刈り等の労働に参加し、生活は履く靴とてなく、はだしで歩き、サツマイモが主食であったらしい。幼年時代の孫文が身をもって旧中国の小作農の悲惨な生活を体験したことは、彼が革命の道を歩み始めることに重要な影響を与えたと言えよう。しかし、これは決定的な要因ではなかった。

　広東などでは早くから豬仔貿易が盛んとなり、海外に渡航する人が激増した。孫文の叔父二人も生計を立てるため、遠く海外に新天地を求めカリフォルニアの金鉱に赴いたが、一人は上海沖で、一人はカリフォルニアで病没した。孫文の長兄孫眉も 17 歳という若さで母方の叔父を頼ってハワイに渡り、サトウキビ栽培の労働者として働き、辛苦努力のすえ成功をおさめ、農場・牧場・商店・醸造業などを経営し、華僑資本家になってマ

ウイ王とまで呼ばれるようになった。孫眉の仕送りによって孫家の生活もしだいに潤うようになり、その家庭も小作農からブルジョア階級に転換し始めた。

　海外における孫眉の成功は、孫文の生涯にも大きな影響を及ぼした。孫文は十歳の時、私塾に入って『三字経』『千字文』から四書五経等を勉強したが、12歳の1878年母親楊氏と共にハワイに赴き、孫眉の経営する米店で商売の手ほどきを受けた。翌年ホノルルのメソディスト教会経営のイオラニ・スクールに入学し、西洋文明を学び、ワシントンやリンカーンの伝記等を読み、学業はきわめて優秀で、三年後に二番で卒業した。翌年の秋、ハワイの最高学府オアフ・カレッジ（高等学校）に進学し、卒業後アメリカに渡ってさらに勉強を続けようとした。しかし、孫眉との意見対立により、1883年7月帰国せざるを得なかった。

図7　1892年、孫文が設計して翠亨村に建てた住宅

五年間のハワイ生活と資本主義的教育は、孫文の政治思想に

大きな変化をもたらした。孫文は西洋の資本主義国家を手本と
して中国を改革しようとする新しい社会思想を抱くようになっ
た。しかし、この理想を実現する具体的方法に対してはまだ不
明であった。9月翠亨村に帰ってきた孫文は、五年前の孫文で
はなかった。彼は西洋社会の尺度で郷里の現状を分析し、搾取
と抑圧、迷信と腐敗等に対し不満をもち、農民を相手に官吏の
誅求と地主の搾取を非難し、皇帝と清朝支配の非を鳴らした。
孫文はこの時、竹馬の友である陸皓東とあらためて交わりを深
め、陸の豊かな歴史知識と孫文の新しい海外知識と見聞が結び
合わされて因習への反逆となり、二人は迷信に包まれた村人の
目を覚まそうとして、村廟の神像を破壊し、中国社会停滞の根
源の一つである迷信を打破して村民の啓蒙を図った。しかし、
かえって「大逆不道」の熔印を押され、村を追い出される破目
になった。

　孫文は村を後に香港に向かった。11月孫文は英国聖公会が経
営するディオセサン・スクール（抜萃書院）に入学し、1か月
足らずでこの学校を退学し、翌年の4月中央学院に入学した。
その後、孫眉に呼び寄せられて、同年11月から翌年の4月まで
ハワイに滞在し、8月また中央学院に復学した。時あたかも清
仏戦争が終結し、清朝が敗北した。この敗北は孫文にとって大
きなショックであった。孫文は後年自伝とも言うべき『孫文学
説』で「私は、乙酉（1885年）中仏戦争に敗れた年に、はじめ
て清朝を打倒し民国を創建しようと決意した」[1]と述べている。

　1886年中央学院を卒業した孫文は、陸軍あるいは海軍の学校
に入って軍人になるか、あるいは法律を学んで弁護士になるこ
とを考えたが、最終的に医学を修めて人々を救済することを決

---

①『孫中山選集』、人民出版社、1981年、192頁。

意し、広州博済医院付設の南華医学堂に入学し、まもなく香港
の西医書院に転学した。学費は孫眉が提供した。西医書院在籍
の五年間、孫文は医学の道に精進すると同時に、「反清復明」を
宗旨とする会党三合会の有力メンバーである鄭士良・陳少白・
楊鶴齢・尤列らと親密な交わりを結び、民族危機に陥った祖国
の政治革命を論じた①。孫文は毎日変革のことを口にし、常に
太平天国の洪秀全を反清朝第一の英雄として、その不成功に終
わったことを惜しみ、自ら第二の洪秀全をもって任じるように
なったようである。孫・陳・楊・尤の四人は、香港の楊家の商
店をたまり場として盛んに革命談義にふけり、世人は彼らを「四
大寇」と称したという②。この時孫文の革命思想が生まれ始め
たと言えよう。しかし、この時代は孫文自身が言ったように「革
命言論の時代」③であり、革命行動は伴わなかった。

　1892（明治25）年7月西医書院を卒業した孫文は、湊門で中
西薬局、広州で東西薬局を開設して医業に従事しながら、一方
では政治変革の志向を共にする陸皓東・鄭士良・尤列・魏友琴
ら8人と「駆除韃虜、恢復中華」を宗旨とする革命団体を1893
年に創建しようとしたが成功しなかった④。それは、この時期
の孫文はまだ確固たる革命主義者でなく、革命と改良論との間
を揺れ動き、革命よりも上からの強権の発動による改良に期待
をもっていたからであった。

　明治維新と孫文　この政治的改良の可能性を模索したのが、
1894年6月直隷総督兼北洋大臣李鴻章への意見書—「李鴻章へ
の上書」の上呈であった。この上書は現存する孫文の最も初期
の文章であると同時に、日本のことに言及した最初のものでも

---

　①『孫中山選集』、人民出版社、1981年、192−193頁。
　②『孫中山選集』、人民出版社、1981年、193頁。
　③『孫中山選集』、人民出版社、1981年、193頁。
　④　広東文物展覧会編『広東文物』中冊、香港中国文化協進会、1941年、437頁。

あった。孫文は李鴻章に救国の大計を建言し、西洋の方法に習って自彊を図ろうとするならば、西洋の富強の根本である「人能くその才を尽くし、地能くその利を尽くし、物能くその用を尽くし、貨能くその流を暢べる」四事を実現すべきだと力説した①。孫文はこの四事が「富国の大経、政治の大本」であると見なし、人材の育成、農業・鉱工業・商業の振興等を強調して改革の即時実施を要求し、もし中国が西洋に習ってこの四事を実現すれば20年間で西洋を凌駕することができると言った。

　孫文はこの主張を例証しようとして明治維新後の日本を取り上げ、「試みに日本一国を観るに、西人との通商で我におくれ、西法にならうことで我におくれながら、その維新の政が日いくばくもなくて今日の成功大いにみるべきものがあるのは、おそらくこの四大綱をとりあげ、挙国一致しておこない、一人の阻むものもなかったからだ」②と言い、明治維新とその後の日本を高く評価していた。その後もたびたび維新のことに触れ、「日本の維新は中国革命の第一歩であり、中国革命は日本維新の第二歩である。中国革命と日本の維新とは、実際同一意義のものである」③と述べた。

　このように、孫文と日本とのつながりは、先ず明治維新から始まり、維新は孫文と日本とのかけ橋になった。明治維新に対する見方は、孫文の対日観の形成に一定の影響を与え、その一構成部分になった。しかし、維新がブルジョア革命であるのか、または絶対王政の変革であるのか、孫文はその維新の性格に関しては直接に触れていない。「李鴻章への上書」は、革命主義というよりも、変法派のように、上からの改良主義的傾向を表わ

---

① 『孫中山全集』第1巻、中華書局、1981年、8頁。
② 『孫中山全集』第1巻、中華書局、1981年、15頁。
③ 『孫中山全集』第11巻、中華書局、1981年、365頁。

したものであることから、この時期の孫文の思想には、変法派のように明治維新の道を歩もうとする幻想がなかったとは言えないであろう。

　明治維新と維新後の日本に対する認識と理解は、渡日体験のない孫文としては中国で刊行された日本関係の書物を通じて得たものだと言えよう。当時、維新と維新後の日本を紹介する書物としては、清国初代の駐日公使何如璋の『使東述略』『使東雑詠』、公使館書記官黄遵憲の『日本雑事詩』『日本国志』、王韜の『扶桑游記』、初代の副公使張斯桂の『使東詩録』、王之春の『乗遊日記』、顧厚焜の『日本新政考』、陳其元の『日本近事記』、金安清の『東倭考』、陳家麟の『東槎聞見録』、傅之龍の『游歴日本図経』等が刊行されていた。明治維新に対する本格的研究は、それ以後の変法派康有為の『日本変政考』であるが、以上挙げた書物も維新に対し触れている。孫文がこれらの書物の中でどの本を読んだかは不明であるが、日本に対する認識と理解は、その後孫文が日本を革命運動の一根拠地に選択した思想的起点であったとも言えよう。

　興中会と広州蜂起　孫文は陸皓東と共に6月天津に来て、李鴻章の幕客羅豊禄を通じて李に意見書を上呈したが、李はこれに一顧も与えなかった。これにより清朝の実力者李鴻章を動かして、上からの政治改革を行わせようという幻想が破れ、孫文は革命的変革への道を歩み始めた。これは孫文の生涯において大きな転機であった。この転機の要因の一つは、甲午戦争における清朝の悲惨な敗北であった。敗北により中華民族の民族的危機が急速に深まった。

　改良の幻想を放棄して革命の道を歩み始めた孫文は、甲午戦争における清朝の敗北を予感しながら、1894年10月上海を発ち、日本を経由してハワイに渡った。その目的は革命団体を結

成して革命資金を調達し、「反清復漢」の挙兵を準備することに
あった。孫文は長兄孫眉の支持を得、11 月 24 日興中会を結成
した①。これは中国ブルジョア革命派の最初の革命組織であっ
た。会員は 20 人から 126 人に増加し、そのうち 88 人は華僑の
資本家であった。孫文は興中会の章程を制定した。その前文は、
対内的に「上は因循姑息、粉飾虚張し、下は則ち蒙昧無智、遠
き慮り鮮く」、対外的には「方今強隣環列し、虎視耽々としてわ
が中華の豊富な鉱産物や豊かな物産に垂涎するや久し。蚕食鯨
呑すでに踵を接して到る。分割の憂き目実に目前にあり」②と
中国の内外の情勢を厳しく指摘した。入会の誓詞は、「韃虜を駆
除し、中華を恢復し、合衆政府を創立す」③と、革命の目標を
明確に示した。これは中国歴史上最初のブルジョア革命の綱領
であった。

　興中会の成立は、孫文の革命運動の起点であった。孫文は興
中会を通じて革命資金を調達し、1895 年 1 月会員中の急進的な
鄧蔭南・宋居仁ら六人と共に香港に帰り、10 月の広州蜂起を準
備した。

　孫文の革命運動の特徴は、初めから終始武装闘争を主張した
ことである。孫文は陸皓東・陳少白・鄭士良と共に、2 月香港
と広州に興中会組織を設立し、秘密拠点を設置して武装蜂起を
準備した。この革命蜂起において主導的役割を果たしたのは孫
文らのブルジョア、プチブルジョア知識人分子であり、彼らが
依拠した勢力は三合会を中心とした「反清復漢」の会党、営勇
（解散された清軍の一部）、民団、緑林（農民蜂起軍）であった。

　孫文はこの蜂起の準備過程において、列強との関係を非常に

① 馮自由『革命逸史』初集、中華書局、1981 年、14－16 頁。
②『孫中山全集』第 1 巻、中華書局、1981 年、19 頁。
③『孫中山全集』第 1 巻、中華書局、1981 年、20 頁。

重視し、先ず蜂起に対する中立を要望した。孫文は香港の英文新聞 "Daily Press"（『徳臣西報』）の編集長 T・H・リードと "Hongkong Telegraph"『士蔑西報』）の編集長 C・ダンカンを通じ、これらの新聞に中国革命の目的と、それが列強にもたらす利益等を宣伝し、太平天国のように列強が清朝と結託して弾圧しないように訴えた[①]。

　次に、ドイツと日本に対しては武器の提供を希望した。3月1日、孫文は広東総領事中川恒次郎を訪ね、広東で事を挙げようとしているが兵器が欠乏しているので、銃砲2万5000挺、短銃1000挺を提供してくれるよう要求した[②]。その後も孫文は数回中川総領事を訪ね、日本の支援を要望した。これは孫文の日本に対する最初の希望であり、また終始一貫した期待でもあった。

　中川総領事は3月4日と4月17日孫文のこの要望を通商局長原敬に書簡で二回報告した。この書簡で中川は、清国において教育を受け、かつ外国の事情に通ずるものは現政府の施政、特に官吏の腐敗に対し不平を抱きおるも、孫文の如き人「事ヲ挙クルモ功ヲ就ストハ信セラレス」と言い、その理由として、一に事を挙げた後統領たるものに充分才幹経歴人望等ある者なく、二に各派の連絡不充分であり、三に謀挙の順序・手段等の準備も不充分であることを挙げた[③]。

　この理由よりもっと重要なのは、進行中の甲午戦争の戦況であった。日本軍は開戦以来、平壌・旅順・威海衛を占領し、黄海海戦で清朝の北洋艦隊を撃破し、清国の敗北は既に決定的となり、李鴻章と伊藤博文は下関で講和条約の交渉を開始し、4月17日下関条約を締結した。この条約の締結により、日本は中

---

① 史扶鄰『孫中山與中国革命的起源』、中国社会科学出版社、1981年、61－71頁。
② 原敬文書研究会編『原敬関係文書』第二巻、日本放送出版協会、1984年、392頁。
③ 原敬文書研究会編『原敬関係文書』第二巻、393頁。

国から巨額の賠償金と領土の割譲、新港の開港等新たな植民地
権益を獲得した。故に、この時孫文の革命を支援し、その代価
として新たな権益を要求する必要性がなかった。もし、甲午戦
争の戦況が日本に不利であり、「清国ニシテ兵勢ヲ北方ニ聚メ飽
マテ我レニ抵抗スルモノナラハ」、中川総領事が原局長に上申し
たように、「南方ニ於テ彼（孫文一筆者注）等ニ事ヲ挙ケシメ、
以テ後顧ノ患ヲ与ヘ、其ノ勢ヲ殺クモ又一策ナル」ことであっ
ただろう①。しかし、清朝政府は日本の侵略に抵抗サず、苛酷
な講和条約に調印した。故に、この時期に孫文らの革命運動を
利用して背後から清朝を牽制する必要がなかった。また当時の
日本は、中川総領事が述べたように、「処々方々ニ手ヲ拡ケ勢ヲ
分ツノ飴裕無之、又仮令此ノ方面ニ於テ事ヲ挙ケ結局内地ヲ開
放セシムルモ、本邦人ハ通商ヲ十分拡張スル🗝能ハサレハ其ノ
益ヲ亨リル🗝能ハス」②ということもあり、かえって外国商人
に利になる可能性があった。これは、当時日本には広東にまで
経済勢力を拡大する条件がまだ整っていないということであっ
た。以上の理由と条件により、日本は孫文の広州蜂起を支援し
ようとはしなかった。

　では、孫文はなぜ日本からの援助を得ようとしたのだろうか。
「李鴻章への上書」でも触れたように、孫文は維新後の日本に対
し一定の理解があり、中国も日本のような近代化された国にな
ることを希望していたため、自分の革命事業に対し日本が支援
してくれるという幻想を抱いていたためであった。次に、すべ
ての革命家が蜂起を起こす時その客観的条件を考慮して自分に
有利な時期を選択するように、孫文も清朝と日本との矛盾が鋭
く激化したこの時期に、清朝と対立する日本の援助を得て清朝

① 原敬文書研究会編『原敬関係文書』第二巻、393頁。
② 原敬文書研究会編『原敬関係文書』第二巻、393頁。

の支配を打倒しようとしたのである。同時に、その時広東一帯には日本軍が広東を攻撃するとの噂が流れていて、孫文はこの要素も考えていたかもしれない。

日本人との結合　広州蜂起は 1895（明治 28）年 10 月 26 日（旧暦の九月九日重陽節）に挙行する予定であったが、計画が事前に漏れ、陸皓束ら多数の人が逮捕・処刑された。孫文の最初の武装蜂起は未遂のまま失敗に終わった。蜂起の指導者は日本と東南アジアに亡命した。

孫文は陳少白・鄭士良と共に澳門・香港を経由して、11 月 9 日（あるいは 10 日）広島丸で神戸に到着し、初めて日本の土を踏んだ。孫文らが神戸に上陸して新聞を買ってみると「中国革命党孫逸仙」あるいは「支那革命党首領孫逸仙抵日」[①]等の報道があったというが、これは事実ではないらしい。当時『大阪朝日新聞』（11 月 3、5、14 日）、『大阪毎日新聞』（11 月 5、9 日）、『神戸又新日報』（11 月 6、9、10、30 日）が未遂の広州蜂起のことを報道してはいるが、11 月 10 日の『神戸又新日報』は「満清政府を顛覆せんとの陰謀」だとその性格を指摘し、他の新聞は会匪の陰謀だと報道した。首謀者は「黄」またばこ「范某」という人であると述べている[②]。

孫文一行は 12 日神戸から横浜に赴いた。横浜は華僑の一拠点であった。1859 年神奈川の開港と共に華僑 4、50 人が居住し始め、1893 年には 3325 人に増加したが、甲午戦争により減少し、1895 年には 1172 人になった[③]。孫文はこの華僑を基盤として馮如鏡を会長とする興中会横浜分会を結成した[④]。しかし、孫文

①　馮自由『革命逸史』初集、中華書局、1981 年、1 頁。
②　安井三吉「『支那革命党首領孫逸仙』考」、『近代』57 号、8−71 頁。
③　松本武彦「孫文の革命運動における興中会の意義」、『近代中国』第 9 号、186−190 頁。
④　馮自由『革命逸史』第 4 集、中華書局、1981 年、14−16 頁。

にはこの時期日本を革命の根拠地にしようとする計画はなかった。清朝政府は孫文に 1000 元の賞金を懸け、また在外公使館に孫文を逮捕するよう厳命していたし、そのうえ日本政府が孫文の身柄を清朝政府に引き渡すかもしれないという噂が流れていた。滞在 1 か月後の 12 月、孫文は清朝支配への服従のシンボルとされた弁髪を切り、洋服姿でハワイに向かった。この時、同年 1 月香港で出会った梅屋庄吉が 1300 ドルの旅費を提供した[1]。出発にあたって、香港での工作を鄭士良に、日本での工作を陳少白に託し、陳少白を日本人菅原伝に紹介した。

　菅原伝（1863-1937）は、孫文が最初に交際した日本の政治家であった。1894 年孫文はホノルルで彼と知り合った。菅原は宮城県遠田郡涌谷村の人で、帝国大学で学び、1886 年渡米し、アメリカの大学で勉強した。日本国内で自由民権運動が盛り上がった頃、在米で自由党に参加し、サンフランシスコで愛国同盟を組織し、帰国後その機関誌『十九世紀』を刊行した。1893 年から九五年にまた訪米したが、この時孫文と出会ったのである。菅原の自由民権の思想と孫文の革命思想は相違点がありながらも、変革という共通点があった。この共通点が、孫文と菅原を結び、その後、恵州蜂起、1913 年の亡命時期にも互いに往来していた。

　菅原は孫文の革命運動においてそれほど重要な地位を占めていないが、彼をかけ橋として日本人との交際を始めたことで意義ある人物であった。陳少白は菅原→曾根俊虎→小林樟雄のルートで宮崎滔天と交際し[2]、滔天は陳少白を通じて孫文と出会うようになった。孫文はまた滔天を通じ、犬養毅・頭山満ら

<hr />

① 梅屋庄吉『永代日記』（明治 29 年 2 月 10 日）、小坂哲瑯・主和子（梅屋庄吉孫女）所蔵。未刊。
②『孫中山選集』、人民出版社、1981、194 頁。

日本朝野の要人と交際するようになった。これらの交際はその歴史的必然性があったが、ホノルルにおける孫文と菅原との偶然の出会いが、この必然的連鎖反応の起点になったのである。孫文もこれが革命党と日本人との結合の始まりであったと言っている[1]。

　12月離日した孫文は、ハワイ、アメリカ大陸で革命の宣伝をし、1896年9月30日イギリスに着いた。ロンドンの清国公使館は孫文を逮捕するため既に捜査網を張っていた。10月11日孫文は同郷人の公使館員に誘いこまれ、公使館内に監禁され、中国に送還されることになった。しかし香港西医書院時代の恩師カントリーらの協力により、23日に釈放された[2]。この監禁事件に対し、ロンドンの各新聞は「革命家ロンドンで誘拐さる」「公使館の幽囚」などセンセーショナルな見出しで取り上げ、孫文も革命家として脚光を浴びた。

図8　1897年春、ロンドンで出版された「ロンドン遭難記

---

①『孫中山選集』、人民出版社、1981年、194頁。
②『孫中山全集』第1巻、中華書局、1981年、49—77頁。

　日本の雑誌『日本及日本人』（31 号、明治 29 年 11 月）は、外報欄でこの監禁事件を伝えているが、その見本出しは、「倫敦清国公使館の広東陰謀の清国医宋某拘引事件」で、革命家としての孫文に対する理解はなかった①。翌年、孫文はこの事件の順末を "Sun Yat-Sen kidnapped in London"（『ロンドン遭難記』）にまとめて出版し、世人の注目を引いた。この本はその後日本語訳が出版され、日本の友人と孫文を結ぶかけ橋になった。

　孫文は 1897 年 7 月の初めまでロンドンに滞在し、主に大英博物館で政治・外交・経済・農業・牧畜・機械などの書物を読み、アメリカの経済学者ヘンリー・ジョージの土地単税論の影響を受けた。9 か月間のロンドン滞在は、孫文の革命理論である三民主義の形成に重要な意義をもつものであった。

　ロンドンで孫文は生物学者南方熊楠（1867－1941）と親交を結んだ。南方は 1886 年アメリカのランシング大学農科で勉強し、1889 年アナーバーで民権主義者の新聞『大日本』の主筆をした。その後渡英し、ロンドン学会の天文学懸賞論文で第一席を占め、名を知られた人であり、その後粘菌の研究に従事し、150 篇の論文を発表した学者である。南方は 1896 年 11 月 10 日、公使館監禁事件により孫文の名を知り、翌年 3 月 16 日孫文と初めて面談した②。その後孫文は南方と 24 回ほど山会って親交を深めた。孫文は南方と初めて会った時に「一生の所期は」と問うた。南方は「願わくはわれわれ東洋人は一度西洋人を挙げてことごとく国境外へ放逐したきことなり」③と答えた。南方は東洋民族としての自尊心が強い人であり、正義感をもつ学者であった。1897 年 11 月ドイツが中国の山東に侵入したことに憤慨し、東

　①　野沢豊「新聞に描かれた孫文」、『思想』1957 年 6 月号、88 頁。
　②　『南方熊楠全集』別巻 2、平凡社、1975 年、77 頁。
　③　『南方熊楠全集』第 8 巻、平凡社、1972 年、196 頁。

洋人を侮蔑する西洋人をなぐりつけた。南方のこのような精神
は、彼が孫文と親交を結ぶようになった思想的基盤であった。
孫文は南方に当時革命党人が読んでいた黄宗羲の皇帝批判の書
「原君・原臣」篇を贈った。南方は孫文の活動におおいに協力し、
1897 年 7 月孫文がカナダ経由で日本に赴く時、友人を通じて孫
文を尾崎行雄・岡本柳之助・菊地謙譲・佐藤寅次郎らに紹介し
た。孫文は 6 月 27 日南方に「海外逢知音」①と書いて記念に贈
呈しだ。南方の協力は、孫文がロンドンから日本に赴いた理由
の一つであったと思う。

　7 月 2 日ロンドンを出発した孫文は、カナダを経由して 8 月
16 日横浜に着いた。この時期、康有為の改革論が中国国内で反
響を呼び、やがて日本在住の華僑の間にもその余波が及び、興
中会横浜分会はその地盤を康有為派に侵蝕された。孫文に対す
る横浜華僑の態度は冷たいものであった。

　孫文は一時ベトナムに行こうと思っていた。1895 年広州の蜂
起未遂後にも、孫文は香港からベトナムに行こうとしたことが
あったことと関連してみれば、孫文は一時ベトナムをその革命
の根拠地にしようとしたと思われる。しかし、その後日本滞在
の意を固め、日本をその根拠地に選択した。それには、一に維
新以来の日本社会に対する一定の理解があり、日本にあこがれ
ていたこと、二に日本に革命活動を展開し得る自由な環境が
あったこと、三に地理的に中国との交通の便利があったこと、
四に革命運動に協力あるいは支援を与えてくれる民間の有志ら
があったことなどの理由があった。その中でも特に第四の理由
が、今回孫文を日本にとどめた重要な原因であった。

　来日した孫文は宮崎滔天ら多数の大陸浪人と交際するように

---

　①『南方熊楠全集』別巻 2、平凡社、1975 年、93 頁。

なり、知己を広め、彼らを通じて、その革命運動と日本との関係が結ばれるようになったのである。1895 年 12 月孫文が日本からハワイに赴く時、陳少白が横浜に残ったが、陳は菅原の紹介により年末に芝の紅葉館で曾根俊虎と知り合い、曾根は 1897年 5 月宮崎滔天に陳少白を紹介し、陳少白は孫文の『ロンドン遭難記』を滔天に紹介した①。来日した孫文は横浜の陳少白の寓居に泊まり、彼から滔天のことを聞き、滔天に対して事前に一定の理解があった。

　滔天が中国革命に志向したのは、三兄弥蔵の影響が強かった。彼は日本を革命するには先ず中国を革命し、中国の弊政を一掃しこれを善用すれば、中国を根拠地として黄色人種の権利を回復し、アジアの解放を果たすばかりでなく、世界に号令して道を万邦に敷くことができると思い、世界同胞主義を主張した。滔天は弥蔵のこの考えと主張を継承した。これが、滔天が孫文の革命運動に共鳴するゆえんであった。

　この時期、甲午戦争で勝利した日本は、敗北した清朝が日本に復讐することを恐れ、南清における会党等秘密結社を利用して背後から清朝を牽制しようとして、外務大臣大隈重信は外務省機密費から資金を出し、犬養毅にその秘密結社の調査を依頼した②。犬養は宮崎滔天と平山周・可児長一にこの調査をまかせた③。滔天は病気のため平山・可児より遅れ、1897 年 7 月 23日香港に到着し、広州・澳門・香港で孫文の興中会を含む秘密結社の調査をした。その結果、香港の欧鳳墀から孫文が既にイギリスから横浜へ到着することになっていることを聞き、平山

---

①『宮崎滔天全集』第 1 巻、平凡社、1971 年、109－110 頁。
②『吉野作造博士民主主義論集』第 6 巻、新紀元社、1947 年、13－14 頁。
③『宮崎滔天全集』第 1 巻、平凡社、1971 年、255－256 頁。

と共に 9 月初め横浜に帰ってきた①。横浜に着いた二人は、陳
少白寓に直行し、孫文と面談した②。滔天は単刀直入に、君は
中国革命に志ありと聞く、願わくばその趣旨及び方法手段の詳
を知るを得んか、と問うた。孫文は「余は人民自ら己れを治む
るを以て政治の極則なるを信ず、故に政治の精神に於ては共和
主義を執る、然り、余や此一事を以てして直に革命の責任を有
するものなり、況んや清虜政柄を執る茲に三百年、人民を愚に
するを以て治世の第一義となし、その膏血を絞るを以て官人の
能事となす、即ち積弊推委して今日の衰弱を致し、沃野好山、
坐して人の取るに任するの悲境に陥る所以なり、心あるもの誰
か袖手して傍観するに忍びんや……」③と答え、一君を倒して
万民を王とする共和政の必要性を述べ、共和政治が中国の伝
統・理念・風土・社会構造に最も適していることを力説した。
滔天はことごとく首肯しながら孫文の説に聞き入り、孫文が全
く新しい型の革命家であることを認識し、『三十三年之夢』で、
この面談の終りを次のような言葉で結んでいる。

　孫逸仙の如きは実に已に天真の境に近きものなり、彼何ぞ其
思想の高尚なる、彼何ぞ其識見の卓抜なる、彼何ぞ其抱負の遠
大なる、而して彼何ぞ其情念の切実なる、我国人士中、彼の如
きもの果して幾人かある、誠に是東亜の珍宝なり④。

　面談後、滔天は孫文と出会った顛末を犬養毅に報告すると、
犬養は「それは実に好い獲物であった」⑤として外務次官小村
寿太郎に報告するよう命じた。滔天は小村次官に「此度孫を獲
て来から、支那の秘密結社に対する千百万の報告よりも確かな

　①『宮崎滔天全集』第 1 巻、平凡社、1971 年、257－259 頁。
　②『宮崎滔天全集』第 1 巻、平凡社、1971 年、116 頁。
　③『宮崎滔天全集』第 1 巻、平凡社、1971 年、117 頁。
　④『宮崎滔天全集』第 1 巻、平凡社、1971 年、119－120 頁。
　⑤『宮崎滔天全集』第 1 巻、平凡社、1971 年、259 頁。

ものである。希うか明日にでも伴れて来るから、早速会って下さい」①と言った。小村次官は非常に驚き、「外交の邪魔になるから請願東京へは伴て来ないで、横浜辺へ隠して置てくれ」②と言った。利用しようとしながらまた隠して置くことは、当時の日本政府の孫文に対する態度と政策を端的に示したものである。

図9　孫文の友人宮崎滔天

犬養が大隈外務大臣と交渉した結果、孫文は平山周の家庭教師の名目で上京することになり、早稲田鶴巻町に居住した③。孫文は滔天の紹介により、牛込馬場下に犬養を訪ねた。犬養の孫文に対する態度は、一面においては立憲政治を主張する立場から孫文の革命運動に理解と同情を示し、一面においては対外強硬運動に加わり中国に対する侵略を主張する立場から、孫文の革命運動をこれに利用しようとした。犬養は憲政党結成問題

①『宮崎滔天全集』第1巻、平凡社、1971年、260頁。
②『宮崎滔天全集』第1巻、平凡社、1971年、260頁。
③ 平山周「支那革命党及秘密結社」、『日本及日本人』第569号、1911年、79頁。

で彼に接近している、九州の炭坑主で玄洋社に属している平岡
浩太郎（衆議院議員）に孫文の生活費の提供を依頼し、平岡は
一年に限ってこれを引き受けた。その後、孫文は犬養毅と宮崎
滔天の紹介により、頭山満・大隈重信・尾崎行雄ら日本朝野の
人士と交際するようになり①、日本を革命の一つの根拠地と
した。

　11 月、滔天は孫文を郷里の熊本県荒尾に案内した②。滔天の
次兄民蔵は土地復権同志会を結成して、天が人類に与えている
はずの土地が末端に至るまで私有化された土地所有制度と闘う
ことを生涯の使命としている人であった。孫文は民蔵の著書に
興味をもち、帰りに多数の本を持ち帰った③。民蔵の主張と理
念は、その後の孫文の「平均地権」に一部継承されたと思う。

　12 月 20 日、孫文は荒尾で宗方小太郎と交際し、宗方は孫文
に対する印象を「才学兼優豪邁果敢にして、天下を廓清する志
あり。膝を交へて東方の大事を論じ鶏鳴に到る」④とその日記
に記した⑤。

　このような日本有志との交際により、日本人の孫文に対する
理解も深まり、孫文の名も公然と日本の新聞・雑誌に現われる
ようになった。『日本及日本人』の 1898（明治 31）年 3 月号に
佐藤宏が一論説の中で孫文を「興中会を興し、昨年兵を起さん
と」し、次いで「倫敦にて難に会ひ米に走る」、これこそ「実に
愛国党となす、一道の光明に非ずや」と高く評価した⑥。これ
が日本の新聞・雑誌に初めて描かれた革命家としての孫文像で

　　①『孫中山選集』、人民出版社、1981 年、。196 頁。
　　②『宮崎滔天全集』第 5 巻、平凡社、1976 年、666 頁。
　　③ 上村希美雄『宮崎兄弟伝－アジア篇』上、葦書房、1987 年、147 頁。
　　④ 神谷正男編『宗方小太郎文書』、原書房、1975 年、670 頁。
　　⑤ 当時宗方は中国の山東・福建省で政治・軍事関係の情報を蒐集して海軍に提供し
ていた。
　　⑥ 野沢豊「新聞に描かれた孫文」、『思想』1957 年 6 月号、68 頁。

あった。

　次に、滔天が 1898 年 5 月 10 日から 7 月 16 日まで『九州日報』に孫文の自伝ともいうべき『ロンドン遭難記』を訳載し、その序言で孫文が才識胆略共に中国稀有の革命家であることを紹介した①。この新聞は一地方紙ではあったが、革命家としての孫文が日本に系統的に紹介されたということで、孫文の革命運動と日本とを結ぶうえに意義深いものがあった。

　この時期、犬養毅は孫文の革命運動を支援しながらも、また康有為・梁啓超の改良運動にも好意ある態度をとっていた。その目的は日本の対中国政策にこの一派をも利用しようとしたことである。1898 年戊戌変法に失敗の兆しが見え始めた 8 月下旬、犬養は滔天と平山周を香港と北京に派遣した②。その目的は不明だが、戊戌変法失敗後、平山は梁啓超を、滔天は康有為を日本に連れてきた。これは外務省の支持の下で行われたが、滔天は主義上からしたのではなく③、ただ一片の友情から助けたのである④。しかし、孫文は戊戌変法における彼らの役割を重視し、彼らも愛国者だと思い、彼らと連合しようとした。犬養毅と滔天の斡旋により、10 月 26 日犬養宅で孫文・陳少白と梁啓超が連合につき協議した⑤。1899 年春から 5 月まで、犬養はまた滔天らをして孫文と康有為両派の提携を斡旋するようにした。滔天は梁啓超と折衝し、東京愛宕下の対陽館で康派の欧榘甲と孫文・陳少白との会談を実現させたが、主義の対立により結局成功しなかった⑥。

---

①『宮崎滔天全集』第 1 巻、平凡社、1971 年、425－428 頁。
②『宮崎滔天全集』第 5 巻、平凡社、1976 年、666 頁。
③『宮崎滔天全集』第 1 巻、平凡社、1971 年、385 頁。
④『宮崎滔天全集』第 1 巻、平凡社、1971 年、263 頁。
⑤『宮崎滔天全集』第 5 巻、平凡社、1976 年、667 頁。
⑥『宮崎滔天全集』第 5 巻、平凡社、1976 年、667 頁。

　孫文が日本で交際した上述の日本人は、次のような四つの類型に分けることができる。一は宮崎滔天らの自由・民主・民権を主張する民権派の志士、二は頭山満・内田良平らの玄洋社・黒竜会系統の大陸浪人、三は犬養毅・尾崎行雄ら立憲政治を主張する政界人、四は平岡浩太郎ら財界人である。この四つの類型の日本人が孫文の革命運動を支援した目的は統一的なものでなかったが、客観的には、孫文の革命運動に有利であり、孫文も彼らに依拠しようとした。

第二節　アジア連帯と恵州蜂起

　初期の孫文の革命運動の特徴は、欧米列強に対するアジア民族の連帯感から、国籍の区別もなしに、中国・日本・フィリピンの有志が一体となって革命運動を展開したことである。これは次のフィリピン独立運動への支援、両広（広東・広西）独立運動、恵州蜂起においてよく表われている。

　フィリピン独立運動への支援　広州蜂起の失敗から 4、5 年間は、孫文が言ったように、艱難辛苦をきわめた時代であった①。あたかもこの時、フィリピンの民族独立運動の指導者らがフィリピン独立運動に対する支援を孫文に求めた。孫文は東洋の黄色人種の西洋白色人種に対する闘争というアジア連帯感から、まず焦眉の急であるフィリピンの独立運動を支援し、成功の余勢を駆って中国革命を一挙に成就させようと思い、フィリピン独立運動への支援に乗り出した。

　フィリピンは 1565 年スペインの植民地となり、フィリピン民衆は 19 世紀中葉から独立運動を始め、1892 年に秘密結社カティ

---

　① 孫中山「革命原起」、『辛亥革命資料叢刊』第 1 冊、中華書局、1980 年、7 頁。

プーナン（「人民の子たちの至高至尊な結社」を意味するタガログ語の略称）を結成し、1896 年 8 月ボニファシオの指導の下で武装蜂起を行い、スペインの植民地支配を打倒して独立を獲得しようとした。しかし、その内部が分裂し、アギナルドが独立運動の指導権を掌握するようになった。アギナルドは 1897 年 12 月、一時スペイン植民地当局と妥協し、香港に亡命していたが、1898 年 4 月アメリカ・スペインのフィリピン争奪戦勃発の機を利用して、アメリカの支持の下で独立運動を再度展開し、6 月革命政権を創建し、翌年の 1 月フィリピン共和国を成立させて共和国の大統領となった。しかし、一時フィリピンの独立運動を支持したアメリカは、1898 年 12 月スペインとの講和条約において、フィリピンをアメリカの植民地とした。アギナルドとフィリピン民衆は民族の独立を守るためにアメリカと戦わざるを得なかった。フィリピンの民衆は甲午戦争で勝利した日本を強国だと思い、フランスがアメリカの独立運動を支援したように、日本がフィリピンの独立運動を支援してくれるように希望した。アギナルドの革命政府は香港に外交本部を置き、その委員長アポシブリーは1898 年 6 月マリアーノ・ポンセを香港から日本に派遣してその任にあたらせた。ポンセは梅屋庄吉の協力を得、同月 29 日横浜に到着し、大隈首相ら日本の要人を歴訪して支援を訴えたが、フィリピン問題に対し中立を宣言した日本は、アメリカとの関係を考慮し、米軍と戦う武器を提供しようとしなかった。

　行き詰まったポンセは、11 月 10 日横浜で孫文と会見し、フィリピン独立運動に対する支援を求めた。孫文は、中国革命もフィリピン革命もアジア民衆の連帯によって列強の侵略を打破し、民族の独立富強をかち取るという意義においては同一のものであると思い、その支援に乗り出した。孫文は滔天と平山周とに

この件を相談し、犬養毅に協力を求めた。犬養は「米国のやり方は酷い」と言いながら、信州出身の元衆議院議員中村弥六を彼らに紹介した①。中村は「帝国他日ノ為メ天与ナルヲ喜ヒ」、これに応じた②。

図 10　孫文とポンセ（左）

　中村は親友である参謀本部の福島安正を通じ陸軍大臣桂太郎と次官中村雄次郎と会見し、武器の調達を依頼した。桂は、「夫レ比律賓ハ南北太平洋ノ関門東亜海道ノ咽喉ヲ掘スル形勝ノ群島ナリ、海軍ノ根拠ヲ此処ニ設ケ始メテ武ヲ列強ト争ヒ覇ヲ東洋ニ称シ得ヘキハ敢テ識者ヲ埃テ知ルニアラサルナリ」と述べ、武器の提供に賛意を表したが、これが世に知られることを憂えた。中村は「余ハ事発覚スルモ一身ヲ犠牲ニ供シ累ヲ政府当局者ニ及ホサザル」を誓い、形式上大倉組の名義で軍部より購入

① 『宮崎滔天全集』第 1 巻、平凡社、1971 年、389－390 頁。
② 中村弥六「布引丸事件顛末秘録」、『梅屋庄吉文書』、小坂哲瑯・主和子所蔵。

するようにし、大倉組はまた横浜居留のドイツ貿易商人ワインペルゲルに転売する形式でフイリピンに輸出するようにした①。その代金として、ポンセは梅屋庄吉の協力で孫文を通じ中村に15万5000円を渡した。船は三井物産の老朽化した布引丸（1440トン）を3万8000円で購入したが、孫文は横浜の華僑から1万円を調達してこの購入費に充てた。

　平山周は1897年6月14日先発隊として原禎、中森三郎曹長、宮井啓造軍曹、西内真鉄陸軍少尉、稲富朝次郎陸軍少尉および数名の民間人と共に出発した②。布引丸は7月13日神戸港を出航し、門司から銃1万挺、弾薬500万発、旧式山砲1門、機関銃10挺を積んで、7月17日門司港を出航した。これらすべてはポンセと孫文・宮崎滔天が決定した。布引丸は長崎を経由してフィリピンに向かう途中暴風雨に遭い、7月21日東シナ海の車馬鞍島沖合で沈没し、フィリピン独立への期待をこめた武器弾薬と護送の任に当たった日本の志士林政文・永野義虎陸軍中尉、船長・機関長ら18名は海の藻屑と消え去った。

　孫文のフィリピン独立運動に対する支援の目的は達成されなかったが、これは孫文のアジア被圧迫民族が大連合して欧米列強の侵略に対抗しようとした直接行動であり、アジア民族解放闘争史上歴史的意義をもつものであった。

　孫文らは、陳少白が言ったように、「比島独立問題は最初の出発点で終極の目的では無い。即ち比島を独立せしめ、その余力を籍り来りて支那革命を成功し、茲に亜細亜同盟の基礎を作って、口に博愛を唱導して其実非人道を行ふ列強に対して、一泡

---

① 中村弥六「布引丸事件顛末秘録」、『梅屋庄吉文書』、小坂哲郎・主和子所蔵。
② 中村弥六「布引丸事件顛末秘録」、『梅屋庄吉文書』、小坂哲郎・主和子所蔵。
平山周「支那革命党及秘密結社」、『日本及日本人』第569号、1911年、80－86頁。

吹かせたいと言ふのが目的」であった[①]。孫文らは再挙を図り、フィリピン革命政権から 10 万 5000 円を送られ、そのうち 6 万 2500 円をもって武器・弾薬を購入しておいたが[②]、フィリピン戦況の変化および日本政府の武器積出厳重取締りにより、フィリピン独立運動への武器輸送は後を断たれた。

　図 11　1990 年、孫文と日本の友人　前列右端が孫文、後列左から内田良平、宮崎滔天、平山周

　この布引丸沈没事件が、その後驚くべき怪事件として『万朝報』などに報道されるようになった。その記事は、中村弥六が大倉組から廃銃と不発弾を安い値段で買って孫文に立派な武器だと称して、その間で数万円を着服し、この非行を隠蔽するためにわざと途中で沈没するぼろ船を選んで無理に積み込んで沈没させたのだ、とあばいた。

①『宮崎滔天全集』第 1 巻、平凡社、1971 年、402 頁。
② 車田譲治『国父孫文と梅屋庄吉』、六興出版、1975 年、216 頁。

図 12　秋山定輔

　これはアメリカとも関係があった。アメリカはフィリピン独立運動を孤立させるため、日本が彼らに武器を提供するか否かを警戒し、5 月 20 日に既に日本政府に「比島叛徒ニ供給スベキ武器密輸ノ情報ニツキ通知ノ件」の覚書を出していた。布引丸沈没事件後、在日アメリカ公使バックは外務省に厳重な抗議を行った。布引丸事件は日米の外交問題になった。警視庁は先ず大倉組を取り調べたが、大倉組はその責任を逃れるため、払い下げたのは廃銃・不発弾だと言った。外務省はこの報告をアメリカ公使に渡して外交的弁解をしたが、この弁解が報道されたのである①。

　しかし、この事件をきっかけに、孫文は彼の革命運動を支援

①　中村弥六「布引丸事件顛末秘録」、『梅屋庄吉文書』、小坂哲瑯・主和子所蔵。

してくれた友人秋山定輔と親交を結ぶようになった。秋山は岡山県の人で、1890 年東京帝大の法学部を卒業し、1893 年『二六新報』を刊行し、四回衆議院議員に当選した。秋山が布引丸事件に関する新聞記事を見て憤慨している時、中西正樹と宮崎滔天が定輔に孫文と面会するよう勧めた①。秋山は一片の同情心から孫文と会ったが、その後意気投合し、孫文の革命運動を援助するようになった。秋山は孫文の要望に応じ、陳少白らが香港で刊行する『中国日報』の印刷に必要な印刷機と活字を東京で購入して提供した。

両広独立計画　フィリピン独立運動への支援に失敗した孫文は、中国国内における挙兵の準備に取りかかった。この時期孫文は、まず広東で挙兵して、両広を独立させ、そこに共和政府を創建しようとした。これは辛亥革命前までの孫文の革命戦略でもあった。

図 13　1899 年秋、陳少白が香港で創刊した「中国日報」

1900 年の義和団事件勃発前後、両広総督李鴻章、広東の富豪

---

① 村松梢風『秋山定輔は語る』、大日本雄辨会講談社、1938 年、268－272 頁。

　劉学詢、香港総督ブレーク、香港議政局議員何啓らも、いわゆる両広独立計画を画策し、孫文もこの計画に参加するよう希望した。この計画の目的およびその首謀者が誰であったかについて、種々の説があるが①、孫文がこの計画に幻想を抱いていたのは事実であった。

　孫と李鴻章・劉学詢のこの計画に対する交渉において、日本人が介入して仲介あるいは代表の衝に当たっていた。孫文と李・劉交渉の端緒は 1899 年と言えよう。この 7 月劉学詢は西太后の特使として来日した。その目的は日本でおおいに活躍している康有為・梁啓超ら一派を日本から追放することであったが、宗方小太郎の仲介により、7 月 27 日夜孫文と劉学詢が東京（帝国ホテル？）で密談した②。劉は李鴻章の寵商で孫文とは同郷であり、1895 年広州蜂起の拠点として孫文が設置した農学会の会員でもあった。故に、孫文と李鴻章との仲介的役割を果たすことができたと思われる。宗方小太郎は西郷内相、清国公使李盛鐸らと接触しながら、孫・劉密談の仲介的役割を演じた。その日誌には彼らと接触した期日は書いてあるが、具体的内容を欠いている③。しかし、翌年 6 月孫文の代表として劉学詢と広州で会談した内田良平は、劉学詢が孫文に「李大人は孫先生の運動に理解を持ち、広東を独立させて此処に特別区を設けることを考へて居り、政体其他の点については先生の御意見に依って決定したいと言ふ意見である」と述べたと言っている④。当時孫文も両広地域に独立した新しい共和国を創建する考えを

---

　① 藤井昇三『孫文の研究』、勁草書房、1983 年、30－31 頁。
　② 神谷正男編『宗方小太郎文書』、原書房、1975 年、675 頁。『孫中山全集』第 1 巻の「致犬養毅函」では、劉学詢と会談した期日は 8 月 27 日と記している。
　③ 神谷正男編『宗方小太郎文書』、原書房、1975 年、675 頁。
　④ 黒竜倶楽部編『国士内田良平伝』、原書房、1967 年、207 頁。
　平山周「支那革命党及秘密結社」、『日本及日本人』第 569 号、1911 年、79 頁。

もっていた①。

　孫文はこの件を犬養毅・宮崎滔天・内田良平ら日本の友人と相談した。李鴻章は孫文の政敵であった。恐れたのは李が孫文を暗殺する計画ではないかと思い、劉学詢に彼の代表を派遣することを提言した。劉は帰国後李鴻章と協議し、これに賛成した。劉から5000円の旅費が送られ、6月9日孫文は宮崎滔天・内田良平・清藤幸七郎と共に東京を出発し、17日（16日説もある）香港海上に至った。李鴻章は軍艦「安瀾」を派遣して孫文の代表宮崎・内田・清藤を迎え、彼らは広州で劉学詢と会談した②。宮崎は先ず先決条件として、一、孫文の罪科を赦免し、生命の安全を保障すること、二、孫文の多年の亡命生活においての負債を整理するため孫文に10万両（六万円説もある③）を貸与することなどを提示した。劉学詢は第二の条件に即時同意し、先ず現金五万両を翌日香港で渡し、残りの5万両は指定の場所へ送ると言った。第一の条件に対しては、李鴻章と相談後、これにも賛成した④。

　孫文は李鴻章側と交渉すると同時に、広東における武装蜂起を準備した。孫文はサイゴンを経てシンガポールに向かい、宮崎滔天ら三人は6月29日直接シンガポールに行った。シンガポールには康有為がいた。6月6日東京芝の紅葉館で犬養毅・頭山満らが孫文らの帰国壮行会を催した時、犬養は孫文に康有為と連合することを強調し、孫文もこれに賛成した。滔天は戊戌変法失敗後、康有為を香港から日本に連れてきた縁があったことから、康と孫文との連合の仲介役を担当し、康と交渉しようと

　①『孫中山全集』第1巻、中華書局、1981年、189、196頁。
　② 黒竜倶楽部編『国士内田良平伝』、原書房、1967年、210－211頁。
　馮自由『革命逸史』第4集、中華書局、1981年、92－93頁。
　③ 呉相湘『孫逸仙伝』上、遠東図書公司、1982年、262頁。
　④ 黒竜倶楽部編『国士内田良平伝』、原書房、1967年、211－212頁。

したが、康は滔天を刺客と見なし、酒天と清藤はシンガポール当
局に捕らえられ、監獄に入れられた①。7月8日シンガポールに
到着した孫文は滔天らの釈放のため駆け回り、二人は一週間抑留
された後釈放された。7月12日孫文と滔天・清藤らはシンガポー
ルから佐渡丸でサイゴンを経て7月16日香港に戻ってきた。

　この時香港総督ブレークも両広独立の計画を画策していた。
彼は義和団の戦乱に乗じ、李鴻章を中心とした独立政権を擁立
し、イギリスの対中国政策に確固たる橋頭堡を築こうとした。
ブレークのこの計画と劉学詢との関係は不明だが、ブレークは
孫文の香港医学校時代の恩師であり、香港議政局議員であった
何啓を通じて、孫文・李鴻章の連合による両広独立運動を進め、
陳少白をして孫文にブレーク宛にその陳情書を提出するように
勧告した②。7月12日北洋大臣兼直隷総督に再任された李鴻章
は、香港経由で北上するようになり、18日ブレークに北上の挨
拶に赴く予定であった。ブレークはこの機を利用して李に留任
の勧告を行い、李・孫の密談を実現しようとして、17日この意
を密使を通じて佐渡丸にいる孫に知らせた③。孫文は、李鴻章
は道義に徹する信念もなく、大局を洞察する眼識もないから、
おそらく賛同しないだろうと思いながらも、宮崎滔天の意見を
聞いた④。滔天はおおいに賛成した。しかし、李鴻章はブレー
クの進めを退けて、18日遂に北上した。孫・李密談は成らなかっ
たが、孫文は両広独立計画を放棄しなかった。

①『宮崎滔天全集』第1巻、平凡社、1971年、169－185頁。
　馮自由『革命逸史』第4集、中華書局、1981年、93－94頁。
②『孫中山全集』第1巻、中華書局、1981年、191－194頁。
③『孫中山全集』第1巻、中華書局、1981年、196－197頁。
　黒竜倶楽部編『国士内田良平伝』、原書房、1967年、222－223頁。
　平山周「支那革命党及秘密結社」、『日本及日本人』第569号、1911年、91頁。
④『孫中山全集』第1巻、中華書局、1981年、197頁。
　『宮崎滔天全集』第1巻、平凡社、1971年、191－192頁。

　孫文は 7 月 25 日一時東京に帰着したが、8 月 22 日また横浜を出発し、8 月 28 日から 9 月 1 日まで短期間上海に滞在した。その目的は、八か国連合軍の北京占領により清朝政府が崩壊状態になった好機を利用して国内の政治改革派を糾合し、江蘇・両広など南方六省の独立を実現して共和国を創建しようとしたことである。孫文には門司から平山周・内田良平が同行していた。上海で孫文は劉学詢と密談しているが、その内容は広東独立政府結成のことであった①。

　孫文と同行した内田・平山は、孫文とは別に、李鴻章・張之洞・劉坤一（両江総督）の暗殺を計画し、その中の一人でも倒れれば天下は必ず動乱となり、孫文らの乗ずべき機会が招来されると思い、その準備に取りかかった②。しかし、李・張・劉らと糾合して南方の独立を図る孫文は、内田・平山の暗殺計画に反対した。これは中国の革命戦術をめぐる日本人との初めての意見の相違であった。

　恵州蜂起　孫文は両広独立計画の交渉を進めると同時に、広東一帯における武装蜂起を準備した。

　この両者は並行して進められながらも、その最終目的は両広一帯の独立にあり、武装蜂起は独立のための一手段であった。この武装蜂起は 1897 年 8 月来日以来、日本友人と親交を結んでからの最初の武装蜂起であった。孫文と日本の友人は国籍の区別もなしにほぼ一体になってその準備に取りかかった。これは孫文の革命運動と日本との関係が結ばれた初期の一大特徴であった。

　蜂起の準備は 1900 年春から始められた。華北一帯で義和団の活動が活発になった。夏になればその蜂起が起こるという消息

をキャッチした孫文は、日本の友人らと共に資金を調達すると同時に、内田良平・福本日南らをして日本の援軍である義勇軍300 余名を組織し、広東一帯に革命蜂起の蜂火が上がる時中国に渡って支援するようにしようとした①。

　孫文は広州で蜂起を発動しようとしたが、計画を変えて恵州に決めた。この決定をしたのは7月18日李鴻章の北上により、李との連携が不可能になって以後のことであった。孫文・滔天らは香港当局から上陸禁止になっていたため、佐渡丸を大本営として武装蜂起に関する軍事会議を開いた。孫文側からは楊衢雲・陳少白・鄧蔭南・謝纘泰・中堅如・李紀堂らが出席し、日本側からは宮崎滔天・清藤幸七郎・福本日南・平山周・原禎らが出席した。この会議において恵州蜂起の統帥部が決まり、総指揮官に鄭士良、参謀に楊衢雲・原禎、民政総裁に福本日南、同副総裁に平山周が任命された②。しかし、内部に異論が起こり、7月19日夜の会議において人事を変更し、鄭士良を軍司令官、原禎を参謀総長、楊衢雲を財務長官、畢永年を民政長官、平山周を外務長官に挙げ、この五人に蜂起の実権を委任した③。鄭士良が総指揮あるいは軍司令官になったのは、蜂起の主力軍が新安県の緑林と嘉応州一帯の会党三合会であったからである。鄭士良は元三合会の重要なメンバーであった故に、孫文の興中会と会党の連携に便利であったからである。

　香港では、梅屋庄吉が蜂起の準備に協力した④。7月20日、孫文は滔天・清藤と共に香港を出発し、25日東京に帰着して蜂起の準備に取りかかった。内田良平は義勇軍40人を鄭士良の方

---

① 黒竜倶楽部編『国士内田良平伝』、原書房、1967 年、206 頁。
② 『宮崎滔天全集』第 1 巻、平凡社、1971 年、193－194 頁。
③ 上村希美雄『宮崎兄弟伝－アジア篇』上、葦書房、1987 年、366 頁。
④ 梅屋庄吉『永代日記』(明治 29 年 2 月 10 日)、小坂哲瑯・圭和子 (梅屋庄吉孫女) 所蔵。未刊。130－131 頁。

に投ずることを決定し、東京を出発しようとした。しかしこの時、原禎と福本日南が突然東京に帰ってきた。これは孫文と中国同志の士気を低下させた。

あたかもこの時期に厦門事件が発生した。甲午戦争で台湾を割譲させた日本は、その対岸の福建省を日本の勢力範囲に収めようとして、その通商交通上の要衝である厦門を占領して橋頭堡にしようとした。義和団運動勃発後、列強の関心が中国北方に集中した時、台湾総督であった陸軍大将児玉源太郎は、日本が厦門を占領する絶好の時期だと思い、陸・海相の強力な支持の下で、台湾駐屯軍を出動させて厦門を占領しようとした。その出動の口実をつくるため、8月24日日本人による厦門本願寺放火事件が起こり[1]、児玉総督はこの機を利用して台湾駐屯の一個旅団を載せた船隊を厦門に入港させた。日本と福建を争奪する他の列強は日本軍の行動を傍観せず、各国の軍艦を厦門に派遣した。国際協調を主張する枢密院議長伊藤博文は出兵に反対する青木周蔵外相と共に、遂に陸軍の厦門占領計画を中止させた。児玉総督はおおいに憤慨して辞表まで提出した。この時孫文は平岡浩太郎（中村弥六の説もある）の斡旋と紹介により、9月25日台湾に赴き、児玉総督と民政長官後藤新平と会見し、武器の援助を要望した。孫文の1918年の回想によれば、児玉は中国革命に対しおおいに賛成し、蜂起が起こった後に援助を与えることを承諾した[2]。児玉総督が孫文の要望を承諾したのは、孫文の革命のためというよりも、福建に対する日本の侵略のためであった。当時孫文と共に台湾にいた平山周の回想によれば、児玉は「若し孫にして自己の勢力を以て厦門を撹乱し、○○（日本）の為めに○○（割譲）の口実を作り、○○（日本）をして

① 平山周「支那革命党及秘密結社」、『日本及日本人』第569号、1911年、94頁。
② 『孫中山選集』、人民出版社、1981年、198頁。

厦門を占領せしめば、以後に武器の援助をなさんといふに在り」
との条件をつけた①。

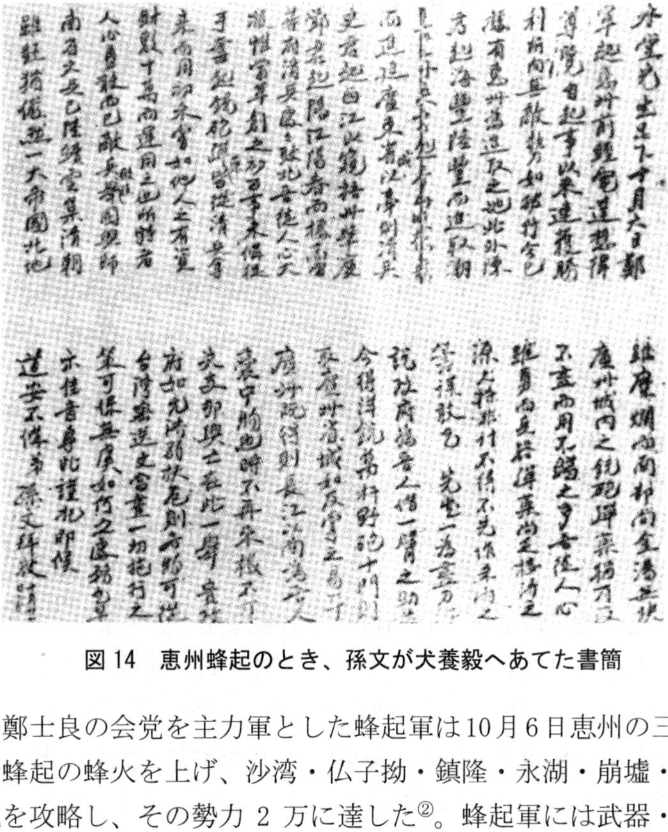

図 14　恵州蜂起のとき、孫文が犬養毅へあてた書簡

　鄭士良の会党を主力軍とした蜂起軍は10月6日恵州の三洲田
で蜂起の蜂火を上げ、沙湾・仏子拗・鎮隆・永湖・崩墟・三多
祝を攻略し、その勢力 2 万に達した②。蜂起軍には武器・弾薬
の補充が緊急な問題となった。時あたかも 19 日、突然日本では
内閣が変わり、首相が山県有朋から伊藤博文に変わった。伊藤
首相は児玉総督が孫文の革命党と折衝して蜂起軍に武器を提供
することを禁じた③。

---

　①　平山周「支那革命党及秘密結社」、『日本及日本人』第 569 号、1911 年、94 頁。
　②　馮自由『革命逸史』第 5 集、中華書局、1981 年、15−20 頁。
　③　『孫中山選集』、人民出版社、1981 年、198 頁。

　孫文は 10 月 21 日犬養毅に、伊藤内閣を説得して銃 1 万挺と野砲 10 門を提供してくれるよう要求した①。23 日には菅原伝に伊藤首相を動かして武器を調達してくれるよう要望した②。しかし、伊藤内閣は依然として孫文への武器提供を厳禁した。その理由は、厦門事件と同様に八か国連合軍が共同出兵して北京を占領しているこの時期に、日本が孫文の蜂起を援助して福建における日本の権益を拡大するのは、列強との協調外交を破壊し、ひいては列強との対立と干渉を招く恐れがあったからである。

　孫文は中村弥六にも武器・弾薬を送るよう要求した。布引丸沈没後、ポンセは孫文・中村を通じ 6 万 2500 円の武器・弾薬を購入してフィリピンの独立軍に送ろうとした。しかし、日本の取締りと独立軍の失敗により、ポンセは中国革命のためにこの武器・弾薬を提供するようにした。恵州蜂起勃発後、孫文は滔天を通じ、中村と交渉してこの武器・弾薬を送るよう命じたが、中村の武器・弾薬購入における不正行為により、この武器・弾薬も得られなかった③。

　こうして恵州革命軍への補給は不可能になった。伊藤内閣は日本将校の革命軍参加も禁止したため、台湾総督府は孫文と共に台北市新起街拠点で孫文に協力していた平山周を台湾から追放した④。

　このような状況で、孫文は山田良政を鄭士良の許へ潜行させ、「形勢一変して外援期し難く、厦門に到るもまた接済の途なし、

---

①『孫中山全集』第 1 巻、中華書局、1981 年、200 頁

②『孫中山全集』第 1 巻、中華書局、1981 年、201 頁。

③『宮崎滔天全集』第 1 巻、平凡社、1971 年、195 頁。
　平山周「支那革命党及秘密結社」、『日本及日本人』第 569 号、1911 年、95－96 頁。
　馮自由『革命逸史』第 5 集、中華書局、1981 年、95－96 頁。

④　平山周「支那革命党及秘密結社」、『日本及日本人』第 569 号、1911 年、95 頁。

軍中の事は乞ふ司令自ら其進止を決せよ」①と指示した。鄭士良は銃を持つ者 1000 余人を残し、他はみな解散し、静かに軍を治めようとしたが、清軍の追撃により全軍潰滅し、恵州蜂起は失敗に終わった。

図 15　山田良政君碑　孫文が書いた追悼文を刻んでいる。

　恵州蜂起は孫文の数回の武装蜂起において日本との関係が特に密接な蜂起であった。日本の友人らが蜂起に直接参加すると同時に、日本の友人児島哲太郎は 3000 円を寄付し、炭鉱主中野徳次郎は 5 万円の借款を提供した②。福岡の島田経一は自分の豪華な住宅を売って、この蜂起を支援した③。特に記すべきことは、山田良政の戦死である。良政は 1868 年 1 月青森県弘前に生まれ、水産講習所卒業後、北海道昆布会社上海支店員となり、1898 年戊戌変法失敗の時平山周と共に梁啓超・王熙を日本に亡

①　平山周「支那革命党及秘密結社」、『日本及日本人』第 569 号、1911 年、95 頁。
②　陳固亭『国父与日本友人』、幼獅文化事業公司、1965 年、76 頁。
③　陳鵬仁『孫中山先生与日本友人』、大林書店、1973 年、45 頁。

命させた。その後良政は南京同文書院の教授兼幹事となり、恵州蜂起勃発後孫文の命により陳南と共に10月8日台湾を出発し、広東の海豊・陸豊一帯で挙兵する予定であったが、挙兵不可能になり、孫文の命を奉じて恵州の鄭士良軍に潜行し、孫文の指示を伝えた後、戦乱の中で虎頭山下に戦死した。1919年9月その記念碑を菩提寺に建て建碑式を行った。孫文は陳中孚を代表として派遣し、碑文に「山田良政君ハ弘前ノ人ナリ。庚子閏8月、革命軍恵州ニ起ツヤ君挺身シ義ニ赴キ、遂ニ戦死ス。アア人道ノ犠牲、亜洲ノ先覚、身ハ殞滅スルトイヘドモソノ志ハ不朽ナリ」①と書（1913年2月27日）して、その功績を記念した。

---

① 『国民檔案』1985年第2号、42頁。

第二章　中国同盟会と日本

　本章では、同盟会成立の基盤であった在日留学生運動と同盟会成立との関係を通じて同盟会成立と日本との関係を究明し、同盟会の活動および 1907・08 年の武装蜂起と日本との関係等を考察することにする。

第一節　20 世紀初期の留日学生運動

　留日学生は中国人であるが、日本での留学を通じて彼らの思想が啓発され、中国近代革命運動において重要な一勢力として活躍した。孫文はこの勢力に頼りながら、その革命運動を急速に新しい段階に推し進め、辛亥革命にまで至ったのである。もし維新後の日本という客観体が中国の隣に存在しなかったならば、留日学生も存在しないし、学生運動と孫文との結合もあり得ないことであった。この意味からすれば、大多数の中国留学生を受容した日本は、間接的ながらも孫文の革命運動を「支援」したと言えよう。このような視点から、在日留学生運動とその運動が孫文の革命運動と結ばれ、同盟会の成立に至る過程を究明するのも意義あることと思う。

　留日学生運動の勃興　恵州蜂起後、孫文はその失敗から革命の新しい戦略を模索し始めた。この時、中国の政治舞台に留日

学生が新興勢力として登場した。従来会党を利用して革命を推進してきた孫文はこの新興勢力を重視し、在日留学生中の革命分子を基盤として、その革命を推進するようになった。

　では、この留日学生運動はどのように勃興したのであろうか。中国の留学生か初めて来日したのは、清朝が甲午戦争で敗北した翌年の1896（明治29）年であった。しかし、その数は数名であり、本格的に来日し始めたのは1900年義和団事件以後のことであった。義和団事件により列強に再度敗北した清朝は、いわゆる新政を実施した。この新政は1898年の戊戌変法の継続ではなく、洋務運動の拡大であり、政治・経済・軍事・教育等の各分野において、いわゆる改革を行った。その主な内容は新軍を編制し、大学堂・中学堂・小学堂、実業・師範学堂等を設置して西学を奨励し、新式な人材を養成すると同時に、科挙を廃止した。

　このような客観的環境の変化の下で、甲午戦争・義和団事件の敗北によりショックを受けた中国の青年は、愛国救亡の道を探り、日本へ留学し始めた。中国の青年が日本に留学した主な原因は、日本は距離的に近く、また経費が安くてすむなどということもあるが、これは第二義的な要因であり、甲午戦争で勝利した日本の「成功」の例にならおうとしたことにあった。留学生が日本で学んだものは、日本の文化そのものばかりでなく、主に日本の成功の基となった西洋の近代政治・文化であった。本場の西洋諸国まで出向いて近代西洋文化を習うことは当時の中国の情勢からは少数の人にしか許されない。しかし、日本に留学すれば西洋文化の要点はすぐ学習・応用できるのであった。日露戦争での日本の勝利と1905年科挙の廃止は、中国青年の日本留学熱によりいっそうの拍車をかけた。1898年から1909年

までの留日学生数は表1のとおりである①。

表 1　中国の留日
学生数の推移

1898年	61人
1901	274
1902	608
1903	1,300
1904	2,400
1905	8,000
1906	12,000
1907	10,000
1909	3,000

　中国留学生は主に人文・社会科学と軍事学を学び、少数のものが東京帝国大学・早稲田大学等で勉強し、一部は高等学校と実業専門学校で、大多数は中国留学生のために設置した宏文学院・東京同文書院・経緯学堂・早稲田大学清国留学生部・法政大学付属法政速成科・実践女学院付属中国女子留学生師範工芸速成科・東亜女学校附属中国女子留学生速成師範学堂等で勉強していた。孫文の革命運動の主要のメンバーであった黄興（宏文学院）、宋教仁（法政・早稲田大学）、胡漢民（宏文学院・法政大学）、張継（善隣書院・早稲田大学）、陳其美（警監学校）らは、みな日本留学生であった。

　軍事学を学ぶ青年は先ず成城学校留学生部と振武学校で予備教育を受けた後、次に陸軍士官学校②など専門の軍事学校に入学した。清朝政府は軍事学校に入学する学生を制限し、在日清国公使館が推薦した官費留学生だけが入学できるようにした。

①　李喜所「清末留日学生人数小考」、『文史哲』1982年第2期。
②　1900－10年陸軍士官学校に留学した中国留学生数は647名である。

　孫文の革命運動を支援した寺尾亨は 1903 年東斌学堂を設置して私費留学生を受容し、軍事予備教育をした。近代中国の歴史舞台で活躍した蔡鍔（成城学校・陸軍士官学校）、呉禄貞（成城学校・陸軍士官学校）、藍天蔚（成城学校・陸軍士官学校・陸軍大学）、呉玉章（成城学校）、蒋介石（振武学校）、張群（振武学校）らは日本の軍事学校の卒業生であった。

　中国留学生は各学校で新知識を学びながら、各種の団体を組織して活発な社会活動を展開した。例えば、励志会（1900 年）、編訳社（1900 年）、広東独立協会（1901 年）、青年会（1902 年）、留学生会（1902 年）、同郷会（1902-03 年）、浙学会（1903 年）、土曜会（1903 年）、共愛会（1903 年）、拒俄（露）義勇隊（1903 年）、赤十字社（1905 年）、軍国民教育会（1903 年）、演説練習会（1904 年）、新華会（1904 年）、洪門三合会（1904 年）、革命同志会（1904 年）、十人会（1905 年）、社会主義研究会（1905 年）、明明社（1905 年）、丈夫団（1905 年）等があった。その活動の内容から見れば、一部は学術団体であり、一部は愛国団体であり、一部は清朝打倒を目的とする革命団体であった①。

　これらの団体は日本で各種の新聞と雑誌を発行した。例えば『開智録』（1899 年）、『訳書彙編』（1900 年）、『国民報』（1901 年）、『新民叢報』（1902 年）、『游学訳編』（1902 年）、『新小説』（1902 年）、『湖北学生界』（1903 年）、『浙江潮』（1903 年）、『江蘇』（1903 年）、『直説』（1903 年）、『女子魂』（1904 年）、『白話報』（1904 年）、『二十世紀之支那』（1905 年）、『醒獅』（1905 年）、『複報』（1905 年）等である②。1905 年以後にも種々の新聞・雑誌が刊行された。これらは、初めは郷里に対する愛着心から郷里の歴史・風土・人情・政治・経済状況等を紹介して青年学生

① 李喜所『近代中国的留学生』、人民出版社、1987 年、184－191 頁。
② 李喜所『近代中国的留学生』、人民出版社、1987 年、168－169 頁。

の愛国心を啓発していたが、1903年以後からは帝国主義列強の中国侵略と清朝政府の売国行為をあばき、中華民族の亡国滅種の危険性を訴え、清朝政府を打倒すべき革命の必要性を鼓吹した。同時に中国伝統の封建倫理と道徳を批判し、ブルジョア民主主義とその政治倫理を宣伝した。『国民報』『游学訳編』『二十世紀之支那』『醒獅』『複報』等は猛烈に反清朝の革命思想を宣伝した。

　近代文明と革命の思想を身につけた留学生らは種々の単行本を執筆・出版し、反清朝の革命を鼓吹し、民主・自由の思想を宣伝した。例えば鄒容の『革命軍』、陳天華の『猛回頭』・『警世鐘』等はその代表的書物であった。『革命軍』は革命派の諸宣伝物中でもずば抜けた歓迎を受け、100万部以上流布し、革命思想の鼓吹に与えた影響は巨大であった。

　日本で組織された留学生の団体と発行された新聞・雑誌・単行本は、在日の中国留学生に革命思想を与えたばかりでなく、中国国内にもその影響を及ぼし、中国国内の革命運動を前進させた。

　では、在日の日本留学生は日本からどんな影響を受け、日本は彼らに何を提供して、いかに彼らの思想の変化に拍車をかけたか。

　第一に、明治維新以後近代化の道を歩む日本社会は、先ず日本に上陸した中国留学生に直観的な強い印象を与えた。中国留学生の日記あるいは国内への書簡等を見れば、彼らは先ずこの点に触れ、日本の近代化にあこがれていた。しかし、甲午戦争で勝利した日本は中国人を蔑視し、弁髪の中国留学生は日本社会から軽蔑された。これは民族心にショックを与え、彼らの民族思想を啓発した。

図 16・17　鄒容とその著書「革命軍」

　第二に、彼らは在学中の各学校で日本語のほかに近代的新知識を学び、日本で発行された書物を通じて日本と世界に学び、その思想が啓蒙された。

　第三に、日本は中国留学生に社会革命活動を展開する客観的空間を提供した。19 世紀末から日本の思想界の活動も活発になり、種々の社会団体、例えば社会主義協会（1900 年）、社会民主党（1901 年）等が成立し、社会主義関係の書物なども出版され、その社会環境から言えば封建専制の中国よりはるかに自由・民主の雰囲気があり、一時的ながらも革命思想を吸収し、集団的活動をする空間と革命団体を結成する場所を提供した。

　第四に、日本は中国留学生が西洋文明とその思想を学ぶかけ橋の役割を果たした。幕末の日本は世界に対する認識が中国より後れていたが、維新以来の文明開化により急速に西洋文明を吸収し、その近代化を推し進めた。中国留学生は日本近代化の基である西洋文明を日本で学ぼうとし、日本は中国

留学生のこの要望に応じた。19 世紀末の日本はヨーロッパの
18・19 世紀の主要な政治・思想・哲学等の名著を日本で和文
に訳し、中国留学生は和文の名著を日本で自由に読むことが
できた。例えばルソーの『民約論』、モンテスキューの『法の
精神』、ミルの『自由論』とその他の『フランス革命史』、『ア
メリカ独立宣言』等は当時中国留学生が愛読し、その強い影
響を受けた書物であった。特に「近代の父」ルソーの『民約
論』は、中国留学生の革命理論の支柱になった。民族主義を
根底とし、共和主義の革命を宣揚した鄒容はルソーの『民約
論』の天賦人権・自由平等・契約立国・主権在民の学説を中
国の実情に応用し、「かの廬騒ら諸大哲の微言大義（根本思想）
は、起死回生の霊薬、反魂の各処方、金円が骨を換え、刀圭
（さじ）ひとつが卓効を奏するがごときもの、フランス、アメ
リカの文明はみなそこに胚胎しているのである」、いまや病み
死んだ祖国を生き返らせようと願うなら、「請う、わたしに廬
騒ら諸大哲の宝旛（招魂タマヨバタ旗）を執らせ、わが神州の
地にはためかしめよ」、とその『革命軍』で述べていた[①]。同
時にまたワシントン、ナポレオンを革命と独立の標識とした。
これらの事実は、和文のヨーロッパ名著が中国留学生に与え
た影響を物語るものである。これらの名著は日本をかけ橋と
してまた中国語に翻訳され、彼らの雑誌を通じて中国国内に
伝播した。在日の留学生らは和文の西洋名著と和文の政治・
法律・思想等の書物を大量に中国語に翻訳し、1902 年から 1904
年の間の和文からの訳書は 321 点で、それは同時期に翻訳さ
れた訳書の 60 パーセントを占めた。

---

① 島田虔次・小野信爾『辛亥革命の思想』、筑摩書房、1985 年、14 頁。

図 18　陳天華

　このように、当時の日本は中国に対する侵略により中華民族
滅亡の危機を加重すると同時に、またその民族の危機を救う客
観的条件を一時的ながらも中国青年に提供した。日本政府と軍
部は日本の中国侵略に有用な親日的分子を養成しようとして大
量の中国留学生を受容したが、その結果は逆に侵略から祖国の
独立と近代化を目ざす多数の愛国者と革命家を養成した。

　留日学生運動と孫文　在日留学生は啓蒙活動に従事すると
同時に、革命世論を造成し、革命活動を展開し始めた。この活
動の中で、留日学生運動と孫文の革命運動が救国の共通の目的
を目ざして、徐々に結ばれるようになった。日本は、この両者
が結ばれる客観的空間と条件を提供した。恵州蜂起に失敗した
孫文は、1900 年 11 月 19 日横浜に潜伏し、1903 年まで日本に滞
在していた。会党と華僑に依拠して革命を推進していた孫文は、
中国の政治舞台に新しく登場したこの留日学生の運動を見逃さ
なかった。しかし孫文にはこの新興の革命勢力に対する認識の

過程と理解の時間が必要であった。留日学生にも孫文とその革命運動に対する理解の時間が必要であった。

　1901 年の春、フランスは広東をその勢力範囲に収めた。広東の留日学生と在日華僑は広東独立協会を設立してこれに抗議し、広東の独立を主張した。この運動の指導者であった王寵恵は、過去に孫文の革命運動に協力した宣教師王煜子の息子であった。孫文は先ず彼と馮自由を通じて広東の留日学生の革命活動と連絡を保つようになり、独立協会も孫文から教示を受けることがあった①。これは孫文と留日留学生運動との最初の接触であった。しかし、この時孫文が接触していた留日学生は、この王・馮と呉禄貞・呉樾与・鄭貫一・廖仲愷・李自重ら数人だけであった。それは甲午戦争以後、厳復によるハックスレーの『進化と倫理』の意訳である『天演論』が中国に紹介され、それに 1898 年の戊戌変法により康有為・梁啓超の改良運動の影響が留学生の中にまだ強く残っていたからである。同時に孫文自身も革命行動において会党を信任し、青年知識層に対してはそれほどの信頼感をもっていなかった。しかし、清朝打倒の共通の目的は、この両者を徐々に接近させた。

　1902 年春、『国民報』の編集人秦力山と章太炎が横浜に孫文を訪ね、土地・税制等の改革問題を討議し、共に「均田法」を制定しようとした。これをきっかけに、章・秦は 4 月 26 日東京で開催される「支那亡国二百四十二年紀念会」に孫文を招き、孫文は横浜の華僑と共に留学生のこの紀念会に出席した。しかしこの会は、清国の駐日公使の要求により日本警察当局によって禁止されたため②、孫文と留学生らは別の形式で紀念した。これは孫文と留日学生運動を結ぶ意義ある企てであった。同日

---

　① 馮自由『革命逸史』初集、98 頁。
　② 馮自由『革命逸史』初集、59－60 頁。

横浜に戻った孫文は華僑らと共に横浜で同様の集会を催した。これは留学生の民族主義宣伝により在日華僑も動き始めたことを物語る。

　1903 年 1 月 29 日、東京で留学生の新年会（旧暦）が挙行されたが、留学生馬君武と劉成禺が在日公使蔡鈞と公使館の留学生監督王大燮を前に、公然と清朝を打倒して国を救うべきだとの演説を行った。この馬・劉両名は事前に孫文からこの演説内容に対する教示を受けた[①]。

　孫文がこのように留学生とその運動に介入し始め、一部の留学生らの理解を得たのは、宮崎滔天の『三十三年之夢』とも関係があった。滔天の『三十三年之夢』は、1900 年の恵州蜂起までの孫文の革命運動に対する援助を中心とする自伝的作品で、吉野作造の言ったように支那革命の真精神を伝えるものとして、1902 年 1 月から『二六新報』に連載されたものである。この『二六新報』は秋山定輔が編集した新聞であり、発行部数 15 万部をもつ最大の新聞の一つであった。中国留学生はこれを通じて孫文に対する理解を深めることができたと思われる[②]。

　1903 年 4 月、東京の中国留学生はロシア侵略排撃の拒俄（露）運動を展開した。義和団弾圧のために出兵したロシア軍は 1903 年 4 月満洲からの第二次撤兵を怠り、逆に清朝に撤兵保障の新条約を提示した。『東京朝日新聞』はこの密約の内容をあばき[③]、日本の対外硬同志会と世論は対露開戦を主張した。中国国内でもこれに対する反対が強く、日・英・米もこれに抗議した。このような国内外の情勢の下で、留学生らは鈕永建・藍天蔚・黄興らの率先的行動と青年会の協力により、4 月 29 日東京の錦輝

① 姜龍昭『英風遺烈－田桐伝』、近代中国出版社、1984 年、40 頁。
② 馮自由『革命逸史』第 2 集、125 頁。
③『東京朝日新聞』1903 年 4 月 28 日。

館で 500 余人が参加した集会を開き、ロシアの中国侵略を糾弾
した。集会後留学生らは拒俄義勇隊を組織し、軍事訓練を始め
た。この義勇軍は帰国してロシアの軍隊を中国から追い出す先
頭に立つべき組織でありながら、また反清の一大組織として留
学生中の革命分子を集結しようとした。日英同盟を締結してロ
シアと満蒙を争奪しようとした日本は、ロシアに反対するこの
留学生運動を支持すべきであったが、清国公使の要求によりこ
の組織を解散させ、軍事訓練を中止させた。鈕永建、黄興らは
地下組織である軍国民教育会[①]を創建し、反清朝の革命活動を
続けた。

　孫文が、留学生のこの運動にかかわったという史料はまだ
見つかっていないが、留学生らの軍事学を学ぶ希望に応じ、8
月、日本の日野熊蔵・小室健次郎が、東京青山練兵場の付近
に青山軍事学校を設置し、ボウルのゲリラ戦術と軍事知識お
よび火薬の製造法などを授業し[②]、「駆除韃虜、恢復中華、創
立民国、平均地権」をその政治的趣旨とした[③]。同年 9 月 21 日、
孫文は留学生雑誌『江蘇』第六期に「支那保全分割合論」[④]を
発表し、留学生の廖仲愷・何香凝らと革命救国の方法を討論
した。

　以上述べたように、孫文と留学生らとの往来は相互の理解
を深めたが、両者が既に結合されたということを意味するも
のではない。孫文もまた留学生をそれほど信用しておらず、
一名の留学生も興中会に吸収していなかった。孫文は依然と
して主に華僑の中で活動し、九月二六日横浜からホノルルに

---

① 馮自由『革命逸史』初集、109−111 頁。
② 馮自由『革命逸史』初集、133−134 頁。
　　馮自由『革命逸史』第 5 集、35−38 頁。
③『孫中山全集』第 1 巻、224 頁。
④『孫中山全集』第 1 巻、218−224 頁。

向かい、在日の留学生を後に残した。孫文が留学生をその革
命運動の基盤として認めて革命党に吸収し、留学生らの彼に
対する理解が深まり革命の領袖として仰ぐのは後のことで
ある。

　孫文が日本を離れる前後、一、二年の速成科を卒業した一
部の留学生らも帰国した。彼らは学堂あるいは新軍の中で日
本留学の時に身につけた革命思想を宣伝しながら、国内にお
ける革命組織を結成して、反清朝の新蜂起を準備した。黄興
は拒俄運動後、宏文学院を卒業し、五月末帰国して長沙の明
徳学堂で教鞭をとった。彼はこの学堂を中心に革命活動を展
開し、『革命軍』『猛回頭』『警世鐘』等を復刻して、学生・新
軍と民間に配布した。11 月 4 日黄興は留日学生宋教仁・劉揆
一・章士釗・周震鱗らを中心に華興会を組織し①、1904 年の長
沙蜂起を準備した。1904 年の夏休みに軍国民教育会の楊篤
生・蘇鵬ら六人が暗殺団を組織して、上海・天津・北京で清
朝要人の暗殺を策したが成功せず、蔡元培らはこの暗殺団を
改組・拡大して 1904 年 11 月に光復会を組織した②。この会に
も多数の留日学生が加入しており、留日女子学生秋瑾もこの
会の会員であった。そのほかに湖北省の科学補習所・日知会、
江蘇省の励志学会・知耻学社・強国会、四川省の公強会など
の中国各地の反清の革命団体では、日本から帰国した留学生
がその中で重要な指導的役割を果たしていた。こうして在日
留学生運動と国内の革命運動が結ばれるようになったので
ある。

---

① 毛注青『黄興年譜』、湖南人民出版社、1980、26－30 頁。
② 馮自由『革命逸史』第 2 集、79－80 頁。
　馮自由『革命逸史』第 5 集、54－66 頁。

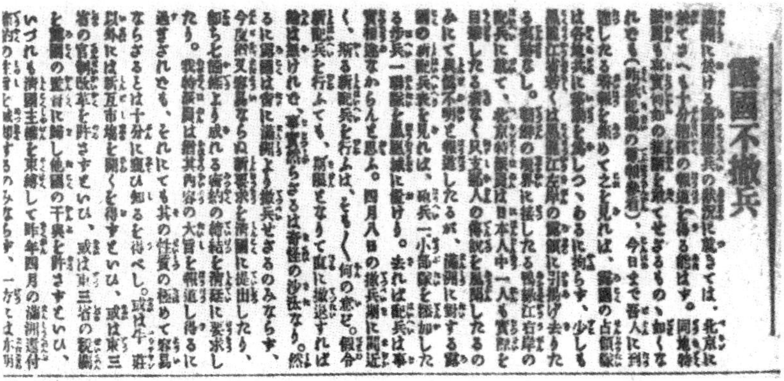

露國不撤兵

図 19　ロシア軍の満洲撤兵保障に関するロシア・清朝間の密約を報じる「東京朝日新聞」

第二節　同盟会の成立と留日学生運動

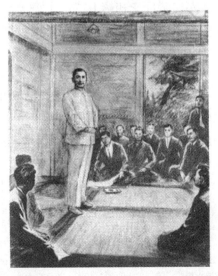

図 20　中国同盟会成立　1905 年 8 月 20 日、東京で成立したときのようすを後に描いた想像図

　留学生は中国留学生であるが、彼らは主に日本に留学し、日本と西洋の近代文明の影響により思想が啓蒙され、日本と中国において革命運動を展開するようになった。故に彼らとその革命運動は直接あるいは間接に日本とかかわりがあるようになり、留日学生を基盤とした同盟会の成立も日本と関係をもつようになった。

　同盟会の成立　1905（明治 38）年 8 月 20 日、東京で中国同盟会が成立した。同盟会は中国民族ブルジョア階級の政党であり、中国の民族ブルジョア階級が公然と中国の政治舞台に登場して封建専制の清朝を打倒し、民主共和国を創建しようとする革命目的を内外に宣言した。

　しかしその会員の絶対多数は、在日の中国留学生と中国国内での蜂起の失敗により日本に亡命している過去の留日学生であった。留学生は独立した階級ではなく、独立した階級的利益と意志をもっていない。彼らは自己の抱いている政治的立場と主張により、さまざまの階級に属していた。当時留学生の団体とその刊行物から見れば、彼らの政治的立場と主張には、あれこれの相違はあったが、その総合的傾向から見れば、清朝の封建性に反対し、民主共和の政治を主張していた。これは留学生主体を指すのではなく、革命活動に参加している者だけを指すが、彼らが孫文と共に中国の新興階級＝民族ブルジョア階級の政治的要求を代表し、中国近代史の主流を代表した。

　孫文は中国同盟会の総理に選出されたが、孫文と同盟会の基盤である留学生との関係はその後どのように結ばれ、孫文はどのように彼らの中でその領袖的地位を確保したのであろうか。これはまた日本とどういう関係があったのであろうか。

　1903 年 9 月 26 日横浜を出発した孫文はホノルルを経由して翌年 3 月アメリカ本土に到着し、鄒容の『革命軍』1 万 1000 冊

を再出版してアメリカと南洋の華僑に配布し、革命思想の鼓吹、興申会の拡大、資金の調達などの活動を展開した[①]。1904 年 8 月『中国問題の真の解決』を在米留学生の王寵恵と共に執筆し、清朝を打倒し民主共和政府を目ざす彼の革命に充分な援助を与えてくれるようアメリカに訴えた[②]。しかし、アメリカにおける康有為・梁啓超らの妨害工作により、予期した目的を達することができなかった。しかしこれが孫文と中国留学生の結合を促進した。

図 21　中国人留学生と孫文　1905 年、ブリュッセルにて

　12 月中旬孫文はニューヨークからロンドンに赴いた。孫文はヨーロッパの中国留学生の中でその革命党の勢力を拡大しようとした。翌年の春ベルギー留学中の朱和中・史青・賀之才らの招きに応じ、ブリュッセルに赴き、本格的に中国の青年留学生

---

① 馮自由『革命逸史』第 2 集、92－120 頁。
②『孫中山全集』第 1 巻、243－248 頁。

らと接触し始めた。孫文は彼らに革命思想を鼓吹し、民族主義・民主社会主義等に関する見解と、「五権憲法案」の内容を説明した。中国留学生らは孫文の革命目標と理論には賛成したが、孫文の会党だけを重視する革命戦略には賛成しなかった。彼らは革命運動における知識分子と新軍の役割を強調した。この問題に対し孫文と中国留学生らは3日間論争した。その結果、孫文は留学生らの意見を採用し、会党と同様に、革命運動における知識分子＝学生の役割を認め、革命に忠誠なものはその指導者にもなれることを認めた。孫文は30余名の留学生を正式の名称のない「革命党」に吸収し、入党の誓詞には、のちの中国同盟会とほぼ同様の「具願書人□□□当天発誓、駆除韃虜、恢復中華、創立民国、平均地権、矢信矢忠、有始有卒、倘有食言、任衆処罰」が採用された[1]。これは孫文の革命運動と留学生運動か結合される重要な第一歩であった。その後ベルリンに赴いて当地の中国留学生との論争を通じて20名を「革命党」に吸収し、パリに赴いてまた14名を吸収した[2]。このようにして、孫文は在ヨーロッパ中国留学生の半分をその指導下に置くことに成功した。これは孫文にとって予想以上の成果であり、東京に戻って当地の留学生を中心に新党を結成する自信を彼に与えた。ヨーロッパ留学生も書簡で東京の友人に孫文を支持するよう要請した。6月11日孫文はマルセイユからシンガポールを経由して、7月19日横浜に到着した。

　この時東京の中国留学生の間には、滔々たる革命風潮がみなぎっていた。留学生数は孫文が日本を発った1903年の1300名から8000名に激増し、民族意識に目覚めた留学生の中には衰微腐敗した清朝を打倒すべしとの革命思想を抱く者が多くなった。

① 馮自由『革命逸史』第2集、125－127頁。
② 萱野長知『中華民国革命秘笈』、帝国地方行政学会、1940年、82頁。

同時に 1904 年 10 月、華興会の計画した長沙蜂起の失敗と、11
月愛国志士万福華による上海での売国奴王之春暗殺未遂事件に
より、華興会・光復会・科学補習所の指導者黄興・宋教仁らが
日本に亡命して、次の革命運動の戦略を模索していた。過去の
革命団体は地域性が強く、かつまた分散的であった。革命運動
の新情勢は統一した政党の統一的指導を要求した。この革命の
客観的要請に応じて成立したのが中国同盟会であった。中国同
盟会は、孫文と東京留学生の事実上の領袖であった黄興・宋教
仁らの華興会と光復会の部分的会員の連合および在日中国留学
生らとの結合により、その成立が実現された。

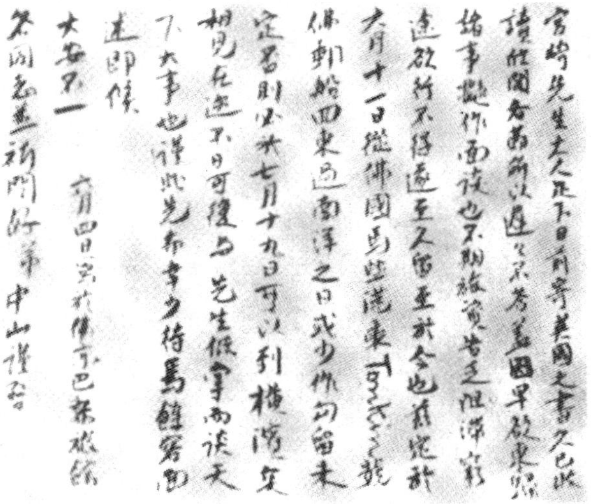

図 22　1905 年 6 月 4 日、孫文がパリから宮崎滔天はあてた書簡

　この連合と結合において、かけ橋の役割を果たしたのが宮崎
滔天であった。孫文は 6 月 4 日パリから滔天に、7 月 19 日横浜
に到着する予定を知らせた[1]。この時中国留学生以上に孫文の

---

[1]『孫中山全集』第 1 巻年、274 頁。

革命思想とその行動を理解していたのは滔天であり、またそれを世に紹介したのも滔天の『三十三年之夢』であった。滔天は中国留学生と黄興・宋教仁らと往来があり、また彼らに孫文を紹介した。滔天と黄興は、黄興が日本に留学した 1902 年冬あるいは 1903 年春東京で初めて対面した①。1903 年 5 月帰国した黄興は、翌年 10 月の長沙蜂起の挫折と 11 月の万福華事件②により、11 月再度来日し、11 月下旬滔天を訪れた③。黄興と滔天の関係は、ある意味において、孫文よりもいっそう密接であったと言える。7 月 19 日日本に到着した孫文は、滔天に、「留学生中に共に事をなすべき有為の人物があれば、それらの士を紹介してくれ」と頼んだ④。7 月下旬、滔天は孫文を案内して牛込神楽坂に黄興を訪ねた⑤。これが孫文と黄興の初めての対面であり、孫・黄連合の第一歩であった。孫文は黄興・張継・滔天・末永節らと共に革命派の連合問題を検討し始めた。孫文と宋教仁・陳天華も滔天のかけ橋により対面するようになった。7 月 19 日宋教仁と程潤生か滔天を訪れた。滔天は彼らに孫文の来日を伝え、孫文は東洋・西洋にもほとんどいない偉人であると紹介し⑥、7 月 28 日孫文を案内して宋教仁らの廿世紀支那社を訪問し、宋教仁・陳天華らを孫文に紹介した⑦。孫文は彼らに連合の必要性を説明した。

　7 月 29 日、黄興・宋教仁は神楽坂の黄興の寓居において、華興会の会員らと共に孫文の興中会と連合することを協議した。

　　①　毛注青『黄興年譜』、湖南人民出版社、1980 年、21 頁。
　　②　馮自由『革命逸史』第 2 集、78 頁。
　　③『宮崎滔天全集』第 5 巻、680 頁。
　　④　黒竜会編『東亜戦覚志士記伝』中、原書房、1966 年、374−375 頁。
　　⑤『宮崎滔天全集』第 1 巻、282−283 頁。
　　⑥『宋教仁日記』湖南人民出版社、1980 年、86−87 頁。
　　⑦『宋教仁日記』湖南人民出版社、1980 年、90−91 頁。
　　　『宮崎滔天全集』第 5 巻、681−682 頁。

翌日赤坂区桧町の内田良平らの黒竜会で中国同盟会成立準備会が開かれ、興中会・華興会・光復会・科学補習所等各系列の人びとと、中国各地からの留学生らを含む70余名が出席した[①]。会議は新組織の名称を中国同盟会と決定し、この会の綱領には過去孫文が主張した「駆除韃虜、恢復中華、創立民国、平均地権」を採択した。内田良平の会議場提供と、宮崎滔天・末永節の出席は、中国同盟会成立に対する日本民間人の支持を意味した。

図23　1905年8月20日、中国同盟会成立時に孫文が書いた同会の綱領

　8月13日、黄興・宋教仁・張継・程家檉らが中心になって麹町区富士見楼で東京中国留学生の孫文歓迎大会が開かれた。大会には1000人以上の留学生が出席し、空前の盛況であった。孫文は民族主義を中心とした演説を行い、青年学生らの共鳴心を

---

① 広東省哲学社会科学研究所歴史研究室等編『孫中山年譜』、中華書局、1980年、72頁。

呼び起こした①。これらのことにより青年留学生らに対する孫文の領袖的地位が確立し始めた。

　8月20日、中国同盟会の成立大会が赤坂霊南坂の坂本金弥宅で開催され、黄興の提議によって孫文が総理に選出され②、黄興が執行部庶務長に推薦された。加盟者は300余名、その絶対多数が青年留学生であった。日本人としては宮崎滔天・平山周・萱野長知が加盟し、1907年までに加盟した日本人は8名であった。

　過去の興中会は広東人と華僑が絶対多数であったが、中国同盟会は湖南・湖北・広東省を中心に甘粛省以外の各省の人びとが参加して全国的な革命組織になり、その基盤も華僑から青年知識層に拡大され、華僑の財政的支援、青年知識層の宣伝・指導的役割、国内における会党の勢力－この三者の結合により、孫の革命運動は新しい段階に発展し始めた。

　では、同盟会成立大会はなぜ坂本金弥の自宅で開かれたのか。これは孫文の友人秋山定輔と関係があると思われる。坂本は秋山の友人であり、秋山の『二六新報』の経営に協力し、1905年『二六新報』の改訂版『東京二六新聞』の社長になった。坂本は秋山とのこのような関係により、孫文の革命運動を支持し、自宅を会場として提供したと思う。

　最後に、日露戦争における日本の勝利が、中国同盟会成立に及ぼした影響も無視できない。孫文は「日本がロシアに勝ったときから、全アジア民族がヨーロッパを打ちやぶろうとして、独立運動をおこした」と述べ③、日露戦争が白色人種に対する

---

　① 広東省哲学社会科学研究所歴史研究室等編『孫中山年譜』、中華書局、1980年、73頁。
　② 馮自由『革命逸史』第2集、135－142頁。
　『宋教仁日記』、湖南人民出版社、1980年、98－99頁。
　③『孫中山全集』第11巻、403頁。

黄色人種の勝利、専制政治に対する立憲政治の勝利として、中国人の民族主義的心情を強く刺激したと言っている。満蒙に対する侵略戦争である日露戦争がこのように孫文と中国の革命派を刺激したのは、孫文と革命派が種族論的国際観で日露戦争をとらえたためであったと思われる。

　『民報』と『革命評論』　革命的理論がなければ革命的実践はあり得ない。中国同盟会は中国ブルジョア革命理論の考究とその社会的普及のため同盟会創立大会で宋教仁らが編集していた『二十世紀之支那』を同盟会の機関誌にするよう決定した①。しかし、一週間後の8月二七日、日本警察当局はその二号に発表した「日本政客之経営中国談」が社会の安寧秩序を妨害するとの口実で、印刷した同号を全部没収し、宋教仁と田桐を六回ほど審問した②。この弾圧により、この雑誌は廃刊せざるを得なかった。その後同盟会は『民報』を機関誌として、11月26日創刊され、1910年まで増刊版を含めて27回出版した。孫文は第一号の巻頭「発刊の詞」において民族・民権・民生の三大主義を提出し、これが同盟会の誓約「駆除韃虜、恢復中華、創立民国、平均地権」と共に同盟会と中国近代ブルジョア革命の綱領になった。辛亥革命はこの綱領の導きで勃発した革命だと言える。

　『民報』の出版は日本の友人の協力の下で出版された。『民報』印刷人は日本人の末永節であり、その発行所の看板は宮崎滔天の自宅に掲げ、編集部は牛込区新小川町二丁目八番地にあった。旧友の梅屋庄吉は有楽町に中国同盟会後援事務所を設置して同

---

①『宋教仁日記』、湖南人民出版社、1980年、98－99頁。
②『宋教仁日記』、湖南人民出版社、1980年、100－105頁。
　姜龍昭『英風遺烈－田桐伝』、近代中国出版社、1984年、48－52頁。

盟会を支援し、『民報』の発行に資金を提供した[①]。

　『民報』はその任務として次のような六大主義を掲げた[②]。

　　一　現在の劣悪政府を打倒する

　　二　真の世界平和を維持する

　　三　中国・日本両国の国民的連合を主張する

　　四　共和政体を建設する

　　五　土地国有

　　六　世界列国が中国革新の事業に賛成することを要求する

　この一・四・五は対内主義であり、二・三・六は対外主義である。この対外主義は同盟会のこの時期の国際観と対日観を示したものであった。胡漢民は『民報』第三号の「『民報』の六大主義」で、その国際観と対日観を次のように解釈した。

　当時、国際関係は均衡論で解釈され、均衡外交で国際問題を解決しようとした。胡も国際均衡論あるいは東亜均衡論で列強と中国、中国革命と列強間の問題を解釈・解決しようとした。胡は満蒙を争奪する日露戦争も均衡問題のために起こった戦争であり、極東＝中国問題が解決されないのも、均衡問題が解決されないからだと分析し、その原因は清朝の権謀術数により、列強を衝突させるからであると言った[③]。列強の植民地争奪戦あるいは地域・世界の覇権争奪戦において勢力均衡は一時的な現象であり、争奪が絶対的なもので、この争奪戦のために戦争が起こり、世界平和が破壊される。故に極東＝中国問題を解決するには、先ず列強の対中国侵略を差し止め、中国をめぐる列強間の争奪戦を制止させるべきである。しかし、胡は中国革命が成功して独立した強国をつくれば、極東＝中国問題は解決さ

① 陳固亭『国父与日本友人』、83 頁。
　車田譲治『国父孫文と梅屋庄吉』、179 頁。
②『民報』第 1 号。
③『民報』第 3 号、14 頁。

れ、均衡問題も世界平和の問題も解決されると言った①。これ
は列強の均衡外交論を利用して中国革命に対する支持を獲得し
ようとしたものであり、また中国の独立は列強の侵略に対する
闘争によって成し遂げるのではなく、中国国内の革命によって
成し遂げることを論じたものであった。

　故に、胡漢民は義和団のように民衆の意気を利用して排外行
動をとることに反対し、国際法に合致した行動をとるよう主張
し、もし革命軍あるいは革命政府がこのように行動すれば、列
強の革命事業に対する賛成と支持を得られると言った②。胡は、
「国際法では旧政府が打倒されても外交上締結された条約は、当
然新政府に承認されてその効力を失わないのであり、新政府は
その債務および一切の義務を継承せねばならない。（中略）われ
われ革命軍が起てば、かならず国際法を守って行動する。満洲
政府を駆逐したうえは、新たにたてられた政府はかならずその
条約を承認するであろう。たとえ数省だけで分離して独立を宣
言しても、各国の債権には損害がないことを断固として誓うも
のである」と言った③。こうすれば、列強は革命軍を交戦団体
と認め、中立を宣言し、最後に革命派の新政府を承認するであ
ろうと予言した。これは胡の日本と列強に対する認識が非常に
甘かったことを示している。

　このような考え方は、胡漢民の個人的なものではなく、同盟
会の対外政策であった。1906年秋に制定された「中国同盟会革
命方略」は、その対外宣言において次のように規定している④。

　　一、中国と各国がこの宣言発布前に締結した条約は引き続
　　　き有効である。

---

①『民報』第3号、14頁。
②『民報』第3号、19頁。
③『民報』第3号、21頁。
④『孫中山全集』第1巻、310－311頁。

　　二、外債の返済は依然引き受け、各省の税関が分担して返
　　　済する。

　　三、外国人の既得権利は、一切保護する。

　しかし、革命勃発後列強の清朝に対する援助を牽制するため
に、また次のように規定した①。

　　一、軍政府はこの宣言発布後各国が清朝政府と締結した条
　　　約・権利および借款のすべてを承認しない。

　　二、清朝政府を援助し、国民政府を妨害する外国人に対し
　　　ては敵視する。

　　三、もし外国人が清朝政府に戦争用の物資を提供した場合
　　　には、捜索していっさい没収する。

　『民報』の六大主義に規定されたこの対外政策は、辛亥革命の
対外路線の基であった。武昌蜂起勃発後に成立した湖北軍政府
と、1912年1月に成立した南京臨時政府の対外宣言は、みなこ
の規定に基づいたものであった。

　『民報』の六大主義の一つであった中日両国の国民的連合問題
において胡漢民は、「われわれのいわゆる両国の国民的結合とは、
双方の交際であり、中国としては実力涵養の道を追求して対等
の資格を保持し、交際において屈辱を蒙ることがないようにす
ることである。そして、日本もその雄心を棄て、誠をもって交
わるようにしなければならない」②と主張した。このため両国
間の交際において、権謀術数をはびこらせてはならないし、日
本側の侵略主義あるいは仮面をかぶった侵略主義である吸収主
義、中国側の排日・親日は双方共にとるべきものでないとし、
中日相互間の平等的連合を主張した。

　しかし、中日両国の国民の概念には、中国側は清朝支配層を

----

①『孫中山全集』第1巻、310—311頁。
②『民報』第3号、18頁。

差し置いて中国国民を指したが、日本側には日本支配層と日本国民を明確に区分していなかった。

　日本側では、宮崎滔天・萱野長知らが 1906 年 9 月に『革命評論』を創刊し、二大専制国ロシアと中国の革命断行と政体変革を助成しようとした。助成の方法として、先ず中国革命の歴史・現状と将来への展望を日本人に紹介し、それに対する日本人の同情と支援を呼びかけた。革命評論社成立後、『民報』と『革命評論』は姉妹雑誌になり、互いに支援・協力した。10 月 12 日革命評論社同人は孫文を訪問し、孫文は 18 日・19 日、黄興は11 月 4 日革命評論社を訪ねた[①]。

図 24　中国同盟会会員と孫文（1905 年 8 月）

　『革命評論』の第五号（1906 年 11 月 10 日）は、興中会の章程から会の人物・経綸・現状などを系統的に紹介し、興中会と会党との区別およびその共通点を分析し、日本人の興中会と中国革命に対する認識を深めた[②]。第四号（1906 年 10 月 20 日）

---

　①『宮崎滔天全集』第 5 巻、686 頁。
　② 労働運動史研究会編『明治社会主義史料集』第八集、明治文献資料刊行会、1962年、169 頁。

は第一面に支那革命党首領として孫文の画像を掲載し、第六面に「志士の風骨」として孫文の履歴・主義・思想・精神を紹介し、「彼の半生は戦闘の歴史で、又失敗の歴史である。而して其失敗の歴史が彼に一倍の自信と勇気を与へて、彼れ自身と彼の事業を大成せんとして居るのである。(中略) 彼は支那国が自由共和の新天地と変る迄は、到底その戦闘を続くべき運命と自覚を以て生れたる戦闘的人物である。(中略) 彼は大本領を有する世界的人物である」と評価した①。第七号（1907年1月1日）は、「支那革命党大会の光景」として『民報』刊行一周年祝賀会の模様を報道し、その会における孫文の演説全文を掲載し、その主義を日本に紹介した②。同号はまた支那革命殉難者、史堅如・鄒容・陳天華・呉樾らの英雄的闘争を紹介した③。第九号（1907年2月25日）は恵州蜂起で殉難した山田良介（良政）が孫文の革命運動を支援した事績を紹介し、「山田君が支那の革命軍を助けたるは日本人の誇とすべき所で、真に東西一対の美談である。(中略) 革命党にして最後の勝利を得ば、山田君は新支那建設の偉勲者として、支那国民の永く忘れざる所であらふ」と評価した④。

　『革命評論』は「支那革命の大勢」の欄を第二面に設置して、中国国内における革命蜂起と騒動などを日本に紹介した。特に1906年10月の萍郷・醴陵で同盟会員と会党が連合して挙兵した事件は、同誌に数回長文で掲載された。『革命評論』は同盟会

---

　① 労働運動史研究会編『明治社会主義史料集』第八集、明治文献資料刊行会、1962年、158頁。
　② 労働運動史研究会編『明治社会主義史料集』第八集、明治文献資料刊行会、1962年、185-187頁。
　③ 労働運動史研究会編『明治社会主義史料集』第八集、明治文献資料刊行会、1962年、188-189頁。
　④ 労働運動史研究会編『明治社会主義史料集』第八集、明治文献資料刊行会、1962年、203、208頁。

と共に、清朝政府の予備立憲をあばいた。1901年いわゆる新政を実施した清朝は、1905年出洋考察政治大臣を日本と欧米に派遣して憲政を視察し、1906年9月に予備立憲の上諭を発布し、立憲を採用する準備をした。『革命評論』は「支那立憲問題」（第二号）、「清廷の新学排斥」（第八号）、「滑稽なる支那立憲問題」（第九号）の文章を掲載して、その企図は革命熱を減殺して、立憲の美名を借りて清朝の運命を万世に安からしめんとしたのであるとあばき、これを実行すれば、革命の動乱は急転直下の勢いをもって襲ってこようと予言した[①]。中国革命はこの予言通りに進行したのである。『革命評論』はロシア革命問題においてアナーキズムの傾向が強かった。その第一号から第三号は虚無党の始祖バクーニン、名士ステップニアク、女傑サシュリッチらの画像を掲載し、各号に彼らの主義と思想を紹介した。これは『民報』と中国革命派にもその影響を及ぼした。

　中国同盟会の主義と綱領を鼓吹した『民報』は四、五万部発行され、日本から中国国内にも流布された。1907年9月4日清朝政府外務部は『民報』など七種類の雑誌の日本での発行禁止を日本政府に要求した。日本政府は『民報』に対する検閲を強化し、その活動を監視したが、発禁令を公然とは出さなかった。しかし、1908年10月19日、日本の内務大臣平田東助と警視総監亀井三郎は『民報』の簡明章程と第24、25号の「革命之心理」は日本の出版条例第33条に違反するとの口実で『民報』の発行・発売禁止の命令を発した。『民報』編集長章太炎は日本当局に数回抗議したが、東京地方裁判所は11月26日と12月12日開廷して、最後に『民報』の発禁と章太炎に罰金50円の判決を下した。『民報』はこのように日本当局の弾圧により廃刊と

---

① 労働運動史研究会編『明治社会主義史料集』第八集、明治文献資料刊行会、1962年、135、198、207頁。

なった①。

　日本政府がこの時期に『民報』を弾圧した原因は、日本が清政府との「親善」を回復して、日増しに密接になる清・米関係を牽制しようとしたことにあった。この時期、アメリカの在奉天総領事はアメリカ留学生である唐紹義が奉天巡撫の要職に就いた機を利用して、東北における銀行の設立・鉄道建設などの権利を獲得し、また義和団事件の賠償金を中国に返還して教育費に使用するなど積極的な対清外交を展開した。清朝政府は唐紹義を特使としてアメリカに派遣し、アメリカ政府に感謝すると同時に、東北に対する投資問題などを協議するとの噂が流れた。このような状況で、桂内閣は清・米の接近を牽制し、清朝との関係を改善して満蒙における日本の権益を維持・拡大しようとした。この見返りとして日本政府は『民報』を弾圧したのである。

　『革命評論』も日本政府当局の弾圧により発禁となり、1907（明治 40）年 3 月 25 日第十号を最後に廃刊となった。『革命評論』は廃刊されたが、同誌が日本において孫文の革命運動を鼓吹し、日本国民の中国革命に対する理解を深めたことは、近代中日関係史の一ページに刻まれた。

　留学生の取締り　同盟会の成立は留学生運動に新しい拍車をかけ、同盟会は留学生運動を指導した。最初に指導した運動は反日運動であり、また革命運動である留学生取締規則反対運動であった。日本留学をまっ先に提唱した張之洞は革命を誘発する留学生運動のありさまを見て、西太后に留学生の取締りを日本政府に依頼するよう奏上した。清国政府はこの取締りを日本政府に依頼し、日本の文部省は 1905 年 11 月 2 日に『清国人

① 廃刊後、1910 年初め東京で秘密に二回刊行した。合計二六号と増刊『天討』を発行。

ヲ入学セシムル公私立学校ニ関スル規程』15 か条を発表した。
東京を中心とした在日中国留学生は、自発的に取締規則反対運
動を始めた。闘争の矛先は先ず第 9 条の「選定ヲ受ケタル公立
又ハ私立ノ学校ニ於テハ清国人生徒ヲシテ寄宿舎又ハ学校ノ監
督ニ属スル下宿等ニ宿泊セシメ校外ノ取締ヲナスヘシ」と、第
10 条の「選定ヲ受ケタル公立又ハ私立ノ学校ハ他ノ学校ニ於テ
性行不良ナルカ為退校ヲ命セラレタル清国人ヲ入学セシムルコ
トヲ得ス」①の 2 か条に集中したが、その後には規則の全面的
取消しを要求して立ち上がった。

　時あたかも、孫文は 10 月 7 日ハノイに赴き、黄興も 11 月 26
日香港・桂林方面に赴いていた。同盟会では張継が責任を負っ
ていた。同盟会本部は会員会議を開き、取締規則反対闘争を協
議し、宋教仁・胡瑛に中国学生連合会を成立させて、この運動
を指導するようにした。会長には同盟会会員の胡瑛が推挙され
た。連合会は 12 月 1 日「学生公稟」（留学生の公開状）という
長文の意見書を文部省に提出した。5 日には 300 名の留学生ら
が富士見軒で大会を開き、「東京留学生の文部省取締規則に対す
る反駁」という声明書を発表した。同時に、在日の清国公使館
と規則取消しの交渉をしようとしたが、公使館は留学生を相手
にしなかった。

　留学生らは声明・交渉では所期の目的を達成することができ
ないとして、ストライキと集団帰国の方法を採用して闘った。
12 月 8 日、宏文学院の留学生が先ずストに入り、各学校の留学
生にストを呼びかけ、経緯学堂・早稲田大学・大成学校・法政
大学等の留学生が相次いでストに入った②。実践女学校の秋瑾
理ら女子学生もこの闘いに参加した。12 月中旬には、学校を退

---

① さねとうけいしゅう『中国留学生史談』、第一書房、1981 年、223 頁。
② 黄福慶『清末留日学生』、台北、1975 年、294 頁。

学して集団的に帰国する留学生が相次いだ。その数は2000名に
も達した。

図25　日本留学時の秋瑾

　この闘いの中で法政大学の留学生陳天華が12月8日大森海岸
で投身自殺をし、「絶命書」で規則と中国人に対する日本世論の
侮蔑に死をもって抗議した。陳天華は「かの国の文部省が清国
留学生取締規則を発布したのは、われわれの自由をはぎとり、
わが国の主権をおかしたこと、いうまでもないことである」と
指摘し、日本の各新聞は中国人を「烏合の衆だとののしり、あ
るいはあざけり、あるいはあてこすり、ひどいものである。『朝
日新聞』などは、ずけずけと『放縦卑劣』だとののしり、われ
われをば、とことん軽蔑している」と憤慨の意を表わし、自分
の死が「日本の新聞のいった恥をすすぎ、救国の実行ができた
ならば、ぼくの死んだのは、ほんとうに生きたことになる」と
して投身自殺の目的を明白に表明した[①]。陳天華は『猛回頭』『警

① さねとうけいしゅう『中国留学生史談』、第一書房、1981年、249－251頁。

世鐘』『獅子吼』の著者であり、やさしい口語体で熱烈な革命思想を留学生と国内の民衆に訴え、『民報』の編集者、同盟会の書記として、孫文の片腕とまでいわれた青年であった。故に彼の死は取締規則反対運動に大きな影響を及ぼした。

　留学生のストと帰国の風潮は日本政府当局に強い衝撃を与え、文部省はこの規則を取り消さざるを得なかった。帰国しなかった留学生らも1月中旬から復校し、運動も静まった。

　この運動は単に取締規則反対のための闘争でなく、日露戦争の勝利により事実上朝鮮をその植民地に変えた日本侵略主義に対する留学生らの警戒心を表わし、留学生に対する取締りは中国を第二の朝鮮にする第一歩と見なして留学生らは闘ったのである。

　この運動は、同盟会が指導し、同盟会会員が先頭に立って直接日本政府当局と対決した闘いとして意義があるとともに、中国国内において同盟会の組織を拡大し、その革命運動を促進したことにも積極的な意義があった。運動中あるいは運動後に帰国した留学生中の同盟会会員は中国国内で同盟会分会をつくり、学堂を拠点として革命思想を宣伝し、あるいは会党・新軍の中に潜伏して革命活動を展開した。例えば、中国学生連合会の会長であった胡瑛は煙台で、程家檉は北京で、張継はジャワの華僑の中で、呉崑・朱子龍は武昌で、田桐は、湘潭で、秋瑾は紹興で革命活動を展開した[①]。

　孫文の追放　留日学生を取り締まった日本政府は1907(明治40)年3月孫文を日本から追放した。この追放は、同盟会成立後、中国国内における革命運動の高揚と日露戦争後悪化した日清関係を緩和するためにとられた措置であった。

---

① 姜龍昭『英風遺烈－田桐伝』、近代中国出版社、1984年、80－81頁。

　同盟会成立後、孫文・黄興らは国内と東南アジアの各地に同盟会分会をつくり、革命に必要な準備を始めた。1906 年秋・冬、孫文は黄興・章太炎らと共に『革命方略』を制定し、革命勃発後に布告すべき『軍政府宣言』『軍政府と各国民軍の関係』『軍隊の編制』『軍人紀律』『対外宣言』等具体的方針と政策を作成した。辛亥革命はこの方針と政策により準備され、蜂起後の軍政府はこれに規定された政策どおりに行政を行うようになっていた。

　中国国内では、同盟会会員の自発的な革命運動が展開された。1906 年 12 月、湖南省の萍郷県と江西省の瀏陽・醴陵県一帯で、東京から帰国した同盟会会員劉道一と、上海で同盟会に加入した蔡紹南（留日学生）・魏宗銓らが会党の洪江会（哥老会系統）の首領襲春台と共に萍瀏醴蜂起を起こし、安源炭鉱の鉱夫らもこの蜂起に参加し、湖北・湖南・江西省一帯にその勢力を拡大し、その勢力は二万人余に達した。東京の同盟会本部は蜂起勃発後、譚人鳳・寧調元・胡瑛ら数名の同盟会会員を現地に派遣したが、蜂起は清軍に弾圧された。

　萍瀏醴蜂起は弾圧されたが、清朝の支配に大きな衝撃を与えた。清朝政府は東京を根拠地とする孫文の同盟会の破壊に取りかかった。慶親王は伊藤博文に親書を送って、孫文を日本から放逐するよう要求した。朝鮮統監府の統監であった伊藤は、日本の朝鮮併合に極めて協力的であった内田良平とこの件を相談した。内田は、「孫を自発的に退去させる策を取られたらよろしからう」[1]との意見を述べた。その理由は、中国の革命は孫を日本から放逐しても、とうていそれを防ぎ止めることのできぬ形勢となっているから、この際日本政府が中国の革命党を圧迫

---

① 黒竜会編『東亜戦覚志士記伝』中、原書房、1966 年、436 頁。

するのは、将来のため不利であるからであった。伊藤は内田の
意見に賛成し、内田に外務省政務局長山座円次郎とその具体策
を協議させた。内田は山座に三年以後また来日しても差し支え
ないという条件で孫文を説得する意見を具申し、山座はそれに
賛成した[①]。内田は宮崎滔天と共に孫文を牛込筑土町に訪れ、
その承諾を得た。内田は孫文を説得した後、山座に7000円を出
させ、これを内田の私金として6000円を孫文に与え、1000円
を2月25日赤坂三河屋で行った孫文の送別宴に投じた[②]。また
東京証券商鈴木久五郎が孫文に一万円の餞餞別を贈った。これ
には梅屋庄吉が介在していた[③]。3月4日、孫文は胡漢民・汪兆
銘・萱野長知・池亨吉らと共に横浜から香港経由でシンガポー
ルに赴いた。

　日本政府は孫文の追放により一石二鳥の利を得た。第一に、
清朝の要求を満足させて日清関係を改善し、中国・朝鮮侵略に
有利な外交態勢をつくった。日露戦争後の12月22日日本は「日
清満洲に関する条約」を締結し、日本が日露戦争でロシアから
獲得した満洲での権益を清朝政府に強制的に承認させた。同時
に朝鮮と「日韓協約」を締結して朝鮮を日本の完全な植民地に
改めようとしたことで日清関係は一時悪化していたが、日本政
府は孫文の追放により、このように悪化した日清関係を緩和さ
せることができた。第二に、自発的な退去の方式をとって、孫
文と革命党に余地を残し、もし孫文と革命党の革命が成功した
暁には、彼らからも利を得られるような態勢をつくった。

　日本政府は孫文の追放により上記の目的を達成しようとした

① 黒竜会編『東亜戦覚志士記伝』中、原書房、1966年。
　一又正雄『山座円次郎伝』原書房、1974年、68-69頁。
② 黒竜会編『東亜戦覚志士記伝』中、原書房、1966年、437頁。
　『宮崎滔天全集』第5巻、687頁。
③ 車田譲治『国父孫文と梅屋庄吉』、193頁。

が、予想外に同盟会内部の抗争を引き起こした。この抗争には
同盟会に加入していた日本人も参加した。孫文は受け取った 1
万 6000 円の餞別から、2000 円は『民報』の経営費として章太
炎に与え、残りの 1 万 4000 円は西南地域での武装蜂起準備のた
め持参して行った。外務省からの 7000 円は内田が山座から内密
に受け取り、彼の私金として孫文に渡したが、孫文がシンガポー
ルに赴いた後、このことが内田から平山周・北一輝・和田三郎
らにもれ、同盟会会員である彼らはこのことを同盟会本部に告
発し、その裏に日本政府と何かの陰謀があったかも知れないと
言った。同盟会では、2 月に国旗制定の問題で既に孫文と内部
の対立があったが、この問題を機に、孫文に対する疑いと不満
が激化し、アナーキズムの影響を強く受けていた張継・章太炎・
劉師培、平山・北・和田は孫文を激しく非難し、章太炎は民報
社（同盟会の事務所）に掲げられていた孫文の写真を取り下げ
てしまった。彼らは孫文の同盟会総理罷免と、同盟会の改組ま
でも要求し、同盟会は分裂の危機に見舞われた。平山・北・和
田らも孫文排斥の先頭に立っていた。滔天は終始孫文を擁護し、
孫文離日後の 3 月 9 日、黄興・張継・宋教仁・章太炎らの招宴を
催し、激化した同盟会内部の対立を緩和するために努力した①。
同盟会の内部対立により革命評論社内部にも宮崎滔天と北・和
田らの内紛が起こり、『革命評論』が 3 月 25 日の第十号を最後
に廃刊せざるを得なかった一原因になった。

　外務省の餞別を契機に起こった同盟会内部の対立は、1907・
08 年の武装蜂起の失敗によりいっそう激化した。餞別は、その
主観的目的とは別に、客観的には同盟会を分裂・分散させる役
割を果たし、孫文と日本民間人との間に楔を打つのであった。

---

① 『宮崎滔天全集』第 5 巻、688 頁。

アナーキズムの影響　中国同盟会と中国ブルジョア革命運動は、孫文が提唱した三民主義をその綱領とし、その思想の下で革命運動を推し進めた。しかし、同盟会内部には改良主義的社会主義・国家社会主義・キリスト教社会主義・アナーキズム等種々の社会主義思想が浸透してきた。これらは日本を媒介として同盟会の内部に浸透した。日本は 19 世紀末、欧米からこれらの思想を取り入れたが、中国留学生らはまた日本からこれを導入した。1902（明治 35）年には幸徳秋水の『二十世紀之怪物帝国主義』『広長舌』、島井満都夫の『社会改良』等が中国語に翻訳された。1903 年には村井知至の『社会主義』、福井準造の『近世社会主義』、島田三郎の『社会主義概評』、西川光次郎の『社会党』、太原詳一の『社会問題』等が中国語に翻訳され流行した①。これらの主義の中でも、同盟会に特に強い影響を与えたものはアナーキズムであった。

　日本のアナーキズムの代表的人物は幸徳秋水であった。彼は 1905 年渡米し、アメリカでクロポトキンの影響を受け、改良主義的社会主義者からアナーキズムに転換した。1906 年帰国後、日本の社会主義運動において直接行動を中心としたアナーキズムを、「世界革命運動の清流」「余が思想の変化」等で鼓吹した。幸徳秋水は1907年2月の日本社会党第二回大会で改良主義を主張する田添鉄二らと対立し、日本社会党の主導的地位を占めるようになった。同盟会会員の一部と在日留学生は幸徳秋水のアナーキズムの影響を受けた。その代表的人物は張継・劉師培・何震（劉師培の夫人）らであった。1903 年無政府主義の本を翻訳した張継は、1906 年幸徳秋水が翻訳したイタリアのアナーキストであるマラテスタの『無政府主義』を中国語に訳し、日本

---

① 黄福慶『清末留日学生』、1975 年、245 頁。

人の同盟会会員北一輝を通じて幸徳秋水と知り合った。1907 年
3 月、張継はまた章太炎と共に幸徳秋水に書簡を出して彼の教
示を仰いだ。その後、双方の往来は頻繁になり、同年春渡日し
た劉師培と何震もこれにかかわり、6 月アナーキズムの雑誌『天
義』を創刊した。張継・章太炎は当時『民報』の編集員であり
発行人であった故に、アナーキズムは直接『民報』にも影響を
及ぼし、同盟会内部の思想的分裂と内訌に拍車をかけた。この
時東京の同盟会内部に孫文に反対する傾向が現われた。アナー
キスト劉師培は同盟会の改組を主張し、孫文を排斥しようとし
たが、黄興・劉揆一らの反対により、その主張は実現されなかっ
た。張・劉らは 8 月 31 日社会主義講習会を組織してアナーキズ
ムを鼓吹し、同盟会の綱領と対立した。幸徳秋水はその創立大
会で講演し、堺利彦（9 月 15 日）、山川均（9 月 22 日、10 月
6 日）、大杉栄（11 月の第二・四週）らもこの講習会で講演を
した。

　先にも述べたように、『革命評論』のアナーキズム的傾向も『民
報』と同盟会に思想的影響を及ぼした。このような影響は同盟
会内部の思想・組織の分裂というマイナスの側面があったが、
中国のアナーキズムも日本と同様に、社会主義の潮流として、
革命運動にプラスになった側面も無視できないであろう[1]。そ
の後、同盟会内部のアナーキズムは、張継が 1908 年 1 月金曜会
の屋上演説事件に関連して日本から追放されフランスに亡命し、
一時アナーキズムの影響を受けていた章太炎もアナーキズムに
反対し、そしてまた章太炎と劉師培の関係もうまくいかなかっ
たため、機関誌『天義』は 1908 年 3 月廃刊され、アナーキズム
の思潮も一時沈滞した。しかし、1920 年前後、中国革命の舞台

---

① 金冲及・胡縄武『辛亥革命史稿』、上海人民出版社、1985 年、259－260 頁。

でまた復活した。

第三節　1907・08 年の武装蜂起

西南辺境での武装蜂起　1907（明治40）年3月4日に日本から退去した孫文は、シンガポール・サイゴン経由で3月下旬ハノイに到着した・孫文はハノイを根拠地として、広東・広西・雲南省で本格的な武装蜂起を組織した。

　孫文の革命運動の基本的手段と方法は、武装蜂起であった。同盟会成立後、革命世論・組織拡大等の仕事は留学生を中心とした知識層にまかせ、孫文と黄興は1905年の9月からその準備を始めた。孫文と黄興の間には、広東を中心として先ず西南地区で武装蜂起を起こすのか、あるいは湖南・湖北を中心とした長江流域の華中地帯で起こすのかという議論があったが、海外との連絡、武装輸送の便から、西南地区、特にベトナムとの辺境地域で先ず武装蜂起を起こし、次に広東を占領し、北伐を行って清朝を打倒しようとすることで意見が一致した。このため孫文は1905年10月から翌年10月サイゴン・シンガポール等で、黄興は1905年12月から翌年9月香港経由で桂林・梧州・ハノイ・シンガポール等で、同盟会分会を組織すると同時に蜂起の準備をした1906年12月に起こった萍瀏醴蜂起の失敗により、長江流域の革命勢力が一大打撃を受け、この地域で蜂起再挙の可能性はなかった。このことは、孫・黄に西南地域で武装蜂起を行う決心をいっそう固めさせた。

　孫文・黄興はハノイを根拠地としてこの蜂起を計画・準備した。これは、孫文の革命運動において日本だけが唯一の基地でなく、ベトナムも一時的ながらその重要な根拠地であったことを示している。この根拠地は日本と比較して有利な点があった。

(1) 中国西南部の辺境地区と接近しており、距離・交通の面で日本より近く便利であった。(2) サイゴン・シンガポール・ペナン等東南アジア華僑の援助を華興会の指導者，黄興図受けるのに、日本より直接的で便利であった。孫文の 10 回の蜂起において、ベトナムとタイの華僑が 8 万 9400 余元の軍資金を提供し、各国の華僑の中でトップを占めていた[①]。(3) 一時的ながらも、フランス領インドシナ植民地当局が孫文の革命に対し相対的に好意的であったと言える。日露戦争後日本は積極的に満蒙政策を推進し、清朝との取引において、孫文らの革命派を抑圧する態勢をとっだが、フランスの場合は清朝との関係が相対的に安定しており、フランスと清朝間に孫文の革命派を利用して取引をする必要性が相対的に少なかったのである。

図 26　華興会の指導者、黄興

　このような有利な条件のほかに、孫文とフランス当局と直接的な往来と接触があった 1897 年孫文は一時的ながらもベトナムを根拠地としようとする考えがあり、1900 年 3 月東京で在日

---

① 張王法編『中国現代史論集－辛亥革命』第三輯、聯経出版事業公司、1980 年、264 頁。

のフランス公使アルモンと会見して、彼の革命に武器と参謀将
校を提供してくれるよう要望した①。翌年 3 月、孫文は「我綱
要と目標」という文章をフランス当局に提示し、彼の共和革命
の内容を紹介すると同時に、この目標達成のため、われらが強
国の中で協力と支援を求める唯一の国はフランスだけだと強調
し、フランスの支援を要望した②。1902 年 12 月孫文は在日公使
アルモンの紹介のよりサイゴンに赴き、フランス領インドシナ
総督ボーの秘書長ハトアンと会談した③。さらに重要なのは、
1905 年 2 月と 6 月に孫文は二回フランスを訪問して、外務省の
レオと 2 月 9 日・5 月 18 日の二回、会談をしたことである。こ
の時期は日露戦争のまっ最中であった。孫文はこの戦争により
フランスと日本との間に中国をめぐる対立が激化する可能性を
予測し、その対立を利用してフランスの支援を獲得しようとし
た。孫文はレオに、もしこの戦争において日本が勝利すれば、
日本は北京の清朝政府の政策を抑制するであろうし、もし敗北
すれば日本は中国西南地方に対する拡張を強化してその敗北を
補おうとするであろうと語り、西南地方とベトナムとの地理的
接近から、これに共同して抵抗しようとする意見を述べた④。
これはフランスと連合して日本と対抗しようとしたものであり、
日露戦争における日本の中国侵略に対し明確な認識があったこ
とを示している。当時衆議院議長になったドゥメールも、日露
戦争後日本と対抗する立場から孫文とその革命運動を利用しよ
うとした。この主張は陸軍大臣バルドーの支持を受けた。バル
ドーは中国問題と孫文を重視し、同年 3 月に中国情報部を設置

① 巴斯蒂「論孫中山在法国政界中的関係」、2 頁。
② 巴斯蒂「論孫中山在法国政界中的関係」、4−5 頁。
③ 巴斯蒂「論孫中山在法国政界中的関係」、8 頁。
④ 巴斯蒂「論孫中山在法国政界中的関係」、10 頁。

し、ブカベイを部長に任命し、中国における情報を収集した①。
孫文と同盟会はこれに協力した。

　孫文は 1905 年 7 月の来日から 07 年 3 月に追放されるまでの
20 か月間に、二回ベトナム・シンガポールに行き、その滞在期
間は 10 か月半に及んだ。これらのことと来日前のフランス当局
との接触から見れば、中国同盟会本部は東京に置いておいたが、
武装蜂起の根拠地としては既にベトナムを選択していたと言え
る。故に 1907 年 3 月の孫文追放は、孫文にとって突然の打撃で
はなかったと思う。しかし 1905 年 9 月初め日露戦争の終結と
ポーツマス条約の締結により、その後日本と米英との矛盾と対
立は激化したが、日仏の関係は安定化した。この上にまた、11
月のフランス陸軍大臣バルドーの辞職により、フランス政府は
孫文とその革命運動を利用する必要がなくなり、ただ孫文の革
命蜂起に対する好意的容認を与えただけであった。これは
1907・08 年の武装蜂起を準備・指導する客観的条件を提供した。
孫文と黄興はこの条件を利用してハノイを革命の根拠地として、
1907 年 5・6 月の黄岡・恵州七女湖蜂起、9 月の欽廉蜂起、12
月の鎮南関蜂起、08 年 3 月の欽廉上思蜂起、4 月の河口蜂起な
どを連続的に行った。

　ハノイを根拠地として指揮したこれらの蜂起は、日本と絶縁
して行われたのではなかった。蜂起に必要な武器の一部はサイ
ゴンから、一部は日本から購入した。孫文らと共に行動した萱
野長知は主に日本からの武器購入に従事し、日本国内では宮崎
滔天・三上豊夷らが協力したが、その具体的内容は不明である。
萱野は五月黄岡蜂起直後と、7 月の欽廉蜂起の際、二回孫文の
命を受け日本に帰り、武器の購入と輸送にあたっていた②。1907

---

① 巴斯蒂「論孫中山在法国政界中的関係」、11－12 頁。
② 宋越倫『総理在日本之革命活動』、中央文物供応社、1953 年、14－16 頁。

年9月、宮崎滔天は神戸の海運業者三上豊夷と協力して、金子克己・前田九二四郎・定平伍一・陳九二・鄧慕韓らと共に幸運丸（2800トン）をチャーターして、38年式村田銃2000挺、ピストル三〇挺とその弾薬を密載して広東省油尾で武装蜂起を計画している許雪秋らに供給しようとしたが、油尾沖で清朝の官憲に発見されそうになっだので、武器・弾薬を全部海中に投じて帰ったという①。

　1908年1月3日、孫文はハノイから萱野長知と三上豊夷宛に出した書簡で、神戸に隠した武器・弾薬の始末を萱野と三上に頼んでいるが②、これは萱野と三上が武器調達・輸送において重要な役割を果たしていたことを物語る。三上は孫文を援助する時、「中山の大業は必ず成就すべし。予は、其成功を疑はず。但し事の成るは予の子か或は孫の時代なるべし。併し理想は時世につれて漸次近づくべし」③と語った。三上はこのような理想を抱いて孫文の革命を支援したのであった。孫文は三上に、「革命　丁末正月　三上先生属」と揮毫した書を記念に贈呈した。

　しかし、この武器購入問題が、先にも述べたように、同盟会内部の対立をいっそう激化させた。萱野が幸運丸に武器を密載して離日した後、平山周と和田三郎が民報社に行って宋教仁と章太炎に、日本で購入した武器は廃物で使用することができないと言った。宋と章は即時香港の『中国日報』に武器が低劣であるから購入を停止し、別途に購入するようにと打電した④。これを知った孫文は宋・章が武器購入・輸送の計画をもらしそ

①　馮自由『革命逸史』第4集、178－182頁。
　　馮自由『革命逸史』第5集、110－115頁。
　　『宮崎滔天全集』第5巻、689頁。
②　『孫中山全集』第1巻、356－358頁。
③　陳徳仁・安井三吉『孫文と神戸』、神戸新聞出版センター、1985年、73－74頁。
④　馮自由『革命逸史』第4集、179－180頁。

れを破壊すると非難し、9月13日宮崎滔天宛の書簡で平山・北・和田らが同盟会内部の団結を破壊すると批判した①。これにまた黄岡・恵州七女湖の蜂起が相次いで失敗したことにより、東京の同盟会本部において孫文排斥の風潮はよりいっそう強くなり、孫文を擁護した劉揆一が張継と殴り合いを演じるほどまでになった。

このような状況で、孫文は萱野長知・三上豊夷・池亨吉・宮崎滔天を信頼し、滔天に在日の資金調達・武器購入交渉の全権を委任し、池を中国革命事業資金調達の全権に任命した②。孫文はまた犬養毅にも期待を抱き、彼にも書簡を送り、滔天が犬養と協議するようにした③。

この時期、孫文と同行していたのは日本人の池亨吉であった。池は孫文の要請により、孫と共に今回の武装蜂起に参加していた。その目的は、孫文の革命運動の証人として、武装蜂起の現場での見聞を本にまとめて世間に伝えるためであった④。太平天国革命の時期、イギリス人リンドレーが中国で目撃した洪秀全・李秀成ら豪傑の事績とその人格・理想を『李秀成の幕下にありて』にまとめ、世間に伝えたことがあった。孫文は池亨吉が日本のリンドレーになるように希望した⑤。

池亨吉は3月4日孫文らと共に横浜を出発し、一時潮州一帯で活躍し、12月4日鎮南関蜂起の時に孫文と共に前線に赴いた。彼は12月14日付の孫文の後藤新平宛書簡を持参して、12月31日東京に戻ってきた。彼はその後目撃した革命蜂起のことを、1908年5・6月『大阪朝日新聞』に連載した。同紙はこの連載

①『孫中山全集』第1巻、342−343頁。
②『孫中山全集』第1巻、343、351頁。
③『孫中山全集』第1巻、343頁。
④『孫中山全集』第1巻、333頁。
⑤『孫中山全集』第1巻、333頁。

を前に、「孫逸仙の指揮せる革命軍の一隊雲南地方に蜂起し、既
に河口、臨安、開化等十有余城を撃破して今や正に首府昆明に
迫り其勢ひ頗る猖獗なりとの報に接したるを以て、吾社は特に
其由来及び支那革命全般に関する真相を極めんとし（中略）該
記事の一度本紙上に現はるるや必ず四方読者を酔はしむべきこ
と吾が社の毫も疑ひを容れざる所なり」[①]と予告した。その後
池亨吉はこの連載を『支那革命実見記』にまとめた。孫文は 1908
年 6 月序文を書いてこの本を日本国民に推薦した[②]。この単行
本は 1911 年 11 月武昌蜂起勃発後日本で出版され、日本国民が
孫文の革命を理解するのに役だった。

　第二辰丸事件と対日ボイコット　欽廉蜂起直前の 1908（明治
41）年 2 月 5 日、澳門に臨む海域で日本の商船第二辰丸が孫文
の革命派に武器密輸中[③]、清国の巡視船に発見拿捕され、広東
に廻航される事件が起こった。この武器・弾薬は清国貿易商安
宅弥吉が粟谷商会より購入したものであった[④]。第二辰丸は
モーゼル銃 1460 挺、弾薬 94 万発を積んで 1 月 26 日神戸港を出
発したのである。

　日本政府は北京駐在公使と広東総領事を通じ、拿捕を不当と
して強硬な抗議を清朝側に行ったが、現地の広東総督張人駿は
拿捕の正当性を強調し、容易に譲らなかった。日本側は日本国
旗侮辱問題を口実に軍艦派遣やその他の自由行動を揚言し、高
圧的手段で清朝を脅かし、（1）国旗撤去に関する謝罪、（2）第
二辰丸の無条件釈放、（3）清国側による積荷武器の購入、（4）

---

① 断水楼主人『支那革命実見記』、金尾文淵堂、1911 年、緒言 1−2 頁。
②『孫中山全集』第 1 巻、374−375 頁。
③ 馮自由の回想によれば、第二辰丸事件は革命党と関係がなく、澳門の柯某が日本から
武器を密輸したものであると言っている（馮自由『革命逸史』第 4 集、183−184 頁）。
④ 明治 41 年 2 月 9 日大阪発、大阪府知事より珍田外務次官宛。外交史料館所蔵。
この電報には小銃 500 挺、弾薬 4 万発と記している。

責任ある官吏の懲罰、(5) 第二辰丸損失の賠償等五か条の受諾
を迫った①。清朝側は密輸武器が革命派の手に渡るのを恐れ、3
月14日に謝罪礼砲の実施、損害賠償、関係官吏の懲罰等の条件
を受け入れて第二辰丸を釈放した。

　広東では、自治会を中心に日本側の強引な態度とそれに迎合
する清朝の外交に反対する日貨ボイコット運動が起こり12月末
まで続いた。こめ運動は民族的自覚を深めつつある中国民族資
本と民衆の反日民族運動であった。この日貨ボイコット運動に
より、神戸・横浜・長崎から香港・広東向けの輸出が減少した。
広東の場合、1908年日本からの輸入額は前年より三分の一に減
少し、海産物は95万両から60万7000余両に、紙巻タバコは
450余ケースから九五ケースに減少した②。香港では、このボイ
コット運動によって、貿易において300万円、海運業において
90万円、保険業において20万円、合計410万円の損失を日本
に与えたという③。

　孫文の革命党はこのボイコットにどう対応したのか。在日の
梁啓超らの保皇党はボイコットを支持した。香港においてボイ
コットを組織したのは保皇派あるいは立憲派であり、孫文の革
命党と政治的に対立した勢力はほぼボイコットを支持した。し
かし、孫文らの革命党はこのボイコット運動に反対する立場を
とった。4月22・24日、革命派主導のもとで留学生の広東同郷
会が集会を開き、ボイコット反対を決議し、日本製品を香港・
広東および中国各地に輸出する横浜・神戸・長崎に委員を派遣

　　① 藤井昇三『孫文の研究』、51－52頁。
　　② 松本武彦「対日ボイコットと在日華僑－第二辰丸事件をめぐって」、辛亥革命研
究会編『中国近現代史論集』、汲古書院、1985年、227頁。
　　③ 松本武彦「対日ボイコットと在日華僑－第二辰丸事件をめぐって」、辛亥革命研
究会編『中国近現代史論集』、汲古書院、1985年、225頁。

し、ボイコットに反対するよう説いた[①]。横浜・長崎の華僑ら
はこれに賛成したが、梁啓超の直接影響下にいた神戸の華僑ら
は当分ようすを見るべきだという態度を示した。華僑らは貿易
商売の立場からこのような態度をとったが、留学生らの裏には
内田良平の策動があったらしい。貿易上あるいは外交上打撃を
受けた日本政府は、革命党と関係を保っている内田良平を動か
して、3月中旬ハノイから退去してシンガポールに滞在してい
た孫文に日貨ボイコット運動抑止を依頼した。宮崎滔天もこの
運動の鎮静化に尽力した[②]。この依頼に対し、孫文は内田に次
のように返電した[③]。

　　　　排日団ノ新嘉坡、暹羅、西貢ニ在ル者、已ニ吾党ノ打破
　　　ヲ被ル。広東ノ主動者ハ唐徒ノ徐勤、江孔殷、財ヲ出スモ
　　　ノ李準（提督）、張督ナリ。故ニ彼輩財雄、権大ニシテ、到
　　　ル所鼓動ス、吾党財与ニ敵シ難シ、若シ30万ヲ得レバ、立
　　　チ所ニ能ク尽ク打破ヲ行ハン、日本ノ商団能ク出スヤ否ヤ

　これは日本政府の日貨ボイコットの抑止に協力する態度を示
しかものであった。その理由は、第一に、清朝打倒を目的とす
る孫文の武装蜂起は日本からの武器密輸を必要としていたが、
日貨ボイコット支持によって武器密輸禁止になるため、それに
公然と賛成できないのは当然のことであった。これは民族の独
立を目ざす孫文の民族主義に反するようであるが、実は民族独
立獲得のための武装蜂起の必要性から反日的ボイコット運動に
反対する立場をとったのである。これは、孫文が日本を含む列
強の侵略から中国の独立を獲得するため、戦いながらまた日
本と列強に依拠しようとする二面性的戦略の再現であったと

---

　　①　松本武彦「対日ボイコットと在日華僑－第二辰丸事件をめぐって」、辛亥革命研
究会編『中国近現代史論集』、汲古書院、1985年、233頁。
　　②『宮崎滔天全集』第5巻、691頁。
　　③　藤井昇三『孫文の研究』、53頁。

言える。

　第二に、この日貨ボイコットは中国国内の立憲派および香港の保皇会、在日の保皇党らが主導的役割を果たしていたため、この運動を支援することは革命に反対する立憲派・保皇党（会）を支持してその勢力を拡大させることになり、逆に孫文の革命勢力とその運動の発展を阻害することになるので、孫文はこれに反対せざるを得なかったと思われる。これは従来の孫文の革命派と梁啓超らの保皇派との革命と改良論争の継続であったとも言えよう。排日ボイコット運動に対する孫文の革命党の態度は、客観的には日本政府に有利であり、革命蜂起のための武器密輸にも有利であった。これは矛盾した現象でありながらも、孫文の革命運動においては一時的に統一されていた。

　孫文の来日　1910 年 6 月 10 日、孫文はホノルルから横浜に到着した。来日の目的は何であったであろうか。孫文は常に新しい革命任務を執行するために日本に来たが、今回はアメリカのホーマ・リーとブースらと共に作成した新しい革命計画を遂行しようとしたのである。

　1908 年 1 月、孫文はベトナムから追放された。1907 年の一連の武装蜂起が勃発した後、清朝政府は仏領インドシナ当局に孫文の追放を要求し、当局もこの要求に応じ、孫文を追放した。その後孫文はシンガポールに来て 1908 年の蜂起を指導したが、蜂起は失敗に終わった。孫文はヨーロッパを経由して 1909 年 11 月 8 日ニューヨークに到着した。当時アメリカでは容閎がホーマ・リーと財界のブースらと共に清朝政府を打倒する計画を立てていた。孫文は容閎の紹介により、1910 年 3 月中旬、ロサンジェルスの長灘旅館でホーマ・リー（日本では明治四四年、博文社が『日米戦争』として出版）と中国革命の新しい計画を

作成し始めた[①]。孫文は1904年サンフランシスコでホーマ・リーと一度面談したことがあったが、彼に対する理解は1909年に彼の著書 "The Valor of Ignorance" を読んでから以後のことであった。この本はアメリカに対する日本の脅威を分析したものような人物と次のような革命軍事計画を作成した[②]。

　　一、長江流域と中国南部における武装蜂起の計画を一時中止する。

　　二、トンキン湾の沿岸地域に土地を租借して、軍隊訓練の基地と弾薬庫をつくる。

　　三、アメリカから将校・エンジニア・医師・通訳を派遣する。

　　四、ブースを在外の唯一の財務代表に任命、ブースが同盟会の全権代表として借款等を処理する。

　孫文はこれにより新しい軍隊をつくり、次の武装蜂起を実行しようとした。それに必要な予算は350万ドルとし、ブースがアメリカのモルガン財閥と協議してその資金を調達する予定であった。これにはアメリカの財閥に中国における鉄道・鉱山等の特権を与えることができるという条件をつけた。

　孫文はなぜこの時期にアメリカに依拠しようとしたか。孫文は日露戦争後、アメリカの中国東三省（満洲）に対する経済浸透の欲望と、日増しに激化する日米の矛盾と対立を利用しようとしたからである。日露戦争後、日本は東三省における日本の植民地的権益を拡大し、1909年清朝政府と安奉鉄道に関する覚書、間島問題に関する協約、大石橋－営口線を満鉄の支線にする等の満洲五案件に関する協約を締結し、東三省における日本の独占支配体制を確立しようとした。1909年3月に登場したアメリカのタフト大統領とノックス国務長官は、ドル外交を推進

① 韋慕廷『孫中山－壮志未酬的愛国者』、中山大学出版社、1986年、74頁。
② 韋慕廷『孫中山－壮志未酬的愛国者』、中山大学出版社、1986年、74－75頁。

した。アメリカの前奉天総領事ストレートは、東三省総督錫良と錦州から愛琿に至る南北縦貫鉄道敷設に関する借款予備契約を同年10月に締結した。ノックスはこの契約をきっかけに、12月東三省諸鉄道の国際管理案＝満洲鉄道中立化案を日本に提出し、東三省における日本の優越的地位を覆し、アメリカの勢力を伸張しようとした。これにより1906年3月カリフォルニア州議会の日本人移民制限と、10月サンフランシスコ市教育局の日本人学童隔離令等により従来の日米の対立と矛盾はよりいっそう激化した。ホーマ・リーとその著書もこのような歴史的背景を反映したものであった。孫文はアメリカの中国東三省に対するこの欲望と、それによる日米の対立を利用して、アメリカの支持・援助を得られると思っていたと思われる。孫文、ホーマ・リー、ブースは三人のシンジケートをつくり、孫文は会長、ホーマ・リーは総指揮官、ブースは軍需部長になった。

　孫文はこの計画を遂行するため、軍資金調達をブースにまかせ、5月30日モンゴリア号でホノルルを出発した。出発の前に、孫文は東京の友人に日本政府に働きかけて日本の滞在を許可してくれるよう依頼したが、氏名を改めてペンネームを使うならばよろしいとの回答が来た[①]。孫文は乗客名簿に"S. Takano"という変名を用いた。6月9日孫文は池亨吉に滔天と共に横浜まで出迎えてくれるよう要望した[②]。孫文は1907年に日本から追放されて以来の渡日であるため、今回の渡日を一つの冒険的行動だと思い、革命党に対する日本政府の政策を試しながら来日した[③]。6月10日、孫文は横浜港に到着した。孫文は、アメリカ人と作成した新しい革命軍事計画を中国南部沿岸で遂行す

---

①『孫中山全集』第1巻、462−463頁。
②『孫中山全集』第1巻、461頁。
③『孫中山全集』第1巻、463頁。

るため、日本をその計画遂行の基地としようとした。孫文は日
本政府に日本での居留を求めただけであった。横浜には、宮崎
滔天・池亨吉・萱野長知らが出迎え、孫文の上陸許可を水上警
察署と折衝した①。

　上陸した孫文に対し日本政府はどう対応したであろうか。桂
内閣の閣議で小村寿太郎外相は難色を示したが、寺内正毅陸相
は孫文に「同情」し、他の閣僚も陸相の意に賛同した②。在日
清朝公使は外務省に孫文の来日について追求した。外務省は清
朝との外交交渉等の関係により孫文の居留を公然として表明す
ることができず、初めは知らないと回答したが、次には横浜警
察署に孫文に対し退去を勧告するように指示した。孫文は当日
横浜の西村旅館で一泊後、翌日東京の宮崎宅に潜伏した③。横
浜警察署長は内務大臣に孫文は既に退去したと報告し、外務省
も在日清国公使にこの旨を通告した。清国公使は一時どうする
こともできなかった。孫文は、これは日本政府の予想外の優遇
だと思い、日本政府の従来の革命党に対する態度からすれば未
曾有の珍しいことだと述べた④。

　寺内陸相らはなぜ孫文に「同情」を表わしたのであろうか。
これは革命党の戦略転換と関係があった。1907・08年の西南辺
境における武装蜂起は主に三合会など会党を連合して行った蜂
起であったが、その失敗により、また当時清朝の新軍には日本
留学生と進歩的な知識分子が多数参加していたため、革命党は
会党に替えて新軍を利用して武装蜂起を発動する戦略をとって
いた。1911年2月12日の広州蜂起は革命党が指導した新軍の

---

　　① 萱野長知『中華民国革命秘笈』帝国地方行政学会、1940年、381－382頁。
『宮崎滔天全集』第5巻、699頁。
　　②『孫中山全集』第1巻、463頁。
　　③『宮崎滔天全集』第5巻、699頁。
　　④『孫中山全集』第2巻、643頁。

蜂起であり、各地の新軍の中にも革命党の勢力が浸透しつつ
あったことを表明した。これは革命党勢力の新しい発展を意味
した。日本陸軍はこのことに注目し、寺内陸相は彼と関係のあ
る児玉右二と宮崎滔天を中国に派遣して、中国革命党の内情を
探査させるようにした①。児玉・宮崎は4月22日東京を出発し
て香港に赴いた。当時シンガポールにいた黄興は彼らを迎えに
香港に来て、5月8日彼らと対面し、広州蜂起、革命党と軍隊
との関係などを彼らに紹介した②。宮崎らは5月17日神戸に戻
り、24日「革命党領袖黄興—熱帯地方にて」を『万朝報』に分
載して、革命党の活躍ぶりを紹介した。このような背景の下で
寺内陸相は中国革命党に興味を抱き、一時的ながらも孫文に「同
情」を示したのである。

　孫文は寺内らの「同情」により、今回は日本から便宜を得ら
れると思い、早速革命の仕事に着手した。孫文が横浜到着前に、
一部の革命党の指導者が来日していた。黄興は6月7日香港か
ら東京に来ていた。6月10日孫文は横浜の西村旅館で黄興と密
会した③。東京では宋教仁・趙声・譚人鳳らと共に革命計画を
相談した④。孫文はホーマ・リーらとの計画どおりに、先ず彼
らが長江流域あるいは中国南北で計画中の蜂起を今年の冬まで
中止するようにし、アメリカの軍資金調達後に行動することを
主張した。彼らもこの主張に賛同した⑤。孫文は東京に秘密機
関を設置してアメリカ人と共に立てた革命計画を実行しよう
とした。

---

①『宮崎滔天全集』第5巻、698—699頁。
②　毛注青『黄興年譜』、湖南人民出版社、1980年、96—97頁。
　『宮崎滔天全集』第1巻、513—517頁。
③　萱野長知『中華民国革命秘笈』、帝国地方行政学会、1940。年、381—382頁。
　『宮崎滔天全集』第5巻、669頁。
④　毛注青『黄興年譜』、湖南人民出版社、1980年、103頁。
⑤『孫中山全集』第1巻、465、474、484—485頁。

　　図27　孫文の座石　明治43年5月（正しくは6月）中旬の一夜、孫
文は宮崎滔天と神社の境内のこの石に腰かけ、抱負を語り祖国の革命を
誓ったという由緒が孫文の肖像とともに刻まれている。（東京都文京区白
山神社）

　しかし、6月23日、日本政府は清朝政府の強い要求により、
孫文が25日以内に日本から退去するよう要望した。その理由は、
1909年8月と9月日本は清国と安奉鉄道・間島問題・満洲五案
件等に関する協約を強制的に締結し、これにより日本と清国と
の関係が悪化していたので、小村外相はそれを緩和する一措置
として、孫文の退去を要求せざるを得なかったからである。同
時にまた、孫文来日にはアメリカ人と共にその革命を推進しよ
うとする目的があり、これはある意味において、アメリカ人と
連合して日本と対抗しようとするものであった。故に日本は孫
文の日本滞在を許可するわけがなかった。日本政府が一時孫文の
上陸を許可したのも日本のためであり、日本のためにまた孫文を
追放するのも必然であった。孫文は6月24日東京を出発し、25

日神戸港から安芸丸でペナンに行った。黄興も日本当局の追求が厳重なため、7月17日東京から香港へ向かった。

　その後、ホーマ・リーらアメリカ人と作成した軍事計画は、アメリカにおけるブースの軍資金調達不調により挫折した。それは、当時アメリカの当局者らが、孫文とその革命運動に対する理解が欠けており、孫文のアメリカへの期待とは逆に、孫文に対し好意を抱いていなかったためである。孫文は一時アメリカに失望せざるを得なかった。

　孫文の対日意識　この時期の孫文の対日意識はどうであっただろうか。行動面では日本との関係は密接であっだが、思想・認識の面で日本のことを語ったものはごくわずかである。この時期の孫文の対日意識は二重性をもっていた。一面においては維新後の日本に学ぼうとしながら、一面においては日本の対中国侵略に警戒の念を抱いていた。孫文は先ず維新後の日本に憧れていた。1901の春、アメリカの"The Outlook"誌記者との会見では、中国において日本化を実現する希望があるかという質問に対し、孫文は必ず実現したいと答えた[①]。孫文は中国人民の新しい事物を学び摂吸する能力が日本人より高いので、日本人が維新後30年間に成し遂げたことを中国人は15年ないし20年で成し遂げることができると誇っていた[②]。

　同時に孫文は1903年の「支那保全分割合論」において、日本の保全・分割論を批判した。孫文はいわゆる保全論は清朝の支配体制を保全するためのものであり、日本の保全論は西洋の分割から自分を保全するために必ず中国の保全を主張するものであると批判し、日本の分割論は中国の国土が既に列強に分割されているので、もしロシアが満蒙と新疆等西の地方を占拠すれ

---

①『孫中山全集』第1巻、210頁。
②『孫中山全集』第1巻、210頁、280頁。

ば、日本は北の朝鮮と南の福建・浙江一帯を占拠して、日本の
国勢を高揚すべきだと主張するものだと批判した①。これは中
国に対する日本の侵略的本質に対し既に認識をもっていたこと
を物語る。日本の朝鮮侵略と併合は、孫文の対日警戒心を一層
強めた。1911 年 3 月、宮崎滔天宛の書簡は、この点をさらに明
らかにした。孫文はこの書簡で、日本政府の政策が一変して
朝鮮を併合した後、中国をも併合するおそれがあると疑って
いた②。これは日本の中国侵略に対する深刻な認識であり、こ
れまでの最高の見方でもあった。

　しかし、日本が対中国戦争を起こすとは思っていなかった。
1911 年 8 月、ホーマ・リー宛の書簡で、7 月 13 日に締結された
第三回日英同盟協約が中国革命党に与える影響を分析した時、
孫文は日英同盟の延長は日本の戦争準備がまだできていないこ
とを意味し、日本国民も重い税金の負担を抱えており、また日
本政府の朝鮮・満洲の開発・経営も 10 年の時間が必要だし、資
金と平和の環境が必要だから、新しい征服者＝日本が開戦する
前に中国を改造しなければならないと言った③。これは日本の
中国侵略戦争を予想しながらも、しばらくの間、戦争を起こさ
ないという意見であり、日本の対中国侵略に対し相当の認識と
鋭い警戒心をもっていたことを示している。このような警戒は
1911 年 12 月ヨーロッパから帰国するまで続いていた。

---

①『孫中山全集』第 1 巻、219－220 頁。
②『孫中山全集』第 1 巻、508 頁。
③『孫中山全集』第 1 巻、532－533 頁。

第三章　辛亥革命と日本

　辛亥革命は、2000 年にわたる封建制度と 260 余年にわたる清朝の専制支配を倒し、共和体制を樹立したブルジョア革命である。辛亥革命は、失敗した民主共和革命とはいえ、封建的専制から共和制への移行という意味において、中国史上画期的な意義をもつ革命であった。本章では、この革命において、孫文と南京臨時政府は日本に何を期待し、日本政府・軍部および大陸浪人らはこの革命にどう対応したかを英米などの列強と比較しながら考究したいと思う。

第一節　辛亥革命の勃発

　武昌蜂起　1910（明治 43）年 6 月 25 日、日本から追放された孫文は、香港・シンガポールを経由してペナンに来て新しい武装蜂起を準備した。11 月 13 日、孫文はペナンで同盟会の幹部会議を開き、翌年広州で武装蜂起を起こして先ず広州を占領し、次に黄興と趙声が湖南・江西を経て長江流域に進撃し、長江流域各省の革命勢力と合流して北伐を挙行する計画を決めた①。

　会議後、孫文は蜂起の軍資金調達のため 12 月 6 日ペナンを出

---

　① 広東省哲学社会科学研究所歴史研究室等編『孫中山年譜』、中華書局、1980年、111 頁。

発し、パリ、ニューヨーク、サンフランシスコ、バンクーバー等の華僑に革命主義を宣伝し、広州蜂起の軍資金を調達した。黄興と趙声は香港を根拠地として広州蜂起の準備を進めた。日本に派遣された黎仲実らは、日本から小銃628挺と弾薬（総額3万5000余銀両）を購入して広東に送った[①]。宮崎滔天と前田九二四郎も黄興の息子黄一欧と共に武器の購入に協力した[②]。

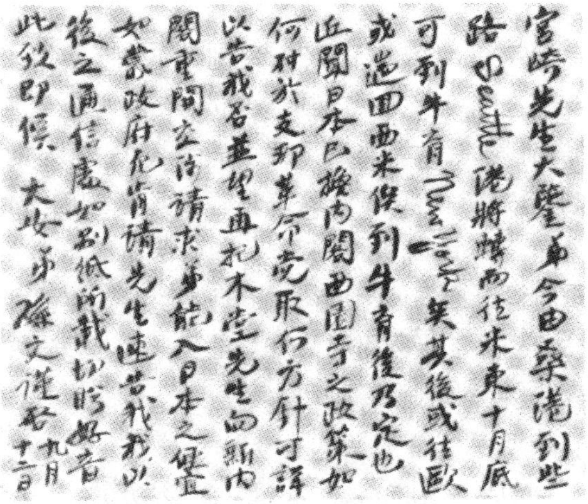
宮崎先生大鑒弟今由桑港到些
路Seattle港將轉而往東十月底
可到紐育New York矣其後或往歐
或返回西米俟到紐育後乃定也
近聞日本已換内閣西園寺之政策如
何對於支那革命黨取何方針可詳
以告我否並望再托木堂先生向新内
閣重開交渉請求弟能入日本之保證
如蒙政府允肯請先生速告我我以
後之通信處如別紙所載切盼好音
此致即候　大安　弟孫文謹啓　九月十一日

図28　1911年9月、孫文より宮崎滔天にあてた書簡

孫文はこの広州蜂起を指導するために、アメリカより地理的に広州に近い日本に来ることを要望した。1911年2月3日孫文は宮崎滔天宛に書簡を出し、過去に彼の日本上陸を支援してくれた寺内陸相に働きかけ、孫文の在日居留を日本政府が許可してくれるよう要望した[③]。その後また滔天に三回、萱野長知に

① 黄彦・李伯新編『孫中山蔵檔選編』、中華書局、1986年、35頁。
② 毛注青『黄興年譜』、湖南人民出版社、1980年、113頁。
③『孫中山全集』第1巻、508頁。

一回、宗方小太郎に一回書簡を出し、日本居留を切望する意を表わした[①]。しかし、今回の渡日・居留の目的は1910年と異なり、アメリカ人と作成した軍事計画を実施するためではなかった。しかし日本政府は孫文の来日・居留を許可しなかった。これに対し孫文は、英・米政府はみな日本が中国を併合する野心を抱いていると疑っているが、私の居留さえ許可しないことは、私にも日本の政策がそうであることを疑わざるを得ない、と日本政府を非難した[②]。

　黄興らは広州市内にアジト38か所を設営し、4月13日革命党人によって構成された先鋒隊が10路に分かれて広州を占拠する予定であったが、軍資金の調達と武器の搬入が予定より大幅に遅れ、また革命派内部に密偵がもぐりこみ、計画の一部が洩れて広東当局は戒厳令を発し、捜査を開始したため、広州に潜入した先鋒隊の多くが広東から退去せざるを得なかった。しかし黄興らは「事ここに至ってわれ敵を殺すにあらざれば敵われを殺さん」と判断し、4月27日午後五時半先鋒隊100余名を率いて両広総督街門に対し攻撃を開始した。しかし、多数の殉難者を出して失敗した[③]。これら殉難者はのち広州北郊外の黄花崗に葬られたため「黄花崗七十二烈士」と名づけられた。孫文は、黄花崗七十二烈士の壮烈な気概は既に全世界を揺り動かし、国内の革命の趨勢は実にこれによってつくられたのであると、この蜂起が革命の気運を盛り上げたことを高く評価した[④]。

---

① 『孫中山全集』第1巻、512、519－520、523－525、538頁。
② 『孫中山全集』第1巻、512頁。
③ 馮自由『革命逸史』初集、218－229頁。
④ 『孫中山選集』、207頁。

図 29　黄花崗七十二烈士の墓地（広州）

　広州での蜂起は失敗したが、武昌を中心とする長江流域の革命勢力は新しい蜂起を目ざし依然として成長した。同盟会の宋教仁・譚人鳳・陳其美らは同年 7 月末上海で中部同盟会①を結成した。彼らは 1907 年以来西南辺境地帯を選んで武装蜂起を繰り返す孫文の革命戦略とは別に、中国の中部地帯を選んで蜂起を起こし、南北に拡大する新しい戦略を立てたのである。

　湖北省では、共進会②（1907 年東京で張百祥・孫武・劉公・焦達峰らによって設立）と文学社③（1911 年 1 月末、劉復基・蒋翊武・詹大悲らによって結成）が青年学生・湖北新軍・会党を中心に革命思想の宣伝活動を繰り広げていた。湖北新軍は張之洞が「湖北新政」の一環として編制したもので、農家の子弟と革命知識分子が入隊しており、革命党の工作は湖北新軍の急進化を著しく促進した。

　時あたかも、清朝の外国借款による鉄道国有化反対運動が長江流域に盛り上がり、革命蜂起の勃発に拍車をかけた。中部同

---

　①　馮自由『革命逸史』第 2 集、87−90 頁。
　②　馮自由『革命逸史』初集、249−252 頁。
　③　馮自由『革命逸史』初集、252−256 頁。

盟会はこの好機を利用して、文学社と共進会の統一を達成し、広州蜂起後香港に潜入していた黄興を迎え武装蜂起を行う準備をした①。この計画を知った黄興は、アメリカにいる孫文に蜂起に必要な軍資金を送るよう要請した。

　武漢地区の革命派は文学社の蒋翊武を総指揮に、共進会の孫武を参謀長に選出して、蜂起の態勢を整えた。8 月に入って、四川の鉄道国有化反対運動が暴動化し、武昌駐屯の新軍が四川に出動するようになった。革命派は蜂起の主力である新軍の移動により蜂起計画挫折のおそれを感じ、10 月 6 日挙兵することを決定し、宋教仁・譚人鳳らに急ぎ上海から武昌へ向かうようにさせた。しかし、その後挙兵の期日が延長されるうちに、9 日漢口のロシア租界にあったアジトで爆弾操作を誤って爆発事故が起こり、当地官憲は革命派の中枢部に打撃を与え、指導者の逮捕、孫武の負傷といった事態が起こった。指導部を失った新軍内部の革命軍人は、やむなく即時蜂起を決め、10 日夜、武昌城内外で一斉に立ち上がった。新軍第八鎮（師）の工兵大隊は楚望台の武器庫を占領した。蜂起した 3000 人の革命軍人は一夜のうちに湖広総督の督署を占領し、武昌の地方政権を覆してしまった。翌 11 日武昌・漢陽が蜂起軍の手中に帰し、革命派は中華民国湖北軍政府を樹立した。当時黄興・宋教仁らが、まだ武昌に到着していなかったため、革命派は新軍第二十一混成協の統領黎元洪を強要して都督の地位に据えた。黄興は 28 日武昌に到着し、11 月 2 日革命軍の総司令に任命され、武漢地区の戦闘を指揮した②。武昌蜂起の勝利は、清朝支配体制に強烈な一撃を与えた。

---

① 李雲漢『黄克強先生年譜』、台北、1973 年、188 頁。
② 毛注青『黄興年譜』、湖南人民出版社、1980 年、132－135 頁。

図 30　武昌蜂起後成立した湖北軍政府

　湖北軍政府は 10 月 12 日漢口駐在の五か国領事に、清朝を打倒し民国を建設する革命の目的、清朝と外国が締結した条約の有効、各国の中国における既得権利と居留民の生命財産の保護の意を表わし、清朝に対する援助によって軍政府に障害を与えるものは敵と見なし、その援助品はすべて没収することを通告した。これに対し、17 日、五か国領事は、中立厳守の意を黎都督に表わした。革命軍はこの措置により、蜂起に対する列強の干渉を防止しようとした。

　孫文の外交活動　孫文が武昌蜂起のニュースを知ったのは、10 月 12 日アメリカのコロラド州デンバーであった。孫文は武昌蜂起に直接かかわってはいないが、これは孫文が 1894 年以来清朝の専制政体を倒し共和政体の中華民国を樹立しようとした多年の闘争の結果であつた。

　武昌蜂起後、在米の日本大使館と各地の総領事・領事館は、アメリカにおける孫文の動静を重視し、ワシントン、ニューヨーク、シカゴ、サンフランシスコとカナダのバンクーバーの総領

事館は、アメリカにおける孫文の活動を即時内田康哉外務大臣に打電・報告した[1]。その報告によれば、孫文は 12 日デンバーで講演をした後、カンザス・シテイを経由して、13 日ごろシカゴに来て中華街に身を潜め、14 日より 16 日まで秘密会議を開き、20 日シカゴからニューヨークに到着した。ニューヨークでは華僑らに共和政治の講演をし、アメリカの朝野の有志に中国革命の趣旨を紹介し、彼らの支持・同情を要望した。孫文はアメリカ国務長官ノックスに書簡を寄せ、秘密会談を希望したが、実現しなかった[2]。孫文はアメリカのある地方でフランスの『ル・マタン』紙記者と会見して、「予ハ革命軍最後ノ成功ヲ信シテ疑ハス」と語り、「極東新共和国ノ為メ列強ノ厳正中立ヲ希望スル」と訴えた[3]。

　ホノルルの華僑らは、10 月 24 日大会を開き、国務長官ノックスにアメリカが列国に率先して厳正中立を守ることを要求し、日本の出兵・干渉に警戒を示した[4]。

　ニューヨークにおける孫文の一つの重要な活動は、先ず日本に渡航しようとしたことである。ニューヨークで孫文は萱野長知の友人鶴岡永太郎に渡日の希望を吐露し、その意を在米の日本臨時代理大使に伝えるよう依頼した。この依頼の前、孫文は宮崎滔天に打電し、渡日に対する日本政府の内意を尋ねた。孫文の渡日に関し、10 月 25 日板垣退助が内相原敬を訪ねてその意を尋ねたが、原は「変名して来るときは或は知らずして居るやも計られざれども、余は如何なる場合にも黙認すべしとは明

---

　①『清国革命叛乱ノ際ニ於ケル同国人ノ動静・態度及輿論関係雑纂』（一）、外交史料館所蔵。

　② 韋慕廷『孫中山－壮志未酬的愛国者』、79 頁。

　③ 海軍「清国革命乱特報」附録第八号、外交史料館所蔵。

　④ 明治 44 年 10 月 25 日、在ホノルル上野総領事より内田外務大臣宛電報、第 35 号、外交史料館所蔵。

言すること能はず」①と言った。板垣と萱野との関係は不明だが、萱野から「変名シテ上陸滞在ナレハ差支ナキ」との返事が孫文に届いた②。萱野の返事と原の回答からみれば、日本政府は孫文渡日の件を検討し、変名して来日するように決定したのは事実であったようである。

　日本政府はなぜこのような決定をしたのか。辛亥革命勃発後、日本政府は清朝に武器を提供し、清朝一辺倒であったが、10月24日の閣議は「今後特ニカヲ支那本部ニ扶植スルニ努メ」③「北辺のみに勢力を限らずして本部に向っても相応の政策を施すべし」④と決意し、南方の革命党にも相応の政策を施すようになり、孫文に対する従来の政策を改め、その渡日を許可しようとしたのである。しかし、清朝と列強との関係を考慮し、孫文が公然と来日するのを許可せず、変名で来日するように求めた。孫文はこの返事に賛成せず、短期間にしても公然と滞在することを要請した。その理由は、「公然滞在シスレハ日本ノ同情アル態度ハ革命軍ノ士気ヲ振作シ同時ニ日本政府ハ陰然北京政府ヲ庇護スルトノ疑ヲ解キ得ヘク双方ニ於テ利益ア」⑤るからだと言った。革命勃発前日本の中国侵略を疑っていた孫文はこの時期、特に日本の出兵・干渉を警戒していた。その渡日の目的の一つは、日本の出兵・干渉を牽制しようとしたものであったと言えよう。孫文は鶴岡に、ヨーロッパからインド洋を経て帰国するつもりであるが、もし日本国政府が変名せずして上陸する

　①『原敬日記』第三巻、福村出版、1965年、178頁。
　② 明治44年10月26日、在ニューヨーク水野総領事より内田外務大臣宛電報、第160号、外交史料館所蔵。
　③ 内田康哉伝記編纂委員会・鹿島平和研究所編『内田康哉』鹿島研究所出版会、1969年、157頁。
　④『原敬日記』第三巻、福村出版、1965年、178頁。
　⑤ 明治44年10月26日、在ニューヨーク水野総領事より内田外務大臣宛電報、第160号、外交史料館所蔵。

のを許せば「再ヒ米国ヲ経テ『シアトル』経由日本ニ渡ラントス」①と言った。しかし日本政府はこれを許さなかった。

　孫文は日本とロシアが連合して革命に干渉することを警戒し、日本を牽制する一定の保障をアメリカで得て②、11月2日ニューヨークを出発し、ヨーロッパに向かった。当時列強に対して孫文は「米・仏二国は革命に同情し、ドイツ・ロシア二国は反対するに違いない。日本は民間が同情を示し、政府は反対しているが、イギリスは民間が同情し、政府は態度未定である。それ故、わが外交のキーポイントとなり、成敗存亡のかかわるところとなるものはイギリスである。もしイギリスが、われを支持するならば、日本を憂うる必要がない」③と判断し、先ずイギリス政府に対し中立を望み、(1) 清国に対するいっさいの借款中止、(2) 日本の対清援助の抑制、(3) イギリス属領政府の孫文追放令の取消し等を要求した。イギリス政府はこれに対し了解の意を表わした④。孫文はロンドンでまた四か国銀行団と革命政府に対する借款の問題を交渉したが、銀行団は婉曲に拒絶した。注意すべきことは、孫文が同行していたホーマ・リーと共にイギリス外務省に、日本を警戒し、英・米と連合して日本に対応しようとした覚書を提出したことである⑤。しかし、イギリス外相グレイは二日後に、在中国のジョーダン公使に袁世凱を支持するよう指示した。

　その後孫文はフランスに向かった。パリでは多くの朝野の人びとと会談したが、彼らはいずれも孫文と革命軍に同情を示し

---

　① 明治44年10月26日、在ニューヨーク水野総領事より内田外務大臣宛電報、第160号、外交史料館所蔵。
　②『孫中山全集』第1巻、565頁。
　③『孫中山選集』、209－210頁。
　④『孫中山選集』、210頁。
　⑤ 韋慕廷『孫中山－壮志未酬的愛国者』、81頁。

た①。ただ東方滙理銀行の総裁シモンは中立を口実に孫文の革命軍に対する借款の要請を拒否した。孫文がパリを訪問したもう一つの目的は、ロシアが日本と連合して中国革命に出兵・干渉することを牽制することであった。フランスはドイツ・オーストリアの同盟に対抗するため、1891年に既にロシアと同盟関係を結び、ロシアとの関係が密接であった。孫文はシモンに、貴国政府がロシアに勧告して日本と共に行動をとらないようにしてくれるように頼んだ②。しかし、シモンは満蒙におけるロシアの権益を擁護し、この要望を拒否した。

図31　1911年12月21日、孫文の香港到着を歓迎する友人たち
前列左よりホーマ・リー、山田純三郎、胡漢民、孫文、陳少白、後列左から6番目が宮崎滔天。

以上述べたように、孫文のヨーロッパ経由の目的の一つは、ヨーロッパ列強の清朝に対する援助の阻止、革命軍と革命政権に対する支援と承認を要望すると共に、英・米と連合して中国革命に対し出兵・干渉しようとする日本に対応し、フランスを

①『孫中山選集』、211頁。
②『孫中山全集』第1巻、565頁。

通じて日本と共に中国革命に出兵・干渉しようとするロシアを
牽制し、国際的に日本を孤立させ、その出・干渉の企図を抑制
しようとしたことにあった。孫文はまた日・露両国のこの企図
を抑制するため、ヨーロッパにおいて日・露と清朝政府と締結
した不平等条約と、中国における権益を尊重する意を二回ほど
表明した①。

　孫文は 11 月 24 日マルセイユを出発し、帰国の途に就き、ペ
ナン、シンガポールを経由して、12 月 21 日香港に到着した。
孫文は 11 月 28 日宮崎滔天に、12 月 22 日香港に到着する予定
であるから、池亨吉と共に香港まで来て出迎えてくれるよう打
電した②。滔天は池亨吉・山田純三郎・郡島忠次郎（高田商会）・
太田三次郎（予備海軍大佐）らと香港に来て③、21 日香港総領
事代理船津辰一郎と共に香港に到着した孫文を訪問した。その
後、滔天らは孫文に同行して海路上海まで来た。

　孫文は、日本が中国革命に対し出兵・干渉することを警戒し
ていたために、滔天らと面談した時に、「大ニ日本ノ意向ヲ疑ヒ
日本ハ英露ト連合シテ革命軍ニ圧迫、制肘ヲ加フル如キコトナ
キヤ」④と憂えており、彼らに 1907 年と 1910 年の二回日本政
府から追い出された過去のことに対し、「余ハ甚ダ日本ヲ怨メ
リ」⑤と語り、日本は「我ヨリ進デ握手セントスル時ニハ手ヲ
引テ応セス自分ノ都合ノ好キ時ニハ来テ握手ヲ求ム」⑥と述べ、
「常ニ其政府ヨリ苛酷ノ待遇ヲ受ケ不満無キニ非ラサル」⑦と

---

①『孫中山全集』第 1 巻、561 頁。
②『孫中山全集』第 1 巻、566 頁。
③『宮崎滔天全集』第 5 巻、702 頁。
④　明治 44 年 12 月 22 日、在香港総領事代理船津辰一郎より内田外務大臣宛電報、
機密第 47 号、外交史料館所蔵。
⑤　在上海宗方小太郎よりの書簡、明治 44 年 12 月 30 日着、外交史料館所蔵。
⑥　在上海宗方小太郎よりの書簡、明治 44 年 12 月 30 日着、外交史料館所蔵。
⑦　明治 44 年 12 月 27 日、在上海本庄繁少佐より参謀総長宛電報、第 155 号、外交
史料館所蔵。

　言った。これは当時の孫文の対日感を率直に表わしたものである。宮崎らは孫文の警戒心と不満を解くため、自分が和服を着て公然と孫文と会見できる事実と、自分の帯びている親中義会の徽章を指しながら、日本朝野の人びとが革命党に同情していることを説明した。池亨吉はまた内密に「日本国ハ決シテ去ル意志ナキノミナラス革命党ニ対シテ大ニ同情ヲ有シ居ル」[①]ことを説明した。当時漢陽で戦闘を指揮していた黄興も、11月2日波多野通訳官に「革命軍ニ対スル日本ノ態度ニ就キ頻リニ懸念シツツアル」[②]意を表した。黄興は、「若シ外国ノ干渉起ル場合ハ一ハ湖南一ハ広東ニ拠リ飽迄抗拒を継続スル」[③]旨を言明した。孫文と黄興は周辺の日本人らの説明と説得によって日本に対する懸念と不満は解け、両人はおおいに安心した。

　孫文と滔天ら日本人との接触は、中国南方、特に広東地区における反日的傾向をおおいに緩和させた。辛亥革命勃発直後、日本政府は清朝に武器を提供したため、広東では一時これに抗議する日貨ボイコットの動きが発生したが、孫文と滔天らとの会見により、「一般士民ノ本邦人ニ対スル態度ハ大ニ融和シ来リツツアル傾向アリ」[④]と台湾銀行広東出張所は報告した。

　しかし、日本側は帰国後の孫文の対外態度を依然として注意し、大陸浪人と陸軍将校らは、孫文と共に来たアメリカの将軍ホーマ・リーと孫文の関係を監視し、即時外務省と軍部に報告した。逆に、在上海のアメリカ人は香港から同行して来た日本人と孫文との関係に注目し、上海で出版されているアメリカの

---

　　① 明治44年12月21日、在香港総領事代理船津辰一郎より内田外務大臣宛電報、第123号、外交史料館所蔵。
　　② 明治44年11月6日、「在漢口川島第三艦隊司令官ヨリ斎藤海軍大臣ニ提出セル清国事変ニ関スル警備報告要領」第18回、外交史料館所蔵。
　　③ 「南京特派員情報（甲）」、外交史料館所蔵。
　　④ 明治45年1月、台湾銀行広東出張所情報、第16信、外交史料館所蔵。

新聞『大陸報』の編集長は、孫文とのインタビューで、公然とその関係に対し質問し①、孫文と日本との関係を牽制する態度を示した。

留日学生の活動　19世紀末から始まった留日学生は、同盟会の成立から武昌蜂起までの孫文の革命運動を支え、辛亥革命において核心的役割を果たした。辛亥革命の主な指導者黄興・宋教仁・張継・胡漢民・孫武らはみな留日学生であった。1896年から1912年までの不完全な統計によれば、留日学生の総数は四万人近い。帰国後彼らは中国各地で革命運動を展開した。例えば武昌蜂起で重要な役割を果たした共進会は、1907年東京で成立し、その会員であった留日学生焦達峰は湖南、孫武・劉仲文は湖北、張伯祥は四川、鄧文輝は江西省などで活躍し、武昌蜂起と辛亥革命の発動において重要な役割を果たした。中部同盟会の宋教仁・譚人鳳らもみな留日学生であった。1911年の広州蜂起の殉難者＝黄花崗七十二烈士のうち8名は留日学生であり、彼らの所属学校は、林時爽は日本大学、方声洞と喩培倫は千葉医学専門学校、林覚民は慶応大学、石徳寛は警監学校、林尹民は陸軍士官学校、陳与寛は早稲田大学、陳可鈞は正則学校であった②。

辛亥革命の舞台で活躍した新軍の指揮官＝協統・管帯・督辦・統制などは、だいたいみな日本陸士出身の留学生であり、湖北の呉禄貞、浙江の蒋尊簋、雲南の蔡鍔、東北の蒋方震らは、新軍の重要なポストに就いて各省の独立のため大きな役割を果たした。武昌蜂起後、各省の軍権はだいたい留日学生が掌握し、福建では許崇智、上海では陳英士（陳其美）、浙江では蒋尊簋、安徽では王天培、江西では李烈鈞、雲南では蔡鍔、山西では閻

① 『孫中山全集』第1巻、572頁。
② 李喜所『近代中国的留学生』、194頁。

錫山、陝西では張鳳翽、四川では尹昌衡、直隷では張紹貞らが
それぞれ最高軍事指揮官のポストに就いていた。海軍関係でも
留日学生が多く、革命政府海軍部の軍諮処次長謝剛哲、軍務局
長劉華式、教務長陳復、大臣副官王銃、および科長以上の職に
多数の日本士官学校出身者がいた。そのほかに、第一艦隊参謀
李協和、第二艦隊参謀李隆伊・葉匡・上海海兵隊団長凌宵、上
海海軍処参謀謝剛哲・鄭礼慶・沈鴻烈も日本海軍砲術学校の留
学生であった。南京軍官学堂の総弁金永炎・呉炳元、教官覃師
範・陳樸・李俊・周燊儒・楊邦藩・江煌・陳経・黄愷元らは、
みな日本陸士第四・五・六・七期卒業生であった。1912 年 3 月
31 日に成立した南京留守府の総参謀李書城、参謀処処長耿観文、
総務処処長何成濬、警備局長楊言昌、軍務処処長張孝準、軍械
局長彭琦、軍需局長曾昭文、招待処処長高秉彝、副官長徐少秋
らもみな留日学生であった。

図 32　日本留学時の方声洞と妻子

　各省の都督とその管轄下の職にも多数の留日学生がいた。例

えば、安慶都督孫毓筠、湖南省都督府顧問劉邦異、福建省司法
部長鄭烈、同参謀長王麒、同参謀林仲墉、広東省軍政部長魏邦
屏、同参謀部長王肇基、雲南省都督府軍務部総長曲同豊、同参
謀部総長股兼鴜、同軍政部総長羅佩金、同第一師団長翰国鏡、
貴州省都督楊盡誠、陝西省外交部主任宋元愷らもみな留日学生
であった。

　各省出身の参議 38 人のうち 10 人は日本留学生で、英米留学
生はわずか四人であった。

　辛亥革命が勃発した後、在日留学生らも積極的に革命に参加
した。1911 年在日留学生の総数は 2000 人余であったが、革命
の勃発により多数の留学生が帰国した。10、11 月、一部の新聞
に報道された帰国の留学生だけでも 840 名に達した①。北は北
海道の札幌農科大学の留学生 10 数名から、西南は熊本医学専門
学校の留学生 10 名が続々と帰国した。10 月率先して帰国した
のは東京の中国同盟会本部の責任者劉揆一ら 40 人であり、11
月から多数の留学生が帰国するようになった。大学あるいは医
専で勉強していた留学生は、11 月 2 日留日医薬学会聯合会を開
き、留日医薬学界中国赤十字団を創立し、赤十字衛生隊を組織
して帰国し、戦地に赴いて傷病兵を救護することを決定した②。
同団長陳任樑は上海経由で漢口の戦地に赴き、その後広東政府
の北伐軍に参加し、軍医部長のポストに就任した。

　帰国した他の多くの留学生らも積極的に革命軍に参加して活
躍した。例えば、陸軍士官学校の留学生潘印仏・張国威ら 8 人
は、上海独立の蜂起に参加し、10 月下旬陸軍砲工学校から帰国
した史久光は、南京攻略の江浙聯合軍の参謀長に就任し、11 月

---

　① 小島淑男「辛亥革命期中国留学の動向」、辛亥革命研究会編『中国近現代史論集』、
318－319 頁。
　② 小島淑男「辛亥革命期中国留学の動向」、辛亥革命研究会編『中国近現代史論集』、
318－319 頁。

2 日上海に到着した海軍砲工学校の留学生呉景英は、江蘇都督
府の海軍処処長となり、王時沢は清朝海軍の反乱を働きかけて
これを成功させ、その後は江浙聯合軍の海軍陸戦隊の指揮官に
就任した①。東京女子医学校に留学していた蘇淑貞ら 8 名は、
10 月 19 日に日本を出発し、10 月 25 日漢口に到着して救護活動
に従事した。

　新旧留日学生が南京政府と陸海軍の主要な職に就いていたた
め、宮崎滔天の話によれば、官庁では通訳がいなくても話が通
じたという②。このような状況は日本の対革命党政策に便利で
あった。これに関し広東総領事赤塚正助は内田外相に、広東の
都督胡漢民は留日学生であり、政府の陸・海部、司法部の要職
は「大部分日本留学生ノ占ムル所ニテ我官民モ之カ為メニ大ニ
便利ヲ得居候（中略）彼レ等ヲ懐柔利導スルニ於テハ我国発展
ノ上ニモ資スル所少ナカラスト被存候最モ此現象ハ単ニ当省ノ
ミナラス支那各省ニ亘リテ殆ント同様ノコト」③と述べた。

　新広東政府は、旧政府留日学生 54 名に引き続き学資を支給し、
日本留学を奨励した。赤塚総領事はこれに関し内田外相に、従
来のように放任主義を採らず、もっとていねいに親切に便宜と
保護を与え、我が国における留学生の待遇を改善して良好な感
想を持って帰国するようにし、帰国後彼らが相当の地位を得た
る場合には日本に対し有利だと上申した④。

　多数の留日学生が南京政府と陸海軍関係の要職に就いていた
ことは、後で述べるように、孫文と南京政府の対日政策に相当

---

　　① 小島淑男「辛亥革命期中国留学の動向」、辛亥革命研究会編『中国近現代史論集』、
318－319 頁。
　　②『宮崎滔天全集』第 2 巻、1971 年、634 頁。
　　③ 明治 45 年 7 月 12 日、在広東赤塚正助総領事より内田外務大臣宛電報、機密第
17 号、防衛研究所所蔵。
　　④ 明治 45 年 7 月 12 日、在広東赤塚正助総領事より内田外務大臣宛電報、機密第
17 号、防衛研究所所蔵。

の影響を与えていたと言えよう。しかし、革命初期に日本は留
日学生に相当の警戒心を抱いていた。漢口総領事松村貞雄は内
田外相に、留日学生は革命前から極端な利権回収論者であり、
同時に排外的思想を有し、盛んにその主張を筆舌によって全国
に鼓吹した徒であるとして、「排外ノ危険思想ハ革命軍ノ勢力発
展スルト共ニ益々其ノ度ヲ加フルニ至ルヘシ」①と具申した。
これも留日学生らが辛亥革命において果たした一側面であった
と言えよう。

第二節　日本の対応と孫文の期待

出兵の企図　辛亥革命に対し列強は、義和団事件の時期とは
異なり、出兵して干渉しなかった。しかし、日本とロシアは革
命勃発後出兵・干渉しようとし、イギリス・アメリカ・フラッ
スは出兵しようとせず、逆に日・露の出兵・干渉のたくらみを
牽制した。

　日本は軍事封建的帝国主義であり、軍国主義国家であったた
め、何か事あれば先ず軍事的方法で解決しようとした。辛亥革
命においても例外ではなかった。1910 年、陸軍省は中国に政変
が到来することを予測し、12 月に「対清策案」を起草し、もし
政変が起これば列強の干渉と兵力行使は避けられない、その時
日本がその中心になるべきだと強調した②。この十か月後に辛
亥革命が勃発した。石本新六陸相は、10 月 13 日の閣議におい
て、「清国に事あるに際し我国は現状に安んずべきや、又は何れ
の地かを占領すべきや、若し占領するとせば何地を占領すべき

---

　①　明治 44 年 11 月 22 日、在漢口総領事松村貞雄より内田外務大臣宛電報、機密第
76 号、外交史料館所蔵。
　②　北岡伸一『日本陸軍と大陸政策』、東京大学出版会、1978 年、66 頁。

や」と各閣僚に質問し、陸軍省の内案を指示した①。田中義一
軍務局長も同日海軍側に「清国ニ対スル用兵ニ就テ」の一案を
指示し、南満洲を得て満足すべきか、あるいは直隷・山西地方
を占拠して清国中央部の資源を領有すべきか、あるいは長江河
口を掘して長江の利権および大冶の鉱山を占領すべきか、ある
いは広東または福建を割譲させるか、先ず政略上の要求を確立
して作戦の計画を立てることを要求した②。その翌日陸軍次官
岡市之助は参謀本部次長福島安正に、北清と長江方面に海軍と
共に共同出兵する覚悟を表明し、海軍力を主要地点に配置し、
時機を失せず他の列強の機先を制する手段を講ずるよう提案し
た③。陸軍参謀本部は中国各地に情報将校を派遣して、出兵の
準備に取りかかった。例えば 10 月 16 日上海に派遣された高橋
小藤治大尉は、漢口付近に派兵する場合を顧慮し、呉淞付近に
おいて根拠地の選定、輸送実施の方法、上海－漢口水路等の調
査をする命令を受け至急上海に行った④。

　10 月 17 日、斎藤実海相は第三艦隊司令長官川島と上海の加
藤定吉中佐に 10 項目の訓令を発し、その第 5 項目は「長江ノ咽
喉タル江陰ニ対シテハ充分ノ注意ヲ払ヒ機ニ臨ミ列国ニ後レヲ
取ラサルノ覚悟アルヲ要ス之カ為メ……該地方ニ絶ヘス一艦を
配置スヘシ」⑤と指令した。この訓令に先立ち、14 日海軍は旅
順・横須賀・瀬戸内海より四隻の軍艦を中国に派遣し、中国沿
海と長江の日本軍艦は八隻に増加した。海軍省も 10 月 14 日「時
局策」を起草して勃海湾から長江・南海に至るまでの海軍配置
とその任務を規定し、例えば日本と関係の深い大冶に対しては、

①『原敬日記』第三巻、福村出版、1965 年、174 頁。
②『清国事変書類』第一巻、防衛研究所所蔵。
③『清国革命乱関係書類』第一巻、防衛研究所所蔵。
④『密大日記』、防衛研究所所蔵。
⑤『日本外交文書－清国事変（辛亥革命）』、48 頁。

「兵力ヲ以テ之ヲ保護シ事実上ノ占領ヲ為スヲ可トス」①とした。以上の事実は、辛亥革命勃発後、日本軍部が中国に出兵しようとした企図があったことを示すものである。では、日本はその後なぜ出兵・干渉し得なかったのか。

　第一に、辛亥革命は主に列強の中国侵略の道具である清朝にその闘争の矛先を向けたものであり、直接列強に反対しなかった。例えば、湖北軍政府は列強と清朝が締結した条約と中国における列強の既得権益を保護し、外国人の生命・財産を保障し、列強に直接的な打撃を与えなかった。辛亥革命が直接列強に対する闘争を進めなかったのは、義和団以後の列強の対中国政策と密接な関係があった。義和団以前、列強は直接に中国を侵略・分割し、中華民族と列強間の対立が激化して義和団運動が勃発し、おおいにその打撃を受けた。故に、義和団後には、直接侵略・分割するのではなく、「中国保全」を掲げ、清朝政府を「洋人の朝廷」として利用し、その侵略の目的を達成したのである。このため、列強の侵略が覆い隠され、中国人民と清朝との対立がよりいっそう激化し、中国社会の主要な矛盾となった。このために、辛亥革命の闘争の形態が義和団運動と異なるようになったのである。

　第二に、中国に対する列強の争奪による列強間の矛盾により、英・米などの列強は日本の出兵を牽制した。当時イギリスは世界の覇権を握る世界最大の植民地帝国であり、この帝国と締結した日英同盟は日本外交の主軸であった。故に日本は出兵・干渉の問題においても、イギリスと協議しなければならなかった。日本政府はイギリスに出兵あるいは増兵の意向を数回ただしたが、イギリスは軍事行動に反対し②、日英同盟と「各国協調一

①『清国事変書類』第一巻、防衛研究所所蔵。
②『日本外交文書－清国事変（辛亥革命）』、57－58、388－389頁。

致」の原則をもって日本の出兵あるいは増兵の欲望を牽制した。アメリカも日本の出兵・干渉の可能性を予測し、在日アメリカ代理大使は石井菊次郎外務次官にアメリカとの協議なしに行動をとらないように警告した。ロシアは日本と同様に出兵・干渉しようと企図していたが、西側のドイツの牽制により出兵する可能性がなかった。このような国際環境が、日本の出兵・干渉の企図を牽制したのである。

第三に、その後の辛亥革命の急ピッチな発展により、清朝と革命党の勢力が一時均衡状態となり、今後の南北情勢の変化が推測し難くなった。このような状況で日本は、内田外相が言ったように、「此ノ際我ニ於テハ専ラ形勢ノ推移ヲ注視シ慎重我態度ヲ決定スルコトトナスヲ必要」[1]とし、盲動的な軍事行動を軽率にとることを避けざるを得なかった。

第四に、国内情勢として、日露戦争期の巨大な軍事費の支出により経済危機に陥った日本経済は、1910 年から回復しつつあったが、その後の陸海軍の軍備拡大により、また巨額の軍事費をかけるようになったため、当時日本財政は辛亥革命に対する出兵・干渉の軍事費を負担する余裕がなかった。

第五に、主要な原因ではないが、後で述べるように、大陸浪人らが各種の組織をつくり、世論を動員して南方の革命党を支援し、政府と軍部を説得して孫文の革命党を支援するようにした。その結果、政府と軍部は大陸浪人をかけ橋として革命党に借款と武器を提供した。

以上の原因により辛亥革命に対する日本の出兵・干渉の企図は実現されなかったが、日本は中国における植民地的権益を維持・拡大しようとしたことから言えば、終始中国を侵略してい

---

[1]『日本外交文書－清国事変（辛亥革命）』、56 頁。

たことになる。

　大陸浪人　孫文は、日本政府は革命に反対するけれども、民間は同情していると言った。[①]この民間とは主に大陸浪人を指している。では、大陸浪人は辛亥革命にどのように同情・支援したであろうか[②]。

　第一に、武漢戦闘に直接参加して革命軍を支援した。武昌蜂起後、最初に軍事行動に参加したのは大原武慶であった。大原は元陸軍中佐であり、1897年から張之洞の新軍の武備学堂において五年間軍事教育に従事し、武昌地区に日本の勢力を扶植するためにおおいに活躍した人物である。当時彼は予備役になり東亜同文会の幹事として武昌に乗り込んで革命軍の帷幕の士として活躍していた。次に乗り込んだのは末永節で、彼は大連から上海経由で漢陽の第一線に駆けつけ、黄興と共に戦い、後には漢口の外国租界地で軍政府の外交活動に協力した。その後、斎藤某・石川某らも続々と武昌に到着した。日本内地からは萱野長知らが来華した。革命勃発後香港から武昌に急行中の黄興は船中から萱野に打電して、武昌蜂起のことを告げ、爆薬をできるだけ多量に購入して持って来るよう要求した[③]。萱野は梅屋庄吉から七万円の資金と旅費をもらい[④]、金子克己・布施茂・三原千尋・亀井祥晃・岩田愛之助・加納清蔵・大松源蔵らを招集して中国に渡り、漢陽の軍政府戦時総司令部に到着して総司令黄興と共に漢口・漢陽方面の戦闘に参加した。萱野一行は上海駐在の本庄繁と漢口の陸軍駐在武官寺西の好意的協力を得た[⑤]。これは軍部の出先員が大陸浪人の行動を支持していた

①『孫中山選集』、210頁。
②　黒竜会編『東亜戦覚志士記伝』中、401－433頁参照。
③　萱野長知『中華民国革命秘笈』、148頁。
④　車田譲治『国父孫文と梅屋庄吉』、224頁。
⑤　萱野長知『中華民国革命秘笈』、150頁。

ことを示す。

　陸軍の現役軍人も革命軍に参加していた。歩兵大尉野中保教、
工兵軍曹斎藤某らは漢陽前線で転戦し、金子歩兵大尉は戦死し、
甲斐靖歩兵中尉は負傷した。

図33　1913年春、訪日時の孫文（右）と梅屋庄吉

　漢陽戦線には、大陸浪人と共に、日本の大新聞社の特派員数
名が取材していた。『大阪毎日新聞』特派員小山田剱南は「革命
軍奮戦大勝す」等の記事を日本に送り、革命軍の戦況を伝えた。
当時映画事業に従事していた梅屋庄吉は、撮影技師荻屋堅蔵を
中国に派遣して、革命の記録映画を撮影した（1913年2月孫文
訪日の時に寄贈）。梅屋はまた革命を支援しようとして1911年
10月末までに11万6000円を提供し、同年11月7日には17万
円を寄付した[①]。

　10月17日宋教仁から黒竜会の内田良平に「革命軍を交戦団
体と認むる、貴国当局者へ交渉尽力を請ふ」[②]の電報がきた。
内田はこれを承諾し、北一輝・清藤幸七郎・葛生能久を上海・

① 梅屋庄吉『永代日記』、小坂哲瑯・主和子所蔵。
② 小川平吉文書研究会編『小川平吉関係文書』二、みすず書房、1973年、397頁。

武昌方面に派遣し、北は宋教仁と共に武昌から南京に行き、南京攻略戦に参加した。この戦闘には中田群次・松本蔵次・長江清介・岡本柳之助らも黄一欧と共に参加していた①。

　12月2日革命軍が南京を攻略した後、大陸浪人金子克己・三原千尋・布施茂・岩田愛之助らは天津・北京に派遣され、在天津の平山周・小幡虎太郎らと共に袁世凱を要撃しようとしたが成功しなかった。平山周らは天津の革命党員と共に天津鎮台衛門と総督衙門を攻撃する計画を立て、一部行動にはいったが、清軍の追撃により岩田・布施は逮捕され、谷村幸平太は戦死した②。山東の芝罘では、浪人末永節が三菱の上海支店長中島久万吉と山東の漁業権を担保に借款交渉をし、藍天蔚の北伐軍に提供しようとした。

　日本国内では、内田良平・頭山満が中心となって、日本政府に南方の革命派を支援するように働きかけた。10月17日東京の三浦梧楼で開かれた浪人会は、政府に中国革命に対し厳正中立の態度をとるように申し入れた。その翌日、内田は外務省政務局長倉知鉄吉に革命軍に対し好意的態度をとるよう要望し、清朝を庇護して漢人の悪感情を招かないように勧告した③。

　当時内田良平は朝鮮併合に際し朝鮮の一進会を利用して大活躍をし、桂太郎・寺内正毅の信頼を得ていた。内田は桂・寺内→山県有朋→西園寺内閣のルートを通じて日本政府の革命派援助を実現しようとして、杉山茂丸を通じて山県有朋と桂太郎にこの意を訴え、次に朝鮮に渡り寺内総督と憲兵司令官石元二郎に革命派支持を説いた④。内田はまた朝鮮に渡る途中、10月26日三井の益田孝に書簡を寄せ、三井・大倉・高田三家が清朝へ

①　黒竜会編『東亜戦覚志士記伝』中、442－444頁。
②　萱野長知『中華民国革命秘笈』、168－169頁。
③　『東京日日新聞』明治44年10月20日。
④　黒竜会編『東亜戦覚志士記伝』中、439－440頁。

武器の供給を中止させることを要請し①、革命派に対する援助
を希望した。益田はこの書簡を披見した後、井上馨に内田のこ
の意を伝え、その賛成を得て、桂太郎と共に西園寺首相に働き
かけた。同時に内田は在中国の宮崎滔天を通じて孫文と黄興に
西園寺・井上・桂ら宛に適当な要望を表わす電報を出すよう促
した。益田の努力と政府の賛同により、三井の革命派への 30
万円の借款がその後実現されるようになった②。益田はまた内
田の書簡を井上馨に渡し、井上は 10 月 29 日内相の原敬を訪問
してこの書簡を内示し、清朝に武器を売り渡すことは革命派に
非常な悪感情を与えることを述べ、相当の処置をとるよう希望
した③。

　大陸浪人らは中国革命派を支援する団体をつくった。11 月上
旬、頭山満・小川平吉・古島一雄・美和作次郎・福田和五郎ら
は有隣会を組織した。この会は萱野長知のほかに、宮崎滔天を
上海に、尾崎行昌を漢口に、伊東知也を武昌に派遣し、中国革
命の情報を収集すると同時に、革命派を支援した。有隣会は牛
丸友佐を隊長とする救護隊を中国戦地に派遣し、山科多久馬・
吉住慶二・吉賀五郎・浜野譲ら医師は革命軍の傷病者の治療に
当たった④。この有隣会は陸軍省軍務局長田中義一の武器供給
による内援と日本郵船会社の無料同然の割引船賃の優遇を受
けた⑤。これはこの会と軍部・財界とのつながりを示すもので
ある。根津一・頭山満・杉田定一・小川平吉・河野広中らは 12
月 27 日善隣同志会を組織し、東京・大阪で大演説会を開いて中

① 小川平吉文書研究会編『小川平吉関係文書』二、みすず書房、1973 年、
398−399 頁。
② 黒竜会編『東亜戦覚志士記伝』中。
③『原敬日記』第三巻、福村出版、1965 年、181 頁。
④ 黒竜会編『東亜戦覚志士記伝』中、463−464 頁。
⑤ 黒竜会編『東亜戦覚志士記伝』中、464 頁。

国革命派を援助すべきゆえんを力説した①。

　では、革命派を支援した大陸浪人は、辛亥革命をどう見ていたであろうか。内田良平は、今回の「支那革命は、第二十世紀における世界変局の最も大なるものなり。第 18 世紀に於ける仏国の革命が欧州大陸の変局を促したると等しく、支那の革命は亜細亜諸邦の変局を促し、其結果、世界機運の消長に影響すること少小ならざるべし」とその世界史的意義を指摘し、「義和団の如く、一時突発的の乱に非ずして、永久的継続の性を帯べる国民的革命」であるとして、その歴史的必然性を強調した②。頭山満も「一体今度の革命乱は外部の刺戟とか他人の煽動とかの為に起ったものぢやない。全く時運が之を促したので、革命は廃帝や共和政を頑固に主張してゐるから生易しい事ではウント言ふまいよ」③と述べた。池亨吉は、「今回武漢の乱は突発なりしにもせよ、其運動は悉く革命方略の約束を守り、又其策戦は着々孫文の意に従って実行せられて居るのである」④と述べた。犬養毅は、孫文の革命派は急進派であり、「一挙にして満洲朝廷を倒すと共に、有らゆる政治上の改革を断行して、文明的新国家を創建しやうと言ふ一派である」⑤と評価した。

　革命に対する以上のような認識に基づいて、内田良平らは日本のなすべきこととして。

　（一）列国を指導して、中国の連邦的共和政治建設に協力させ、「支那分割」を避けること、

　（二）清朝をして、連邦的共和政治に同意するように助言すること、

① 黒竜会編『東亜戦覚志士記伝』中、481−482 頁。
② 初瀬龍平『内田良平の研究』、九州大学出版会、1980 年、137 頁。
③『大阪毎日新聞』明治 44 年 12 月 25 日。
④『新日本』明治 44 年 12 月号、58 頁。
⑤『太陽』大正元年 12 月号、111 頁。

　（三）列国と協同して、革命党と清朝との調停者となり、戦局の早期終結を実現すること、

　（四）革命党をして、門戸開放・機会均等・外国既得権益擁護を宣言させること、

　等を主張した①。内田を中心とした黒竜会の大陸浪人と頭山満を中心とした玄洋社の大陸浪人は、革命派に対する以上のような支援を通じて、中国における日本の権益を拡大しようとした。例えば内田は「支那改造論」で、満洲における日本勢力の確定、東清・中清・南清における日本利権の扶植、日清提携の経済的基礎の確立、対清貿易の拡大、政治・経済・軍事・教育・技術方面における日本の招聘などを要求した。

　元自由民権派に属していた宮崎滔天らは、この黒竜会・玄洋社系統の浪人と異なり、中国と世界革命のために革命派を支援した。滔天は「人類同胞の義を信ぜり、故に弱肉強食の現状を忌めり……世界一家の説を奉」②じ、中国をこの世界革命遂行の根拠地として先ず「支那をして理想的国家たらしむる事が出来たらば、その力は以て宇内に号令して万邦を道化」③し得ると信じた。滔天も一時三井財閥と革命派との「取次」の役割をしていたが、その目的は革命派に対する援助であり、主観的にはこれにより中国における日本の権益を拡大しようとする目的はなかった。

　以上で述べたように、大陸浪人の孫文の革命運動に対する支援の表面的現象は同一であったが、その目的は多様であり、客観的には孫文の革命運動に有利なものであった。

　南京臨時政府　革命軍に対する日本政府と軍部の態度は、革

---

①　初瀬龍平『内田良平の研究』、九州大学出版会、1980 年、137－138 頁。
②　『宮崎滔天全集』第 1 巻、12 頁。
③　『宮崎滔天全集』第 3 巻、248 頁。

命の発展に伴って徐々に変化した。日本政府は 10 月 16 日清朝
政府に革命軍討伐のために必要な銃砲弾薬を提供することを決
定し、23 日泰平組と清朝陸軍部との間に総額 273 万円余の兵器
供与契約が成立した①。これは日本政府の革命軍に対する敵対
的な姿勢を示したものであった。陸軍参謀本部は南方の革命軍
にも同様に兵器を供与することを考慮したが、政府・陸軍省の
反対により実現しなかった②。日本政府は革命軍を「叛軍」と
呼び、交戦団体と認めず、革命軍と書面をもって往復すること
さえ避けようとした③。

　しかし、10 月下旬にいたって革命軍の勢力がますます奮い立
つに伴い、日本政府の革命軍に対する態度も変化し始めた。10
月 24 日、日本の内閣は満洲の現状を永遠に持続する策を根本方
針としながら、「今後特ニカヲ支那本部ニ扶殖スルニ努メ併セテ
他国ヲシテ該地方ニ於ケル我優勢ナル地位ヲ承認セシムルノ方
法ヲ取ルコトトナシ」④と決議した。この決議に対し原敬内相
は、前回の閣議において革命軍に毫も同情をせずの一辺倒の政
策も「策の得たるものに非らざるを認むるに傾けるが如くに」⑤
なったと言った。海軍側は革命軍に対しわりあい融和的な態度
をとった。11 月上旬、海軍大臣が署名した覚書によれば、「現
実ニ反軍ノ権下ニ陥レル地方ニ於テハ帝国海軍指揮官ハ事実上
ハ該地方ニ於ケル反軍ノ権力ヲ認メ反軍カ安寧秩序ヲ維持スル
為実行スル必要ナル処分ヲ尊重スヘシ」と在中国の艦隊に指令
し、日本および諸外国在留民の生命財産の保護に必要な場合に
は革命軍側の「責任者ト事実上ニ於テ直接交渉スルコトヲ得ベ

①『日本外交書－清国事変（辛亥革命）』、138－140 頁。
②『原敬日記』第三巻、福村出版、1965 年、176－177 頁。
③『日本外交書－清国事変（辛亥革命）』、108 頁。
④『日本外交書－清国事変（辛亥革命）』、51 頁。
⑤『原敬日記』第三巻、福村出版、1965 年、178 頁。

シ」①と言った。しかし、革命軍を交戦団体あるいは革命政権
として認めるが如き態度は避けるようにした。

　革命軍側も各省の独立に伴い、清朝政府を否定し革命政権に
対する承認を要望する意を日本と列強に示した。11 月 13 日、
中華民国軍政府湖北軍都督黎元洪は、中華民国中央政府を代表
して、中華民国全局に関する問題については、いっさい本都督
と協議するよう要求し、武昌蜂起後清朝政府と締結した借款契
約と他の条約は、そのいかなる国家と関係あるにかかわらず、
いっさいこれを承認しないことを言明した②。これに対し、内
田外相は 11 月 25 日、陸・海相の同意を得て在中国の外務省出
先機関に対し、革命軍が事実上権力を行使している地域におい
ては、「革命軍ニ対シ適宜交渉ヲナサルルモ差支ナシ」③と指示
し、革命軍に対しいたずらにその感情を害するが如き措置をと
らないようにした。革命軍側も日本との連絡・接触のルートを
設置し、11 月 4 日上海が独立して以後は李平書・王正廷が上海
総領事有吉明と連絡し④、日本には黄興の代理として 12 月 5 日
何天炯を派遣して、関係方面と連絡をとっていた⑤。革命軍に
対する日本の以上のような態度は、中国南北情勢の複雑さと列
強との協調に起因したものであり、日本は南北情勢の変化と列
強の動向を注視しながら、この時期南北双方に対し「両面取引」
をしていたと言える。

　清朝は時局を収拾しようとして、11 月 16 日袁世凱の内閣を
組織した。イギリスは袁世凱を支持・利用して立憲君主制で南

　　①『清国事変書類』第一巻、防衛研究所所蔵。
　　②『日本外交文書—清国事変（辛亥革命）』、109−110 頁。
　　③『日本外交文書—清国事変（辛亥革命）』、111−112 頁。
　　④ 明治 44 年 12 月 7 日、在上海総領事有吉明より内田外務大臣宛電報、機密第 104
号、外交史料館所蔵。
　　⑤ 小川平吉文書研究会編『小川平吉関係文書』二、みすず書房、1973 年、431 頁。
『原敬日記』第三巻、福村出版、1965 年、196 頁。

北を妥協させ、中国に対するイギリスの統制権を強化しようとした。日本は袁世凱の組閣とイギリスのこのような単独行為に不満をもちながらも、先ず立憲君主制に賛成し、南北妥協でこの目的を達成しようとした。これは日本が南方の革命軍を交戦団体とは認めていなかったが、革命軍とその政権の存在を認めたものであった。日本が立憲君主制に賛同すると、イギリスはそれを放棄して共和制を主張した。12 月 22 日日本の内閣はまたイギリスの主張した南北共和制に賛成し、イギリスの支持する袁世凱と対抗する一措置として、南方の革命軍と南京の中華民国臨時政府に一定の支援を与えようとした。

　帰国した孫文は、黄興らと共に中華民国臨時政府の創建に取りかかった。12 月 29 日独立した 17 省の 45 名の代表は、南京で各省代表会議を開き、孫文を臨時大総統に選出した。孫文は翌 1912 年の 1 月 1 日、臨時大総統に就任し、3 日中華民国臨時政府を組織し、副総統に黎元洪、陸軍総長に黄興が就任した。孫文は「大総統言百書」で、対内方針として民族の統一、領土の統一、軍政の統一、内治の統一、財政の統一を主張し、対外方針としては、「文明国として尽くすべき義務を尽くし、文明国として享受すべき権利を享けるよう努力する。満清時代の国辱的行為と排外的心理を一掃し、わが友邦との親睦を増進し、和平主義を持して中国をして国際社会に重からしめ、かつ世界を徐々に大同に赴かしめる」[1]ことを訴えた。

　1 月 5 日孫文は「対外宣言書」を発表し、日本と各国に中華民国が満清の専制政府を打倒し共和民国を建立したことを宣言し、革命前に清朝政府と各国あるいは個人と締結した条約は満期まで有効であり、清朝政府の借款および賠償金に対し民国が

---

[1]『孫中山全集』第 2 巻、1－3 頁。

返還の責任を負い、清朝政府が各国および各国の個人に与えた権利に対して民国政府はこれを尊重し、各国人民の生命財産は、共和国政府の法権が及ぶ領域において、民国政府が依然尊重することを保障した①。しかし、革命勃発以後清朝と各国が締結した条約あるいは借款に対し、民国政府はその責任を負わないことを明言した。不平等条約の撤廃を目ざす孫文が、このように既成の不平等条約の有効性を承認したのは、新誕生の共和国に対する列強の武力干渉を排除し、共和国に対する列強の承認を獲得しようとしたためであった。孫文は任期3か月の間に30余種類の政治・経済・法律・社会関係の法律と政令を制定し、民主・共和の政治体制を固めようとした。

　1月28日には、共和政治の核心である臨時参議院が設立され、林森が議長に当選した。参議院は民国の憲法に相当する「臨時約法」の制定に着手し、3月8日参議院でこれを可決した。この「臨時約法」は7章56条で構成され、立法・行政・司法三権の分立と責任内閣制を規定し、ブルジョア共和国の政治体制を確保した。この「臨時約法」は民国の臨時憲法であり、辛亥革命の原点であると同時に、またその革命の成果であり、中国の憲政史において重要な歴史的意義をもっていた。

　共和国を創建した孫文の日本に対する態度はおおいに変化した。先にも述べたように、孫文は帰国当時日本の出兵・干渉を警戒し、過去孫文に対する追放にも不満の意を抱いていたが、その後日本人との接触と黄興の説得により、日本に依拠しようとし、1月7日参謀本部派遣の古川岩太郎中佐と本庄繁少佐に会見し、彼らに「実際……日本ニ依ラサレハ到底成功見込ナキ」と語り、前にイギリス・アメリカ・フラッスなどの各国から軍

---

①『孫中山全集』第2巻、8−10頁。

事顧問を招聘していた計画を訂正して、将来軍事の指導は完全に日本に委任するようにする①、と言った。

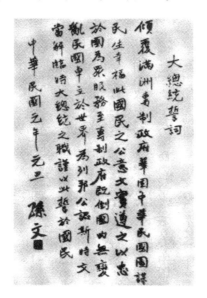

図 34　1912 年 1 月 1 日、孫文が中華民国臨時大総統に就任したときの誓詞

　南京臨時政府は、1 月 6 日犬養毅を政治顧問に、寺尾亨と副島義一を法律顧問に招聘した。副島は「臨時約法」の制定に参加したが、犬養は拒否した。阪谷芳郎と原口要は財政顧問に招聘された。そのほかに、池亨吉は孫文の秘書、萱野長知は黄興の秘書、北一輝は宋教仁の秘書として臨時政府で仕事をしていた。彼らは秘書として主に対日関係の諸問題を取り扱っていた。

　南京などの陸軍学堂においては、日本の軍人が教習に当たった。海軍には、日本・イギリス両国の留学生が多数いたために、

日英両国より二名の軍事顧問を招聘しようとしたが、日本の海軍省はそれに応ずる条件として、第一に「此際革命軍ヲシテ充分我ニ信頼シ全然我指導ニ一任スヘキコトヲ予メ確約セシムル」、第二に「革命軍海軍ノ要部ニ相当ノ数ノ我武官ヲ配置シ万事右武官ノ意見ヲ咨詢実行スヘキコト」、第三に「招聘セル英国武官アラハ必スシモ之ヲ排斥スルヲ要セサルモ……将来他国武官ヲ招聘セサルコト」[1]等を付した。

　　日本への期待　孫文と南京臨時政府は日本に対し好意的期待を寄せて、先ずこの政府に対する日本政府の正式な承認を要望した。孫文は日本が共和体制に対し友好的態度を示すと思い[2]、1912年1月黄興と共に山県有朋に電報を発し、民国に対し日本が承諾の意を表することを願った[3]。1月17日、南京臨時政府の王寵惠外交総長は、内田外相宛に「速ニ我政府ヲ承認セラルルコト得策ナルヘキニ附右ニ対シ御考量ヲ切望ス」[4]との意を表した。1月20日孫文は秘書池亨吉を日本の南京領事館に派遣して、他の列強に通告する前に、先ず日本に「最先ニ新政府ヲ承認スル強国ニ対シ或種ノ重大ナル利権ヲ提供セントスルノ内意」[5]を伝えた。孫文は陸軍の井戸川辰三中佐にも同様の意を表した[6]。これに対し南京の鈴木領事は内田外相に「何等カノ方法ニヨリ此際帝国ノ利権拡張ヲ計ルヲ必要ト御認メ相成ルニ於テハ全然不可能ノ事に非ス」[7]と上申した。しかし、内田外相は他の列強との協調等の問題を考慮し、南京政府を即時承認しようとしなかった。しかし、鈴木領事が2月中旬孫文

---

① 明治45年1月8日、外波少将宛口達覚、防衛研究所所蔵。
② 『孫中山全集』第1巻、582頁。
③ 李廷江「孫文と日本人」、『日本歴史』1987年8月号、88頁。
④ 明治45年1月17日、民国外務大臣より内田外務大臣宛電報、防衛研究所所蔵。
⑤ 『日本外交文書－清国事変（辛亥革命）』、127頁。
⑥ 『日本外交文書－清国事変（辛亥革命）』、127－128頁。
⑦ 『日本外交文書－清国事変（辛亥革命）』、128頁。

と会談したことは興味あることであった。孫文は鈴木に「共和
国政府ニ対スル承認に関シ各国ノ意向如何」と尋ねたが、鈴木
は回答を避け、「右ニ関シ貴下ニ於イテ期待スル処果シテ如何」
と反問した。孫文は「目下共和政府ハ南方ノ実権ヲ握り居ルニ
各国に於イテ未夕承認ヲ与ヘサルハ思フニ各自互に他ノ態度ヲ
観測シ居ルノ結果ナラントテ暗ニ狐疑スルノ不必要ヲ諷シ」、
アメリカの中国艦隊司令が孫文に共和国承認の意を表したこ
とを伝え、日本政府の承認を衷心から希望している意を暗に
示した①。

　南京政府は共和国に対する承認を求めるため、参議院の決議
に基づき、宋教仁を日本に派遣して日本の朝野に働きかけよう
とした。宋教仁は他の列強の承認のことをも日本に依頼しよう
とした。日本においては、内田良平らの黒竜会系統の浪人が宋
教仁の渡日に深い関心を示した②。小川平吉は、宋は「第一革
命に付て非常な功労者であり……国民党中第一の人物」だと高
く評価し、2月2日上海で夜を徹し時事を相談し、今後、日中
同盟を締結することを約した③。小川は帰国後日本政府と世論
に訴え、南京政府に対する承認を獲得しようとした。小川は2
月29日宋教仁宛の電報で、「日本政府ハイヨく率先シテ列国ニ
対シテ中華民国共同承認ノ運動ヲ開始シタルモノノ如シ之レ実
ニ将来必然締結セラルベキ日華同盟ノ第一着歩ト見ナスベキモ
ノナリ」④と打電した。しかし、宋教仁の渡日は南北和議のた
め実現されなかった。一方、民間の梅屋庄吉らは孫文に祝電を

---

①　明治45年2月14日、在南京鈴木領事より内田外務大臣宛電報、機密第12号、
外交史料館所蔵。
②　小川平吉文書研究会編『小川平吉関係文書』二、みすず書房、1973年、443－451
頁。
③『小川平吉文書』、国会図書館憲政資料室所蔵。
④『小川平吉文書』、国会図書館憲政資料室所蔵。

打ち、「貴共和国の早期承認のため、奮励努力せんことを」誓い、
1月28日築地の精養軒で支那共和国公認期成同盟会を成立させ、
一日も早く中華民国を承認するよう政府に働きかけることを決
議した①。

図35　支那共和国公認期成同盟会の看板（小坂哲瑯・主和子氏蔵）

　第二に日本に期待したのは兵器と軍資金の提供であった。革
命軍が日本に兵器の提供を要求したのは、前年11月27日漢陽
が清の官軍に攻略されて以後のことであった。黄興は革命軍失

---

① 車田譲治『国父孫文と梅屋庄吉』、234頁。

敗の最大原因は兵器の不良によるものと思い、日本から新式兵器を購入することを主張し、先ず小銃2万挺、野砲54門、機関銃70余挺およびこれに要する弾薬を購入することを日本に申し入れた。しかし、軍資金の欠乏により、その成立を見るに至らなかった①。地方の江蘇軍・浙江軍の方からも兵器と馬匹を購入することを日本に要望したが、資金がなく購入されなかった。東京に派遣されていた何天炯は12月中旬、有隣会と犬養毅を歴訪し、軍資金と兵器の調達を依頼した②。

　内田良平は、三井の益田孝→井上馨→西園寺首相のルートを通じて、革命軍に援助を与えることを働きかけ、西園寺内閣も1921年1月から内々に財閥が革命軍に借款・兵器を提供することを許可した。上海では、内田良平が中国に派遣した北輝次郎・清藤幸七郎が宋教仁らと軍資金・兵器購入の交渉をした。その結果、上海都督府から文梅村・呉嵎が日本に派遣され、1912年1月24日三井物産と上海都督府との間に30万円の借款契約が成立し、革命軍はこの借款で31年式野砲六門、31年式速射山砲六門、機関銃3挺を三井物産を通じて購入した③。その後、蘇省鉄道を担保とする借款250万円、漢冶萍公司の借款300万円を利用して日本から兵器を大量に購入した。三井物産の借款は、実は裏で日本政府が提供したものであり、兵器は軍部が提供し、これらの交渉で大陸浪人がかけ橋の役割を果たし、日本の政府・軍部・財閥・大陸浪人が一体になって行動した。

　これらの兵器がどのように革命軍に輸出されたかは、具体的史料の欠乏により不明であるが、1911年12月8日ごろ日本の雲海丸が銃1万挺、帯剣・短銃等約300万トンの兵器を上海に

---

① 参謀本部『清国事変特報附録』第28号、外交史料館所蔵。
② 乙秘第1917号、明治44年12月13日、「清国革命党員渡来ノ件」、外交史料館所蔵。
③ 初瀬龍平『内田良平の研究』、九州大学出版会、1980年、145−146頁。

運搬し①、1912 年 1 月 8 日ごろ日本の巴丸が大倉組から提供された歩兵銃 1 万 2000 挺、機関砲 6 門、山砲 6 門とそれらの弾薬を南京に輸送し②、1 月 21 日ごろには日本の御代丸が三井物産から広東新政府に提供する小銃 7000 挺、弾薬 4000 万発を広東に輸送した③。1 月 25 日には、三井物産から汕頭の革命軍と商団に提供する小銃 1900 挺と銃剣・弾薬がミヨ丸で汕頭に陸揚げされた④。2 月 24 日には、栄城丸が村田銃 3 万挺、弾丸 800 万発を搭載して広東の虎門に入港した⑤。これらの兵器は日露戦争期の廃銃・廃砲が多かった。尾崎行昌は小川平吉宛書簡で、「輸送せる軍器の廃物たる大事件問題」⑥をあばき、北輝次郎も 2 月 6 日内田良平宛の書簡で「各商館ハ南京ニ廃銃ノ甚シキモノヲ売附ケタリ」⑦とあばいた。日本政府・財閥・軍部が兵器を革命軍に提供した目的は、革命軍を支援する名目で南方における日本の勢力と権益を拡大しようとしたのである。しかし、他の列強が兵器を提供しない状況で、このような兵器は革命軍にとって無用なものではなかったと思う。

　第三の期待は藍天蔚の指揮する北伐軍の作戦に対し、日本が中立的態度をとることであった。南京臨時政府は北方から清朝に軍事的打撃を与えるため、東北都督藍天蔚を総司令官にした北伐軍を組織し、藍天蔚は 1 月 14 日歩兵 8 個大隊、機関銃 8 挺、山砲 8 門と輸送船 3 隻、軍艦 3 隻からなる北伐軍を指揮し

---

①『日本外交文書－清国事変（辛亥革命）』、169 頁。

②『日本外交文書－清国事変（辛亥革命）』、181－182 頁。

③『日本外交文書－清国事変（辛亥革命）』、187 頁。

④ 明治 45 年 1 月 25 日、在汕頭矢野領事より内田外務大臣宛電報、第 1 号、防衛研究所所蔵。

⑤ 明治 45 年 2 月 24 日、在広東瀬川総領事より内田外務大臣宛電報、第 19 号、防衛研究所所蔵。

　小川平吉文書研究会編『小川平吉関係文書』二、みすず書房、1973 年、452 頁。

⑥『小川平吉文書』、国会図書館憲政資料室所蔵。

⑦ 明治 45 年 2 月 6 日、在上海の北輝次郎（北一輝）より内田良平宛書簡、外交史料館所蔵。

て呉淞を出発し、16 日山東半島の芝罘に到着した。続いて 20 日に 4 隻が到着した。

　1 月 17 日、藍天蔚は大島義昌関東州都督に、先ず「外国人民ノ生命財産ハ勉メテ保護セムコトヲ期ス」と保障し、「貴国ハ平和維持ノ為南満鉄道ノ中立ヲ確保シ以テ民国ト清国トノ軍隊ニ対シ同一ノ取扱ヲナサンコト」[①]を希望した。大島都督は同感だと言ったが、内田外相は北伐軍が租借地および中立地帯に上陸するのを阻止し、それ「以外ノ地点ニ上陸ノ際之ヲ傍観セラレ差支ナキ」[②]と指示して遼東半島と満鉄沿線における日本の権益を保護しようとした。これは北伐軍が勃海湾沿岸に上陸する軍事行動を制限したものではあったが、露骨に軍事的干渉をしようとしたものではなかった。

　北伐軍は 2 月 1 日から関東州北端の中立地帯である高麗城子付近と碧流河から上陸した。清朝政府外交部の曹汝霖は同日北京の伊集院公使に、中立地帯あるいは中立地帯以外に革命軍が上陸するのを日本が差し止めるよう要求すると同時に、満鉄を利用して官軍の増援隊を輸送することを希望した。伊集院公使はこの希望を拒否し、革命軍が中立地帯に上陸したのは中立地帯外の誤りであるし、中立地帯以外の上陸に対しては日本側は干渉しないという意を表わした[③]。これは北伐軍に有利な一側面があったが、日本は清朝の官軍と北伐軍にこの地帯から同時に退去するよう強く要求し、北伐軍はこの地帯から遼寧省の西部に退去せざるを得なかった。

　日本は北伐軍の軍事行動を制限しながらも、また公然と弾圧しようとはしなかった。この微妙な政策は、当時清朝皇帝退位

---

① 明治 45 年 1 月 18 日、大島関東州都督より内田外務大臣宛電報、防衛研究所所蔵。
②『日本外交文書－清国事変（辛亥革命）』、301 頁。
③『日本外交文書－清国事変（辛亥革命）』、308 頁。

の大勢が既に定まり東北の情勢もこれに伴って変化しつつある時、内田外相が言ったように、「此際革命党ニ対シ加フヘキ圧迫ノ程度ニ付テハ大ニ考慮ヲ要スヘキモノアリ将又万一革命党ノ勢力強盛トナリ満洲ノ秩序素乱スルニ至ルコトアリトスルモ右ハ或ハ我満洲政策ノ発展ニ一歩ヲ進ムルノ動機トナルヤモ計り難キニ付已定ノ方針ハ方針トシテ其実行振ニ付テハ此際多少ノ手心ヲ用ヰラル、様」①にしようとしたものであった。これは日本が北伐軍の勢力を利用して日本の満蒙政策を推進しようとしたことを物語る。

　　南北和議　上述のように、孫文と南京臨時政府は日本に期待を寄せていたが、日本は列強との協調および共和体制に対する恐れのため、孫文と南京臨時政府に一部の借款と武器は提供したものの、公然と積極的な援助を与えようとはしなかった。しかし、イギリスは袁世凱を支持して新内閣を組織させ、日本と協議もせず、ひそかに袁世凱に策動して官革両軍の停戦を実現させ、1911 年 12 月 18 日から開催された南北和議のイニシアチブをとり、君主立憲制を強硬に主張する日本を除外して、袁世凱を大総統とする共和制で南北を妥協させ、中国に対する発言権を強化しようとした。袁世凱もイギリスの主張に賛成し、共和体制で清朝皇帝を退位させ、共和体制で南京政府を自分の管轄下に統一して一石二鳥の目的を達成しようとした。

　　このような国際環境と国内情勢の下で、孫文は 1 月 22 日各省代表会議の同意を得て、南北和議の南方代表伍廷芳を通じ、次のような和議条件五項目②を提示し、臨時大総統の地位を袁世凱に譲る意を表わした。これは、列強の支持する袁を利用して共和・統一を早期実現して列強の承認を得るためであり、袁を

① 『日本外交文書－清国事変（辛亥革命）』、321 頁。
② 『孫中山全集』第 2 巻、34－35 頁。

利用して 260 余年の満族皇帝専制の支配体制を転覆させること
ができれば、10 万の兵を用いるよりも賢明なことであると考え
たからである。

　袁世凱は北洋軍閥将領段祺瑞らに策動して、皇帝退位・共和
制支持による時局の打開を要請して、清朝に圧力をかけた。抵
抗の気力を失った清朝貴族は 2 月 1 日袁に皇帝退位の優待条件
を南京政府と交渉するように命じ、優待条件八か条と引換えに、
皇帝溥儀の退位詔勅が 2 月 12 日発せられた。こうして 260 余年
の清王朝の支配と二千年に及ぶ中国の皇帝専制支配が終結した。
これは辛亥革命の必然的結果でもあり、また孫文と袁世凱との
妥協の産物でもあった。

　2 月 13 日、孫文は参議院に二通の教書を送り、清朝皇帝が「退
位を宣布し、中華民国を承認し、これより帝制は永久に中国に
存在しなくなり、民国の目的もすでに達せられた」から臨時大
総統を辞任し、袁世凱を臨時大総統に推薦した①。14 日参議院
は袁を臨時大総統に選任した。3 月 22 日袁は唐紹儀を内閣総理
に指名して新しい政府が成立し、4 月 1 日孫文は正式に臨時大
総統を辞任し、5 日参議院は臨時政府の北京移転を決定した。
こうして南京臨時政府は終結した。

　では、南北の和議による中国政治情勢の変化に対し、特に孫
文と南京臨時政府に対し、日本はどう対応したであろうか。日
本は袁世凱が組閣したその翌日から袁に清の皇帝を中心とした
立憲君主制にさせて時局を収拾しようとした。その原因は日本
の国体が立憲君主制であることとも密接な関係があるが、その
目的の一つは孫文の革命派を抑圧しようとしたことである。在
中国の伊集院公使は内田外相に、今回の事変において勢力実権

---

①『孫中山全集』第 2 巻、84−85 頁。

を有するものはだいたい共和主義の革命派であり、たとえ袁世凱が統一政府を主宰したとしても、新政府の実権は革命派の手に帰すべきであり、「其結果ハ必我ニ不利ナルヘキニ因リ此ノ一派ノ勢力ヲ抑制センカ為ニ本使ハ殊更ニ共和に反対ノ意見ヲ以テ常ニ袁世凱ニ当」①たったと述べた。内田外相は 12 月下旬上海に密使を派遣して裏から革命派を説得させてその共和制の主張を放棄させ、君主立憲制の基礎の上に南北を妥協させようした②。しかし、イギリスと袁世凱が 12 月下旬から共和制に転換したため、12 月 22 日の閣議は君主立憲制の主張を放棄せざるを得なかった。

　頭山満・犬養毅らの大陸浪人は、南北和議と孫文の袁に対する妥協に強く反対した。来華した犬養と頭山満は最初南北和議の内容を知らず、孫文と黄興も大陸浪人らが中国の内政問題に干渉するのを防止するため、彼らにこのことを秘していた。しかし、内田良平が東京においてその内容を耳にし、早速葛生能久を上海に派遣して宋教仁を説得して孫・袁の妥協を阻止しようとした。葛生は内田の命により、宋教仁を速やかに東京に来させ、日本当局と会見して革命軍に対する援助の道を立てようとしたが、宋は彼らの勧告に耳を傾けようとしなかった③。

　12 月末に来華した小川平古も南北妥協に反対し、孫文と黄興に、いかにしても兵力をもって北伐を成功させなければならないゆえんを力説した。小川は帰国後、2 月 9 日宋教仁に「袁世凱が時局を左右するに至ることは吾々の絶対に反対する所なり。袁に欺かれず断乎として初志を貫徹するやう孫、黄両君にしか

---

　①『日本外交文書ー清国事変（辛亥革命）』、568 頁。
　②『日本外交文書ー清国事変（辛亥革命）』、457 頁。
　③ 黒竜会編『東亜戦覚志士記伝』中、446－450 頁。

と注意を乞ふ」①の電報を発し、袁との妥協に反対する意を再度表明した。小川は同日宮崎滔天にも打電してこの意を南京政府に警告するよう指示した②。

　在上海の犬養毅と頭山満は、1月南京総統府に宮崎滔天・萱野長知・寺尾亨らと共に孫文を訪問し、孫が袁にすべてを譲ることに反対の意を表わした③。頭山は南北妥協に反対し、孫に北伐を徹底的に遂行するよう勧告した。犬養毅は1月21日と22日二回孫文に書簡を発し、日本と列強は中国革命に干渉しながら、躊躇することなく勇敢に前進すれば、北京は貴方の手のうちに帰する④、と言った。犬養毅は袁世凱に対抗する勢力を築くために、岑春煊・康有為・梁啓超らと大同団結することを孫文に説き、さらに進んで北方の段祺瑞とも結ぶよう勧告した⑤。しかし孫文は、康有為らとは根本の主義を異にし、岑春煊は湖広総督以来革命派の宿敵だとして、その勧告に耳を傾けなかった。頭山・犬養は孫文が北上することに反対し、袁が南京に来て大総統に就任するように勧めた⑥。孫文はこの意見を採用して、袁の南下を要求したという。

　大陸浪人らがこのように南北和議と大総統の職を袁に譲ることを強硬に反対したのは、革命の目的を水泡に帰させることとなるからだとは言っているが、実は、親英的でありまた日本に対し好意を抱いていない袁に対する反感と、孫文の政権譲渡により満蒙と南方において日本の権益を拡大することが不可能に

　①　小川平吉文書研究会編『小川平吉関係文書』二、みすず書房、1973年、443頁。
　②　小川平吉文書研究会編『小川平吉関係文書』二、みすず書房、1973年、443頁。
　③　頭山満翁正伝編纂委員会編『頭山満翁正伝』（未定稿）、葦書房、1981年、247－248頁。
　④　黄彦・李伯新編『孫中山蔵楮選編』、中華書局、1986年、453頁。
　⑤　岩淵辰雄『犬養毅』、時事通信社、1986年、117－118頁。
　⑥　黒竜会編『東亜戦覚志士記伝』中、477頁。
　頭山満翁正伝編纂委員会編『頭山満翁正伝』（未定稿）、葦書房、1981年、248頁。

なるからであった。しかし、このような目的からの勧告と反対ではあったにしても、客観的には、彼らの勧告と反対が正しかったことは否定できないだろう。

第三節　日本の満蒙・福建に対する侵略

辛亥革命期、日本政府・軍部の中国に対する根本政策は、中国における日本の植民地的権益を維持・拡大することであった。このため、日本は中国北部・中部・南部の三つのコースを通じて中国に対する侵略を進めた。南部の福建においては海軍が主体になって土地購買の形式で南方侵略の橋頭堡を確保しようとし、中部の長江流域においては、財閥が主体になって借款貸与の形式で経済的浸透を強化し、北部満蒙においては、政府・陸軍・財閥・大陸浪人らが第三回日露協約、第一次満蒙独立運動、満洲の租借などの方法で満蒙における日本の権益を拡大しようとした。次に北部の満蒙と南部の福建に対する日本の侵略行動を考究することにする。

第三回日露協約　辛亥革命期の日本の対満蒙政策は、19世紀90年代以来の大陸政策の継続であり、また発展でもあった。甲午・日露戦争を経て日本は遼東半島と満洲の鉄道を占拠し、それを侵略の拠点として、満蒙における日本の勢力圏をよりいっそう拡大しようとした。

1911年10月24日、日本内閣は「対清政策ニ関スル件」を決議した。決議は「満洲ニ於ケル租借地ノ租借期限ヲ延長シ鉄道ニ関スル諸般ノ問題ヲ決定シ更ニ進ンテ該地方ニ対スル帝国ノ地位ヲ確定シ以テ満洲問題ノ根本的解決ヲナスハ帝国政府ノ常ニ画策ヲ怠ルヘカラサル所ニ属シ苟モ機ノ乗スヘキアラハ之ヲ利用シ此ノ断案ヲ下スノ手段ヲ講スヘキハ論ヲ待サル次第ナル

（中略）満洲問題ノ根本的解決ニ至リテハ其機会ノ最モ我ニ利ニシテ且十分ナル場合ヲ待チテ初メテ之ヲ実行スルコト得策ナリ」と規定し、辛亥革命初期には情勢の変化を静観し、「暫ラク現状ヲ維持シテ之カ侵害ヲ防」く方策を執り、好機到来を待つことにしていた[1]。

　1912年1月以来、南北和議・妥協による清朝支配体制の崩壊が明瞭になり、また南北停戦と和議問題においてイギリスが先ず日英協調を破り単独に行動したことにより、日本もイギリスの後塵を拝するようになり、この機を利用して満蒙で単独行動をとり始めた。大陸政策の積極的な推進者山県有朋は、この好機に先ず満洲に出兵してそれを占領しようとした。1月14日、山県は石本新六陸相に「南北協商は破裂の情勢にあるから、日本政府は満洲租借地と鉄道保護の関係上満洲に出兵するの好機である」[2]と言い、内田外相とこの件を協議するよう望んだ。翌日、山県は桂太郎にも「満洲ニ出兵ヲ要スル適当ノ時期ト判断セサル可カラス」と言い、その具体策を指示した[3]。陸軍省の軍務局長田中義一は、山県のこの意見に基づいて第十二師団を満洲に派遣しようと計画した。1月23日小倉の第十二師団に動員令が下り、その準備にとりかかった[4]。しかし内閣と議会は財政予算の関係により、この意見に賛成しなかった。列強も日本の満洲に対する軍事行動を牽制した。1月31日ドイツ外相代理ジムマーズマンは在独の杉村大使に、この際日本が中国において単独行動をとることには同意し難い旨を暗示し、在米のドイツ大使を通じてアメリカ政府が日本の軍事行動計画を牽制

　①『日本外交文書－清国事変（辛亥革命）』、50頁。
　② 内田康哉伝記編纂委員会・鹿島平和研究所編『内田康哉』、鹿島研究所出版会、1969年、181頁。
　③『桂太郎文書』、国会図書館憲政資料室所蔵。
　④『東京朝日新聞』明治45年1月25日。

するように希望した①。これに対しアメリカ政府は2月3日在
米の埴原臨時代理大使に、中国において「外国列強が干渉に出
る理由は存在しておらず、また最近の報道から見て、今後の事
態の発展によって上述のような介入が必要となるようなことは
起こり得ないだろうという確信が強まっている」と述べ、中国
に対する出兵・干渉の必要性を否定した。このような事情によ
り、山県らの満洲占領の計画は挫折した。山県は「千歳一遇之
機会を逸し実に国家為痛憤不堪」として、内閣と議会を激しく
非難した②。

　しかし、日本は日・露が共同して蒙古における勢力範囲を分
割する準備をしていた。ロシアも日本と同様に軍事・封建的帝
国主義国家であり、辛亥革命の好機を利用して先ず蒙古におけ
る勢力範囲を拡大しようとした。1911年10月23日、ロシアの
首相は在露の本野一郎大使に日・露両国が蒙古における勢力範
囲を分割する意を伝えた③。その後12月1日ロシアは外蒙古の
いわゆる「独立」を策動して庫倫に蒙古政府を設立し、1912年
1月11日ロシアは蒙古に重大な利害関係を有するためこの政府
を無視せず、事務上の関係を結ぶ声明を発表し、事実上この政
府を承認した。蒙古問題においてロシアの後塵を拝するに至っ
た日本は、1月16日早速「第三回日露協約締結ニ関スル件」を
閣議で採択し、「清国今回ノ事変ノ為蒙古問題ノ一生面ヲ開カン
トスル今日ニ於テハ此際ヲ以テ内蒙古ニ関スル何等ノ協定ヲナ
シ置クコト最時機ヲ得タルモノナリ」④と決定し、当日在露の
本野大使にロシアの意向を探るよう訓令した。ロシアはいつで
も協議に応ずる意を表わした。

---

①『日本外交文書－清国事変（辛亥革命）』、530頁。
② 山本四郎「辛亥革命と日本の動向」、『史林』第49期1号、46－47頁。
③『日本外交文書－清国事変（辛亥革命）』、501頁。
④『日本外交文書－清国事変（辛亥革命）』、287頁。

日本は 1 月 21 日次のような内蒙古分割案を制定した①。

第一条　第一回日露協約秘密条約追加約款に定める分界線を
　　　延長し、托羅河と東経 122 度との交叉点以西は、烏瓏楚爾
　　　河および木什画河に沿い、ムシシャ河と哈原達台河との分
　　　水線に至り、この地点から黒竜江省と内蒙古との境界線に
　　　より内外蒙古の境界線に達すること

第二条　内蒙古は張家口より庫倫に至る街道をもって東西両
　　　部に分画し、日本は右分界線による西部内蒙古におけるロ
　　　シアの特殊利益を承認し、ロシアは右分界線による東部内
　　　蒙古における日本の特殊利益を承認し、両締約国の一方は
　　　他方の特殊利益を損傷すべき何らの干渉をなさざることを
　　　約すること

第三条　本協約は両締約国において厳に秘密に付すべきこと
　このこの案の第一条の内・外蒙古の境界線に対しては、ロシアも
異議なく、第二条の内蒙古の分割は、面積から見れば東西ほぼ
相等しいが、その経済的価値には相当の差があったため、2 月
20 日ロシア外相サゾノフは本野大使に長文の覚書を手交して、
張家口―庫倫の街道が通過する方面は、ロシアにとって最も重
要な地域で、これを分界線とすることはロシアが従来享有した
地位を拋棄するにも等しいので、この点に関して日本の譲歩が
なければ、ロシアは修正案を提出する余地はないとして、日本
側の提案を受け入れようとしなかった②。

　ロシアの強硬な態度により、日本は譲歩せざるを得なかった。
4 月 20 日本野大使はサゾノフ外相に、内蒙古の分割線を前記張
家口―庫倫の街道より更に東側に設けることを提議せんと欲す

①『日本外交文書』第 45 巻第 1 冊、56－57 頁。
②『日本外交文書』第 45 巻第 1 冊、72 頁。

る覚書を手交した①。ロシア側はこれに対し満足の意を表わし、5月1日北京の経度（東経116度27分）をもって東西に分割する案を提出し、同時に日本がロシアの西部中国における特殊権益を承認するよう要求した②。日本はロシアの案に対し、北京の経度で分割することには賛成したが、西部中国における特殊権益に対しては絶対に承認できないとし、もしこれをロシアが固執すれば、この交渉を中止することもやむなきに至るべしと言った。ロシアはその主張を撤回せざるを得なくなった。このような交渉過程は日・露両国が辛亥革命において内蒙古に対する激しい争奪戦を行っていたことを物語る。交渉の結果、7月8日ロシアの首都において、サゾノフ外相と本野大使は蒙古を分割する第三回日露協約に調印した。蒙古に対するこの分割は、日・露両国が辛亥革命期に行った火事場泥棒的侵略行動であった。

第一次満蒙独立運動　大陸浪人と一部陸軍軍人らは、参謀本部と政府の支持の下で、いわゆる「満蒙独立運動」を展開し、満蒙に「王国」を建て、それを日本の植民地にしようとした。

この満蒙独立運動は、先ず日本の袁世凱に対する反対運動とつながっていた。1911年11月、袁が内閣を組織して清朝の軍・政権を掌握した時、伊集院公使、公使館付武官青木宣純少将と大陸浪人川島浪速らは、陸軍大臣鉄良と良弼に策動して袁の内閣を打倒して鉄良を中心とした君主立憲の内閣を組織しようとした。しかし、君主立憲を主張する良弼が1月16日汪兆銘・彭家珍らに暗殺された。この時袁はイギリスと共に共和制による南北妥協を図り、これで清朝皇帝を退位させ、自分が大総統として中国に君臨しようとした。清朝の一部の貴族らもこの大勢を洞察し、自分自身の安全を守るために北京から逃避した。川

---

①『日本外交文書』第45巻第1冊、74頁。
②『日本外交文書』第45巻第1冊、78頁。

島らはこの機を利用して、2月2日粛親王を北京から連れ出し、秦皇島を経て、旅順に隠居させ、外務・陸軍・海軍省の指示により、彼に手厚い待遇を与えた。

　日本側は7月23日粛清王と左記の「誓盟書」を締結し、満蒙をその植民地に変えようとした①。

　一、南満鉄道・安奉鉄道・撫順炭鉱・関東州等日本の既得権益は長期乃至永久に延ばす。

　二、吉長鉄道・吉会鉄道と将来満蒙において建設する鉄道はすべて日本と協商して建設する。

　三、鴨緑江の森林、其の他の森林、漁業・牧畜・塩・鉱山等の事業は日本と協商して合弁にする。

　四、満蒙においての日本人の雑居と事業の経営を許可する。

　五、外交・財政・軍事・警察・交通及び其の他の行政において日本政府の指導を求める。

　川島は陸軍大尉松井清助と木村直人らと共に喀喇沁王・巴林王を北京から連れ出して「内蒙古の独立運動」を策動した。1912年1月29日、川島は喀喇沁王と次のような契約書を締結した②。

　一、内蒙古を連合して一の団体となし、この団体は内蒙古を統一する機関を設立して文武一切の要権を掌理すべし。

　二、喀喇沁王をこの団体の首脳となし、川島を総顧問として、文武一切の事宜に参劃商量せしむ。

　三、川島は、蒙古の統一事業に必要な武器・軍費並に必要な日本人を相当の契約を経て、担任計画すべし。

　四、内蒙古団体成立後、軍事的には日本帝国に向って援護を求むべし。

　①　曾村保信「辛亥革命と日本」、『日本外交史研究－日中関係の展開』、有斐閣、1961年、50－51頁。

　②　黒竜会編『東亜戦覚志士記伝』中、326－328頁。

　　五、内蒙古団体は日本帝国と特別良好の関係を保持し、日本
　　　人実業上の計画を護る。
　　六、露国との外交は、日本政府と秘密に商り処置すべし。
　この契約は、内蒙古を独立の名義で日本の植民地に変えよう
とした欲望を示したものであった。

　喀喇沁王は軍資金調達のため、川島に卓索図盟内の鉱山権を
担保に 20 万円の借款を要求した。川島と共に満蒙独立運動に干
与していた高山公通大佐は福島安正参謀次長に「目下蒙古ニ於
ケル各種ノ権利ヲ掌握シ得ル機会ニ遭遇シ居ル」[1]として、こ
の金額と別にまた五万円を送金するよう要請した。内田外相
はこの借款を支持し、2 月 2 日伊集院公使に内蒙古東北と満洲
との間に存在する密接な関係に鑑みこの地方に何等かの利権
を付け置くのが有利だと指示した[2]。17 日内田外相はまた伊集
院公使に 15 万円以上の借款契約を締結し、利率等は之に重き
を置く必要なく、「成ルヘク長期ニ亙リ先方ヲ羈束シ得ル様御
取計相成リクシ」[3]と指示した。その結果、大倉組の天津支店
が先ず 9 万円の借款を提供した。この借款は大倉組の名義で
行ったが、実は「全部之ヲ政府ヨリ支出シ契約ヨリ生スル権
利義務モ亦総テ政府ニ於テ之ヲ引受ケ」[4]るようにした。これ
はこの借款が民間の借款でなく、日本政府の借款であったこ
とを物語る。川島はまた巴林王とも一、二万円の借款交渉を
した。

　彼らはこの借款で日本から兵器を購入し、5 月下旬大連・公
主嶺経由で内蒙に輸送する時に、東北軍と軍事衝突事件が発生
し、多数の死傷者を出し、兵器・弾薬も焼棄され秘密に進行し

---

①『日本外交文書－清国事変（辛亥革命）』、367 頁。
②『日本外交文書－清国事変（辛亥革命）』、367 頁。
③『日本外交文書－清国事変（辛亥革命）』、369 頁。
④『日本外交文書－清国事変（辛亥革命）』、372 頁。

た満蒙独立運動は世間にあばかれた。日本政府と軍部は川島と
高山大佐に運動の中止を命令した。しかし、それは火種を充分
に消滅させたものではなかった。1916年には第二次満蒙独立運
動がまた勃発した。

　満洲租借の企図　井上馨・桂太郎・益田孝・森恪らは 1912
年1、2月南京臨時政府の孫文と黄興から満洲を租借しようとし
た。この計画も最後には実現しなかったが、辛亥革命期日本の
対満蒙政策の主要な一部分であった。

　1911 年 12 月 21 日香港から海路上海に向かった孫文は、船中
で同行した山田純三郎に三井物産から1億2000万円の借款をす
ることを希望した。山田の斡旋により、上海に到着した孫文は
三井物産上海支店長藤瀬政次郎の社宅で藤瀬と森恪と対面し、
三井から借款を与えてほしいとの意を表わした①。このような
巨額の借款は、本店で決定すべきことなので、森恪は翌年1月
5日東京に来て②、この意を本店と益田らに伝えた③。この前
後、黄興からも井上馨に金融の依頼書が来ていた④。

　孫文と黄興の借款依頼に対し、井上馨と益田孝、益田孝と森
恪とが協議した。益田は森に「左程に我に依頼するならば此機
に乗じて革命党を得ば東三省は我に割譲すべしとの内約を取り
置く事必要なり」と言った⑤。これに対し、森は「其事は出来
得べし」⑥と答えた。その後益田は井上を訪ね、森の意見を伝
えた。井上は小田原に行って山県有朋と協議して、山県から「此
機会に於て東三省を我物となす事の密約を革命党となし置くこ

---

① 山浦貫一『森恪』上巻、高山書院、1943年、382−383頁。
② 三井物産株式会社『社報』第二号、明治45年1月6日、三井文庫蔵。
③『原敬日記』第三巻、福村出版、1965年、210頁。
④『原敬日記』第三巻、福村出版、1965年、210頁。
⑤『原敬日記』第三巻、福村出版、1965年、211頁。
⑥『原敬日記』第三巻、福村出版、1965年、211頁。

とに賛成なり」①との同意を得た。丁度この時期に、山県は満
洲に対する出兵・占領を計画していた。井上は山県の賛成の意
を益田に伝え、益田は森にまた山県のこの意を伝えたと推測さ
れる。森は孫文の借款の代価として満洲を租借する任務を負い、
南京に戻った。その期日は三井物産の『社報』には明記されて
いない。南京における森恪と孫文との二回の会談に関し、日本
では藤井昇三教授の研究論文②が発表されているが、中国では
これを傍証するような史料がまだ見つかっていない。

　　福建省への侵略　　日本は満蒙に対し侵略すると同時に、福建
省にもその侵略の手を伸ばした。日本は 1895 年清朝から台湾を
割譲させて以後、台湾海峡を越えて福建省をその勢力範囲に置
こうとした。1898 年日本は清朝に福建省を他の列強に割譲しな
い保証を日本に与えることを要求し、1903 年にこの保証を得て、
先ず他の列強がこの地域に触手を伸ばすのを防止した。辛亥革
命勃発後、日本政府は 10 月 24 日の閣議で「今後特ニ力ヲ支那
本部ニ扶植スルニ努メ」③と決定した。この「支那本部」には
当然福建省も含まれていた。12 月イギリスが日英協調の原則を
破り、独断で南北和議の仲介を演じて以後、日本は福建省にお
ける日本の権益を拡大する行動を始めた。

　福建省に対しては特に海軍が積極的であった。12 月 28 日、海
軍省参事官山川端夫は「時局策」を作成し、その中で「我海軍ノ
必要ヨリ云ヘル寧ロ厦門及三都澳地方一帯ノ租借又ハ占有進ン
テハ福州ヨリ九江又ハ武昌ニ至ル鉄道ニ対スル密接ナル関係ヲ
結ヒ置クヲ急務ナリ」とし、浙江・福建・江西諸省への利権扶植・

---

①『日本外交文書－清国事変（辛亥革命）』、210 頁。
②　藤井昇三「辛亥革命期の孫文関係資料－『満州問題』をめぐる森恪書簡」、アジ
ア経済研究所、1982 年。
　同「孫文の対日態度－辛亥革命期の『満州』租借問題を中心に」、『現代中国と世界
－その政治的展開』、慶応通信、1982 年。
③『日本外交文書－清国事変（辛亥革命）』、51 頁。

拡大を考慮すべきという意見を提出した①。この意見は、福建省沿岸地帯を侵略の拠点として、浙江・江西省に日本の権益と勢力範囲を拡大しようとしたものであり、満蒙・長江方面からの侵略と共に重要な侵略コースであった。山川は出兵・占拠の方法で侵略するのでなく、日本、特に海軍に必要な島と地域を購入する方法により、次の四か所を買収するよう提議した②。

　　厦門　虬松嶼ノ全部及其南方ノ突角

　　福州　羅星塔（其一部ハ前年邦人某之ヲ買収セリ）

　　三都澳　長腰島向飽ノ全部、三都島南岸ノ一部及其前面

　　羅源湾　三角島ヨリ加藤崎ニ至ル沿岸一帯ノ平地及其前面ノ干潟（清国ニテハ干潟モ所有権アリト記憶ス）

　山川がこの四か所を買収するように主張した理由は、（1）この地域は戦略上の要点として大艦隊の碇泊に適するのみならず、台湾および澎湖島と相呼応して台湾海峡を制御し、（2）中清富源の中枢である長江方面に突入し得べき地勢上・経済上の利益を占める枢要の地点であり、（3）将来中国に対する拡張の基礎を築く日本の南門の鎖鑰（要所）を固めるために必要であったからである③。山川はまた福建・江西省の如き将来日本の権益を扶殖するを要する地方において、革命軍あるいは官軍が鉄道・鉱山等相当の担保を提供すれば、日本の民間有力者を奨励してこれに借款を提供させて利権を取得するよう提起した④。山川のこの意見が海軍首脳部の政策決定にどのように響いたかは明確でないが、その後福建における海軍の行動は、山川の意見とほぼ同様の線に沿って進められた。

　1912年1月15日海軍大臣斎藤実も福建・浙江沿海の第三艦

---

①　山川海軍省参事官「時局策」、明治44年12月28日稿、防衛研究所所蔵。
②　山川海軍省参事官「時局策」、明治44年12月28日稿、防衛研究所所蔵。
③　山川海軍省参事官「時局策」、明治44年12月28日稿、防衛研究所所蔵。
④　山川海軍省参事官「時局策」、明治44年12月28日稿、防衛研究所所蔵。

隊司令官に左記の指示を下した①。

　　一、福州・厦門において居留民の生命財産保護の名義を以て
　　　　兵員を上陸させるが如きことあれば、帝国艦艇は外国艦艇
　　　　の態度を顧慮する要なく成るべく優勢なる兵員を揚げ、
　　　　冥々の裡に同地域が日本の重大な利害関係を有する地域な
　　　　るを列国に覚知させる途に出ること。

　　二、厦門より福州に至る鉄道及び福州より南昌・九江に至る
　　　　鉄道は日本と利害関係を有するので、同鉄道の敷設或はこ
　　　　れに対する借款問題等に対し絶えず注意をすること。

　　三、外国人の革命軍責任者及び地方人民に対する行動・態度
　　　　に対し最も厳密な注意を加ふること。

　　四、福建・浙江方面における現実の権力施行者及び地方紳士
　　　　に対しては、努めて友好の関係を結び、其の人心を収攬す
　　　　る方法を講ずること。

　斎藤海相はこのような指示をすると同時に、外波蔵内吉少将
（1月1日訓令発令）、栃内軍務局長と吉田大佐（1月17日東京
出発）。竹下大佐・山川参事官（3月3日東京出発）、退役海軍
大尉郡司成忠（山本太郎と改名）、平田時次郎（2月18日東京
出発）らを福建・浙江など南京臨時政府管轄下の地方に派遣し、
革命軍側の状況を調査すると同時に、福建における上記の任務
を遂行するようにした。

　海軍は、先ず厦門の虹松嶼を買収しようとした。竹下大佐と
山川参事官は、日本人の愛久沢が同嶼に養鶏場を設けるため必
要だとの□実をつくり、中国人鄭成林の名義で虹松嶼東岸の海
埔を買収しようとした②。しかし鄭成林が応じないので、三井

　　①　明治45年1月15日、斎藤海軍大臣より第三艦隊司令官宛電報、防衛研究所所蔵。
　　②　明治45年3月19日、竹下大佐・山川参事官より財部彪海軍次官宛電報、防衛研
究所所蔵。

物産と関係ある台湾人曾厚坤の名義で買収工作を進めた。しか
しこれも順調に進まなかった。最後に海軍少将東郷吉太郎は虬
松嶼の長老と福州から派遣された土地整理要員に贈賄して買収
しようとしたが、これにも失敗し、虬松嶼買収計画は挫折した①。

　次には、三都澳の長要島を買収しようとして、竹下・山川は
同島の南部を先ず速やかに買収しようとした。山下は愛久沢と
協議して、中国人薛某と台湾人林某が漁業公社をつくり、公社
が漁用の地域として長腰島で土地を購入し、名義上林某の所有
地にして、徐々に拡大しようとした。その後東郷吉太郎は長腰
島南部を甲・乙・丙の三区に分け、先ず甲の地区を買収し、次
に商業用地として他の地区も徐々に買収しようと計画した②。
東郷は買収に４万円を必要としたが、財部彪海軍次官は一万円
の標準で実行するよう指示した。東郷は買収の方法として、「支
那人タル買収者ヲ土地ノ所有者トナシ買収費ヲ支那人ニ貸与シ
其土地全部ヲ抵当トシ地券（契ト称ス）ヲ我レ納メ貸借抵当物
件ヲ我カ領事館ニテ登記シ権利ヲ吾レニ掌握スル様ニナス」方
法をとった③。海軍は長腰島土地買収の戦略的目的を隠蔽する
ため表に出ず、福州の丸一洋行の支配人桃原良弘と中国人梁世
華の間で、1913 年 3 月 25 日買収・抵当の契約書④をつくり、そ
れに調印した。これは中国に対する侵略であった。

　そのほかに、厦門の猴島を買収して海軍の 3000-4000 トンく
らいの石炭積置場を造営しようとした。台湾銀行は海軍に必要
な石炭の開発を計画し、福建省竜巌州炭鉱と輸送路に対する調

---

　① 大正元年 8 月 22 日、在厦門東郷吉太郎海軍大佐より財部彪海軍次官宛電報、防
衛研究所所蔵。
　② 大正元年 11 月 29 日、在厦門東郷吉太郎海軍大佐より財部彪海軍次官宛電報、防
衛研究所所蔵。
　③ 大正 2 年 1 月 15 日、在厦門東郷吉太郎海軍大佐より財部彪海軍次官宛電報、防
衛研究所所蔵。
　④ 「契約書」、防衛研究所所蔵。

査をして海軍に提出した。退役海軍大尉郡司成忠は海軍省の委
託により、1912年春、福建・浙江省沿岸における漁業を調査し、
この沿岸に漁村を開拓して日本人を移民させる計画を立てた。
台湾銀行は福建省の孫都督と塩税を担保とする500万円の借款
交渉を行い、鉱山・鉄道等で借款をなす場合には、先ず日本と
協議することなどを約束させた。

　日本の福建省における上記のような侵略的活動は、アメリ
カ・イギリス・ドイツなど列強との競争の中で行われた。この
意味から日本は独占的勢力範囲の福建から、アメリカ・イギリ
ス・ドイツの勢力を排除する一策としてこのような活動を行っ
たとも言えよう。

第四節　日本の経済活動

　借款交渉　辛亥革命期、日本の中国に対する経済的浸透は、
主に長江流域を中心として、財閥が主体となって借款による資
本輸出の形式で行われた。自由資本主義から帝国主義段階に転
換しつつあった日本は、帝国主義の特徴としての資本輸出を重
視した。1911（明治44）年春、三井財閥は尾崎敬義と松元勢蔵
を中国に派遣して、中国の経済情勢を調査させた。帰国後尾崎
と松元はその調査報告書『対支那放資に就て』で、中国におい
て相当の勢力範囲と発言権を獲得するには、対支借款を徐いて
他の方法はないと三井に建白した[①]。この借款は資本の輸出を
指すのであった。

　孫文と南京臨時政府は財政窮乏の極に達したため、革命の成
果を維持しようとして、日本に巨額の借款を希望した。こうし

---

① 『三井事業史』第三巻・上、三井文庫、1980年、209－211頁。

て、日本の資本輸出と孫文の借款の希望により、日本と孫文および南京臨時政府との間に特定の関係が結ばれ、次のような三つの借款交渉が行われた。

　一は、蘇省鉄道（上海－杭州間）の財産と営業権を担保とする 300 万円の借款交渉である。この交渉は、11 月から大倉組と 200 万円の借款交渉として行われたが、宋教仁らの反対により一時中止された。その後宋教仁と何天炯は武昌に行って黄興・黎元洪と協議して決定することにした。12 月 13 日、黄興の代表として神戸に到着した何天炯は、上京して先ず原口要と蘇省鉄道借款問題を交渉し、原口の渡清を促した。原口は 1903 年以来湖北省の張之洞の顧問役をしたことがあり、南清鉄道の顧問もしていた。原口は蘇省鉄道の社債として借入れをすれば多少の金策はなし得られると何に説き、原口は 12 月 15 日原敬内相の意見を仰いだ。原は原口に対し、「将来我国が南方に根拠を有するに便宜となるべきに付、原口の考案並に渡清をも賛成し」[1]た。

　その後原口は、この借款の件を鉄道院総裁と内田外相にも伝えた。内田外相は翌年 1 月 9 日の閣議において渋沢・大倉ら実業家数名を外務省に集めてこの件を協議することを通告した[2]。同時に内田外相は 11 月在上海の有吉明総領事に「本件成立方御尽力相成タシ」と訓令し、本借款資金は革命軍と密接な関係があるため、帝国官憲がこれに援助を与えまたは関与するかの如き形跡が外に洩れないように注意するよう指示した[3]。これは日本政府が南京臨時政府に対し公然と承認は与えていないが、裏においては援助する政策をとっていたことを示すもので

---

①『原敬日記』第三巻、福村出版、1965 年、196－197 頁。
②『原敬日記』第三巻、福村出版、1965 年、210 頁。
③『日本外交文書－清国事変（辛亥革命）』、185 頁。

あった。

　交渉の結果、1月18日大倉組の川野と蘇省鉄道公司の王子亭間に仮契約が結ばれ、27日に正式の調印が行われた。その出資金は大倉組から100万円、横浜正金・日本興業・台湾・安田・第一の五銀行から200万円ずつ提供した。同公司は同時に南京政府財政部と契約を結び、そのうちの250万円を同政府に提供し、政府はその大部分を大倉組から既に購入した武器・弾薬代金に使用するようにした。このことを知った在中国のイギリス公使ジョーダンは、伊集院公使に厳重な抗議を提出し、イギリスはこの契約を承認しないと同時に、日本がこれを取り消すよう要求した。この抗議に対し伊集院公使は、この大倉組の借款は企業間の独自の行動であり、日本政府はこれに関与していない、と断固この抗議に反対した。

　二は、中国の河川および沿岸貿易を独占している招商局の財産を担保とする1000万円の借款交渉である。1月招商局取締役会議は1000万両の借款要望を公示した。日本側からは日本郵船と日清汽船がこれに応ずる態度を示した。その裏では、日本政府が積極的に支持を与えていた。内田外相は衆議院において、「此ノ招商局ハ揚子江其他支那沿岸ニ於ケル貿易上最モ重要ナル場所ヲ占メテ居」り、「従ツテ此ノ招商局ノ命運ハ我対清貿易及清国ニ於ケル航運業ニ非常ニ影響ヲ及ボス問題」[1]であると語り、政府が郵船に1000万円を提供した。郵船の上海支店長伊東と招商局の代理として孫文・黄興が2月6日この契約に調印した[2]。郵船は先ず100万円の現金を提供するようにした。

　しかし、この借款はイギリスの勢力範囲において行われたため、イギリスの権益と衝突するようになった。2月5日、在日

---

　① 田村幸策『最近支那外交史』上、外交時報社、1938年、42頁。
　②『歴史檔案』1984年第3期、50－51頁。

イギリス大使マクドナルドは本国政府の訓令として、招商局の借款は「金額ノ一部ハ革命軍ノ用ニ供セラルヽコト疑ナキ次第ニ付……之ヲ阻止セラレンコトヲ希望ス」[1]と内田外相に提示した。フランス外相ポアンカレーも2月27日在仏の安達臨時代理大使に、この借款は列国共同行動主義を離れた単独行動だと述べ、遺憾の意を表わした[2]。イギリス政府はまた同国の金融界に策動して孫文と南京政府に資金を提供して、招商局が日本の手の入ることを阻止しようとした。四国借款団のイニシアチブを掌握しているイギリス金融界は、四国借款団をして、2月28日招商局と700万両の借款契約を結ばせ、南京臨時政府に先ず200万両を渡した[3]。イギリスのこのような競争と障害により、日本は締結した招商局借款契約を放棄せざるを得なかった。中国側では、2月1日の招商局株主総会で半数以上の株主がこの借款に反対した[4]。こうして招商局の借款契約は廃棄された。

　三は、漢冶萍公司合弁の借款である。漢冶萍公司は日本の製鉄業と密接な関係があり、八幡製鉄所は1908-11年の四年間に漢冶萍から700万トン余の鉄鉱を輸入し、これは八幡製鉄所鉱石使用量の52.5パーセントを占めていた。故に正金銀行・興業銀行は1904年から11年までこの公司に1530万円と100万両の投資をしていた。

　孫文は先にも述べたように、山田純三郎と三井物産上海支店長藤瀬政次郎に三井への借款を依頼したことがあった。東京では八幡製鉄所所長中村雄次郎が、三井物産の取締役山東条太郎に借款の担保として将来有望な鉱山を取ってくれと要請した。山本は西園寺首相・内田外相とこのことを協議し、1月12日西

---

①『日本外交文書－清国事変（辛亥革命）』、211頁。
②『日本外交文書－清国事変（辛亥革命）』、614－615頁。
③ 鹿島守之助『日英外交史』、鹿島研究所出版会、1959年、472頁。
④『歴史檔案』1984年第3期、48頁。

園寺内閣は漢冶萍公司を日華合弁とする条件の下に、三井が南
京政府の借款要求に応ずることを決定した。この時、日本は高
木陸郎らを通じて元漢冶萍総理であった盛宣懐を青島・大連経
由で神戸に連れてきた①。神戸では、横浜正金銀行取締役小田
切万寿之助が三井を代表して盛宣懐と交渉した。孫文と黄興は
この交渉を支持した。1月26日、黄興は盛んに即時に借款交渉
を成立させるよう指示し、それに調印しない場合には、盛の財
産を没収すると脅迫した②。1月29日盛宣懐は、小田切と漢冶
萍合弁に関するこ12条の契約書草案に調印した。その主な内
容は③、

　　一、公司ハ資本金ヲ日本金貨参千万円トシ支那日本両国人
　　　　共同ノ会社事業トシ経営スルコト。

　　二、公司ハ現在存スル処ノ日本ヨリノ借入金壱千万円ノ外
　　　　ニ更ニ日本金貨五百万円ヲ日本ヨリ借入ルヽコト（右借
　　　　入金総額壱千五百万円ハ日本人ノ持株ニ変更スル事）。

　　三、右五百万円ノ借入金ハ公司ヨリ中華民国政府ヘ貸与ス
　　　　ル事、但シ其支払方法ハ一部ハ現金ヲ以テ交附シ残金ハ
　　　　中華民国政府が三井ヨリ買入ノ軍器代支払ニ充当スペキ
　　　　者トス。

　この草案の第九条は中華民国政府が、この草案を承認しなけ
ればならないと規定していたため、2月2日南京で森恪と孫文・
黄興との間に会談が行われ、孫・黄は次のような添書に署名し
た④。

　　一、中華民国政府は右契約書草案の各条を承認する。

　　二、右契約書に規定された経営方法に対し、中華民国政府

① 高木陸郎『日華交友録』、救護会出版部、1943年、17－28頁参照。
② 陳旭麓編『辛亥革命前後－盛宣懐檔案選輯之一』、上海人民出版社、1979年、235頁。
③『三井事業史』第三巻・上、三井文庫、1980年、219－220頁。
④『三井事業史』第三巻・上、三井文庫、1980年、218－219頁。

はこれを同公司取締役に承認させ、株主総会においてこれを通過せしむることを確証す。

三、株主総会開会前に中華民国政府は大冶鉄山を抵当として500万円内の200乃至300万円を借受け、残金は株主総会通過後に支払うことを承認す。

図36　1912年2月、孫文と横浜正金銀行上海支店員　前列中央が孫文、その左が黄興

日本はこのように五〇〇万円の借款で、中国最大の鉄鋼・石炭企業である漢冶萍公司を日本の支配下に置こうとした。しかし、その後孫文の大総統辞任と内部の反対運動により、3月の株主総会はこの契約草案を否決し、日本の合弁の計画は挫折した。

1月26日、孫文は広東軍政府に粵漢鉄道を担保に借款をするよう指示した。この指示で孫文は各省内諸般の実業を抵当として借款を起こし、もって中央政府焦眉の急に応ずることを望み、大局の関する所一髪千鈞なるを以て速やかにこの挙に賛同するよう要請した。福建省も塩税を担保として台湾銀行に借款を要望した。しかし、これらの交渉はみな成立しなかった。

対中国貿易　以上のように各種の借款交渉が行われたが、資

本輸出として実現したのはわずか 500 万円足らずのものであった。これは日本資本主義の弱さを示すものであった。しかし、自由資本主義の特徴としての対中国の商品輸出・輸入においては、日本は他の列強より優勢な地位を占めていた。1910 年、日本の対中国貿易総額は 1 億 5800 万円の巨額に達し、これは日本の対外貿易の 17 パーセントに当たり、日本の対外貿易においてアメリカに次いで第二位を占めていた[①]。そのうち、輸入は 6800 万円、輸出は 9000 万円で、2200 万円の黒字であった。輸入は、イッドーイギリスに次いで第三位、輸出はアメリカに次いで第二位に当たる[②]。この数字から見れば、対中国貿易が日本の対外貿易においていかに重要な地位を占めていたかをうかがうことができる。

　このような対中国貿易において、長江を中心とした中部中国に対する貿易が、日本と最大の関係をもっていた。中部中国に対する輸出は 5500 万円であり、対中国輸出の 62 パーセントを占めており、輸入は 4800 万円で対中国輸入の 70 パーセントを占めていた[③]。このように日本の対中国貿易で重要な地位を占めている中部中国において、先ず武昌蜂起が勃発し、革命による動乱は中国国内経済と同時に、日本の対中国貿易に強い影響を及ぼした。

　1911 年の辛亥革命勃発前、日本の中国輸出は、表 2 が示すように増加していた[④]。しかし、革命が勃発した 10 月から、翌年の南北和議が成立して清皇帝退位までの 2 月まで、輸出は表 3 が示すように急激に減少した[⑤]。11 月から翌年 2 月までの四か

---

① 安木重治「支那貿易に於ける日本の地位」、『新日本』明治 44 年 12 月号、24 頁。
② 安木重治「支那貿易に於ける日本の地位」、『新日本』明治 44 年 12 月号、24 頁。
③ 安木重治「支那貿易に於ける日本の地位」、『新日本』明治 44 年 12 月号、26 頁。
④ 八木生「対支那貿易ノ恢復」、外務省通商局、外交史料館所蔵。
⑤ 八木生「対支那貿易ノ恢復」、外務省通商局、外交史料館所蔵。

月間で減少した総額は、1910・11 年の同時期に比べ 2969 万 9809
円から 188 万 1022 円に減少し、減額は 1121 万八七八七円で、
その減額率は 31 パーセントに達した[①]。中部中国に対するこの
四か月間の輸出は、2334 万 6533 円から 964 万 270 円に減少し、

表2　日本から中国への輸出⑴

月次　年	1910年	1911年
7 月	6,288,667円	7,966,328円
8 月	5,310,391	9,105,408
9 月	6,339,516	8,924,527

表3　日本から中国への輸出⑵

月次　年	1910—11年	1911—12年
10月	9,458,313円	8,142,754円
11月	9,547,387	4,412,041
12月	7,370,482	4,927,367
1 月	5,397,726	3,635,069
2 月	7,384,214	5,506,545

表4　日本の中国からの輸入⑴

月次　年	1910—11年	1911—12年
10月	8,561,801円	4,371,561円
11月	12,931,673	4,683,787
12月	11,523,402	4,221,955
1 月	8,866,516	3,335,648
2 月	5,204,213	3,080,522

　その減額は 1270 万 6263 円、減額率は 57 パーセントに達し
た[②]。
　中国からの輸入も辛亥革命勃発前の七・八・九月はほぼ増加
していたが、表4が示すように 10 月から急激に減少した[③]。秋

---

① 八木生「対支那貿易ノ恢復」、外務省通商局、外交史料館所蔵。
② 八木生「対支那貿易ノ恢復」、外務省通商局、外交史料館所蔵。
③ 八木生「対支那貿易ノ恢復」、外務省通商局、外交史料館所蔵。

の10月から翌年の1月までが棉花・苧麻・柞蠶絲・羊毛・繭等の輸入の最盛期であったが、ちょうどこの時期に革命が勃発したため、11月から翌年2月の四か月間に、3852万5804円から1532万1921円に減少し、その減額は2320万3892円、減額率は60パーセントに達した[1]。中部中国からの輸入は、同時期に3103万4722円から919万4864円に減少し、減額は2183万9854円、減額率は70パーセントに達した[2]。

しかし、中国北部に対する輸出・輸入は共に増加した。10月から12月までの主要な輸出品輸出額は1910年の574万7952円から643万4778円に増加し、増加額は68万6826円であった。東北（満洲）に対する輸出も同時期に267万2506円から307万8969円に増加し、増加額は40万6463円であった[3]。主な輸入品は、同時期中国北部からは、1910年の257万7742円から370万7742円に増加し、増加額は112万9996円に達した。東北からの輸入は逆に1910年の241万8513円から219万8867円に減少し、減少額は21万9646円に達した[4]。中国南北に対する輸出・輸入のこの比較から、日本の対中国貿易の減少は主に革命動乱による中部中国の貿易の減少に基因することが明らかになった。

対中部中国の貿易が減少した原因は、（1）動乱による不安定により、日本商品に対する需要が減少したこと。（2）政治的動乱により大清国銀行などから発行された各種の紙幣の流通が途絶し、紙幣の金・銀への大量兌換により、銀行・銭荘らが閉店し、通貨不流通の状態となり、金融の信用が失われたこと。（3）

① 八木生「対支那貿易ノ恢復」、外務省通商局、外交史料館所蔵。
② 八木生「対支那貿易ノ恢復」、外務省通商局、外交史料館所蔵。
③『清国革命軍蜂起ノ結果対清貿易ニ及ボス影響調査一件』（一）、外交史料館所蔵。
④『清国革命軍蜂起ノ結果対清貿易ニ及ボス影響調査一件』（三）、外交史料館所蔵。

中国における卸商と小売商人の取引は延取引（信用取引法として、先ず商品の取引をし、二、三か月後代金支払をする）でなく、現金取引をしているため、通貨の不通、銀行・銭荘の閉店は、この現金取引に直接的な影響を及ぼしたこと。(4) 日本の貿易が他の列強よりも大きな打撃を受けたのは、他の列強の貿易商人は中国人の買弁を有し、これに商品を担保させ、直接中国人と取引関係を結んでいなかったのに対し、日本の貿易商の多数は買弁的中国人を有せず、直接中国商人あるいは銭荘と取引をするために、革命動乱の直接的な影響を受けるようになったからである。

　対中国貿易の減少は日本国内の市場と産業にも響いた。中国から輸入していた麻・鶏卵・漆の減少により日本国内におけるその価格が一割高くなり、中国に輸出されるマッチ工業はその輸出が半分に減少したため、一部の工場は生産を半減し、一部の工場は倒産した。中国への輸出の第一位を占める綿織糸は、輸出の減少により一俵の価格が三、四〇元下落し、一部の工場はその生産を二割五分以上減少せざるを得なかった。中国市場も日本への輸出の減少により、その影響を受けた。例えば、生繭の価格は 50 キロ 40 ドルから 32 ドルないし 30 ドルに下落した。

　辛亥革命により一時減少した日本の対中国貿易は、中国政局の安定化に伴って、革命勃発前の水準に回復したが、表 5・6 が示すように、輸出は 1912 年 3 月から以前の水準を上回るようになった。しかし、輸入は依然として低く、回復するのは 5 月以後のことであった[①]。

---

① 八木生「対支那貿易ノ恢復」、外務省通商局、外交史料館所蔵。

表5　日本から中国への輸出(3)

月次＼年	1911年	1912年
3月	8,805,158円	9,302,709円
4月	7,824,564	8,920,136

表6　日本の中国からの輸入(2)

月次＼年	1911年	1912年
3月	4,920,303円	2,368,696円
4月	6,654,349	5,485,667

　　辛亥革命は政治革命であると同時に、風俗の変革でもあった。弁髪の剪去、洋服の着用などはその変化の一例である。日本政府はこの変革を即時キャッチした。1912年2月2日内田外相は、在中国の領事館に、今後この風俗変化の趨勢に応ずることは、日本の対中国貿易に重大な関係を有することであるとして、その変化に伴う需要の推移を調査して、当該業者に将来の方針を示し、政策を指導する意見報告をするよう指示した[1]。辛亥革命における風俗の変化により、中国への輸出が増加した主な商品は表7の通りである[2]。この中で目だつのは弁髪の剪去による帽子輸出の増加である。1912年4月の輸出額は11年11月より827パーセント増加している。このため、大阪府においては帽子の価格が高騰し、1911年11月12日、10円の中折帽は22円に、3円の鳥打帽は7円に騰貴した[3]。南京は革命臨時政府の所在地であり、政府の官憲には多数の日本留学生がいたため、南京の日本商店の客の八、九割はこの人たちで、日本製の醤油・

---

　　[1]　明治45年2月2日、内田外務大臣より在中国出先機関宛の電報、外交史料館所蔵。
　　[2]　八木生「対支那貿易ノ恢復」、外務省通商局、外交史料館所蔵。
　　[3]　明治45年1月8日、大阪府庁「清国動乱ノ大阪ニ及ボス影響」第三報、外交史料館所蔵。

ビール・缶詰などの需要が増加した。また革命戦争の影響により児童玩具の日本製はじき鉄砲などの注文も増えた[①]。

表7　日本から中国へ輸出した主な商品（1911—12年）

品　別	単位	11月	12月	1月	2月	3月	4月
帽　　子	円	39,034	182,225	217,960	59,163	195,564	323,194
メリヤス	打	3,937	12,221	6,866	1,450	8,827	18,396
洋　　服	円	1,769	25,211	23,145	6,760	44,486	120,577
熟　　皮	斤	42,916	22,269	20,535	36,003	29,525	32,770
麦　　酒	打	4,450	5,980	6,602	3,370	16,192	21,352
清　　酒	升	111,342	55,174	30,793	26,683	30,286	50,983

　辛亥革命とその動乱の原因の一つは、日本と他の列強の中国に対する侵略であるが、日本と列強はこの動乱により対中国貿易において大きな損失を被るようになった。故に日本と列強はまた中国政局の安定と統一を希望し、それにより対中国貿易の正常化を図り、中国における権益を確保しようとした。このような経済問題が辛亥革命期における日本と列強の対中国政策に影響を与え、辛亥革命に対する各国の政策決定の重要な一要素になっていた。

---

　① 明治45年2月16日、在南京鈴木領事より内田外務大臣宛電報、外交史料館所蔵。

第四章　第二革命と日本

　本章では、臨時大総統を辞任した孫文が、中国の産業振興と鉄道建設のため対外開放政策を強調し、国賓として日本を訪れ、その対日意識が変化したことを究明すると共に、第二革命において孫文が日本に何を期待し、日本はこれにどう対応したかを究明しようと思う。

第一節　孫文の実業計画

　鉄道建設計画と対外開放思想　臨時大総統を離任した孫文は、三民主義の民族・民権両主義は既に達成され、残ったものは民生主義だけであると思い、中国における民生主義の実現を新しい革命任務として提起した。孫文は民生主義を民族・民権主義の帰結だと見なし[①]、中国の一大社会革命として、社会主義あるいは国家社会主義を中国で実施するものだと思っていた[②]。この社会革命において、孫文は「平均地権」と「節制資本」（資本家の出現とその専横を抑える方策）を実施するとともに、先ず中国の産業を振興させようとし、これが中国の政治・外交・軍事問題を解決する根本問題だと判断していた。孫文はどのよ

---

①『孫中山全集』第 2 巻、339 頁。
②『孫中山全集』第 2 巻、339－340 頁。

うに中国の産業を振興させようとしただろうか。孫文は、「産
業の母は交通であり、交通の母は鉄道である」①「鉄道は一般
に国家興盛の先駆であり、人民幸福の源泉である」②と強調し
て、鉄道建設を中国産業振興の最大の緊急課題であると主張
した。

　孫文のこのような主張は、欧米と日本の近代化の経験から学
んだものであり、特にアメリカを一つのモデルとして、辛亥革
命前から考究していたものである。辛亥革命後孫文は中華民国
鉄道協会を成立させ、日本から工学博士原口要を招聘して鉄道
事業調査を依頼し、鉄道建設の準備を始めた③。孫文の遠大な
理想は、中国において350万里の鉄道を建設すれば、中国は世
界の一大強国になれるとし、先ず10年間に20万里の鉄道を建
設する計画を立てた。基本的幹線として、南路線＝海南島→広
東→広西→貴州→雲南→四川→チベット→天山の南側、中路線
＝長江入口→江蘇→安徽→河南→陝西→甘粛→新疆→伊梨、北
路線＝秦皇島→遼東→蒙古→外蒙古→鳥梁海などの鉄道を建設
しようとした④。中国の近代史において、これほど鉄道建設を
重視し、このような大規模の鉄道建設の計画を立てた人物は孫
文のほかにはいなかったと思う。孫文は近代中国鉄道建設の先
駆者だと言えよう。

　この計画を実施するには、60億の資金が必要であると孫文は
予測していた⑤。当時の中国の財政はこの巨額の資金を捻出す
ることができなかった。孫文は外国と外債に頼らざるを得なく

---

①『孫中山全集』第 2 巻、383 頁。
②『孫中山全集』第 2 巻、489 頁。
③ 明治 45 年 1 月 31 日、倉知鉄吉政務局長より在上海・南京・漢口・長沙総領事・
領事宛電報、外交史料館所蔵。
④『孫中山全集』第 2 巻、383－384 頁。
⑤『孫中山全集』第 2 巻、415 頁。

なり、(1) 外債を借りて中国が建設する、(2) 外国と合弁会社をつくって建設する、(3) 外国会社が直接建設し、四〇年後に中国政府が回収する、この三つの方法の中で、孫文が強調したのは第三の方法であった①。それは、直接に外国の資本を導入することができるし、外国の技術者と管理方法を利用することができるからである。しかし、当時中国は閉門自守の保守思想が強く、外債と外国による鉄道建設は路線権を喪失し国家が滅亡するとして、反対意見が四方から起こった。孫文は彼の理想と計画を鼓吹するため、離任後の3日目から上海・武漢・福州・広州と華北の各地で講演し、最後には北京を訪れ、袁世凱の支持をも要望した。

　孫文は各地での演説と記者会見において、中国の産業振興と鉄道建設のため、対外開放主義を主張した。対外開放は閉門自守に対する批判である。孫文は、閉門自守のために中国は自分がやれないことを外国人に任せてさせようとせず、外国人がその国の政府の名でわが政府にこのことをやろうと要求すれば、わが政府はこれを拒絶する力もなく、最後には外国人の手中に収められるようにならざるを得なくなったと述べ、閉門自守の政策を対外開放政策に転換すべきだと強調した②。

　孫文は対外開放政策として、特に中国の鉄道建設のために外国借款の利用を強調した。借款条件として、(1) 国家主権を犯さない、(2) 担保を入れない、(3) 低利息、などを強調した。しかし、従来の例から、外国借款は常に国家主権と国家間の外交問題にかかわる故に、外国の個人あるいは会社から借款をする、こうすれば中国政府あるいは中国の鉄道会社は外国政府に対し責任を負うこともなく、債権者に対してのみ責任を負うこ

---

①『孫中山全集』第2巻、490頁。
②『孫中山全集』第2巻、449、499頁。

とになるとして①、袁の北京政府が孫文にこのような借款をする責任と権利を与えてほしいと念願した。袁は９月９日孫文を全国鉄道督辦に任命し、10月上海に中国鉄道総公司を設置した。

図37　1912年９月、北京訪問の孫文を囲む共和党本部の歓迎会

　孫文は、外国との合弁会社あるいは外国人が外国の資本・技術・管理方法で、直接中国で実業を経営することをも主張した。孫文はこのような対外開放政策を通じて、外国と締結した不平等条約を改正し、治外法権を回収することを強調し、中国が主権を行使するならば、いかなる国から借款してもよいとし、外国人の投資を禁止する必要がないと強調した②。

　孫文のこのような対外開放の理想は、欧米と日本の近代化の中から学んだものであった。孫文は講演あるいは記者会見において、数回日本のことに対して触れ、日本の勃興は外債の力によるものであり③、日本はまた開放政策をとり④、製造業におい

①『孫中山全集』第２巻、489頁。
②『孫中山全集』第２巻、340、499頁。
③『孫中山全集』第２巻、322頁。
④『孫中山全集』第２巻、499頁。

ては多数のイギリス人が経営をしており、そのため日本は大きな利益を得ているし①、東京の市電も最初の 25 年間は民営であり、その後回収して国営にし②、一部の産業においては、国家社会主義を実施していると述べ③、日本の成功した例で自分の主張の正当性を証明し、他人を説得しようとした。また日本が長春から内蒙古に至る鉄道建設に投資して、一日も早くその鉄道の完成を期することを森恪を通じて朝日商会に要望した④。孫文は中国鉄道建設に対する日本からの協力を得ようとして、先ず近隣の日本を訪問しようとした。

　訪日の要望　孫文が訪日の意をもらしたのは、1912（明治 45）年 6 月 18 日広東の訪問を終える直前に、8 月ごろ日本に赴く考えだと言ったのが最初であったと思われる⑤。その後、8 月 7 日、孫文は黄興と共に上海日本総領事館の西田書記生に、北上して北京「滞在ノ上事ニ依リテハ日本ニ赴カン希望ヲ有ス」と言いながら、実は日本に先に赴き、しかる後に北京に向かうことを考えたが、この際、このように行動するのは種々の誤解と讒言を招くおそれがあるから、先ず北京に赴くようにした、と述べた⑥。当時、日本はロシアと第三次日露秘密協約を調印（7 月 8 日）し、蒙古における日・露の勢力範囲を分割し、この地域に対する侵略を拡大していた。故に袁世凱は英・米と提携して日・露に対抗しようとした。このような状況の下で、袁と融合しようとした孫文は、袁の了解を得ずに先ず訪日することは得策で

①『孫中山全集』第 2 巻、449 頁。
②『孫中山全集』第 2 巻、455 頁。
③『孫中山全集』第 2 巻、442 頁。
④『日本外交文書』大正 2 年第 2 冊、650－652 頁。
⑤ 明治 45 年 6 月 19 日、在広東赤塚総領事より内田外務大臣宛電報、第 60 号、防衛研究所所蔵。
⑥ 大正元年 8 月 12 日、在上海有吉総領事より内田外務大臣宛電報、機密 66 号、防衛研究所所蔵。

ないと思い、先ず北京に行き、そこから東三省を経由して渡日
しようと思った。孫文訪日の要望は、即時日本政府と軍部に報
告された。8月8・9・12日、有吉明上海総領事が内田外相に①、
9日上海駐在の本庄繁少佐が参謀総長に孫文訪日の意を打電・
報告した②。

　しかし北上した孫文は、北京から東三省経由で渡日する計画
を変更し、10月3日上海に戻り、フランス租界の小型洋館に泊
まり、その館員に訪日の要望を提出した。孫文は館員に北上の
所感と鉄道建設計画を述べ、その実行はすこぶる至難なことは
自覚しており、この至難を恐れ計画を遂行しなければ亡国の禍
根を残すのみなので、なんとかこの計画を遂行しようとしたが、
各国の対中国政策はいずれも自国利益主義にして、中国援助の
如きはその名のみだと批判し、日本に対する特別な期待を述べ
た③。孫文は、「日本ハ自国権利ノ伸長ハ勿論ナルモ一面東亜ノ
大局ヨリ相当能アル支那国家ノ存在ヲ必要トスル一種特別ノ他
国ト異ナリタル密接ナル関係ヲ有スルニ付是非トモ是レカ実行
ニハ日本ノ援助ヲ借ルノ要アル可ク又日本カ維新後四十年苦心
経営セル実際ノ模範ニ付キ大ニ学フノ必要アリ」と述べた④。
また孫文は蒙古における鉄道建設はロシアの圧迫がますます加
わる状況で優先的にやるべきだと唱える者もいるため、この鉄
道の如きは日本の充分な援助がなければ実行し難いと言った⑤。
孫文はこのように渡日の理由を述べた後、翌11月の上旬ないし

---

　①『清国事変関係外務報告』第17・19綴、防衛研究所所蔵。
　② 大正元年8月9日、在上海本庄少佐よりの電報、参謀第528号、外交史料館所蔵。
　③ 大正元年10月8日、在上海有吉総領事より内田外務大臣宛電報、機密第87号、
防衛研究所所蔵。
　④ 大正元年10月8日、在上海有吉総領事より内田外務大臣宛電報、機密第87号、
防衛研究所所蔵。
　⑤ 大正元年10月8日、在上海有吉総領事より内田外務大臣宛電報、機密第87号、
防衛研究所所蔵。

中旬に渡日して、二、三週間滞在したいという希望を総領事館
員に述べ、日本がはたして自分を歓迎し、視察その他につき便
宜を与えてくれるか否かを問うた①。もし自分の渡日に対し、
あまり好意を表わさないようであれば、翌春欧米視察の途に就
く予定だと付け加えた。

　孫文の訪日要望に対し、有吉総領事は、孫文の鉄道建設計画
は「漠然タル空想ニ出テタルモノニスキサル」も、孫文が真面
目に準備に着手しようとするのは事実にして、この計画に対し
ては「事情ノ許ス限リ相当ナル方法ヲ以テ便宜ヲ与ヘ将来ノ聯
絡ヲ持続シ置ク事モ無用ノ業ナラス」と内田外相に具申した②。
それは、時勢の推移により孫文が漸次一部の声望を失いつつあ
るも、少なくとも現在なお中国政治舞台における一勢力である
のは事実であったからである。しかし有吉は、孫文の抱負から
見れば、彼の来日に対し少なくとも国家元勲の待遇を希望する
ようであるが、これは目下の情勢に鑑み満足を与えることは不
可能であろう。しかし、もし来日を実行する場合には、適当の
方面より相当の待遇を与え、少なくとも「之レニ悪感ヲ与ヘサ
ル事得策」であると上申した③。

　孫文訪日の要望と有吉総領事の上申に対し、内田外相は 11
月中旬起草した「支那に関する外交政策の綱領」において、「鉄
道借款に応ぜん」として、日本の資本力の不足により、英・仏
などの資本と相提携して事に当たりたいと思っていた④。しか
し内田外相は対中国政策において、特にイギリスとロシアに対

---

① 大正元年 10 月 8 日、在上海有吉総領事より内田外務大臣宛電報、機密第 87 号、
防衛研究所所蔵。
② 大正元年 10 月 8 日、在上海有吉総領事より内田外務大臣宛電報、機密第 87 号、
防衛研究所所蔵。
③ 大正元年 10 月 8 日、在上海有吉総領事より内田外務大臣宛電報、機密第 87 号、
防衛研究所所蔵。
④ 内田康哉伝記編纂委員会・鹿島平和研究所編『内田康哉』、207 頁。

し協調を図るのが日本に得策だと考え、また中国に君臨する袁世凱との関係を改善する必要性から、孫文の来日に際し元勲の待遇を与え、首相・外相・陸海相と面会させて正式会談をするのは得策でないと思っていた。西園寺内閣は孫文が来日しても、首相・外相・陸海相は彼を接見しないと決定し、孫文の来日に対しては冷淡な態度を示した。

　しかし、孫文は 11 月 13 日近江丸で上海を出発し、神戸経由で上京する予定であった。日本では、東亜同文会、中国問題研究会、神戸商工会議所等が孫文の歓迎準備を始めた。日本政府は孫文の来日を阻止あるいは一時延期させるため、北京から公使館の山座円次郎参事官を上海に派遣し、東京からは前首相桂太郎を通じて秋山定輔を上海に派遣して、孫文に日本の事情を説明させた。

　山座は 11 月 4 日孫文と面会し、公然とあるいは盛大な歓迎を与えることは不可能の意を伝えたが、孫文は日本行きを希望する意を繰り返し、鉄道視察の名義で非公式に首相と面会する希望を出した[①]。これに対して山座参事官は内田外相に、鉄道視察の名義で来朝するにおいては、民間をして相当な待遇を与え、首相と外相は非公式に面会すればいかがと上申した。その理由は、(1) 孫文は南清における大勢力であり、(2) 従来の関係上日本に頼らんとすること明らかであり、(3) 来春欧米諸国に赴こうとするため、すげなく突き放すのは得策にあらずと思っていたからである[②]。

　この上申に対し、内田外相は山座参事官に、鉄道およびその他の事業取調べのため来日することにはなんら差し支えないの

---

① 大正元年 11 月 4 日、在上海有吉総領事より内田外務大臣宛電報、第 253 号、防衛研究所所蔵。

② 大正元年 11 月 4 日、在上海有吉総領事より内田外務大臣宛電報、第 253 号、防衛研究所所蔵。

みならず、充分の便宜を与えられるが、非公式にでも首相もし
くは本大臣に面会して意見を交換するようなことは、まだ時宜
を得たものとは思われないとして拒否した①。それは、このよ
うな非公式の会見でも、かえって内外に種々の誤解を生ずるお
それがあり、また日支（袁との関係）両国の親交を図るうえに
も得策でないと思ったからである。

　桂太郎と特殊な関係を保っていた秋山定輔が、上海に到着し
た日は不明であるが、山座と共に孫文に会っていることから、
だいたい同時期に上海に着いたと思われる。秋山の回想によれ
ば、孫文と二回面会し、日本政府と桂太郎の意を伝えた。孫文
は初めは是非訪日したいという態度をとっだが、最後には秋山
に説得されて渡日を延期することに同意した②。山座も 6 日孫
文に面会して、内田外相の 5 日来電の意を伝えた。孫文は山座
にも訪日を見合わす意を表わした③。理由は、来日して首相・
外相と面会できないことは、中国南北に対しかえって彼の面目
を失墜するからであった、と山座参事官は分析した。孫文は宮
崎滔天に打電して、病気を理由に訪日を中止することを日本側
に伝えた。

　孫文訪日の要望が実現されなかった第二の理由は、ロシアと
袁世凱が、背後から日本を牽制したからであった。当時孫文の
訪日予定に敏感だったのはロシアであった。ロシアはその手先
を利用して 11 月 3 日外蒙古と親しい協約を締結し、12 月 1 日
外蒙古の独立を宣言し、ロシアの植民地にしようとした。故に
ロシアは孫文の訪日要望は、中国がロシアと満蒙を争奪する日

---

　① 大正元年 11 月 5 日、内田外務大臣より在上海有吉総領事宛電報、第 122 号、防
衛研究所所蔵。
　② 村松梢風『金・恋・仏』、関書院、1948 年、56－68 頁。
　③ 大正元年 11 月 7 日、在上海有吉総領事より内田外務大臣宛電報、第 255 号、防
衛研究所所蔵。

本の力を借りてロシアを牽制するかのように推測し、在日のロシア大使は外務省に孫文来日に対する接待方法を尋ねた①。これはロシアの対日牽制措置であった。

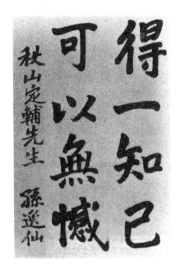

図 38　孫文が秋山定輔へ贈った書（秋山一氏蔵）

次に、孫文の訪日に対する袁世凱の態度であった。内田外相は 11 月 8 日北京の伊集院公使に、孫文の外遊に関する袁の内意または希望を取り調べるよう指示した。伊集院は国務総理趙秉鈞にその意を聞いた。趙は孫文の日本行きは、袁の希望にも勧誘にも出たものではなく、なんらの使命をも帯びていないのは言うまでもないと言い、その言動に対し中国政府が直接なんら責任を負う筋合いのないことを了解してほしいと言った②。趙はまた、露蒙問題に対し袁あるいは政府が孫文を通じて日本に

①　大正元年 11 月 8 日、内田外務大臣より在上海有吉総領事宛電報、第 124 号、防衛研究所所蔵。

②　大正元年 11 月 11 日、在上海有吉総領事より内田外務大臣宛電報、第 258 号、防衛研究所所蔵。

何かを求める考えはなく、もし孫文個人として何か申し出ることがあれば、聞き流しても差し支えないと付け加えた①。これは袁とその政府は孫文の渡日を支持しない意向を微妙に言い添えたものである。

　列強と袁の牽制と、西園寺内閣の対列強・対袁の協調政策とにより、孫文訪日の希望は一時実現されなかった。しかし、このことは当時の孫文の思想と対日期待、また孫文・袁世凱をめぐる日本と列強の相互関係を物語るものであった。

第二節　孫文の訪日と対日意識の変化

　孫文の訪日　秋山定輔は孫文に、客を迎える座敷の掃除ができるまで一年待ってくれと約束して帰国した。帰国後、彼は桂太郎を中心に、対内的には政局の転換、対外的には東洋政策の確立のために日夜奔走し、孫文の訪日を実現しようと努力した②。この時期、日本の国内政局は急激な変化が起こった。当時陸軍は二個師団増設を内閣に要求したが、西園寺内閣は1912（大正元）年11月30日の閣議でこの要求を否決した。これにより、上原勇作陸相は帷幄上奏によって単独辞職した。これにより西園寺内閣も12月5日総辞職し、同21日第二次桂太郎内閣が成立した。これを機に、藩閥打破・憲政擁護をスローガンとする第一次憲政擁護運動が起こった。日本政局のこのような変化は、孫文の訪日を促進すると同時に、またその訪日の目的達成に一定の影響を与えた。

---

①　大正元年11月11日、在上海有吉総領事より内田外務大臣宛電報、第258号、防衛研究所所蔵。

②『宮崎滔天全集』第5巻、548頁。

図39　1913年2月14日東京到着後、各界の歓迎を受ける孫文

　孫文はこのような嵐の中で、日本を訪問することになった。
この訪日実現の政策決定過程は不明であるが、主に桂首相の意
志によるものであったと思われる。孫文訪日の目的は、（1）先
の革命において世話になった旧友にお礼の挨拶をし、旧交を温
めること、(2)中日親善を強化し、中日連合を確立させること、
（3）日本の鉄道とその他の事業を視察することなどであった。
この中日連合の問題は、同文同種としての連合と、両国間の経
済提携のことでもあるが、先にも述べたように、11月3日の露
蒙協約締結のため、中日連合してロシアに対抗しようとした政
治・外交上の目的が裏にあったと言える。孫文は訪日前、二回
袁世凱に打電して訪日の意を表わし、半年ないし一年で中日連
盟を実現させる大きな希望があると言った。しかし、袁はこれ
を支持しなかった。袁は7月の第三次日露協約により、日本に
対してもロシアと同様な警戒をしていたからである。故に袁は
孫文の訪日を支持しなかった。

　孫文は馬君武・何天炯・戴天仇（季陶）らと共に 1913 年 2月 11 日山城丸で上海を出発し、長崎経由で 14 日東京に到着し、国賓として堂々と日本訪問することになった。孫文は新橋駅で日本外務省、各国大使館・公使館の外交使節、民間団体、旧友、中国留学生ら 1000-2000 人の熱烈な歓迎を受けた。孫文は帝国ホテルに泊まり、3 月 5 日まで東京に滞在した。丁度桂内閣が辞職し（2 月 11 日）、山本内閣が成立（2 月 20 日）する間であったが、滞日中に前首相桂太郎、前外相加藤高明、新首相山本権兵衛、新外相牧野伸顕、衆議院議長大岡育造、参謀総長長谷川好道、元逓信大臣後藤新平、東京市長阪谷芳郎らが招待宴あるいは表敬訪問の形式で面談し、近衛聯隊、陸軍大学等の軍事施設を見学し、旧友とも会った。

　東京訪問を終えた孫文は、3 月 5 日横浜、7 日横須賀、8 日名古屋、9 日京都、10 日奈良・大阪、13・14 日神戸、15 日呉・広島、16 日下関、17 日八幡、19 日福岡・三池・荒尾、20 日熊本、21 日長崎を訪ね、23 日長崎から天津丸で帰国した。孫文は各地で市長あるいは県知事および各界の盛大な歓迎を受け、日本企業あるいは軍関係の施設を見学した。宮崎滔天の郷里荒尾の訪問は、旧地再遊で特に感銘深いものがあった。

　孫・桂会談　訪日中、桂太郎との会談は、その後の孫文の思想＝国際観に強い影響を与えた大きなできごとであった。確実な会談回数と期日は不明であるが、少なくとも二回は会談したとみられる。通訳としてこの会談に参加した戴季陶の回想によれば、二回、15-16 時間だと言っている①。会談に参加した人には、戴季陶のほかにだれがいたか不明であるが、『秋山定輔伝』の編集者は、桂太郎の婿長島隆二と秋山定輔が参加した可能性

---

　① 戴季陶『日本論』、市川宏訳、社会思想社、1972 年、96−97 頁。

が大きいと言っている①。これはこの両人が当時孫文問題をめ
ぐって桂と深い関係があったからである。

図 40　1913 年 3 月 14 日、神戸川崎造船所を見学する孫文

　孫・桂会談では、戴季陶の回想によれば、桂太郎は孫文に次
のようなことを保証した②。
　　一、日独同盟で日英同盟に切り換え、将来英国と戦い、そ
　　　の覇権を打破する。
　　二、日独同盟を中心として日・中・独・墺の同盟を結成し
　　　て、インド問題を解決する。
　　三、日本は中国を侵略しない。
　　四、日中両国が提携すれば東半球の平和が保障され、中・
　　　日・独・土・墺五国が提携すれば全世界の平和が保持さ
　　　れる。
　　五、袁世凱は民国と孫文の敵である。だが、いまただちに
　　　事を構えるのは百害あって一利ない。

① 桜田倶楽部編『秋山定輔伝』第二巻、桜田倶楽部、1979 年、106－107 頁。
② 戴季陶『日本論』、市川宏訳、社会思想社、1972 年、97－100 頁。

六、孫文の幹線鉄道建設の事業を全力あげて援助する。

　孫文の訪日に協力した宮崎滔天も「桂公と孫文とが東京三田の桂邸の一室で数回の会見を行ひ、互に全く肝膽相照らし、桂公は孫文を援けて大東洋政策を遂行し、孫文は日本と提携して新支那の建設を行ひ、彼の持論たる大亜細亜主義の実現を計ることを誓ひ合った」①と回想している。孫文は桂に何を言ったか。胡漢民の回想によれば、孫文は大アジア主義の原則は真の平等と友好親善を原則とする、中国は日露戦争前日本に同情していたが、その後日本はこの戦争の勝利により朝鮮を占領した、ために中国は日本に同情しない、その及ぼす影響は見計らうことができないと言った、という②。

　図41　1913年3月19日、孫文と宮崎滔天の家族　孫文が滔天の郷里、荒尾（熊本県）を訪問したときのもの。

①『宮崎滔天全集』第5巻、548頁。
②羅家倫編『国父年譜』（増訂本）上冊、台北、1969年、496頁。

　戴天仇はその回想で、「この二回の密談では、双方とも腹蔵な
く意見を交換し」、それ以来両者は「互いに深い敬愛の念を抱き、
互いに大きな期待を寄せるようになった」と言っている①。桂
太郎はこの年の 10 月 10 日逝去した。その訃報に接した時、孫
文はため息をもらして「もはや日本には、ともに天下を語るに
足る政治家はいなくなった。今後、日本に東方政局転換の期待
をかけることはできない」②と語り、桂太郎も死の直前、付き
添っていたある親しい人物に、「孫文の袁世凱打倒を援助して、
東方民族独立の大計を達することができなかったのは、わが一
生の痛恨事である」③と言った。宮崎滔天も 1921 年孫文の革命
運動と日本との関係について語った時に、「日支両国に取っての
一大不幸とも謂ふべきは、実に桂太郎の死であった。若し桂公
にして此世に在ったならば、支那革命事業が夙に一段落を告げ
たるのは勿論、今日の如き日支両国葛藤の起るべき筈なく、両
国親善の実挙りて、欧米人を羨望せしむることが出来たであら
う」④と言った。

　では、一人は日本帝国の軍閥の首領、一人は民国をひらいた
革命の領袖、一方は日本軍国主義の権化、他方は三民主義の指
導者、この対極的な両人がこれほどの相互理解を深めた一致点
は何であったか。それは孫文＝中国と桂＝日本が連合してイギ
リスと袁世凱に対抗することであった。鋭い洞察力と臨機応変
の才覚をもっていた桂は、日露戦争期の最大同盟国イギリスが、
日露戦争における日本の勝利により、日本の中国侵略に対する
最大の敵国に転換したことを見いだし、また中国の君臨者袁世
凱の背後にイギリスがあり、袁とイギリスが連合して日本に対

　①　戴季陶『日本論』、市川宏訳、社会思想社、1972 年、96 頁。
　②　戴季陶『日本論』、市川宏訳、社会思想社、1972 年、96 頁。
　③　戴季陶『日本論』、市川宏訳、社会思想社、1972 年、96 頁。
　④　『宮崎滔天全集』第 1 巻、1971 年、510 頁。

抗する東北アジアの新しい情勢を見いだし、孫文と連合して反英の大事業を遂行しようとした。孫文もその革命事業の遂行においてイギリスを最大の敵国だと思って、桂の反英主張に共鳴したのである。しかし、この時期、孫文は袁世凱を相当信頼していた。故に、孫文が桂の反袁の意にどれほど賛成したかは不明であるが、その1か月後袁の宋教仁暗殺により、孫文は桂の反袁の主張にも完全に賛成したと言える。孫文は中国革命のために反英・反袁であり、桂は日本の対中国政策から、あるいは対アジア政策から、反英・反袁であった。両者の最終目的は異なるが、一時的共通の目的のために、両者は連合しようとした。また、孫文は桂＝日本との連合により、日本からの援助を得て、中国の産業振興と鉄道建設を推進しようとした。

　孫文・桂は反英のためにまた連独を出張し、連独の思想はその後の孫文の国際観にも影響を及ぼし、第一次世界大戦と大戦後にも孫文は中・日・独が連合してイギリスに対抗すべきだと強調した。ではなぜ連独の必要性を主張したのであろうか。ドイツとの連合は、桂としてはヨーロッパの新興国ドイツはヨーロッパの再分割をめぐってイギリスと対抗する力であり、イギリスの背後からイギリスの対中国・対アジア政策を牽制し得る国だと思い、孫文もこの反英の視角から、またドイツは中国において植民地権益がわりあい少ない国だとの考えから、連独の方針を主張したと言える。故に、孫・桂は共に反英のために連独を強調したのである。

　孫文の訪日と孫・桂会談において、重要な役割を果たした人物は秋山定輔である。これは秋山と桂との間に特殊な関係が結ばれていたからである。桂と秋山とは、元「政敵」であったが、秋山が1910・11年ヨーロッパの視察旅行を経てその思想に新しい変化が起こり、山県有朋の紹介によって両者が融和し始めた。

秋山は欧米の教育を受け、欧米文明の崇拝者であったが、ヨーロッパの旅行を経て、その物質文明はすばらしいが、精神文明は悪いと批判し、帰国後漢学と仏教を研究し、他の国を「食ひもしなければ食はれもせぬ」①アジア民族大連合の大アジア主義を提唱した。この思想が秋山と孫文を結ぶ共通の思想でありながら、またこの思想が秋山と桂を結ぶかけ橋になった。秋山は、1911年の後半、桂の家で彼と三回にわたる徹夜会談をしたが、その二回目には世界情勢と中国問題を話している。秋山は桂に②、

　　一、清朝はすでに衰亡の相をあらはし、破滅にひんしている、四億の民衆は塗炭の苦みにあえいでいる。

　　二、欧米の列強はこの機に乗じて中国を侵略し、この最大のアジア民族を完全に彼等の奴隷にしようとしている。

　　三、この中国民族の危機に直面して、身をもつて民族を救ひ、国家を救はんとして、命を捨てて努力しているのが孫文一派の革命党である。

　　四、今や中国民衆が覚醒して改革のことをなさんとしている秋にあたり、是非日本がこれをたすけ、アジア民族共同の理想に向つて邁進すべきである。

　と、上申した。桂はこれに同感し、是非やろうと答えた。この桂・秋山会談に対し、宮崎滔天は1921年「桂太郎と孫逸仙——仲介役の秋山定輔」で秋山が提出して桂の同意を得た要件は③、

　　一、「支那問題の解決を目的として今一度宰相の任に就く事」。

　　二、「宰相の任に就くことも陛下のお声掛かりを以てせずして、新に政党を組織して立憲的態度を以て天下を取る事」。

---

① 村松梢風『秋山定輔は語る』、277頁。
② 村松梢風『秋山定輔は語る』、402頁－403頁。
③『宮崎滔天全集』第1巻、1971年、511頁。

　三、「支那問題解決の相棒として孫逸仙君と肝膽相照す事」。

　等であったと述べ、その第一歩として新しい政党——同志会の創立に取りかかったのだと言っている。

　秋山は政治権力者の一人である桂太郎に頼って孫文支持と大アジア主義を実現し、桂は明治末・大正初期の藩閥内閣・藩閥政治の時代から、政党内閣・議会政治に転換し始めようとした時代に、秋山に頼って新政党—同志会を創設しようとした。このため両者の関係が結ばれたのである。1913年2月7日桂の同志会は、秋山の桜田クラブで発足した。しかしこの時期、桂の藩閥内閣に反対する第一次憲政擁護運動が起こり、この運動の衝撃によって第三次桂内閣は倒れた。これにより、秋山の二六新報社も世論の攻撃を受け、秋山も一時政界から退隠するようになった。

　孫文はこのような日本政局の嵐の中で桂・秋山の努力により訪日したが、また桂・秋山の政治的失脚と桂の死去により、孫文・桂会談は実を結ばなかった。

　孫文は桂と上述のような関係にあったため、大正政変の嵐の中で桂弾劾・藩閥打倒の先頭に立っていた国民党の犬養毅らには一言のあいさつもなしに東京を立ち去った。頭山満にも儀礼的なあいさつをしただけであった。このような冷然たる態度に対し憤る者が少なくなかった。これにより、この時期、孫文と犬養・頭山らとの関係は桂らの藩閥とは逆に冷たいものにならざるを得なかった。

　中国興業株式会社　孫文のこの度の訪日において実のある収穫は日中合弁の中国興業株式会社の創立であった[1]。孫文はこの合弁会社を通じて、先ず日本の資本と技術を導入して、民

---

　[1] 彭沢周「中山先生与中国興業公司」、『中華民国注建国史討論集』第一冊、台北、1981年、156−182頁。

生主義実現の第一歩である鉄道および他の産業の開発を促進しようとした。

　帝国主義段階に入りつつあった日本は、帝国主義の一大特徴である資本輸出をますます重視し、辛亥革命前後から中国に対する資本輸出を強化した。1909 年日本は対中国の投資機関として東亜興業会社を設立し、九江——南昌間の鉄道敷設に 300 万円を投資し、工事を大倉組が請け負った。しかし種々の法規上の障害に直面して事業の経営は難航した。故に合弁会社を設立するのが日本の対中国投資に有利だと思い、孫文が来日する前から三井物産と渋沢栄一らを中心に合弁会社設立の件を政府当局に働きかけた。上海では、三井物産の森恪と高木陸郎が孫文にこのことを働きかけた[1]。

　合弁の投資会社は、中国の主権を擁護し、担保もなしに借款できるよい企業であり、孫文の対外開放政策と資金導入の借款条件に見合うものであった。故に、2 月 17 日渋沢栄一が孫文を訪ね、この件を相談した時、孫文はそれに賛意を表した。中国興業会社創立の事業は、大蔵省の支持の下で進行した。渋沢は 2 月 15 日この件を大蔵省に報告し、同省次官勝田主計は 18 日渋沢に、(1) 政府側は表面上関係せざるも裏においては充分の援助を与える、(2) 同会社のすべての計画は渋沢を中心とし適当な範囲の銀行家・実業家を会同して協議する、(3) 孫との会談において利権獲得関係のことを持ち出すことを避ける、などを指示した[2]。翌日、渋沢は勝田次官を訪ね、再度この件を相談し、20 日、三井物産集会所で中国興業会社の第一回発起人会を開いた。中国側は孫文（代表）、日本側からは大倉喜八郎、安田善三郎、益田孝、倉知鉄吉、三村君平、山本条太郎らが発起

---

① 『日本外交文書』大正 2 年第 2 冊、650−651 頁。
② 山浦貫一『森恪』上巻、206−207 頁。

人になった。その翌日渋沢の事務所で渋沢栄一・山本条太郎と、孫文・戴天仇が合弁会社の事業について双方の意見を交換した。その後、渋沢は合弁会社創立に関するもくろみ書草案を作成し、25日にこれを勝田次官に提出した。

　3月3日渋沢・益田・大倉は、日本側起草の「中国興業公司目論見書概要」を孫文に提出し、その内容を協議した。概要は10項目19条になっていたが、日本側が提出した概要には、第2項の組織と第4項の資本および株式の2項目が空白になっていた①。それは、この2条は孫文と日本側との間に意見の相違があったからである。

　組織の問題は法律の問題であり、中国と日本のどちら側の法律によってこの会社を設立するかが根本問題であった。3日の協議において、孫文は「矢張リ支那ノ法律ニ従フ方ガ宜イダラウ」②と主張し、中国主権擁護の立場を堅持した。孫文は日本側に、中国にも「公司律」という会社法があり、開催される新しい国会において、国会の多数議席を占めている国民党の意思により、会社法も改正され実施することになるし、また中国の法律によって成立すれば、中国内地での商売もできるという理由をあげて日本側を説得しようとした。しかし、益田・渋沢・大倉は、「日本ノ法律ニ依テ組織スルコトハ何ノ差支モナイ」③と堅持したため、この問題はしばらく保留にされた。

　資金の問題において、渋沢は総額500万円とし、その各半分を中日両国人が引き受けるよう提案した。孫文は1000万円を主張し、多額の資本を導入しようとした。しかし、渋沢の提案に

---

①『日本外交文書』大正2年第2冊、985—986頁。
②『日本外交文書』大正2年第2冊、975頁。
③『日本外交文書』大正2年第2冊、977頁。

賛成せざるを得なかった①。この協議において注目すべき人物は、益田孝であった。彼は日本の法律により、この会社を設置することを特別に強調し、また個人の意見として本店を東京に置き、支店を上海に置き、二名の総裁を置くことを主張した。孫文は総裁を二名にするのは、仕事上困難であり、「権利上ノ衝突ガ出来ルカモ知レナイ」②として、自分の立場を堅持した。交渉の結果、本店を上海に、総裁を一人にすることなどでは合意したが、どちらの法律に依拠するかの問題で、原案としては、日本の法律によると、一応書いておくようにした。

　会社創立の事務は、中国側は孫文、日本側は渋沢栄一が担当するようになった。帰国後、孫文は中国南北の政局が宋教仁の暗殺により悪化した状況の下でも、合弁会社の創立を促進しようとして、4月3日上海の中国鉄路総公司において、前司法大臣王寵恵、実業家王一亭・張静江、印錫江ほか四人を集め、日本側からは森恪が列席のうえ、中国興業公司企画の由来と必要とを説明し、中国側実業家の賛同を促した③。4月5日の第二回会議で孫文は第一回目の資本金62万5000円の払込みは、上海の実業家が20万円を負担し、残りの42万5000円は孫文が調達するようにした。9日、孫文は森恪・王寵恵・王一亭・李平書・印錫璋ら14人を招き、第三回目の会議を開き、森恪が日本側の意向を説明し、参加者は中国文に訳した「中国興業公司目論見書概要」を再検討した。そして中国の法律によって設立し、本店を上海に置くのが適切だと主張した④。

　しかし、4月13日、渋沢は三井物産上海支店長藤瀬政次郎に、「此際設立成ルペク日本法律ニ依ルコトゝシテハ如何」と打電し、

①『日本外交文書』大正2年第2冊、977−979頁。
②『日本外交文書』大正2年第2冊、979頁。
③『日本外交文書』大正2年第2冊、987−988頁。
④『日本外交文書』大正2年第2冊、88−990頁。

藤瀬は森恪と共に翌日この意を孫文に伝えた①。これに対し、孫文は 18 日の藤瀬・森・高本らに「支那側ハ本公司ヲ速ニ成立セシムル便宜上他日支那法律制定セラレタル時ハ直ニ支那法律ニ準拠スル事ニ変更ス可シトノ条件ヲ以テ日本法律ノ下ニ会社創立ニ同意スル」②と返事した。これは孫文の日本に対する妥協であり、またこれには妥協せざるを得ない具体的問題があった。孫文には中国側の巨額な資本を調達する財政的力がなかった。故に第一回目の払込資金 62 万 5000 円のうち、20 万円を中国側実業家が払い込み、残額 42 万 5000 円は孫文が日本より立て替えてもらうように依頼した。日本側は孫文のこの弱点をつかんで、日本の法律により設立することを強制したのである。

　日本側は 6 月 14 日、創立委員会を設置して、本店を東京に、支店を上海に置くことに決定し、19 日には「今回日本法律ニ依リ之ヲ設立スルコトニ決定」し、具体的には日本の商法により設立するようになった③。中国実業のため設立した会社が、日本の法律により設立されるのは、国際法の違反であり、中国の主権に有害なものであった。

　この時期、南北の矛盾はいっそう激化し、孫文は武力討袁を準備した。渋沢はこの会社の早期成立と、日本の対中国貿易等の利益のために、中国政局の平穏を要望し、5、6 月、孫文に二回書簡を送り、「飽く迄忍の一字を固守せられ万事忍字を以て処理さるゝ方穏妥」④と勧告し、孫文の武力討袁に反対する意を表わした。

　7 月 12 日、中国では第二革命が勃発した。日本では、7 月 27 日日本側創立委員会が 8 月 11 日に総会を開催して中国興業会社

　　①『日本外交文書』大正 2 年第 2 冊、991 頁。
　　②『日本外交文書』大正 2 年第 2 冊、992 頁。
　　③『渋沢栄一伝記資料』第五巻、渋沢栄一伝記資料刊行会、1964 年、523、530 頁。
　　④『渋沢栄一伝記資料』第五巻、渋沢栄一伝記資料刊行会、1964 年、534 頁。

を正式に設立することを決定した。しかし、中国の戦況は孫文側に不利に転回し、孫文は8月2日上海から広東に赴いた。その直前、孫文は7月28日付の渋沢宛書簡で、中国興業株式会社の文書を森恪に託し、彼と興業株式会社のことを相談するよう依頼した①。

　南北戦況の変化により、孫文に対する日本側の態度にも変化が起こった。8月11日の設立総会では、孫文が総裁に選ばれる予定であったが、戦況の変化により、しばらくの間総裁を欠員とするようにした。中国興業株式会社は予定どおり同11日に成立した。皮肉なことに、森恪が中国側の代表代理として出席した。

　対日意識の変化　中国興業株式会社の発足、桂との会談および東京と各地における日本朝野の熱烈な歓迎は、孫文の対日意識に変化を与えた。孫文が北京で鉄道建設の計画を鼓吹した時、彼自身一方では日本に学ぶことを主張しながらも、また一方では日本の侵略に対し批判を加え、相当の警戒心を持っていた。8月31日、北京参議院歓迎会で首都を北京から他の地方に移すべき理由を説明した時、孫文は日本が南満洲を占領している事実を指摘し、南満と朝鮮との交通が便利であるため、日本は5日間に10万の軍隊を北京付近に輸送することができると述べ、②日本の中国に対する脅威を強調した。9月2日、北京の各新聞社の歓迎会では、日本は南満に侵略していると言った③。同時にまた、日本の朝鮮に対する侵略をあばき、日本は朝鮮人を牛馬のように取り扱っていると非難した④。

　しかし、訪日後の対日意識には新しい変化が起こった。2月

①『渋沢栄一伝記資料』第五四巻、渋沢栄一伝記資料刊行会、1964年、536頁。
②『孫中山全集』第2巻、425頁。
③『孫中山全集』第2巻、433頁。
④『孫中山全集』第2巻、430頁。

23 日、東京の中国留学生歓迎会の講演で、孫文は日本はロシア
と異なって、「我国と利害がかかわりあい、東亜を侵略する野心
が絶対にない」と断言し、近年以来中国に対する侵略行動は、
中国の国勢が振るわないため、中国がヨーロッパの支配を受け
るようになれば、海国日本の三つの島も守りにくいから、やむ
を得ざるものである①、と述べた。蒙古における日・露の勢力
範囲を分割した第三回日露協約も、実は空虚なもので、その噂
を聞く必要が全くないと言った②。孫文はまた東アジアにおけ
る日本の地位を高く評価し、「此東亜の平和を維持し得る力を有
してるのは唯だ日本のみであります、……日本の力で能く東洋
の平和を維持することが出来るやうになりました」③と語った。
中国革命における日本の地位に対し、孫文は私がなぜ革命主義
の精神を固くして、あくまで革命を遂行しようとしたかといえ
ば、自分の革命は必ず日本の大なる力が援助してくれるに相違
ないと信じていたからである④と言って、彼の革命に対する日
本の支援に感謝の意を数回表わした⑤。孫文は、日本人の思想
と視野はみな改変され、共和制に賛成し、民国に対し尊敬と敬
服の誠意を表わし⑥、「凡ての日本人は東洋の平和を切念し、我
支那を愛して居られる」⑦、日本の「朝野共に我国と誠実に連
合して友好しようとする意を表しないものはなかった」⑧と言
い、過去の「憤慨を親愛にかえなければならない」⑨と中国留
学生に訴えた。1912 年中国各地、特に南方では、日貨ボイコッ

①『孫中山全集』第 3 巻、26−27 頁。
②『孫中山全集』第 3 巻、51−52 頁。
③ 孫逸仙「東亜に於ける日支両国の関係を論ず」、『支那』第 4 巻 5 号、3 頁。
④ 孫逸仙「東亜に於ける日支両国の関係を論ず」、『支那』第 4 巻 5 号、4 頁。
⑤『孫中山全集』第 3 巻、14、26、42 頁。
⑥『孫中山全集』第 3 巻、25−26 頁。
⑦ 孫逸仙「東亜に於ける日支両国の関係を論ず」、『支那』第 4 巻 5 号、6 頁。
⑧『孫中山全集』第 3 巻、52 頁。
⑨『孫中山全集』第 3 巻、27 頁。

トなどの反日運動が盛り上がっていた。これに対し孫文は、臆
説や誤報による猜疑・臆測は誤りだと言い、中日両国人は相交
わるうえで猜疑があってはならない、他邦人の説を軽信するこ
とは避けなければならない①、と述べた。

　帰国後、孫文は山県有朋と東京見学を案内した梅屋庄吉ら日
本朝野要人に感謝の書簡を送り、日本各界の熱烈な歓迎は、貴
国の人びとが同種同文の国を愛し、アジアの保全のために尽く
していることを充分に立証している、と言った②。このような
対日意識の変化により、孫文の日本に対する期待は大きく
なった。

　先ず、東京実業家の連合歓迎会で、中国実業発展の国際的障
害となっている不平等条約の撤廃を主張し、これに対する日本
側の協力を希望した③。

　次に、中国の改革と産業振興・鉄道建設に対する日本の支援
と指導を要望した④。

　第三に、日本に期待したのは中国と日本との提携であった。
これは、孫文の日本に対する終始一貫した主張であったが、こ
の時期、この提携を訴えた根拠あるいは理由といえば、一に、
中日両国は同種・同文・同文明圏の国であり、欧米の同文明圏
の国もみな特別に密接な関係を保っているのだから、東アジア
の同文明圏の中日両国も提携して共栄すべきである⑤。二に、
黄色人種と白色人種の闘争観から、アジア黄色人種は提携すべ
きであり、連合すべきだと強調し、そのためにはアジアの大国

①　孫逸仙「東亜に於ける日支両国の関係を論ず」、『支那』第4巻5号、5−6頁。
②　李廷江「孫文と日本人」、『日本歴史』1987年8月号、88頁。
　『孫中山全集』第3巻、53頁。
③『孫中山全集』第3巻、18頁。
④『孫中山全集』第3巻、17、19、42頁。
⑤『孫中山全集』第3巻、26、28頁。

中国とアジアの強国日本が先ず連合すべきである①。三に、中日両国は利害が相かかわり、唇歯輔車の関係を持っており、もし中国が滅亡すれば、日本も生存してゆくことができないし、中国もその発展のため日本に頼らなければならない②、と述べた。四に、日本と連合してロシアに対抗するためであった。訪日前から孫文は、袁世凱にこの意見を提出した。訪日中には、東京の中国留学生歓迎会で孫文はロシアが侵略主義をとっているとあばき、ロシアの新疆・蒙古に対す侵略行為を非難し、同時に清朝の親露と「遠交近攻」の対外政策を批判し、日本と連合する必要性を強調した③。

図42　1913年2月23日、東京の中国留学生歓迎会で講演する孫文

　以上の事実は、孫文の対日意識が確実に変化したことを物語る。しかし、これはその後の孫文の対日観から見られるように、一時的な変化であり、訪日という特定の歴史条件の下での変化であった。またこの変化は、変化していない日本に対する孫文

①『孫中山全集』第3巻、26頁。
②『孫中山全集』第3巻、42、51頁。
③『孫中山全集』第3巻、26頁。

の錯覚でもあったと言えよう。故に、その後の日本の対中国・
対孫政策は、彼の対日意識をその基に帰さざるを得なかった。

第三節　第二革命

　第二革命は袁世凱に反対し、共和国体制を維持・擁護する革
命であった。現有の記録によれば、第二革命期において、孫文
は日本人と 24 回接触し（そのうち上海総領事有吉明と 14 回）、
黄興は 14 回（そのうち有吉と 7 回）接触し、辛亥革命期よりも
日本側との接触が頻繁であった。孫文・黄興の日本側との往来・
接触の目的は、袁世凱を排除し共和国体制を維持するためで
あった。このため、彼らは日本に何を期待し何を要望し、これ
に対し日本政府と軍部はどう対応し、またこの対応と日本の対
袁・列強の政策とはどういう関係があったであろうか。

図43　1913 年 3 月 20 日、上海訳頭で暗殺された宋教仁

　再度渡日の希望　1913 年 3 月 20 日、袁世凱と国務総理趙秉
鈞は武士英を策動して、上海駅頭で宋教仁を暗殺した。宋教仁
は議会政治と政党内閣制を主張し、辛亥革命後の第一回国会議
員選挙において大活躍をし、国民党が与党の共和党を抑えて大

勝利を収めた。故に共和国体制に反対する反動勢力は、彼を最大の敵と見なし、彼を暗殺したのである。これは共和国体制に対する反動であった。この反動勢力の総代表が袁世凱であり、この袁世凱を中国の政治舞台から排除することが第二革命の目的となった。それ故に孫文と日本との関係もこの問題をめぐって展開された。

　宋事件が発生した時、孫文は訪日中であった。この事件を知った孫文は、3月23日長崎を出発し、25日上海に戻ってきた。当夜、孫文は国民党主要幹部会議を開き、宋事件に対する対応策を講じ、翌日上海総領事有吉に、あくまで正当な手段により、世界の公議に訴え、袁を排斥し、4月8日召集予定である議会において、袁を弾劾する決心を伝えた①。これは孫文が国会の力に頼って袁の問題を平和的に解決しようとしたことを示す。当時国民党は、衆議院の596議席中269席、参議院の274議席中123席を占めて、議会において第一党になっていた。故に議会において袁を弾劾する可能性があったのである。28日、孫文はまた有吉に公明正大の手段により、国会において袁を弾劾する意を表わすと同時に、もし袁が国民党の国会議員を攻撃する場合には、我が方も武力をもってこれに対抗する覚悟があると言った②。孫文は自分の党の力で袁を排除しようとしたため、日本に対し信頼しながらも、別に支持・援助を要望せず、ただ中国の政局に対し充分の注意と警戒をしてほしいと言っただけである③。しかし、北方の袁世凱は武力で国会と孫文に対応し

　① 大正2年3月26日、在上海有吉総領事より牧野外務大臣宛電報、第30号、外交史料館・防衛研究所所蔵。
　② 大正2年3月29日、在上海有吉総領事より牧野外務大臣宛電報、第33号、外交史料館所蔵。
　③ 大正2年3月26日、在上海有吉総領事より牧野外務大臣宛電報、第30号、外交史料館・防衛研究所所蔵。

ようとした。このような情勢の下で、孫文は国会が開会される前に袁が暴力を振るい、弾劾案を提起しようとする議員を暗殺する可能性がある故に、この案を提出するのも不可能だし、たとえ提出したとしても、円満な解決を見ることはないと判断し、新設された国会に対し懸念を抱くようになった。

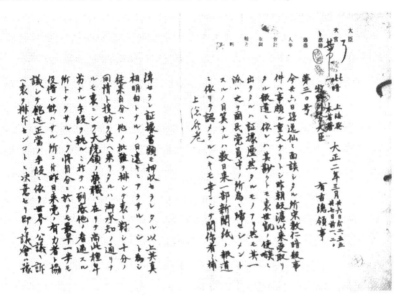

図44　1913（大正2）年3月26日、孫文の動きを知らせる在上海有吉総領事より牧野外務大臣宛電報第30号（外交史料館蔵）

　このような状況の下で、孫文は30日有吉総領事に、一時中国の政局を避け再度渡日したい意を申し出た。孫文は有吉に、自分はできる限り平和に時局を収拾したい考えだが、当地は北京との対抗のみを主張し、もしこの渦中に投ずることになれば、大局上甚だおもしろからず、むしろしばらく当地を離れ南北双方の情勢を達観し、いずれにも注意・忠告を与え、なるべく平

和に解決する方案を講ずることが得策だと述べた①。その頃孫
文の妻が訪日中東京で車の事故により負傷し入院中であった。
孫文はその見舞いあるいは出迎えの名目で、4月4日渡日した
い意を表わし、渡日のうえは東京にちょっと立ち寄り、妻を同
伴して箱根または軽井沢に引っ込み、南北双方からの情報と、
これに対する自分の考えを時々日本当局者に伝えたいと言っ
た②。渡日の際には変名を用い、きわめて秘密裡に行動する意
を付け加えた。孫文のこの陳述から見れば、その渡日の目的は、
中国南北の闘争を避ける消極的なものであった。この渡日の要
望に対し、日本政府はどう対応したであろうか。

　有吉総領事は、孫文が単に暫時政争の渦中を離れ、公平にな
んらかの手段をとるという考えにとどまり、わが方に対し差し
当たり別段期待するところがないため、強いて差し止める必要
がないと牧野外相に具申した③。有吉は孫文の渡日に賛成する
理由は挙げていないが、北京の伊集院公使は、それに賛成する
理由を明確に言っている。伊集院は、孫文がもし渡日不可能に
なれば、いずれにか避けようとする故に「寧ロ日本国ニ引付ケ
置キ帝国ノ方針ニ基キ之ヲ利用スルハ又一策ニシテ或ハ帝国政
策運用上得策カト思考セラルル」と牧野外相に具申し、渡日に
際し変名するとしても、露見を防ぐことができず、かえって内
外の嫌疑を増すだけであるから、妻の容態が至急見舞いを要す
る旨を披露すればよいとした④。しかし、日本政府は孫文の来

　①　大正2年3月30日、在上海有吉総領事より牧野外務大臣宛電報、第37号、外交史料館所蔵。
　②　大正2年3月30日、在上海有吉総領事より牧野外務大臣宛電報、第37号、外交史料館所蔵。
　③　大正2年3月30日、在上海有吉総領事より牧野外務大臣宛電報、第37号、外交史料館所蔵。
　④　大正2年3月31日、在上海有吉総領事より牧野外務大臣宛電報、第39号、外交史料館所蔵。

日を拒絶した。31 日午後、山本内閣は閣議を開き、「孫逸仙来朝の希望あるも可成は他に往かしむる方に勧告する事」①と決定した。牧野外相は同日有吉総領事に、「孫文ノ渡来ハ得策ナリト認ムル能ハズ」②とし、その来日を阻止するよう指示した。その理由として牧野は、先の孫文訪日の折、日本朝野の歓迎を受け、帰国後親日論を鼓吹した関係もあり、宋事件のため世間の耳目が上海に集中し、同地の動静が最も留意されるこの際、突如再び来日することはとうてい内外の誤解および猜疑を避け難い③、と言った。これは、いわば親日的な孫文が、今来日するのは、日本と列強との関係に影響を及ぼすのを恐れたことを示している。

　以上の事実は、孫文の来日に賛成する意見も、また拒絶する意見も、みな日本帝国の国益のためであったことを物語り、日本帝国の国益に有利か否かが、日本の対孫政策の根本的な問題であり、またその政策の前提でもあったことを示している。有吉総領事は、同日牧野外相の指示を孫文に伝えた。孫文はこれに理解を示し、しばらく当地にとどまる予定だと言った。

　日本への期待　この時孫文は、日本と列強の圧力で袁を辞職させようとして、この意を有吉に申し入れた④。有吉は、これは中国の内政に列国が干渉するのを希望するのと同じになるのではないかと反問した。孫文は、では、ヒントを与えても差し支えないと言い、こうなれば袁にも充分の名誉を与えて退譲させることができるし、時局も平和的に収拾することができると言った⑤。袁は列強の力に頼ってその政権と支配を維持してい

---

　①『原敬日記』第三巻、302 頁。
　② 大正 2 年 3 月 31 日、牧野外務大臣より在上海有吉総領事宛電報、第 881 号、外交史料館所蔵。
　③ 大正 2 年 3 月 31 日、牧野外務大臣より在上海有吉総領事宛電報、第 881 号、外交史料館所蔵。
　④『日本外交文書』大正 2 年第 2 冊、335 頁。
　⑤『日本外交文書』大正 2 年第 2 冊、335−336 頁。

るため、孫文は列強が圧力または啓発を与えればすぐ退譲する
と思っていた。しかし、袁を支持する英米はもちろん、袁に警戒
心を抱いている日本でさえも、孫文の要望どおりに動こうとはし
なかった。日本は親英米的な袁に好感を持ってはいなかったが、
彼が中国に君臨する現実と、その背後で彼を支持する英米の存在
を無視することはできなかった。また袁が中国を統一する可能性
のある「強人」だと思っていた。故に日本としても袁の排除には
反対であったと言える。こうして日本と列強の圧力で平和的に袁
を排除しようとした孫文の希望は実現されなかった。

　日本は第二革命とこの時期の孫文に対する基本政策を決定し
た。1913 年 3 月 31 日、閣議で今回の紛争に対し「全然中立不
偏方針ニシテ且此紛争ニ乗シテ何等特殊ノ利益ヲ獲得セントス
ルノ意図ナ」①しと決定した。第二革命において日本は基本的
に終始このような政策をとっていたと言える。その理由は、(1)
孫文の革命を支持しようとした桂太郎内閣が大正政変で打倒さ
れたこと。(2) 日本側は紛争の初期から南方の革命派が袁の相
手にならぬと予測し、南北衝突において敗北する孫文を支援し
ようとしなかったこと。(3) 辛亥革命において日本は革命派と
孫文に一定の援助を与えていたため、もとから悪かった袁との
関係は辛亥革命後、よりいっそう悪化したので、日本は現に中
国に君臨する袁との関係を改善しようとして、袁に反対する孫
文を支持するはずがなかったこと。(4) 辛亥革命期中国の動乱
により日本の対中国貿易が激減し、半年間その影響を受けたの
で、日本はこの経済的利益から中国政局の安定と平静を希望し、
できる限リ南北の動乱を避けようとしたことである。

　平和的方法で袁の問題を解決することが不可能になると、孫

---

　① 大正 2 年 3 月 31 日、牧野外務大臣より在上海有吉総領事宛電報、第 23 号、外交
史料館所蔵。

文は4月上旬から6月下旬まで武力による討袁を主張し、日本の経済的・軍事的援助を要望した。孫文は4月7日正金銀行上海支店長に中日合弁の日華銀行の開設を条件として借款を要望し①、25日有吉総領事にも同様の要望を提出した②。袁の北京政府外交部は日本政府に北京の中央政府のみが外国に借款をする権利があると通告し、裏からこの借款を牽制した。

　黄興と李烈鈞は、南昌－萍郷の鉄道借款を名目に1000万円の借款希望を東亜興業会社の白岩竜平に提出した。白岩はこれを大倉組に報告し、その支持を得て、6月2日黄興・李烈鈞と南潯鉄道の続借款として1000万円を提供する仮契約に調印した。白岩は大倉組への報告で「此際孫逸仙、黄興等に多少の同情を示し、吾が対南方経済政策の助けとなすと同時に兼ねて吾政府の大方針たる江西に於ての根本政策を確立するには得難き機会」③だと言い、この借款の目的を露骨に述べた。しかし、これは日本政府の干渉により実現しなかった。日本政府は孫文に対してはこのように対応しながら、袁世凱には4月27日英・独・仏・露と共に2500万ポンドの借款を提供した。孫文はその翌日日本外務省に、袁に対する援助を中止するよう申し入れた。5月20日、孫文は山県有朋に書簡を送り、袁の罪悪をあばくと同時に、この巨額の借款を袁に与えないよう懇願した④。

　孫文と黄興は日本軍部の援助を希望し、4月5日黄興は部下の楊廷溥を日本に派遣し、参謀本部の第二部長宇都宮太郎少将らに中国南北の情勢を説明し、軍部の援助を仰いだ⑤。しかし、

① 大正2年4月7日、在上海有吉総領事より牧野外務大臣宛電報、第48号、防衛研究所所蔵。
② 大正2年4月25日、在上海有吉総領事より牧野外務大臣宛電報、第67号、防衛研究所所蔵。
③ 臼井勝美『日本と中国－大正時代－』、原書房、1972年、33頁。
④ 李廷江「孫文と日本人」、『日本歴史』1987年8月号、88－89頁。
⑤ 大正2年4月5日、在上海有吉総領事より牧野外務大臣宛電報、第46号、防衛研究所所蔵。

軍部はその要望に応じようとしなかった。黄興は日本軍部のこのような態度に不満をもち、彼自身渡日して日本当局者に彼らの真意を伝えて、中日両国の諸懸案を解決すべき密約を結び、裏から日本の有力な援助を得ようとし、この意を上海駐在の斎藤少佐を通じて宇都宮少将に伝えた[①]。参謀本部の大島健一次長は陸軍省の松井次官と黄の来日の件を相談したが、その来日は実現しなかった。陸軍の対中国政策は、時には政府と異なることもあるが、第二革命においては歩調をそろえていた。陸軍次官は与倉中清派遣隊司令官に「帝国政府ハ此ノ際不偏不党ノ態度ヲ執ルノ方針ナ」[②]りと指示し、在中国の軍人が孫文一派の活動に関与することを禁止した。陸軍中枢は第二革命において終始この方針をとった。

　日本の政策決定において、元老が重要な役割をしていることを知っていた孫文は、五月一七日外務省の元老井上馨に書簡を寄せ、袁世凱の罪悪をあばき、討袁に対する日本の支持を要望した[③]。

　上記の如く、孫文と黄興は討袁のために日本政府の経済的・軍事的援助を希望したが、日本政府は孫と袁が融和・妥協して平和的に中国時局を収拾し、武力衝突を避けるように働きかけた。孫・黄と密接であった上海総領事有吉は、3月下旬以来、七、八回孫文に日本政府の方針を伝え、武力で袁と対抗しないよう勧告した。有吉は黄にも数回同様な勧告をした。日本政府はまた孫・黄の友人宮崎滔天を利用して、孫・黄にこの方針を勧説した。滔天は5月19日日本を出発し、上海に来て孫・黄に

---

　　①　大正2年5月6日、在上海斎藤少佐より宇都宮参謀本部第二部長宛電報、外交史料館所蔵。

　　②　大正2年4月1日、岡市之助陸軍次官より与倉中清派遣隊司令官宛電報、外交史料館所蔵。

　　③『孫中山全集』第3巻、60—61頁。

袁との融和と平和的解決を勧説したが、孫・黄は5月23日連名で次の電報を日本政府に送った①。

　宮崎へ伝言ノ件感謝ニ堪ヘス恨ラクハ妥協ノ余地ナキテ我レ起タサルモ彼レ必ス来リテ圧力ヲ加ヘン危機目睫ノ間ニ在リ若シ日本ノ援助アレハ積極的行動ヲ執ランモ之レナケレハ背水ノ陣ヲ張リテ応戦ス援助ヲ乞フ

　この電文は孫・黄の日本政府援助への切実な期待と討袁の決心を吐露したものである。

　5月26日前後、伊集院と公使を交代する予定になっていた北京公使館参事官山座円次郎が上海に来て、孫に同様の勧告をした。山座は孫文の武力討袁により中国が分裂し、それにより日本が被る影響を恐れていた②。孫文は山座に、平和策ではとうてい袁に措抗し得ない旨を繰り返し、「日本ノ援助ヲ求ムルカ如キサシテ予期シ居ラサルモ他国ヲシテ袁ヲ援クルカ如キコトナキ様尽力ヲ得ハ十分ナリ」③と述べた。孫文の日本に対する要望は一段下がった。

　日本の孫文・黄興に対する勧告は具体的内容が欠けており、孫と袁との無条件妥協と融和を強調しただけであった。これに対し、5月下旬黄興は有吉に次のような和平解決の具体的条件を提出した④。

　　一、共和政体を存続し、議会に干渉せぬ。
　　二、宋事件を公平な法廷裁判に処す。

---

　　① 大正2年5月24日、牧野外務大臣より在上海有吉総領事宛電報、第39号、外交史料館所蔵。
　　② 一又正雄編著『山座円次郎伝－明治時代における大陸政策の実行者－』、82－84頁。
　　③ 大正2年5月27日、在上海有吉総領事より牧野外務大臣宛電報、第99号、防衛研究所所蔵。
　　④ 大正2年5月27日、在上海有吉総領事より牧野外務大臣宛電報、第99号、防衛研究所所蔵。

三、五国借款は議会に付議する。

四、北方より派遣した兵を撤退し、同時に南方も兵備を解
　き、すべてを常態に復する。

この案は合理的なもので、中国南北問題を平和的に解決する
案であった。黄興は日本公使が率先してアメリカ公使と共に袁
世凱をしてこの案を受け入れさせるよう要望した。しかし、日
本側はこれに応じなかった。

6月1日、前外相加藤高明が上海に来て孫文・黄興と会見し、
北京での袁世凱との談話のもようを語ると同時に、この際充分
に忍耐して時局を平和的に解決するのが得策だと勧告した[1]。
孫文は加藤に、もし南方に革命が勃発したら、日本はどう対応
するかと質問した。加藤は、日本人は個人的には革命派に同情
的であろうが、政府は一貫して列国と協調し、袁政府の安定を
確保するよう努力するであろうと答え[2]、孫文に平和的に時局
を収拾するように勧告した目的が、袁世凱政権の擁護にあった
ことを表明した。

第二革命の勃発　袁世凱は南方の革命勢力を掃滅するため6
月9日孫文の革命派に属する江西省都督李烈鈞と広東省都督胡
漢民を罷免した。これは第二革命勃発の導火線となった。

李烈鈞は日本陸士出身で、日本の軍人と大陸浪人と密接なか
かわりをもち、この時、現役と予備役の軍人十数名が軍部の命
令によってではなく、個人の意志により李の軍事活動に参与し
ていた。しかし、袁世凱と英・米・独・仏は日本政府と軍部が
李を支持して反袁の軍事活動に参与していると誤解し、この件
に対し数回日本に警告を出していた。故に罷免後の李烈鈞の挙
動は、直接日本に影響を及ぼし、日本も李が日本に迷惑をかけ

---

①『日本外交文書』大正2年第2冊、359頁。
② 臼井勝美『日本と中国－大正時代－』、原書房、1972年、32頁。

ることを恐れていた。在漢口総領事芳沢謙吉は、6月10日江西省湖口に派遣されていた領事館書記生八木元八に慎重に行動するよう指示し、6月18日陸軍次官も中清派遣隊司令官に李周辺の日本軍人の活動に対し厳に注意するよう命令した。牧野外相も李に対する予防策として、6月11日芳沢総領事に、もし李烈鈞が来日して将来わが政府の援助を期待するが如き意図ありと認められる場合には、直接・間接を問わず、この際政府が中国の内紛に関与して援助を与えることは断じてない旨を通告するよう指示した①。しかし6月16日、李烈鈞は湖口の八木に渡日の希望を伝えた。八木は牧野外相の指示を伝え、李の来日を拒否した②。

　袁世凱が南方革命派に対する攻撃を開始した状況の下で、孫文は6月12日黄興に五万元の軍資金を与え、討袁の準備をすると同時に、17日香港・澳門に出発し、胡漢民と広東省の新都督陳炯明らと討袁策を検討し、29日上海に戻ってきた。孫文は武力で討袁を行うよう主張したが、胡・陳は孫文に同調しなかった③。故に孫文は武力討袁を一時放棄し、再び国会において袁排除問題を解決しようとした。孫文は6月30日来訪しか有吉総領事にこの意を述べ、日本に対してなんの要望も提出しなかった④。しかし、陳其美らの少壮派は、引き続き武力討袁を主張した。有吉は陳其美に軽挙しないよう勧告し、彼らの武力討袁を牽制しようとした。陳其美は有吉の勧告に耳を傾けず、あくまで武力討袁を主張した。在席の黄興も彼らの主張と計画を黙

---

①　大正2年6月11日、牧野外務大臣より在漢口芳沢総領事宛電報、第43号、外交史料館所蔵。

②　大正2年6月17日、在漢口芳沢総領事より牧〵野外務大臣宛電報、第128号、外交史料館所蔵。

③　大正2年6月24日、在香港今井総領事より牧野外務大臣宛電報、防衛研究所所蔵。

④『日本外交文書』大正2年第2冊、362－363頁。

認した①。

　7月12日、李烈鈞は江西省湖口で挙兵し、江西省の独立を宣言した。続いて、黄興は南京において、柏文蔚は安徽において、陳其美は上海において、許崇智は福建において、陳炯明は広東において、それぞれ袁世凱政権からの独立を宣言した。こうして第二革命が勃発した。

　有吉総領事は7月14日孫文を訪問し、その態度と意向を打診した。孫文は第二革命に対する日本と諸外国の意向と感情を顧慮し、上海の江南機器局を占領している袁軍の処理に苦心して、有吉に上海領事団より袁軍の撤退を勧告するよう希望した②。しかし、有吉は難色を示した。

　12日以来、南方の諸省市の独立により、孫文は武力討袁に対する自信を得、日本と列強の政策を批判し始めた。7月21日、孫文は有吉に、五か国借款成立の際各方面にその借款が内乱の原因になることを予言したが、各国いずれも耳を傾けず、中立の名を借りて陰に袁を援助する方針をとったと批判し③、南方は挙げて日本に信頼し、大きな期待を寄せているが、日本は列国と共に自分につごうのよい中立的態度をとり、遂に南方一般の信望を失うに至った、と批判した④。しかし、この批判は日本との決裂を意味するものではなく、日本の支持と協力を得ようとするためのものであった。孫文は有吉に、日本がイギリスその他一、二か国を勧誘して、袁に退譲の友誼的勧告を率先してするよう希望し、もし他国が狐疑する場合は、日本だけでも

---

①『日本外交文書』大正2年第2冊、363-364頁。
②『日本外交文書』大正2年第2冊、367頁。
③　大正2年7月21日、在上海有吉総領事より牧野外務大臣宛電報、第1520号、外交史料館所蔵。
④　大正2年7月21日、在上海有吉総領事より牧野外務大臣宛電報、第1520号、外交史料館所蔵。

勧告するよう懇願した①。これは、外国を頼みとする袁は、このような勧告に案外速やかに服従すると思っていたからである。牧野外相と有吉総領事は列国容喙の端を開くということを口実に、孫文のこの希望を拒否した。

　孫文の対日要望は、上記のように日本側に拒否されたが、革命派はそれにもかかわらず、引き続き日本に援助を要望した。胡漢民は広東の兵を長江流域に送るため、香港総領事今井忍郎に日本商船の提供を要求したが、今井は拒否した②。7月25日独立を宣言した湖南省は、三井物産長沙支店に二〇〇万円の借款を要望し、軍資金を調達しようとしたが、牧野外相は7月28日借款を与えないよう指示した③。その理由は、(1) 今回の衝突では北京政府が勝利する、(2) 北京政府は南方と締結した借款契約を承認しない、(3) この借款は南方に軍資金を提供することになる、などであった。同時に外務省は7月18日漢口等の中国駐在の領事館に、「我文武官吏ノ支那内乱ニ加担スルヲ許サズ」の指示を発し、日本居留民が参与した場合には、居留禁止の手段を講ずるよう指示した④。同日、陸軍参謀本部も在中国の公使館付武官、中清派遣隊司令官および各地の日本将校に中国の南北戦争に毫も関与しないように命じた⑤。しかし、李烈鈞周辺の日本軍人は依然としてその軍事行動に関与した。7月27日、沙河鎮の戦闘では福岡県久留米の日本人平山某が戦死した。

---

①　大正2年7月21日、在上海有吉総領事より牧野外務大臣宛電報、第1520号、外交史料館所蔵。
②　大正2年7月19日、在香港今井総領事より牧野外務大臣宛電報、第41号、防衛研究所所蔵。
③　大正2年7月28日、牧野外務大臣より在漢口芳沢総領事等宛電報、第67号、外交史料館所蔵。
④　大正2年7月18日、外務省より在漢口芳沢総領事等宛電報、防衛研究所所蔵。
⑤　大正2年7月18日、長谷川参謀総長より与倉中清派遣隊司令官宛電報、外交史料館所蔵。

　戦況の変化に伴い、日本は袁世凱側に好意を示した。7月23日日清汽船は漢口の芳沢総領事の同意の下で、袁軍の小銃300挺と大砲2門を沙市から漢口に輸送し①、袁軍に協力した。これは偶然なことではなかった。7月3日芳沢は牧野外相に「支那ノ現状ニテハ中央政府（北京の袁政府―引用者注）ヲ支持シ之ヲ利用シテ我権益ノ発達ヲ計ルヲ得策ト認メラレ実際又其方向ニ進ミツツアルニハ相違ナキ」と述べ、袁への好意と孫一派への小策に対し厳重な取締りの道を講ずるよう上申した②。これらの事実は、日本の不偏不党の中立は、相対的な中立であり、日本は袁側に傾いていた。日本の主張する中国政局の安定は、袁世凱が中国に君臨する現状を維持するための安定であり、日本の主張する孫・袁の融和と妥協は、袁の大総統地位の確保を前提としたものであった。故に日本の対孫文政策は、日本の対袁政策と対照的であったと言える。

　袁世凱は馮国璋・段芝貴・張勲らに命じて軍を南下させ、孫文の革命派の鎮圧に取りかかった。戦局は逆転し、孫文・黄興は南京・上海から南下して広東で再挙兵しようとした。黄興は7月27日南京の大和商事を通じて南京領事船津辰一郎に日本軍艦あるいは商船を利用して広東に行くよう要望した。牧野外相は翌日船津にこれを拒否するよう指示した③。しかし、海軍次官財部彪は29日中国沿海と長江流域に巡航している第三艦隊司令官に、亡命する革命派の首領が生命の危険を脱せんがため身を我が艦隊に投じて保護を求むるが如きことある場合には、事情やむを得ずと認め、外務令定により既に収容した場合には大臣に請訓のうえ、同首領を移すべき地点に移す便宜を提供す

---

　① 大正2年7月23日、在漢口芳沢総領事より牧野外務大臣電報、第208号、防衛研究所所蔵。
　② 大正2年7月3日、在漢口芳沢総領事より牧野外務大臣宛電報、外交史料館所蔵。
　③『日本外交文書』大正2年第2冊、376－377頁。

るよう訓令した①。黄興とその参謀長黄愷元は 29 日日本軍艦嵯峨に乗船し、30 日上海に到着し、商船静岡丸に乗り換えて香港に向かった。黄興は当地の日本将校らの協力を得た。牧野外相は黄興が来日するのを恐れ、7 月 30 日有吉総領事に、8 月 1 日には香港の今井総領事に、黄興の来日を阻止するよう指示し、もしやむを得ざる場合は、一時沖縄あたりに潜匿するよう取り計らうようにした②。孫文は 8 月 2 日ドイツ船ヨーク号で上海を出発し、広東に向かった。孫文は広東の新都督陳炯明を信頼して広東に赴いたが、陳炯明は戦況が逆転する状況の下で、孫・黄の来広が迷惑になるので、広東総領事赤塚正助に両人が日本に赴くように依頼した。しかし牧野外相の訓令を受けた香港総領事は、陳に軍艦を香港に派遣して孫・黄を出迎えるよう希望した。孫・黄は広東で会合して再挙兵策を検討しようとしたが陳炯明は両人を迎えようとしなかった。

　孫文は 3 日福建省の馬尾に到着して日本領事館の飯田と多賀少佐を通じ陳炯明と広東情勢の逆転を知り、翌日日本の撫順丸に乗り換えて、台湾経由で日本に赴いた③。黄興は 3 日香港に到着し、同夜今井総領事と会談し穴。今井は牧野外相の指示により、黄興にシンガポールに亡命するよう勧誘したが、彼はそれを好まず、結局日本経由でアメリカに赴くことに決定した④。黄興は渡米の旅券を日本人として発給するよう今井に要望したが、牧野外相は許可しなかった。黄興はその翌日三井物産の第四雲海丸で香港から日本に赴いた。

---

① 大正 2 年 7 月 29 日、海軍次官より第三艦隊司令宛官電報、外交史料館所蔵。
②『日本外交文書』大正 2 年第 2 冊、379 頁。
③ 萱野長知『中華民国革命秘笈』、193－198 頁。
④『日本外交文書』大正 2 年第 2 冊、389 頁。

第五章　第三革命の準備と日本

　第二革命失敗後、孫文・黄興と多数の革命党党員は、日本に
亡命して第三革命を準備した。本章では、孫文・黄興の来日に
対し日本政府はどう対応し、来日した孫文らはその革命のため
日本政府・軍部・財界に何を期待・要望し、日本側はこれにど
う対応したかを究明しようと思う。

第一節　孫文・黄興の来日

　　図45・46　1913年8月、信濃丸で日本に赴く孫文と、1913（大正2）
年8月9日兵庫県知事服部一三より牧野外務大臣宛電報）

　孫文の来日　孫文は胡漢民と二人の随員と共に1913（大正2）

年8月5日台湾の基隆港に到着し、台湾総督府側の接待を受け
た。しかし牧野外相は台湾総督に、国内外の情勢に鑑み、中国
騒乱と関係ある首領が来日するのは得策ではないから、孫文が
他の地方に赴くように勧誘することを指示した①。しかし孫文
は同日午後四時日本郵船の信濃丸で日本に向かい、8日門司に
到着し、新聞記者に簡単な談話を発表し、同日正午神戸に向かっ
て出発した。同日、牧野外相はまた兵庫県知事服部一三に孫文
がアメリカに赴くように勧誘することを指示した②。孫文は九
日朝、神戸港に到着した。孫文の第一目的地は神戸であった。
神戸には友人の宋嘉樹（宋慶齢の父親）がオリエンタル・ホテ
ルに宿泊していたため、今後の行き先を相談しようとして、航
海中既に彼と連絡をとっていた。神戸では川崎造船所長松方幸
次郎と三上豊夷の接待を受けた。東京からは萱野長知・古島一
雄・寺尾亨らが来て孫文を迎えた③。孫文は台湾から日本に向
かう時、萱野に「遠く外遊することは我党の前途の為め都合が
悪い、是非共日本に滞留したい、就ては神戸の船中で密会協議
したい」④と打電し、日本への上陸と滞在の協力を要望した。
萱野はこの電報をもって頭山満と内談した。頭山は寺尾を通じ
て山本首相に孫文来日の許可を三回進言したが、山本は孫文の
上陸さえ許可しようとしなかった。頭山は伊豆長岡で静養中の
犬養毅に打電し、速やかに上京して山本とこの件を相談するよ
う要請した⑤。東京に戻った犬養は、山本首相を説得し、孫文
上陸の許可を得た。萱野・古島らが神戸港ぐの埠頭に着いた時、

---

①『日本外交文書』大正2年第2冊、392頁。

②『日本外交文書』大正2年第2冊、396-397頁。

③ 萱野長知『中華民国革命秘笈』、200-203頁。

④ 萱野長知『中華民国革命秘笈』、198頁。

⑤ 頭山満翁正伝編纂委員会編『頭山満翁正伝』（未定稿）、251-252頁。

犬養から「ヤマモトセウチシタソンニツタエヨ」①の電報が届いた。同日夜、孫文は松方・三上の案内でひそかに神戸諏訪山の常盤別荘に泊まった。深夜、宋嘉樹が来訪して、今後の行き先を相談した。孫文は神戸に上陸したが、日本政府は依然として孫文がアメリカに行くよう勧告した。服部知事は牧野外相の意向で、14日夜孫文を訪ね、長期日本にとどまるのは得策でないと言った。これに対し、孫文は中国南方の情勢今なお回復の見込みある故に、しばらく日本に滞在してこれを観察し、そのうえで自己の進退を決めたいと述べた②。服部は孫文に、日本を隣国に対する革命策源地としないよう警告した。

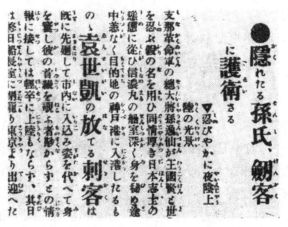

図 47　孫文の訪日と日本での動静を報じる『神戸又新日報』（1913年 8 月 11 日号）

　孫文は 16 日朝、菊池良一の案内で常盤別荘を離れ、神戸で大阪商船の襟裳丸に乗り、東京に向かった。東京では頭山満・古島一雄・前川虎造（立憲国民党の幹事長）・美和作次郎らが東京・

---

① 古一念会編『古島一雄』、日本経済研究会、1950 年、923－924 頁。
② 大正 2 年 8 月 15 日、兵庫県知事より牧野外務大臣宛電報、『各国内政関係雑纂』第 6 巻、外交史料館所蔵。

神奈川の警察の協力の下で孫文を迎える準備をした。襟裳丸は
17日夜九時神奈川県観音崎に到着した。孫文は小船に乗り換え
富岡海岸から上陸し、翌日零時過ぎ東京赤坂区西霊南坂26番地
の海妻猪勇彦宅に到着した。ここは頭山満の隣家で、裏門は頭
山宅と通ずるようになっていた。孫文は1915年8月までここに
居住し、同月末、千駄ケ谷町字原宿108番地に移った。

　日本政府はなぜ当初孫文の上陸と滞在を阻止しようとしたの
か。第一に、同年2月、日本には大正政変が起こり、国内の政
局が不安定であった。共和制を主張する孫文の革命党党人の来
日が、日本の政局に与える影響を日本政府は考慮せざるを得な
かった。第二に、孫文を受け入れることは必然的に袁を刺激し、
日本と第二革命の「勝利者」袁との関係を悪化させるようにな
ることである。第三に、日本と袁を支持するイギリスなど列強
との関係にも悪影響を及ぼすからである。

　しかし、結局孫文の上陸と滞在を許可したのは、第一に、孫
文への期待であった。その年の春に訪日した孫文を国賓として
迎えたことは、孫文への日本の期待を表明したものであった。
頭山満も中国の今後は南方にあると判断し[1]、その上陸・滞在
に協力したのであった。第二に、日本は反袁勢力である孫文を
手中に収め、対袁政策において（例えば1914年青島占領、1915
年二十一箇条強要）、孫文らの革命を支援して、袁を威嚇しよう
としたのである。第三に、もし日本が孫文の滞在を拒否した場
合、孫文はアメリカに行かざるを得ない。列強の中国に対する
争奪は、中国の首領に対する争奪と密接な関係があった。頭山
満は「アメリカへやったらいかん」と言って、犬養毅に孫文上
陸許可を依頼し、松方幸次郎は「毛唐に渡したら駄目だ」[2]と

---

① 頭山満翁正伝編纂委員会編『頭山満翁正伝』（未定稿）、252頁。
② 頭山満翁正伝編纂委員会編『頭山満翁正伝』（未定稿）、253頁。

思い、孫文を日本の手中に収めておこうとしたのである。こう
して孫文は2年9か月日本に滞在して、第三革命を準備するよ
うになった。

図48　1915年10月25日、宋慶齢と結婚した孫文（東京）

　黄興の来日　黄興の来日に対する日本政府の対応は、孫文と
同様であった。8月2日、牧野外相は今井香港総領事に陸軍大
臣の意志として、黄興が日本に来ても上陸を許可しないと指示
した①。しかし、黄興は8月4日香港を出発し、9日下関に上陸
した。黄興の来日と日本における応接は、三井物産が担当した。

---

　① 大正2年8月2日、牧野外務大臣宛書簡より在香港今井総領事宛電報第42号、
『各国内政関係雑纂』第6巻、外交史料館所蔵。

到着後、三井物産門司支店は黄興に生活費1万円を提供し、同支店の河原林が世話をした①。同人の斡旋により、黄興は下関市郊外の浜町天野布荘の別荘と、豊浦郡長府町の小沢富熊宅にとどまっていた。黄興は先ず神戸に行って孫文と会談する予定であったが、これを変更して、8月20日静岡丸で門司を出発し、23日神戸、25日清水、26日東京湾に入った。横浜では古島一雄と三井物産の職員が神奈川県庁と警察の協力の下に27日午前一時黄興をひそかに長浜検疫所から上陸させ、黄興は警部一名と三井物産の石田秀二の案内で芝区琴平町一三番地の信濃屋に早朝到着した②。

　黄興は日本を経由してアメリカに行く決心をしており、その決心は断固たるものがあった。友人宮崎滔天は、上海から黄興に「目下渡米ノ時機ニアラサレハ暫時日本ニ滞在セラレム事ヲ望ム」と打電して、切に日本に滞在するよう要望したが、黄興は「既ニ渡米ノ決意ヲナシ又渡米ノ得策ナルヲ信スルヲ以テ近ク出発セントス」③と返電した。黄興がこのように断固渡米しようとしたのは、第一に日本に対して強い不満を抱いていたこと、第二に革命において日本は四国借款団に参加し、袁世凱に巨額の借款を提供し、袁をして南方の革命派を弾圧させたことである。故に黄興は「昨年来民国ニ対スル日本政府ノ態度ハ外交上甚タ宜シカラス為ニ今日ノ形勢ニ陥リタルモノナルヘシ」と述べ、日本の対袁援助政策を批判した④。第三に、アメリカに好感を抱いていた。アメリカは四国借款団に参加していな

---

①　大正2年8月9日、福岡県知事南弘より牧野外務大臣宛書簡、『各国内政関係雑纂』第6巻、外交史料館所蔵。
②　大正2年8月28日、神奈川県知事大島允満次より牧野外務大臣宛書簡、『各国内政関係雑纂』第6巻、外交史料館所蔵。
③　大正2年8月19日、山口県知事馬淵鋭太郎より牧野外務大臣宛書簡、『各国内政関係雑纂』第6巻、外交史料館所蔵。
④　大正2年8月18日、山口県知事より内務大臣宛書簡、『各国内政関係雑纂』第6巻、外交史料館所蔵。

かった。故に黄興は「米国ノ如キハコノ度民国ノ借款ニ加ハラス自己ノ欲スル処ニヨリ自己ノ利益ヲ世界ニ主張シ大ニ活動セルハ実ニ頼ムヘキ手段」[①]であるとほめた。さらに第二革命失敗の原因および中華革命党などの問題について孫文と意見の相違があり、日本滞在 10 か月後（1914 年 6 月 30）に渡米した。

第二節　　在日の革命活動

　来日後の孫文は、日本を第三革命準備の根拠地にせざるを得なかった。今回孫文は、辛亥革命前の時期と異なり、2 年 9 か月間ずっと日本にとどまり、日本を唯一の根拠地とし、日本だけに依拠しようとした。その理由は、従来の日本を根拠地にしようとした目的のほかに、先ず同年の 2、3 月に国賓として日本を訪問した時の孫文の対日観の変化が彼の対日依拠を強化したからだと思われる。次に、過去フランス・アメリカに依拠しようとしたが、それもすべて失敗に終わり、仏・米に依拠する可能性もなかった。またベトナムからも追放されたので、そこに行くこともできなかった。第三に、1905 年、同盟会成立前後の孫文の革命運動の基盤は留日学生であったが、今回は中華革命党員を中心として革命運動の体験を持つ多数の人々が孫文の周辺で革命運動に従事し、東南アジアと欧米における軍資金調達などの仕事は、この革命党員らが担当するようになり、孫文が直接出かける必要がなかった。これは孫文の領袖的地位が辛亥革命前よりいっそう高くなったことと関連する。第四に、この時期孫文の革命運動の重点が西南諸省から上海・山東・東北地帯に移り、この地帯の運動を指導するにはベトナムよりも日本

---

　① 大正 2 年 8 月 18 日、山口県知事より内務大臣宛書簡、『各国内政関係雑纂』第 6 巻、外交史料館所蔵。

の方が有利であったからでもある。

財界との関係　孫文の緊急課題は財政問題であった。孫文在日中の費用は、筑豊炭田の炭鉱業者安川敬一郎が引き受け、毎月1万円を提供し①、梅屋庄吉も1914年1月2000円の生活費を提供した。孫文は先ず三井物産と交渉して革命活動の資金を調達しようとした。三井物産と孫文との関係は、辛亥革命における借款問題と、8月11日に成立した中日合弁の中国興業株式会社によって結ばれていた。孫文入京後、三井物産の森恪が 8月21・26・28日の三回孫文を訪問し、彼の斡旋により29日夜、孫文は三井の元老益田孝を御殿山に訪ね、約三時間会談した②。三井物産の常務取締役山本条太郎も同席していた。会談の内容は不明である。

　次に孫文は、渋沢栄一と六回③ほど会談した。会談の全部の内容は不明だが、1913年10月6日の第三回目の会談の簡単な記録によれば、孫文は渋沢に「現時清国ノ盛衰ハ直ニ貴国ノ浮沈ニ関スル則チ東洋問題ナレハ貴国ニ於テモ之レヲ対岸ノ大火視スルコト能ハス」との意を説き、「吾等同志ハ臥薪嘗胆ノ思ヒヲナシ軍資金ノ如キモ漸ク調達ノ途ヲ得タレハ兹ニ再ヒ討袁軍ノ再挙ヲ企画シツツアリ本夜来訪セシハ貴下ノ力ヲ借リ貴国ノ政府及殊ニ陸海軍省ヲ説キ此ノ再挙ニ後援ヲ与ヘラレン事ヲ希望センカ為メナリ」④と述べた。しかし渋沢は、「貴下刻下計画サレ居ル討袁軍ノ再挙ニ就テハ自分ハ不賛成ナリ」⑤と言い、

　　① 頭山満翁正伝編纂委員会編『頭山満翁正伝』（未定稿）、254頁。
　　②「孫文ノ動静」乙秘第1173号、大正2年8月30日、『各国内政関係雑纂』第7巻、外交史料館所蔵。
　　③ 六回の会談の期日は、1913年8月18日、9月17日、10月6日、10月30日、1914年3月21日、8月3日である。
　　④「孫文ノ動静」乙秘第1415号、大正2年10月7日、『各国内政関係雑纂』第8巻、外交史料館所蔵。
　　⑤「孫文ノ動静」乙秘第1415号、大正2年10月7日、『各国内政関係雑纂』第8巻、外交史料館所蔵。

中国は形式上立憲国であるから代議機関を利用すべきことを強調した。渋沢は1929年6月1日、当時を回想して、「孫先生は次の革命には失敗せられ、亡命して日本へ来られた時、私を訪ね、革命のために必要だから金の心配をしてくれと申されましたが、政治のことは私の領分でなく、その方面に力がないからお断りました、そして事業経済上の事柄なら心配し得られるが、戦争に使ふ金はどうもならぬ」①と語っている。

　山本条太郎とは、孫文と益田・渋沢会談の際に二回会っているほかに、単独に二回②会談をしている。この会談の内容も不明であるが、1914年8月下旬、山本は「孫文借款ノ件ニ関シテハ昨年中渋沢男、安川敬一郎等ノ有力家ト共ニ借款ニ応セントシタルコトアリ」③、だが外務省と陸軍の反対により立消えの形となったとの談話を発表した。山本はその後孫文らとの往来はあったが、関係が密接であったとの噂は誤解であり事実でないと否定した。山本の談話によれば、三井など財界は対中国南部貿易と対中国資本輸出のため、孫文らの革命派を支持・援助しようと思ったが、外務省と陸軍の反対により孫文の要望に応ずることができなかったようである。

　孫文と三井物産・渋沢との関係は、中国興業株式会社を絆として結ばれていたが、同社も第二革命における孫文の失敗により態度を変えた。袁世凱は孫文と日本財界との関係を断つために、先ず財界の元老渋沢を北京に招請した。渋沢は中国興業株式会社副総裁倉知鉄吉を北京に派遣して、袁と同社の改組問題を相談させた。その結果、翌年の4月25日東京で株主総会を開き、孫文を排して袁の腹心である楊士琦が総裁になり、中日実

---

①『渋谷栄一伝記資料』第54巻、574頁。
② 二回の会談の期日は、1913年10月5日、1914年3月21日である。
③「支那革命ニ関スル山本条太郎ノ談」乙秘第1655号、大正3年8月27日、『各国内政関係雑纂』第13巻、外交史料館所蔵。

業株式会社と改称された①。孫文は投資した株 4 万円（3 万 6000 円という説もある）を引き出して革命活動に使った。

　孫文は大倉組とも接触していた。同組の大倉喜八郎は中国興業株式会社の発起人であり、また顧問であった。1914 年 5 月 11 日、孫文は胡漢民・王統一・萱野長知と共に大倉を訪問し、三時間余り会談した②。孫文はまた 1913 年 11 月 8 日来訪した日本鉱業株式会社取締役浅野士太郎と豊田利三郎とも接触し、12 月 8 日には大井憲太郎と日中実業協会の成立等を相談した。在日中孫文は上記の如く日本財界の支持と援助を獲得しようと努力したが、財界は日本政府と軍部の政策に基づき、孫文の期待と要望に応じようとしなかった。このような状況で、孫文はアメリカから資金を調達しようとして、1914・15 年アメリカの大西洋・太平洋鉄道会社の副総裁ディートリックに 500 万ないし 1000 ドルの資金を提供してくれるよう要望した③。しかし、この要望も満たされなかった。

　軍部との関係　孫文が日本財界から資金を獲得しようとした目的は主に日本からの武器購入のためであった。故に孫文は財界と接触すると同時に軍部とも接触していた。孫文は辛亥革命期に彼の秘書であった池亨吉→鈴木宗言→飯野吉三郎のルートを通じて、陸軍省の経理局長辻村楠造と兵器購入問題を相談した。1913（大正 2）年 8 月 26 日夜、孫文は宋嘉樹と共に小石川区雑司谷町九八一番地の鈴木宗言を訪問し、彼と共にまた千駄ケ谷町四二五番地の飯野吉三郎を訪問した。その後孫文は鈴木宅を拠点としてまた飯野とも連絡をとっていた。9 月 2 日孫文は鈴木宅に一泊し、中国地図を見ながら何かを相談したらし

　①　山浦貫一『森恪』上、213－214 頁。
　②「孫文ノ動静」乙秘第 944 号、大正 3 年 5 月 12 日、『各国内政関係雑纂』第 11 巻、外交史料館所蔵。
　③　章慕廷『孫中山－壮志未酬的愛国者』、93－94 頁。

い①。その後孫文は鈴木宅に十数回行っている。その目的は、飯野を通じて軍部の辻村と連絡をとるためであった。

　飯野吉三郎は日本精神団総裁であり、軍部と関係ある人物であった。彼の岳父が貴族院議員であり、元陸軍省経理局長であったため、軍の児玉源太郎大将、現職の参謀次長大島健一らと密接な関係を持っていた②。孫文は飯野のこのような関係を利用して、9月13日彼と「誓約書」を結び、「若シ政治上或ハ経済上他外国ト提携セサルヲ得サルカ如キ場合ニ於テハ先ツ貴国若クハ貴国ノ指定セル代表者ニ此事ヲ通告シ其同意ヲ得タル上ニテ是ヲ行フコト」③と誓約じた。孫文は飯野をあまり信用していなかったが、兵器購入のためこのような「誓約書」を結ばざるを得なかった。9月21日孫文は経理局長辻村と会談し、中国南北に対する日本の世論は民論と政府側と互いに相反しているようであり、政府内部においては民論を無視していないようであるが、陸軍では遠からぬ将来、民論と意見合致する時機が到来するか④と質問した。辻村はこれにいかなる回答も与えなかった。飯野は表では孫文を支援するようであったが、裏では10月12日原敬内相を訪ね、孫文が日本を革命の策源地にすることを阻止するよう要望し、孫文は「金なく如何ともすること能はず」と述べた⑤。飯野・辻村を通じて武器購入が不可能になった孫文は、1914年1月6日飯野を訪ね、前に結んだ「誓約書」を取り消した⑥。

<hr>

①「孫文ノ動静」乙秘第1202号、大正2年9月3日、『各国内政関係雑纂』第6巻、外交史料館所蔵。
②「要視察人ノ談片」秘受6639号、大正2年12月23日、『各国内政関係雑纂』第9巻、外交史料館所蔵。
③「誓約書」、『各国内政関係雑纂』第11巻、外交史料館所蔵。
④「孫文ノ動静ニ関スル件」乙秘第1348号、大正2年9月26日、『各国内政関係雑纂』第8巻、外交史料館所蔵。
⑤『原敬日記』第三巻、346-347頁。
⑥「孫ノ秘書タリシ某氏ノ談」、『各国内政関係雑纂』第9巻、外交史料館所蔵。

　　三つの学校　革命を遂行するには革命の人材が必要であ
る。孫文と黄興は人材養成のため在日中に三つの学校を創建
した。

　1913 年 12 月 1 日、先ず軍事幹部を養成する浩然盧を建て
た。この学校は西本願寺の僧侶水野梅暁が日本に亡命した革
命党人の子弟を収容して教育する塾を基にしたもので、校舎
は荏原郡入新井村大字新宿 1260 番地にあった。中国側の教
官は石介石・呉仲常・陳勇・周哲謀らであり、日本側からは
予備役の陸軍歩兵大尉青柳勝敏、騎兵大尉一瀬斧太郎、歩兵
大尉中村又雄、歩兵中尉杉山良哉・江口良太郎・海原宏文・
青木繁らが招聘されて軍事教官を担当した。これらの退役軍
人は日本軍部の指令によるのではなく、個人の意志により孫
文の革命を支援したのである。学生数は 53 人（79 人説もあ
る）で、そのうち三分の一は革命に参加した体験者であり、
他は在日留学生あるいは革命党員の子弟であった。学生は寮
制であり、授業課目には戦術学、応用戦術学、野外要務令、
兵器学、築城学、地形学、交通学、体操、柔道、剣道、日本
語、経済学、武術等があった。孫文と黄興は、この学校の経
営費を提供し、学生も毎月 10 円の学費を納めた。しかし 6
月下旬爆弾を手作りする際、突然爆発が起こり、日本当局は
この機を利用してこの事件を裁判にかけた。浩然盧は 6 月 30
日解散せざるを得なかった。袁世凱の北京政府は日本当局の
弾圧を支持した。しかし、青柳勝敏はその一週間後私塾とし
て看板を替え、この学校を経営した[①]。

---

　①「浩然盧ニ関スル件」乙秘第 1291 号、大正 3 年 7 月 2 日、『各国内政関係雑纂』
第 12 巻、外交史料館所蔵。

図 49　革命軍の飛行学校の学生たち

　孫文は 1914 年 2 月 9 日、東京神田区錦町三丁目十番地の東京工科学校校内に政法学校を建てた。校長は法学博士寺尾亨、黄興・李烈鈞・孫文らが後援者となった。この学校は共和政治に適応する新幹部を養成するのが主な目的であり、政治経済専門と法律専門の二つの課程を設置し、修学年限は二年であった。教員には東京帝大の吉野作造・松本烝治・建都遯吾・立作太郎・山崎覚次郎・河津暹・美濃部達吉・小野塚喜平次・野村淳吉・小林丑三郎・堀江帰一および早稲田大学の本多浅治郎ら有名な教授が授業を担当する計画であった[①]。授業は月曜日から土曜日の午後 1 時—5 時までであった。学生らは授業を通じて、近代政治・経済・法律を身につけた中国革命党幹部として養成された。

　第一次世界大戦において飛行機が新しい作戦兵器として戦場に登場した。孫文はこの新兵器の開発と利用を非常に重視し、1916 年 5 月滋賀県琵琶湖東岸の八日市町に革命軍の飛行学校を

―――――――――――
①「政法学校簡章」、『各国内政関係雑纂』第 11 巻、外交史料館所蔵。

建て、革命軍のパイロットを養成しようとした。同校の設立に
際し、孫文は梅屋庄吉の全面的援助を受け、同学校の運営には
梅屋が数万円の資金を提供した。1916 年 2 月 6 日梅屋の紹介に
より、孫文は日本の民間パイロット坂本寿一と出会った[1]。坂
本は優れた飛行技術を持っており、80 数回の飛行中 18 回墜落
したが、一回も負傷したことがない名人であった。その後坂本
は 14、5 回孫文を訪問して、飛行学校建立の件を相談した。孫
文は戴天仇を指名して、坂本に協力するようにした。坂本と戴
天仇は東京で 47 名の生徒を募集し、5 月 4 日から訓練を開始し
た。学生らは先ず自転車乗りと自動車運転から始めた。飛行機
は坂本自家用のものを使った。坂本は訓練概要を作成し、5 月
下旬から生徒の単独滑走練習を開始する予定であった[2]。

　中華革命党　孫文は革命の政治・軍事幹部を養成すると同時
に、1914 年 6 月 21 日[3]革命を指導する中華革命党するを組織し、
7 月 8 日東京築地の精養軒でその成立大会を開催した。1905 年
同盟会の成立においては、日本志士の直接的協力を得ているが、
同党の成立には日本側の協力は見られない。それには同党に対
する彼らの見解と態度とに関係があったと思う。

　孫文は第二革命の失敗の教訓として、国民党の散漫と不統一
が最大の問題であったと見なし、従来のこの病弊にかんがみ、
今回の立党においては、党の総理「孫先生に服従する」ことと、
生命・自由・権利を犠牲にして命令に服従し、生死を共にする
ことの誓約を入党者に義務づけた。これは党内の民主と集中、

---

　[1] 「孫文ノ動静」乙秘第 177 号、大正 5 年 2 月 7 日、『各国内政関係雑纂』第 18 巻、
外交史料館所蔵。
　[2] 「梅屋庄吉文書」、小坂哲瑯・主和子所蔵。
　[3] 通説としては 6 月 22 日になっているが、これは 21 日の誤りである。
　俞辛焞「1913 年至 1916 年孫中山在日的革命活動与日本的対策」、『孫中山研究論叢』
第三集、180－182 頁参照。

党首と党員の関係をどう処理するかにかかわる問題であり、革命派の内部にはこの問題をめぐり激しい論争が起こった。黄興・李烈鈞・譚人鳳・張継らは中華革命党の成立に反対した。一貫して孫文を擁護してきた黄興でさえ、入党に反対し、孫文から離脱して渡米した。これにはまた第二革命における討袁の戦略・戦術に対する両者の意見の齟齬の問題も重なっていた。

　革命派内部のこのような論争と対立は孫文周辺の日本志士にも響いた。頭山満はこの論争と対立に際し、「双方其理屈がある」[1]として中間的態度をとった。中華革命党員の入党誓約書を保存していた萱野長知は、その著書『中華民国革命秘笈』で孫・黄両人の主張を客観的に紹介し、双方の調和を図るために努力した[2]。しかし、宮崎滔天は1913年10月17日兄民蔵への手紙で黄興の主張に賛成していた。滔天は「孫氏は急進説を採り黄氏は隠忍論を主張す」と見て、黄興・張継らの主張に賛成の意をもらし、その後「宮崎滔天氏之談」では、「根本から云へば……是は私共孫が悪いと思ふ」[3]と明確に言っている。孫文と滔天とのこのような相違は、両者の関係にも影響を及ぼし、当時の滔天の孫文に対する協力は、萱野長知・山田純三郎らに比べれば冷淡であったと言えよう。孫文の日本の大陸浪人に対する態度も同盟会成立前後の時期に比較すれば、おおいに変化し、一人の日本人も中華革命党に吸収していないし、「革命方略」等を討論する重要な会議にも、日本人を招いていない。これは大陸浪人に対する信頼感が薄くなったことを示す。

　中華革命党の一つの問題は、反帝問題である。同党の党章第二条は、「本党は民権・民生二主義を実行することをもって宗旨

---

① 萱野長知『中華民国革命秘笈』、205 頁。
② 萱野長知『中華民国革命秘笈』、203－205 頁。
③ 『宮崎滔天全集』第 5 巻、394 頁。
　『宮崎滔天全集』第 4 巻、312 頁。

となす」①とし、民族主義は姿を消している。これは、反帝国主義の革命課題が欠落していることを示す。辛亥革命後、孫文は民族主義の革命任務は既に達成されたと思っていたが、これには、日本を革命の基地としたこと、最大の敵—袁世凱の打倒に全力を注ぎ、日本の援助を期待したこととも密接な関係があったと思う。しかし、革命戦略としては大きな欠陥だと言わざるを得ない。

　第一次世界大戦　第三革命の準備において、孫文は東北地区の革命活動を重視した。孫文は過去には主に南方を戦略の拠点とした。これは北京政権に対して遠くからの脅威にすぎず、袁政権に直接的打撃を与えることができなかった。故に孫文は大連を中心に奉天・ハルビンと山東半島を含む地域に一大革命勢力を扶植しようとした。日本の志士はこれに協力した。当時大連には第二革命失敗後亡命した革命党人を含む二百数十名の革命勢力がおり、彼らは陳其美の名を借りて分裂した状態を克服し、1913 年末、統一的な組織をつくった。孫文は彼らに 1000 円の活動費用を提供し、1914 年 1 月 19 日陳其美・戴天仇を大連に派遣し、山田純三郎が同行してこれに協力した。彼らは 26 日台中丸で大連に到着し、満鉄病院を拠点として活動をした②。当時大連は関東州に属し、革命活動に便利な一側面があった。大連の革命党人は即時挙兵を主張したが、陳其美らは先ず革命の力を蓄積して南方と同時に挙兵し、北京の袁政権を南北同時に攻撃する革命戦略を強調した③。彼らは 3 月 15 日台南丸で大連を出発し、19 日東京に戻った。7 月 6 日、孫文は蒋介石と丁

――――――――――――――――

　　①『孫中山全集』第 3 巻、1973 年、97 頁。
　　②「大連在留革命党員及宗社党員等ノ動静」乙秘第 289 号、大正 3 年 2 月 3 日、『各国内政関係雑纂』第 10 巻、外交史料館所蔵。
　　③「大連在留革命党員及宗社党員等ノ動静」乙秘第 289 号、大正 3 年 2 月 3 日、『各国内政関係雑纂』第 10 巻、外交史料館所蔵。

仁杰を北満に派遣して、東北の巡防隊の策応工作をするよう指示した。蒋・丁は7月6日東京を出発したが、これにも山田純三郎が同行して協力した。

図50　1911年11月21日、孫文と山田純三郎（香港）

彼らは10日ハルビン、24日チチハルに到着し、巡按使兼参謀長の姜登選、独立騎兵旅団長英順、師団長李景林、旅団長巴英額らと、革命党と策応して南下することを協議した[1]。

　ちょうどこの7月に第一次世界大戦が勃発した。大戦の主要戦場はヨーロッパであり、イギリスを中心としたヨーロッパ列強は、この戦争に巻き込まれ、袁政権を援助する余裕がなかった。袁世凱も一時イギリスなどの支持と援助を失った。日本は8月ドイツに宣戦を布告し、ドイツの租借地膠州湾を占領しようとした。孫文は、このような戦乱は中国の革命に対し「所謂

---

　　[1]「満鉄社員山田純三郎渡満ニ関スル件」機密第38号、大正3年8月5日、在ハルビン川越茂総領事代理より加藤外務大臣宛書簡、『各国内政関係雑纂』第12巻、外交史料館所蔵。

空前絶後ノ好時機」①と見なし、この際旗を挙げるのが有利だと判断して、その準備を始めた。孫文の片腕陳其美も好機到来と思い、その準備に積極的に参加した。頭山満も中国の天地に既に革命の曙光現われ、その時期遠き将来にあらずと思い、それに協力する態度を示した②。

　孫文は東京・大阪・長崎に滞在する革命党員300余名を帰国させ、国内各地で革命を鼓吹し、蜂起を準備した。同時に犬養毅・頭山満・板垣退助らを訪問して、日本側の外交・経済・軍事的援助を懇願した。8月中旬、孫文は菊池良一を日本国民党本部に派遣して大戦と第三革命に対する自分の考えを伝え、犬養の意見を聞いた。犬養は慎重な態度で対応するようにと言った。孫文は8月22日犬養宛に書簡を送り、彼との会見を要望、犬養は24日と26日に来訪した③。孫文は犬養に、ヨーロツパにおける戦乱は中国革命に対し空前絶後の好機であり、いまその準備をしていると述べ、大戦の結果ドイツが勝利し、日本は対ドイツ・対中国外交において複雑な状況に直面するが、この時期にもし中国国内に革命動乱が起これば、日本の外交上しごく好都合になると思う、故にこの際是非とも日本政府の援助を受けたいと要望し、犬養に軍資金調達を依頼し、その条件はいかなるものであってもよろしいと言った④。

　8月21日と27日、孫文は二回頭山満を訪問し、頭山自身お

---

　　①「犬養毅ト孫文会見ノ件」乙秘第1651号、大正3年8月27日、『各国内政関係雑纂』第13巻、外交史料館所蔵。
　　②「頭山満ノ談話」乙秘第1802号、大正3年9月9日、『各国内政関係雑纂』第13巻、外交史料館所蔵。
　　③「孫文ノ動静」乙秘第1628号、大正3年8月25日、『各国内政関係雑纂』第13巻、外交史料館所蔵。
　　「孫文ノ動静」乙秘第1650号、大正3年8月27日、『各国内政関係雑纂』第13巻、外交史料館所蔵。
　　④「犬養毅ト孫文会見ノ件」乙秘第1651号、大正3年8月27日、『各国内政関係雑纂』第13巻、外交史料館所蔵。

よび頭山を通じて日本政府の支持を得ようとした。頭山は、第
一次大戦の勃発は第三革命を起こす好機だが、この時局に対す
る日本政府の外交政策には不満であり、日本政府が今、南方の
革命派に少し力を傾けることを日本国家のために希望すると
言った①。頭山は個人の意見として、孫文の革命を支持するこ
とを主張したようであるが、公然と政府・軍部の政策に違反す
る行動をとることはできなかった。

　板垣退助はこの時政党から引退していたが、日本の政界に依
然影響力を持っている人物であった。9月20日、孫文は戴天仇・
萱野長知と共に板垣を訪問し、大隈首相を説得して中国革命を
支持するよう要望した②。板垣は大隈にこの意を伝えたが、大
隈は明確な回答を与えなかった。板垣は10月1日赤坂の三河屋
で頭山満・寺尾亨・的野半介らと孫文の要望を検討したが、そ
の結果は不明である③。孫文はまた萱野長知を通じて小川平吉
にも支援を要望した。萱野は11月16日小川に対支外交と革命
党の近況を陳述し、同時に小川は加藤高明外相に対支外交にお
いて革命党を利用することを建言した④。同月29日、孫文は和
田瑞を派遣して、小川に革命党の活動状況を伝えた⑤。

　犬養・頭山・板垣らは、孫文の革命活動に支持あるいは同情
心を抱いていたが、日本政府は逆に日本における孫文の革命活
動に圧力をかけていた。陳其美は、日本政府は「戦乱後非常ニ
圧迫主義ヲ執リ其実例枚挙ニ遑アラス」と非難し、政治亡命者
を保護すべき国際法に違反して我が同志を圧迫し、袁世凱に援

---

①「頭山満ノ談話」乙秘第1802号、大正3年9月9日、『各国内政関係雑纂』第13
巻、外交史料館所蔵。
②『日本外交文書』大正3年第2冊、829頁。
③『日本外交文書』大正3年第2冊、829頁。
④ 小川平吉文書研究会編『小川平吉関係文書』、1973年、228頁。
⑤ 小川平吉文書研究会編『小川平吉関係文書』、1973年、229頁。

助を与えんとする日本政府の外交政策を痛論した①。

　では、日本はなぜ孫文の革命活動に圧力を加えたのか。これ
は日本の対独宣戦布告と山東半島への侵略と密接な関係があっ
た。大戦勃発後イギリスは、ヨーロッパ列強が中国問題に関与
する余裕のない機会を日本が利用して対独宣戦の名を借りて中
国侵略を敢行し、中国における日本の勢力が拡大することを恐
れ、日本がドイツに宣戦布告することに反対した。しかし、イ
ギリスはまた孫文らの革命党が日本の支持を受けてこのチャン
スに革命を起こし、袁世凱を打倒することも恐れていた。故に
イギリスは、この時期に中国国内に革命が勃発したら、日本が
責任をもってそれを弾圧することを一つの条件として、日本の
対独宣戦に賛成したのである。これについて犬養毅は国会で追
求した。陳中孚が奉天・本渓湖で蜂起した時、日本官憲はこれ
が日本に及ぼす影響のためとして、指導者を抑留した。この事
実は、日本が対中国侵略のため孫文の革命運動を抑圧する必要
があったことを示す。

　袁世凱もこの時期に孫文の革命党が国内で挙兵するのを恐れ、
日本が膠州湾における対独戦を保障するため山東省の東部地域
を中立区にするよう強制した時に、日本あるいは日本の租界と
租借地から孫文の革命党員を追放し、彼らを中国に引き渡すよ
う要求した。日本も、もし袁世凱がこの中立区の要求に応じな
い場合には、孫文の革命党を「支持」すると威嚇した。両者は
共に孫文の革命党を交渉の切札に利用した。日本はこのように
山東侵略のため、袁の要求どおりまではやらなかったが、孫文
の革命運動を支持しようとせず、逆に抑圧した。それにもかか
わらず、孫文は11月18日、居正・胡漢民・丁仁杰、田桐・王

---

①「陳其美ノ言動」乙秘第1561号、大正3年8月21日、『各国内政関係雑纂』第
13巻、外交史料館所蔵。

静一・周応時・許崇智・王統一らと共に中国の地図を見ながら、新しい革命計画を作成し、王統一を除いて彼らに委任状を渡し、国内各地で活躍するようにした。

　日本政府と軍部はこの時期の孫文の革命活動を支持・援助しなかったが、一部の退役軍人と民間人は個人の意志で支持した。10 月中華革命党が杭州で挙兵を計画した時、中西・小林・水田ら数人がこれに参加した[1]。満鉄理事犬塚信太郎は 1915 年 1 月に 13 万円、3 月に 5000 円の軍資金を孫文に提供した。犬塚の孫文に対する財政援助は総額五、六十万円ないし 100 万円ともいわれている[2]。

　二十一箇条要求　　第一次世界大戦は日本の中国侵略に対して、「大正新時代の天佑」（井上馨の言葉）であった。膠州湾を占領した日本は、1915（大正 4）年 1 月 18 日袁世凱に悪名高い二十一箇条要求を提出した。これは 5 号二十一箇条で構成され、満蒙から南方にかけて全面的に中国を侵略する苛酷な要求であった。中国南北各地ではこの二十一箇条反対運動が猛烈な勢いで起こった。日本でも在日中国留学生が反対運動に立ち上がった。当時、早稲田大学の学生であった李大釗は留日学生総会の宣伝部長として、「全国の父老に警告する書」を起草し、二十一箇条要求の侵略的内容をあばくと共に、中国人民が故国のために決起するよう呼びかけた。2 月、一部の留学生は帰国してこの運動に参加した。

　中華革命党は 3 月 10 日党務部長居正の名で「党務部通告第八号」を発表して二十一箇条の内容をあばくと共に、袁世凱が共和制を帝制に変えて自ら皇帝になるため、その承諾を日本から

---

　①『日本外交文書』大正 3 年第 2 冊、833 頁。
　② 藤井昇三「二一ヵ条交渉期の孫文と『中日盟約』」、『論集・近代中国研究』、山川出版社、1981 年、342 頁。

取り付けようとして日本と交渉していると非難し、二十一箇条
反対運動の矛先を袁世凱に向けるよう呼びかけた。中華革命党
総務部長陳其美の秘書黄実は、4 月下旬二十一箇条に関する
3000 余字の文章を起草して中国国内、シンガポール、サンフラ
ンシスコ等に発送した。党務部長居正は東辟のペンネームで「掲
破中止交渉之黒幕以告国人」の文章を東京で発表した。この文
章は「交渉之遠因」として袁世凱と大隈重信との内密な関係を
あばき、「交渉之近因」としては日本の元老が中国の共和制に反
対し、帝制復活が日本の利になるので皇帝になるべき袁世凱を
コントロールするためにこのような要求を提出したと述べ、こ
の際革命を遂行して、最悪の袁世凱政府を打倒するほか方法は
ないと訴えた[1]。

　孫文自身は二十一箇条要求に対し公式に言及することを避け
ていた。「党務部通告第八号」は孫文の態度について「独り孫先
生は、このことについて、黙して一言も語っていない」と言い、
孫文の意見として「根本問題を解決しなければ、中日交渉問題
に対応する方法がない」[2]と言っている。この根本問題とは「誤
国売国の首魁」袁世凱を打倒することであった。孫文のこのよ
うな思想は、5 月の北京学生宛の返書でもうかがうことができ
る。5月9日袁世凱が第五号を除く日本の要求を承諾した直後、
北京の学生らは孫文に書簡を送ってきた。その内容は不明であ
るが、孫文の返書から推測すれば、学生らは日本の侵略的要求
を非難し、その愛国的熱情を吐露して反日運動を主張したと思
われる。この返書で孫文は、学生らの愛国的熱情に感銘を受け
ながらも、「しかし惜しいことは、君達はまだ交渉の内容を知っ
ていない。それを知ればきっと、私宛の手紙で述べたのとは異

---

①『日本外交文書』大正 4 年第 2 冊、284－288 頁。
②『総理年譜長編稿』、1944 年、128－131 頁。

なるであろう。また憤慨の気持も私と異なることはないであろう」と言い、今回の二十一箇条交渉は「実に袁世凱から願い出たものであり、日本側が提出した条件を見て、袁は相当の報酬を得られるから拒否すべきでないと思い、全く秘密に事を進めようと考えたのである」①と述べた。この「相当の報酬」とは袁の皇帝僭称のたくらみに対する日本側の承認を意味していた。孫文は、この「売国の首魁」は袁世凱であり、彼は「在室の大盗」であると言い、この「禍根を清めなくては、どうして外敵を防ぐことができようか」②と述べ、反日よりも反袁闘争の重要性を学生に訴えた。

　しかし、孫文はこの返書で二十一箇条要求に対して批判もしている。例えば「山東・満洲・東蒙・福建・漢冶萍の石炭と鉄などはいずれも重大な利権である」し、中国にとっては重大な利益の喪失であり、「第五号はわが国を実に第二の朝鮮とする城下の盟にほかならない」③と批判している。しかしどちらかと言えば、袁に対する非難と闘争が主であった。故に孫文は二十一箇条要求に伴う新情勢を利用して、反袁運動を起こそうとした。そして常に中華革命党本部に出て革命活動を指導し、国内に革命党員を派遣した。

　孫文のこの反袁闘争に対し、日本はどう対応したか。日本政府は支持しようとせず、これを袁世凱との交渉における切札として利用した。二十一箇条を提出した初期においては、孫文と革命党を二十一箇条要求の交換条件の一つとして「革命党及支那留学生等ノ取締ヲ厳重励行スルコト」④を袁に保証し、袁が二十一箇条要求を容易に承諾しない時には「革命党宗社党ヲ煽

①『孫中山全集』第3巻、1973年、175頁。
②『孫中山全集』第3巻、1973年、176頁。
③『孫中山全集』第3巻、1973年、175頁。
④ 外務省編『日本外交年表竝主要文書』上、1965年、384頁。

動シ袁政府顛覆ノ気勢ヲ示シテ之ヲ脅威スル」①威圧条件として利用しようとし、日本の二十一箇条要求の目的達成のために孫文の革命運動を利用しようとした。

　このように、孫文は 1913 年 8 月の来日以来、終始その革命運動に対する日本の支援を要望したが、日本政府と軍部はそれになんらの支援をも与えなかった。しかし、1915 年末から日本の対孫文政策は転換し始めた。

第三節　対孫文政策の転換

　孫文の帰国　孫は 1916（大正 5）年 4 月 27 日東京を出発し、帰国の途についた。在日の二年九か月間、孫文は第三革命の準備のため不撓不屈の努力をしたが、その革命の時期が到来した。中国の国内情勢は一変し始めた。日本の二十一箇条要求を承諾した袁世凱は、10・11 月のいわゆる国体投票を通じて、辛亥革命で建立した共和体制を廃棄して帝制を採用し、12 月 12 日自ら皇帝となり、31 日に民国 5（1916）年を洪憲元年に変えて、袁の新王朝を建てた。

　これにより二十一箇条交渉期における反袁闘争は、共和国を擁護し帝制に反対する護国戦争に転換した。この護国戦争の主導権を握ったのは改良派の梁啓超・蔡鍔らの進歩党と西南軍閥の唐継堯らであった。彼らは 12 月 25 日討袁を掲げて挙兵し、雲南省の独立を宣言した。護国軍は四川・広西・貴州に軍を進めた。翌年、貴州・広西・浙江・四川など南方の各省が相次いで独立を宣言した。袁世凱が頼みとしていた麾下の馮国璋・李純・張勲ら五人の軍閥も 3 月中旬袁に帝制取消しを勧告した。

---

　① 大正 3 年 12 月 3 日、在北京日置公使より加藤外務大臣宛電報、外交史料館所蔵。

　袁を支持してきた日本と列強も新しい情勢の下で態度を変え、袁に帝制延期を勧告するようになった。その口実は内乱の起こるおそれがあるというもので、大隈首相は、孫文がこの機に再挙する計画を自分に告げたのを袁に内通し、袁の帝制を阻止しようとした①。窮地に追い込まれた袁は、3月20日帝制を取り消して事態を収拾しようとしたが、これは逆に反袁勢力を勢いづけた。

　孫文もこの情勢を利用して、福建・上海・山東地方で挙兵の準備をし、それに必要な軍資金と兵器の購入のため、日本で軍部と財界の援助を得ようとした。その結果、孫文は3月10日久原房之助から60万円（70万円説もある）の借款を受けた。孫文は山中峯太郎→松島重太郎と秋山定輔→加藤達平のルートを通じてこの借款交渉に成功した。山中は現役軍人として第二革命に参加したことがあり、帰国後は退役して朝日新聞記者になり、在日の孫文と引き続き往来していた。彼がその友人、日露貿易株式会社の松島重太郎をかけ橋として久原と借款交渉をしたのである。松島は1月25日と3月6日孫文を訪問し②、孫文も3月7日王統一・金佐治と共に松島を訪問した③。その折、山中も同席していた。翌日、松島は孫文を二回訪問し、夕方孫文を案内して芝区白金今里町一八番地に久原房之助を訪問し、会談した④。こうして3月10日、松島宅で久原財閥と借款契約を締結した⑤。

---

①『原敬日記』第四巻、136頁。

②「孫文ノ動静」乙秘第112号、大正5年1月26日、『各国内政関係雑纂』第18巻、外交史料館所蔵。

③「孫文ノ動静」乙秘第361号、大正5年3月8日、『各国内政関係雑纂』第18巻、外交史料館所蔵。

④「孫文ノ動静」乙秘第367号、大正5年3月9日、『各国内政関係雑纂』第18巻、外交史料館所蔵。

⑤「孫文ノ動静」乙秘第375号、大正5年3月11日、『各国内政関係雑纂』第18巻、外交史料館所蔵。

　この契約には、孫文と戴天仇、松島と山中が署名捺印し、四
川省の鉱山権をその担保にした。19日孫文は戴天仇と共にまた
久原を訪問したが、それには秋山定輔が同席していた。

図51　1916年4月9日、袁世凱の帝制取り消しを祝う孫文と日本の友人

　秋山の回想によれば、秋山もこの借款交渉に重要な役割を果
たしている。秋山は孫文の旧友であり、1915年3月衆議院議員
に当選してから孫文との関係が非常に密接になり、孫文も何か
ことあれば秋山宅に行って協力を求めた。秋山によれば、辛亥
革命期に孫文の革命派に借款と兵器などを提供した三井・大倉
組は辛亥革命と第二革命の失敗により、この時期には借款を提
供しようとしなかったため、秋山は久原財閥に借款を依頼しよ
うとした。しかし、秋山は久原と面識がないので、同郷の久原
鉱業会社技師加藤達平を通じて久原と会見し、70万円の借款を
出させることに成功した。契約締結の時に、久原は80万円を出
したと言っている[1]。この借款で、四川省の鉱山権を担保にし

---

① 桜田倶楽部編『秋山定輔伝』第二巻、147-148頁。

たのは、加藤が鉱山技師として四川省の鉱物調査をしたことと
関係があったと思う。

　孫文はまた頭山満を通じて借款交渉をした。1916 年 1 月 18
日、王統一・王子衡と共に京橋区築地明石町七番地の矢野庄三
郎と軍資金 6 万円の問題を交渉し、萱野長知も同席していた①。
しかし、結果は不明である。梅屋庄吉は、1915 年 11 月 2 日孫
文に 1 万円、1916 年 4 月 2 日に 5 万 7000 円を寄付して孫文の
第三革命を支援した（梅屋庄吉『永代日記』）。

　孫文来日以来、軍部は孫文の革命を支持しなかったが、1916
年になると、孫文を支持し始めた。3 月 29 日夜、孫文は戴天
仇と共に千駄ケ谷町原宿一四八番地に陸軍参謀本部の情報部
長福田雅太郎少将を訪問した②。福田は辛亥革命期、関東都督
の参謀長で孫文の革命派支持を主張した人物である。その後 4
月 2 日と 26 日にも訪問し、26 日即ち孫文が東京を出発する前
日には、二回彼を訪ねている③。次に陸軍参謀本部次長田中義
一とも接触している。4 月 7 日と 8 日夜、孫文は戴天仇と共に
秋山定輔の自宅で田中義一と会談をし④、8 日は夜 12 時まで会
談した⑤。孫文と福田・田中との会談の内容は不明であるが、
この時期、孫文は山東にいる居正と福建の汕頭に武器を送っ

---

①「孫文ノ動静」乙秘第 75 号、大正 5 年 1 月 19 日、『各国内政関係雑纂』第 18 巻、
外交史料館所蔵。

②「孫文ノ動静」乙秘第 414 号、大正 5 年 3 月 30 日、『各国内政関係雑纂』第 18 巻、
外交史料館所蔵。

③「孫文ノ動静」乙秘第 525 号、大正 5 年 4 月 27 日、『各国内政関係雑纂』第 18 巻、
外交史料館所蔵。

④「孫文ノ動静」乙秘第 472 号、大正 5 年 4 月 8 日、『各国内政関係雑纂』第 18 巻、
外交史料館所蔵。

⑤「孫文ノ動静」乙秘第 456 号、大正 5 年 4 月 9 日、『各国内政関係雑纂』第 18 巻、
外交史料館所蔵。

ている。この武器は久原の借款で軍部から購入したものだと
思う。

図52　1914年11月17日、孫文（中央）と梅屋庄吉、夫人徳（東京）

　では、財界と軍部はなぜ孫文の革命を支持したのだろうか。
これは日本政府の対袁政策の転換と密接な関係があった。日本
は中国国内の反袁運動が盛り上がる状況の下で、二つの政策を
選択する余地があった。第一策は、政治危機に直面した袁を支
持してこの難局を収拾し、もって袁に対する制御力を強化する。
第二策は、中国国内の反袁運動に応じて反袁勢力を支持し、袁
政権を打倒する。1915年10月以前は第一策を選択し、九月大
隈首相は袁の帝制を公然と支持した。これは袁が二十一箇条要
求を承諾したこととも関係があり、日本は二十一箇条により袁
を制御できると考えた。しかし10月14日、大隈内閣は袁に帝
制実施延期の勧告をする決議を採択した。この決議は二面性を
持っており、一面では反袁運動から袁を保護することができる
し、一面では袁を牽制することができるものであった。日本は
10月28日、英・露両国と連合して袁にこの決議を通告した。

その後、仏・米も同様な勧告をした。日本はこの勧告における
率先的役割により、一時列強の対袁外交の主動権を握り、袁に
対する牽制力を掌握した。しかし11月11日、イギリス外相グ
レイは日本に袁政権が協約国と共に大戦に参加するよう希望し
た。これは袁政権の参戦により、イギリスが大戦によりゆるん
だ袁への制御力を強化し、袁をもっとイギリスと欧米の方へ接
近させようとしたものであった。故に、袁政権の参戦に終始反
対してきた日本は、イギリスのこのような政策の下では、袁を
その手中に収めておくのは容易なことでないと判断した。ちょ
うどこの時期、中国国内に反袁運動が起こり、袁政権が打倒さ
れる可能性が生じた。ここで日本の対袁政策は第一策から第二
策に転換した。大隈内閣は1916年1月19日、「南方ニ於ケル動
乱ノ発展ヲ注視」①する決議を採択した。3月7日には、「袁氏
カ支那ノ権位ニ在ルハ帝国……ノ目的ヲ達スルノ障碍タルヲ免
レサルヘシ従テ右帝国ノ方針遂行ノ為ニハ袁氏カ支那ノ権力圏
内ヨリ脱退スルニ至ルヲ便トス」と決定し、南方の反袁軍を交
戦団体として承認し、「帝国ニ於ケル民間有志者ニシテ袁氏排斥
ヲ目的トスル支那人ノ活動ニ同情ヲ寄セ金品ヲ融通セムトスル
モノアリ政府ハ公然之ヲ奨励スルノ責任ヲ執ラサルト同時ニ之
ヲ黙認スルハ叙上ノ政策ニ適合スルモノナリ」②とした。

　このような政策転換において、陸軍特に参謀本部がイニシア
チブを握っていた。大隈内閣は対中国政策の統一を強調し、加
藤高明外相も一時軍部の対中国政策をコントロールしていた。
しかし、1915年8月加藤が辞職し、陸軍が対中国外交の主導権
を握るようになった。ちょうどこの10月に大陸政策の積極的な
推進者田中義一が参謀本部次長に就任した。翌年1月田中は参

①『日本外交文書』大正5年第2冊、13頁。
②『日本外交文書』大正5年第2冊、45－46頁。

謀本部の情報部長福田雅太郎、外務省政務局長小池張造らと毎週一回会合して、対中国政策を検討し、2月21日、岡市之助陸相に「今日ハ袁ヲ全ク退譲セシムルノ手段ヲ講シ、之ト共ニ我カ政治的勢力ヲ扶殖スルノ手段ヲ講スル方有利ナリ」[①]と建白した。この「我カ政治的勢力」には、孫文の革命党勢力も含まれていたのである。孫文と福田・田中との会談はこのような背景の下で実現したのである。

　日本の反袁戦略は、中国の南北から北京の袁政権をはさみ撃つものであった。参謀本部は小磯国昭少佐と土井市之進大佐を旅順に派遣して、関東都督府と共に粛親王と宗社党を扶植して第二次満蒙独立運動を展開するようにした[②]。青木宣純中将と松井石根中佐が上海に派遣され、南方の反袁運動を支持するようにした。南方では孫文のほかに岑春煊を支持し、久原財閥は岑にも100万円の借款を与えていた[③]。参謀本部は孫文が広東・広西における岑春煊の反袁運動に協力するよう要求した。当時岑春煊は熱海に滞在していたが、2月上京し、12日孫文と会談している。

　孫文は帰国の途に就いた。離京の前日、孫文は福田雅太郎情報部長と二回面会し、同日夜参謀本部中国班長本庄繁中佐が孫文を訪問している。これは、孫文の帰国の交通の便などは軍部が極秘に配慮したことを物語る。4月27日東京を出発した孫文は、30日門司を経て5月初め上海に到着した。上海では青木宣純と山田純三郎とが連絡を保っていた[④]。

　山東挙兵　孫文が帰国する前後、中華革命党は上海・山東を中心として反袁闘争を展開した。1915年夏の末、孫文は党の幹

①　田崎末松『評伝　田中義一』、平和戦略総合研究所、1981年、546頁。
②　栗原健編著『対満蒙政策史の一面』、原書房、1981年、145−156頁。
③　『近代史資料』1982年第4期、171頁。
④　『孫中山全集』第3巻、1973年、280頁。

部と共に中華革命軍の東南軍（陳其美）、東北軍（居正）、西南軍（胡漢民）、西北軍（于右任）の四つの総司令部を設置し、挙兵の準備に取りかかった。東北軍の総司令官居正は、11 月 15 日青島に来て、八幡町のビルに総司令部を設置、参謀長に許崇智、12 月 3 日青島に到着した萱野長知を軍の顧問にそれぞれ任命した[①]。当時、東北軍は約 1 万 3000 人の兵力を持っていた。

　第三革命準備期、孫文は北京に最も近い東北地区の工作を重視し、日本の占領下にあった膠州湾と山東半島を拠点に選択して、日本の協力を得ようとした。東北軍は直接現地で日本の協力を得た。大隈首相は青島の大谷喜久蔵司令官に革命軍に協力するよう指示した[②]。居正は青島到着後、先ず日本占領軍の参謀長奈良武次少将を訪ね、孫文の意を伝えてその協力を要望した[③]。奈良は全面的に協力することを確約した。済南駐在の貴志弥次郎大佐も同様の意を居正に表わした。軍部の支持により、200 名を上回る日本人が東北軍の軍事行動に直接参加した[④]。

　1916 年 4 月 28 日、居正はこの蜂起に対する日本民間人の支援活動において一中心的役割を果たしていた梅屋庄吉を中華革命軍東北軍武器輸入委員に任命し、30 年式小銃 7000 挺、機関銃 7 門、山砲 5 門を注文して提供するよう依頼した[⑤]。梅屋はこの任務を遂行すると共に、平山周・岩崎英精を直接山東に派遣して連絡をとるようにした。岩崎と平山周は、梅屋に山東の状況を常に報告した[⑥]。

---

① 鍾冰「中華革命軍山東討袁始末」、『文史資料選輯』第 48 輯、84－86 頁。
② 萱野長知『中華民国革命秘笈』、355－356 頁。
③ 渡辺竜策『近代日中民衆交流外史』、雄山閣出版、1981 年、177 頁。
④ 渡辺竜策『近代日中民衆交流外史』、雄山閣出版、1981 年、178 頁。
萱野長知『中華民国革命秘笈』、224 頁。
⑤「梅屋庄吉文書」、小坂哲瑯・主和子所蔵。
⑥「梅屋庄吉文書」、小坂哲瑯・主和子所蔵。

図 53・54　1916 年 4 月 28 日、居正の梅屋庄吉宛の委任壮と武器注文書（小坂哲瑯・主和子氏蔵）

　東北軍は 2 月挙兵し、周村・昌楽・高密・益都・安邱・昌邑・寿光など六県と各県の都市を占領した。2 月下旬には、臨朐・平度両県を占領し、5 月 4 日から山東半島の主要都市濰県を攻撃し、23 日に攻略した。孫文は居正に済南占領の命令を下した。東北軍は 5 月 15 日・25 日と 6 月 4 日の三回にわたり済南に進撃したが、攻略できず失敗した。これらの戦闘には、多数の日本人が直接参加し、日本から派遣された野戦医療隊が救護活動に従事していた。

　孫文帰国後、革命党の八日市町の飛行学校は、梅屋庄吉が管理していたが、同学校の生徒・職員 200 名と飛行機二機は山東の東北軍を支援するため、6 月 28 日神戸港を出港し①、7 月 2 日青島に到着して濰県に飛行場を設置した。『大阪毎日新聞』は「孫逸仙の山東飛行場」として、その飛行学校と飛行場の模様を報道した②。パイロットの坂本寿一は中華革命軍航空隊総司令官に任命され、敵軍に威嚇飛行をした。この航空隊の行動も日

①「梅屋庄吉文書」、小坂哲瑯・主和子所蔵。
②『大阪毎日新聞』大正 5 年 7 月 13 日。

本占領軍の支持を受けていた。

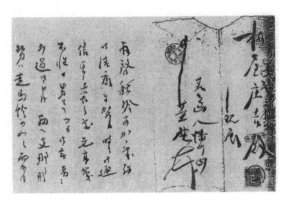

図 55　1916 年 9 月 6 日、萱野長知から梅屋庄吉にあてた書簡

　孫文は帰国後も田中義一参謀次長と連絡を保ち、5 月 4 日、田中に中国国内の反袁状況を伝えるとともに、東北軍の強化のため二個師団を武装させる兵器の提供を要望した[1]。上海駐在の青木宣純少将は、この要望に賛成した[2]。孫文はまたアメリカから日本を経て帰国する黄興にこの要望を伝え、日本当局と交渉するよう指示した[3]。

　5 月 9 日横浜に到着した黄興は、その後 5 月 20 日付の孫文の書簡を受け取り、日本滞在の 50 余日間を利用して兵器の購入に努めた。日本政府と軍部は反袁のために、黄興にも援助を与えた。久原房之助は黄興に 10 万円の借款を提供した[4]。黄興は日本で 20 万円の軍費を調達し、兵器の購入が有望だと 5 月 30 日孫文に伝えた[5]。

①『孫中山全集』第 3 巻、1973 年、293－296 頁。
②『孫中山全集』第 3 巻、1973 年、293－296 頁。
③『孫中山全集』第 3 巻、1973 年、287－291 頁。
④　栗原健編著『対満蒙政策史の一面』、原書房、1981 年、148 頁。
⑤　湖南省社会科学院編『黄興集』、中華書局、1981 年、435 頁。

　黄興は寺尾亨の紹介で、5 月 26 日政友会総裁原敬を訪問し、中国国内の反袁状況を説明すると同時に、アメリカ独立戦争に対するフランスの援助の例を挙げて日本の援助を求めた。原は孫・黄の革命が、「成功するや否や目下の処疑問なり」「日本にて援助すると云ふも其力限りあり、先づ支那人自身の十分なる決意なくしては他より援助するも効なし」と言明し、積極的に支援しようとしなかった①。黄興は 7 月 4 日門司から帰国したが、胃病により 10 月 31 日死去した。

　6 月 6 日袁世凱が突然死去した。これにより、日本の対中国・対孫政策は再び転換し始めた。日本がこの時期に孫文とその革命活動を支持・援助した目的は、袁世凱政府の打倒にあったが、袁の死により袁政権が瓦解し、孫文を支持する目的が消失した。日本は北京政権の総理になった安徽系軍閥段祺瑞を支持し、孫文の革命派を放棄した。日本の孫文に対する支持・支援は朝顔のようにしぼんだ。

　しかし、孫文は依然として日本に期待を抱き、七月、戴天仇を日本に派遣した。戴天仇は孫文の 7 月 3 日付の田中義一参謀次長宛の書簡を持参して渡日した。この中で孫文は、黎元洪が大総統に就任し、約法を回復して国会を召集するため、兵を収め停戦しない理由を説明すると同時に、政局が依然として渾沌としている故に、戴天仇を派遣して将来の諸要件を相談したいと記している②。また、原敬の七月九日の日記によれば、「先頃南方革命党より五百万円貸与を申入れた」③と言っている。戴天仇の来日とこの借款要求の関係は不明だが、日本に支援を要請したのは事実である。その後、在上海の青木中将と有吉上海

---

①『原敬日記』第四巻、177－178 頁。
② 李廷江「孫文と日本人」、『日本歴史』1987 年 8 月号、91 頁。
③『原敬日記』第四巻、191 頁。

総領事は、7 月 23 日孫文・黄興・張継・伍廷芳・章太炎ら革命党関係の四〇名を招待し、25 日孫文・黄興は青木ら日本人 20 余人を招待して、相互に関係を保っていた[①]。これらは、孫文が依然として日本に期待を寄せていたことを物語る。このような期待が、一時的に破滅するのは、寺内内閣が 1917 年 7 月から積極的に援段政策を推進した時であった。

---

① 神谷正男編『宗方小太郎文書—近代中国秘録 10』、『明治百年史叢書』第 241 巻、原書房、1975 年、689 頁。

第六章　第一・二次広東軍政府と日本

　袁世凱死後、中国は軍閥林立・軍閥混戦の時代に入つた。日本と列強は、自国に有利な軍閥勢力を利用して、中国における勢力範囲と植民地権益を拡大しようとした。日本は段祺瑞らの北洋軍閥を支持して中国を統一し、中国に対する支配権を拡大しようとした。本章では、日本の対軍閥政策と対孫文政策を比較しながら、その相互の関係を究明するとともに、旧三民主義から新三民主義に転換する時期の孫文の対日批判と期待が混在した対日観を究明しようと思う。

第一節　中国政局と寺内内閣

　軍閥林立と寺内内閣　袁世凱の帝制に反対する護国運動は、袁の死により終結したが、反袁の名目で各地方で独立を宣言した地方の軍閥は各地に割拠し、自己の勢力範囲を拡大しようとした。袁を支えた北洋軍閥も、袁の死後、内部の対立と抗争が激しくなった。当時主な軍閥勢力は、張作霖を中心とした東北の奉天系軍閥、段祺瑞・馮国璋を中心とした華北・華東の安徽系・直隷系軍閥、唐継堯・陸栄廷を中心とした西南諸省の雲南・広西系軍閥であり、そのほかにも山西省の閻錫山のような小軍閥が存在し、中国は軍閥林立・軍閥混戦の時代になった。

　袁世凱死後、北京政権は副総統の黎元洪が大統領になり、馮国璋が副総統に、段祺瑞が国務総理に就任した。彼らは共に袁世凱の北洋軍閥に属していたが、内部は段の安徽系軍閥と馮の直隷系軍閥の権力争いが続き、段の国務院と黎・馮の総統府が対立する「府院の争い」の形で現われた。

　西南軍閥の反袁闘争は、1912年孫文の南京臨時政府が制定した「臨時約法」を回復する護国戦争の形で行われ、またこの戦争により袁政権が打倒されたため、大総統黎元洪は西南軍閥の圧力により、1913年袁が廃棄した「臨時約法」を回復し、その第五十三条によって1914年1月袁が廃止した旧国会を回復した。

　「臨時約法」と国会を中国共和体制の根本だと強調していた孫文は、北京の黎・段政権が「臨時約法」と国会を回復した状況に鑑み、第三革命の目的が達成されたと思い、7月25日中華革命党本部の名で、共和体制に対する破壊は既に終わって建設が始まったために、革命の名義は既に存在しない、故にいっさいの党務活動を中止せよと指示した[1]。山東の居正にも、兵を収めて黎大総統と協議するよう指示した[2]。居正は8月北京に赴き、黎・段と中華革命軍東北軍処理問題を協議した。これにより、東北軍は四つの師団に改編され、北京政府軍に編入された[3]。軍閥林立の中国革命は、武装闘争の革命でなければ成功することができない。しかし、孫文は法律と国会により、その革命を完成できると信じ、形式的に回復した「臨時約法」と国会により中国問題を解決しようとして、率先して中華革命軍を解散し、革命の根本である軍隊を手放した。

　革命軍の解散は、日本とも密接な関係があった。居正の山東

---

　①『孫中山全集』第3巻、333頁。
　②『孫中山全集』第3巻、307頁。
　③　鍾冰「中華革命軍山東討袁始末」、『文史資料選輯』第48輯、105－109頁。

挙兵と、孫文の日本からの帰国は、日本の支援の下でなされた
が、袁の死により日本の目的が達成されたので、孫文の革命を
支援する必要が消失した。日本軍部は青島守備軍司令、済南駐
在武官府と北京公使館付武官坂西利八郎大佐らを通じて、「革命
援助の即時中止」を厳命し、坂西は青島まで来てこの命令の執
行を督促した[①]。山東挙兵にかかわっていた日本の志士らは、
坂西を仇敵視し、暗殺しようとまでした[②]。孫文は日本側の支
援が中断された状況で革命軍を維持するのは困難であったので、
革命軍を解散させざるを得なかった。

　北京の黎・段政権に対し、日本政府と軍部は好感を持ち、即
時支持する態度を示した。6月7日、黎元洪が大総統に就任す
ると、石井菊次郎外相は即時黎を支持した。上原勇作参謀総長
と田中義一次長も、6月9日同様の意を表わした[③]。日本軍部は、
袁世凱が英・米・露と連合して日本に対抗する人物だとして、
表面的には袁と一定の関係を保ちながらも、裏では日本の対中
国政策の最大障害だと見なし、1915年末から反袁政策をとり始
めていた。しかし袁の死去によってこの最大の障害が排除され、
積極的に対中国侵略政策を推進する機会が到来したと軍部は判
断していた。

　折しも10月5日大隈内閣が総辞職した。大隈は同志会総裁加
藤高明を後継首相に推薦したが、対中国侵略政策の一大転換を
画するこの時、寺内正毅元帥を首相とする超然内閣が成立した。
寺内は元朝鮮総督であり、1915年末から参謀本部次長田中義一
の裏で反袁政策を促進した人物であった。寺内・田中の反袁政
策は、単なる反袁でなく、英米列強の支持により中国に君臨す

---

① 渡辺竜策『近代日中民衆交流外史』、209 頁。
② 渡辺竜策『近代日中民衆交流外史』、209 頁。
③ 北岡伸一『日本陸軍と大陸政策』、東京大学出版会、1978 年、189 頁。

る袁世凱を打倒し、それにより英米列強の中国における支配力を排除し、親日的な新しい支配者を扶植して、中国における日本の独占的支配力を確立し、列強共同の半植民地である中国を日本の支配下に置こうとしたものである。このため寺内は組閣の時から、中国事情に明るい小幡酉吉を外務省政務局長に、朝鮮総督時代の腹心である朝鮮銀行総裁勝田主計を大蔵省次官（12 月蔵相に昇任）に、後藤新平を副総理格の内務大臣に任命した。寺内はまた寺内→勝田→西原亀三の特別ルートをつくり、対中国借款を中心とした中国政策を遂行しようとした。

　中国における日本の権益を拡大し、中国における日本の発言を強化して、その支配力を増加するのに何よりも重要なことは、中国の支配者をその配下に収めることであつた。寺内内閣は成立後、大隈内閣の対中国政策を批判した。即ち、中国に君臨する袁世凱を日本の配下に収めることができず、袁を敵としたことに対してであった。寺内は先ず北京新政権の支配者を日本の配下に収めようとした。北京新政権の実権は安徽派軍閥の段祺瑞に掌握されていた。これは段が陸軍総長を歴任した経歴から、北洋軍閥の実権を握っていたためである。寺内内閣は北京政府の参戦と借款を通じてこの目的を達成しようとした。

　参戦問題　一時日本に依拠し、段祺瑞にも幻想を抱いていた孫文は、先ず中国の参戦問題をめぐって段祺瑞および日本と対立し始めた。

　中国の参戦問題は、先ず列強間の中国に対する支配力を強化する争いとして現われた。1915（大正 4）年 11 月、英・仏・露は日本に、袁政権が独・墺に対して宣戦することを提案したが、日本はイギリスなどが袁に対する統制を強化するのを恐れ、この提案に反対した。しかし、1917 年 2 月 9 日、日本は北京政権の参戦を積極的に支持する方針を決定した。その理由は、第一

に、1月31日ドイツの無制限潜水艦攻撃の再開により、2月3日アメリカがドイツに国交断絶を通告し、北京政権にも同様の措置をとることを勧告して、北京政権に対するアメリカの統制力を強化しようとした。故に、日本はアメリカを抑制する措置として、率先して北京政権の参戦を主張し、その主導権を掌握しようとした。第二に、英・米などと連合して日本と対抗しようとした袁政権が既に消滅し、比較的日本の影響力を強く受けている段祺瑞が政権を掌握し、二年以上続いた戦争によるヨーロッパ国家の疲弊に伴って、中国における日本の政治的発言権の増大と、著しく上昇した日本経済の中国市場における国際競争力の増大により、北京政権の参戦を支持し、日本の支配力を強化する自信があったからである。故に日本は7月18日英・仏・露と共に段祺瑞に参戦断行を申し入れた。これにより、段祺瑞は積極的に参戦することを主張し、北京政府は8月14日独・墺に宣戦を布告した。段は参戦により日本と英・米列強から財政・軍事的援助を受け、参戦による戦時下体制の名を借りて国内の軍閥支配体制を強化し、西南軍閥と孫文の革命派を弾圧して、いわゆる統一を成し遂げようとした。

　日本と段祺瑞のこのような狙いを、孫文が知らないはずはなかった。3月14日北京政府が対独・墺断交を決定した後、上海総領事有吉明が孫文に、日中連合して独・墺に宣戦布告をすることを要望した時、孫文は日本のこの要求には陰険な目的があると見なし、有吉に日本の「中国中立維持」という旧政策に賛成し、中国を日本の保護の下で参戦させる新政策に全力で反対するつもりだと言った[①]。同時に、孫文は北京政権の参戦を阻止する対策を講じ始め、先ずイギリスに訴えた。1917年3月7

---

　①『孫中山全集』第5巻、298頁。

日、孫文はイギリスのロイド・ジョージ首相に電報を打ち、中
国の中立厳守と、中国が連合国側に加担して参戦することがな
いように要望した①。その基本的理由は、北京政権の参戦が孫
文の革命派に対して脅威となるからであったが、孫文の革命派
に従来より好感を抱いていないイギリスにこの理由がわかるは
ずがなかった。故に孫文はジョージ首相に辛亥革命以後も中国
には排外思想があり、もし連合国側に加担して独・墺に宣戦す
れば、その排外思想が再興して第二の義和団事件と回教徒の騒
乱が起こり、外国人を殺すようなことが再発するかも知れない、
その結果東方においてより大きな利益を有するイギリスが当然
大きな損害を受けることになるという理由を挙げた②。しかし、
イギリスは孫文のこの要望に耳を傾けなかった。孫文はまた、
日本と戦争状態にあるドイツを利用しようとした。ドイツも対
独戦に反対する孫文を利用しようとした。1917年4月、在上海
のドイツ総領事はひそかに孫文と会談し、親日的で参戦を主張
する段政権を打倒するよう要請し、そのために孫文に200万元
を提供することを約束した③。

　北京政権内部では参戦問題をめぐって段祺瑞と黎元洪との争
いがあった。いわゆる「府院の争い」である。黎はアメリカに
頼り国会を利用して段の参戦主張に反対した。孫文も国会に期
待を寄せ、3月8日上院と下院に打電し、連合国側に加担して
対独・墺戦に参加しないように要望した④。

　黎元洪は段との争いにおいて、5月23日、段の国務総理の職
を解任し、軍事的に安徽督軍張勲に頼ろうとして、張勲とその
「弁髪軍」を北京に呼び入れた。張勲はこの機を利用して溥儀を

---

①『孫中山全集』第4巻、19−20頁。
②『孫中山全集』第4巻、19−20頁。
③　韋慕廷『孫中山−壮志未酬的愛国者』、中山大学出版社、1986。101頁。
④『孫中山全集』第4巻、18−19頁。

皇帝に就かせて清朝を復活し、黎を大総統の座から追い出し、国会を解散した。段祺瑞は日本の全面的な援助を得て「民国復興」の大義を掲げて張勲討伐軍を起こし、復辟派を駆逐して 7月 17 日第二次段内閣を発足させた。北京政権の権力を一手に握った段祺瑞は、解散された国会を回復しないばかりでなく、「臨時約法」をも廃棄し、日本の支持の下で中国全地域の武力統一政策を強行しようとした。

　ここに至ると、孫文の段に対する一時的幻想も完全に破滅し、段に対する日本の全面的支援の事実も完全に把握するようになった。孫文は 6 月寺内首相宛に書簡を寄せ、日本の援段政策を牽制しようとした。その中で段の軍閥勢力を「武力者」あるいは「武力」と呼び、孫文の革命勢力を「正義を主張する一方」あるいは「正義」と呼び、「武力者」に対する日本の援助を批判した①。さらに、中国において新旧衝突の時、もし表では中立を標榜しながら実際には正義の存在する我が方を友とせず、武力の優勢な者を友とするならば、中国人民は日本の親善の言葉を、日本の利益を図るもので、義侠の情から出たものでないと思うと述べ、日本が北洋軍人の「臨時約法」と国会の破壊および大総統の拘禁を支援すれば、民心が喜んで服従するはずがない、この点は日本の政治家が最も注意すべきことであると勧告した②。また、武力で正義に勝った者は長く続かず、いま無力者だと見なしている者は必ず奮発する時期がないとも言えない、日本が革命派の正義の方を徹底的に支援し、その革新が障害なしに遂行されれば、永遠平和の効を満足に収め、中国人民も感激して日本の誠意を理解し、親善の実りを上げることができる

①『孫中山全集』第 4 巻、108 − 109 頁。
②『孫中山全集』第 4 巻、108 − 109 頁。

と述べ、段の軍閥勢力に反対する孫一派への支援を訴えた①。

　寺内は日本の典型的な軍国主義者であり、いっさいを武力で解決する軍人であった。彼は段祺瑞らの軍事力を重視し、その軍事力で中国における日本の支配権を確立しようとした。故に彼は軍事力を保持していない孫文の訴えを一顧だにせず、逆に、援段政策をいっそう積極的に推進した。段内閣が成立した3日後の7月20日、寺内内閣は「段内閣ニ相当ノ友好的援助ヲ与ヘ時局ノ平定ヲ期スルト共ニ此際日支両国間ニ於ケル幾多懸案ノ解決ヲ図ルヲ得策トス」②という閣議決定をなし、8月14日段政権が対独・墺宣戦をした機を利用して、9月28日交通銀行への借款の名義で段に軍資金2000万円を提供した。

　「中国存亡問題」　参戦問題に対する孫文の態度は、5月に発表された論文「中国存亡問題」に集中的に表わされていた。これは孫文の意志により、朱執信が執筆したものである。この長文の論文は、単に参戦問題だけを取り上げたのではなく、孫文と革命党の英・仏・露等の帝国主義に対する認識＝帝国主義観、ヨーロッパと東アジアをめぐる国際関係に対する認識＝国際観およびこの時期の対日観を全面的に述べたものであった。

　この中で孫文らは、イギリスを中心とした列強の植民地争奪戦の歴史を振り返り、帝国主義の侵略の本質に対する明確な認識を示した。また、その植民地争奪戦をめぐるヨーロッパと東アジアの国際関係＝列強の力関係の変化に伴う列強相互の関係の変化に対しても正確な分析をした。こうして孫文と革命党は第一次大戦勃発の原因を指摘し、イギリスが戦争の中心であり、裏で北京政権を策動して参戦させたその目的は、中国を犠牲にしてインドを保持するためであると説いた。孫文らは中国の参

---

　①『孫中山全集』第4巻、108－109頁。
　②『日本外交年表並主要文書』上、437頁。

戦は中国の存亡にかかわる問題であるとして断固反対し、厳正
中立を主張した。そして、中国が独・墺に宣戦する理由なしと
し、参戦の理由を一つ一つ批判した。例えば、正義のために英・
仏・露の連合国側に加担して参戦しなければならない理由に対
しては、英・仏・露自身が非正義である故に、先ず英・仏・露
と戦うべきであり、独・墺と戦うべきでないと反駁した[1]。ま
た、参戦が中国の関税増率、賠償金支払停止、庚子条約改正な
どに有利だとの説に対しては、これらは戦争によってではなく
外交手段で解決すべきものだと主張し、これらはイギリスなど
が中国を参戦させるための好餌であり、かつまた参戦しても、
日本がこれらの条件に極力反対しているため、その望みがない
と反駁した[2]。ここに孫文は日・英の矛盾と対立を見いだし、
イギリスの中国参戦条件である関税増率などは、イギリスの利
益を犠牲にするものでなく、実は日本の利益を犠牲にしている
故に、日本はそれに反対し、イギリスはこのことに対し日本を
恨んでいると言った[3]。

　孫文らは、このようにいわゆる参戦の口実を批判しながら、
1915 年 11 月、日本が英・仏・露の中国参戦勧告に反対したこ
とを取り上げてほめたたえ、当時日本の反対「態度を公平に観
察し批評すれば、第一に中国の為に利を謀り、然る後自らの利
を計ったものといへる（当時の中日利害が共通のものであった
ことは言を待たない）。このような友情で中国の危急を救ひ、そ
の安定を図らんとしたのである」[4]とし、「中国は日本と同利同
害の立場にある故に日本は代って中国の利害を計り、忠言を呈

---

①『孫中山全集』第 4 巻、43 頁。
②『孫中山全集』第 4 巻、49－50 頁。
③『孫中山全集』第 4 巻、50 頁。
④『孫中山全集』第 4 巻、63 頁。

せざるを得なかったのである」①と述べ、中国は日本に対し感謝すべきであると力説した。

　孫文らは二十一箇条要求の時の袁世凱と日本との関係を振り返りながら、袁と日本を対照的に観察すれば、「日本は中国に対して必ずしも侵略を目的としておらず、その行動は中国を害せんとするものではなくて、中国の為に利を計らんとするものであることを知り得る」②と説いた。1917 年 2 月、日本が中国に参戦を勧告したのに対して、孫文らは「決して其の本心ではない」「已むを得ず中国の加入を強ひた」のであり、「喜んで我国を惨禍に陥れんとするものではないと余は信ずる」③と言った。

　日本の中国参戦問題に対する孫文らのこのような見解は、先にも述べたように、日本は中国のためにではなく、中国に対する日本の支配力を強化し、戦後の講和会議で中国問題における日本の発言権を強化しようとする侵略的本質への錯覚だと言わざるを得ない。しかし、孫文らはこの論文で日本の中国に対する侵略を見逃しているのではなかった。論文の第一章で英・仏・露の対中国侵略をあばく時、「日本は南満、東部内蒙古、山東及福建等〈中国人王領域〉の百分の五以上を占有している」④と指摘し、日本も英・仏・露同様の非正義の国家だと批判していた。

　では、参戦問題において、なぜこのように日本が中国に侵略的企図のない、また中国の利を計る国とする見解に変化したのであろうか。孫文らもこの問題において日本が日本のために計ることを否定していない。ただ「その出発点は異なるが、結論

①『孫中山全集』第 4 巻、55 頁。
②『孫中山全集』第 4 巻、64 頁。
③『孫中山全集』第 4 巻、64 頁。
④『孫中山全集』第 4 巻、45 頁。

は必ず一に帰する」①として、中国参戦反対の一致点から、日本と孫文らの目的も同様に中国のためだ、と分析したのである。これは錯誤である。しかし、孫文らは中国の参戦に反対するため、列強の中で中国の参戦に一時反対した唯一の国日本を利用しようとした実際的な態度から、日本をほめたたえたのだと思う。しかし、当時中国の世論は日本の膠州湾占領と二十一箇条要求により反日の勢いが強く、アメリカの対中国勧告を契機に連米排日を主張する傾向が強かった。孫文らはこのような傾向を批判するために、特に日本の中国参戦反対の主張をほめたたえたのである。

　連米排日の論調は排日のための連米であり、当時中国に対する主な侵略国である日本に闘争の矛先を向けたのは当然なことであった。この論調を主張する者が、「先年日本が中国の加入を阻止したのは、中国外交を其の支配下に置かんが為で」②あると指摘したのは正しいが、アメリカの勧告を取り入れてドイツに抗議することによって中国外交が独立し得ると言ったのは、その後の講和会議における山東問題から見ても誤った主張であった。彼らはアメリカの経済・軍事力に頼って、日本の中国支配の強化に抵抗しようとしたのであった。これはつまり清末以来の「遠交近攻」の外交政策であり、欧米列強と連合して近隣の日本を排斥しようとしたものである。しかし孫文はこれとは正反対に「近交遠攻」の外交政策をとり、日本と連合して、特にイギリスに対抗すべきだと強調し、「遠交近攻」の外交主張は清末の李鴻章らの「以夷制夷」の政策だと批判した③。

　孫文らは連米排日には反対しながら、日本とアメリカを友邦

---

①『孫中山全集』第4巻、55頁。
②『孫中山全集』第4巻、62−63頁。
③『孫中山全集』第4巻、59−60頁。

とするよう主張した。そして「今日中国が友邦を求めようとすれば、日本と米国以外には求め得ない。日本と中国との関係は、実に存亡安危両つながら相関連するもので、日本がなければ中国もなく、中国がなければ日本もない」①と極論して両国間の友邦関係を強調した。次にアメリカとの友邦関係に対しては、「其の地は中国から隔たっているけれども、地理的関係から当然我国を侵略せず、我国を友とする筈である。況んや両国共に民主国であるから、義としても相互に扶助すべきである」②と言った。結論として孫文らは「中国は日本とは種族的に見て兄弟の国であり、米国とは政治的に見て師弟の邦である。故に中国は実に日米と調和し得る地位にあり、且つそうする義務がある」③とし、こうすれば外交上滅亡の原因を招来するおそれを根絶することができると言った。このように日・米との友邦関係を強調した目的は、中国の参戦を勧誘するイギリスに対抗するためであり、終始イギリスを最大の敵国として非難した。

　対米観は別として、参戦問題をめぐる孫文らの対日観は、日本の寺内内閣の対中国政策と合致しなかった。この論文は、五月に発表されたものであるが、執筆はだいたい1、2月であったと思われる。この時は、孫文らには、過去彼らを支援した日本と段祺瑞に対する幻想がまだ消滅しておらず、かつまた寺内内閣の極端な援段政策も7月張勲の復辟を経て段政権が再度発足した以後のことであるため、即ち日本の対中国政策が孫文革命党に対する一時的支援から援段政策に転換しつつある過渡期であったことから、日本に対する錯覚もあり得ると思う。しかし、その後の孫文の寺内内閣に対する厳正な批判は、この時期の彼

①『孫中山全集』第4巻、94頁。
②『孫中山全集』第4巻、94頁。
③『孫中山全集』第4巻、95頁。

らの対日観に対する自己批判であったとも言えよう。

第二節　第一次広東軍政府と孫文の渡日

第一次広東軍政府　北京政権を取った段祺瑞は、臨時参議院を召集して国会法と選挙法を制定し、孫文の旧国会と「臨時約法」を廃棄した。これは旧国会において多数を占める国民党系の議員と南方各省の反対を引き起こした。彼らは西南軍閥と段祺瑞との争いを利用して、段政権と対抗する新しい勢力を南方でつくり上げた。「臨時約法」と旧国会の擁護を共和体制維持の最大課題と見なしていた孫文は、この勢力に頼って「臨時約法」と旧国会を回復して真の共和をもって段祺瑞の偽共和に対抗しようとした。

図56　1917 年 9 月 1 日、大元帥に就任した孫文

1917（大正 6）年 7 月 6 日孫文は上海から広州に赴いた。一部の旧国会議員も広州に来て孫文と共に旧国会を再開するよう

呼びかけた。これに応じて 130 余名の議員が南下して広州に集まった。海軍総長程壁光と海軍艦隊も南下して孫文の真の共和主張を支持した①。西南軍閥唐継堯と陸栄廷も段祺瑞との争いから、一時孫文の方に傾いた。孫文はこれらの勢力を連合して、8 月 25 日広東で非常国会を召集し、「討段」の護法運動を開始した。非常国会は 31 日「中華民国軍政府組織大綱」を制定した。9 月 1 日孫文は大元帥に、唐継堯・陸栄廷は元帥に推挙された。こうして真の共和を目ざす広東護法軍政府と偽共和を標榜する北京の段政権が対立し、中国は南北分裂の時期に入った。日本はこの南北分裂と南北両政権に対してどう対応したであろうか。

　寺内内閣は 7 月 20 日段政権に積極的援助を与えることを決定した。同日、北京駐在の林権助公使も本野一郎外相に、この際日本は段政府援助に徹底すべきであり、南北調停を策したり、南方派を援助したりすべきではない、と次のように上申した②。

　一、南方側より日本政府に借款、兵器の周旋を依頼してきたときは拒絶し、民間からの供給も阻止すること、

　二、南方派に日本の援助を期待させるような言動は充分注意すること、

　三、日本支配下の地域では絶対に南方派の反抗的運動を容認せず、また南北調停などを考えないこと。

　林公使のこの上申は、当時の日本政府の対孫政策を端的に表わしていると言えよう。この上申に対し、本野外相は 8 月 2 日林公使に、日本政府としては表において南北妥協を希望する立場を表明するが、「真面目に右妥協を計画する趣意」③ではない

　　① 馮自由『革命逸史』第 2 集、27－28 頁。
　　② 臼井勝美『日本と中国－大正時代－』、『近代日本外交史叢書』第七巻、原書房、1972 年、119 頁。
　　③ 臼井勝美『日本と中国－大正時代－』、『近代日本外交史叢書』第七巻、原書房、1972 年、119 頁。

と述べ、援段政策一本で進む方針を示した。

　しかし、孫文は8月張継・戴天仇を日本に派遣して、寺内首相・本野外相や犬養毅・渋沢栄一・頭山満ら政府と民間志士に、程璧光・李烈鈞・王正廷ら数人が連名した書簡を託した。この書簡で孫文は20年以来中国の進歩・発展と平和のために尽くした彼らの過去の歴史を陳述し、われらが全国の愛国愛州の陸海軍兵士を連合して「討逆」（逆は「臨時約法」と旧国会に叛逆した段祺瑞を指す）の義勇軍を起こしたのは、この叛逆を排除し、われらの民主政治を取り戻すためであると述べ、中華民国の善隣であり友人である日本政府と民間人が共に中国国民の愛国愛州の精神と「討逆護法」の行動に対し道徳的に同情してくれるよう要望した①。張継と戴天仇は政友会総裁原敬にもこの意を伝えた。原は臨時外交調査会のメンバーであり、寺内の対中国政策と異なる「南北を妥協せしめ、其妥協したる一団を援助」②する政策を強調していた。

　戴天仇は9月2日『東京朝日新聞』記者に孫文の近状を紹介し、博愛を主義とし平和を理想とする孫文が、「今や剣を抜いて大元帥の位に着き天下に号令せんとするは畢竟一日も早く真の平和を国内に来さしめんとする大精神に外ならぬ」③と言った。張継と戴天仇は元老の西園寺公望と牧野伸顕を歴訪し、9月9日原敬を訪ね、中国南方の事情を述べると同時に、中国人民の意志を代表していない段を助けて、南方の軍政府を圧することなきよう要望した④。これ対し原敬は、「段内閣に借款を許す事は現在に於ては止むる事を得ざるべし」⑤と語り、これ

　　①『孫中山全集』第4巻、125-133頁。
　　②『原敬日記』第四巻、1965年、350頁。
　　③『東京朝日新聞』大正6年9月3日。
　　④『原敬日記』第四巻、1965年、313-314頁。
　　⑤『原敬日記』第四巻、1965年、313-314頁。

を拒絶した。

図 57　孫文の近を報じる『東京朝日新聞』

　11 月 20 日、孫文は寺内首相に電報を打ち、段祺瑞の罪悪を
あばき、中国国民が革新政治の目的達成のため挙兵して段を討
伐せざるを得ないことを述べ、日本が中国国民に無限の同情を
表わして東アジアの平和を強固にしなければならない理を訴え
た[①]。また日本が数千万円の借款を段に提供して兵器弾薬を購
入させ 10 個師団の軍隊を編制する噂があることを指摘し、これ
はヨーロッパ出兵の名を借りて「臨時約法」を擁護する国民を
圧迫するものであり、もし日本が不法な旧派政治家を援助して
「臨時約法」擁護の革新的政治家をむごたらしい目に遭わせるな

①『孫中山全集』第 4 巻、242－243 頁。

ら、人道主義に違反するものであると言った①。また、もし段
祺瑞が借款・兵器購入の要求を提出すれば、断固拒絶するよう
要望し、日本が拒絶すれば段の反逆軍の戦闘力は減少し、南方
の義勇軍が速やかに成功するであろうと述べた②。またわが革
新の国民が一旦政権を握れば、日本と手を握って中日両国民の
幸福を増すであろうと言った③。しかし、孫文のこれらの要望
と期待は寺内首相の同情を呼び起こすことができなかった。

　孫文は失望せず、翌年の1月、張継・殷汝耕を再度日本に派
遣した。張・殷は孫文の宮崎滔天・犬塚信太郎・寺尾亨・頭山
満・今井嘉幸・萱野長知・菊池寛宛の親書を持参して渡日し、
孫文の援段政策中止の意を日本の民間志士に伝えた④。1月 19
日張継は原敬を訪問し、「段祺瑞一派は武力を以て南方を圧伏す
べしとの野心あり、而して其野心ある原因は日本より金を貸し、
武器を売りて北方派を援助するに因る、故に何とか其方針を改
められたし」⑤と懇願した。しかし、孫文の以上のような対日
策は、寺内内閣の援段政策に歯止めをかけることはできな
かった。

　折しもこの年の11月ロシア革命が勃発し、専制国ロシアが崩
壊した。これは日本にとって大きな衝撃であり、日本の援段政
策にいっそう拍車をかけた。寺内内閣は、ソビエト・ロシアの
南下と、露・独の休戦条約およびブレスト・リトウスク講和条
約成立による独・墺勢力の東漸を口実に、段への軍資金提供か
ら兵器援助に踏み出した。この時、段は大総統馮国璋との衝突
により一時辞任していたため、12月末、段派の陸軍次長段芝貴

---

①『孫中山全集』第4巻、242−243頁。
②『孫中山全集』第4巻、242−243頁。
③『孫中山全集』第4巻、242−243頁。
④『原敬日記』第四巻、1965年、305−309頁。
⑤『原敬日記』第四巻、1965年、353頁。

と泰平組との間に1700万円の兵器供給契約が成立し、三八年式
歩兵銃四万挺、機関銃174挺、大砲312門と各種の弾薬を提供
した①。1918年3月再度内閣総理になった段祺瑞もソビエト・
ロシアに対抗することを口実に、寺内首相に巨額の資金を要求
し、4月30日電信借款2000万円、6月18日吉会鉄道借款前貸
金1000万円、7月5日第二次改革借款1000万円、8月2日吉林・
黒竜江省の金鉱・森林借款3000万円が段政権に提供された。こ
れらの借款は段の武力統一計画を促進した。段は参戦の名目で
「参戦軍」を編制して、孫文の広東護法軍政府と四川・湖南の反
段勢力を征服し、三か月ないし半年で全中国の統一を実現する
と暴言した。

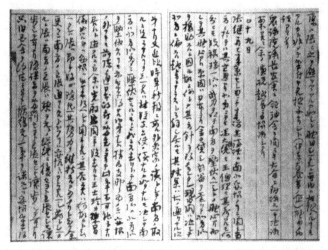

図58　『原敬日記』1918年1月19日（原敬記念館蔵）

孫文の渡日　広東軍政府成立後、広東・広西・雲南・貴州四
省は軍政府の管轄下に入り、湖南・湖北・河南・陝西・山東・

---

① 臼井勝美『日本と中国－大正時代－』、『近代日本外交史叢書』第七巻、原書房、
1972、122頁。

浙江・安徽・福建の各省にも局部的な反段勢力が勃興し、孫文の護法運動は十数省に及んだ。10 月上旬、孫文は段討伐の大元帥令を発し、護法戦争を開始した。

　対外的には、9 月 18 日非常国会は対独宣戦案を可決し、26日宣戦布告を行った。対独宣戦に反対していた孫文がこれに賛成したのは、広東軍政府に対する連合国側の支持を獲得するためであったと言えよう。1918（大正 7）年 4 月 17 日、孫文は大元帥の名で在中国の日本公使と各国公使宛に通告を発した。通告で孫文は、北京政府は不法な政府であり、広東軍政府は中華民国の行政権を行使する唯一の政府だと強調し、軍政府に対する各国の承認を要望し、同時に 1917 年 6 月 12 日国会解散前に、中華民国が締結した国際的あるいはその他のいっさいの条件を軍政府が履行し、締結した条約と国際法によって許可した中国における外国人のいっさいの権利を承認することを約束した[①]。しかし、その後北京の非合法政府と各国が締結した契約・借款およびその他に対しては、軍政府はいっさい承認しないことを通告した[②]。この措置は、国際的に段政権を孤立させると共に、日本と列強の外交的支持を獲得しようとしたものであった。他の列強は礼儀上一応この通告を受け取ったが、日本は受け取ることさえ拒否した[③]。日本は引き続き段に参戦借款など 6000 万円を提供し、その総額は 1 億 4500 万円になった。これが、いわゆる西原借款である。

　広東軍政府は孫文の革命派と西南軍閥、岑春煊ら政学系の政客らの連合政権であったため、その基盤はきわめて軟弱であった。真の「護法」を実現せんとする孫文と、「護法」の大義名分

---

①『孫中山全集』第 4 巻、447－450 頁。
②『孫中山全集』第 4 巻、447－450 頁。
③『孫中山全集』第 5 巻、276 頁。

を借りて自己の軍閥支配基盤の強化を図ろうとする陸・唐の西
南軍閥とは、その立脚点を異にしていた。陸・唐は「護法北伐」
にも消極的な態度をとり、孫文が北伐と軍政府の軍事的基礎を
固めるために護法軍を組織しようとすると、二人はこれに反対
した。非常国会内部においても、孫文派の国民党議員と岑春煊
の政学系議員との間に摩擦が起こり、孫文は国会において指導
的役割を果たすことができなかった。政学系の議員は陸・唐ら
と結託して、軍政府を改組して大元帥制を廃し、七人総裁合議
制を採用し、岑春煊が主席総裁に選任された。孫文は「わが国
の大患は、武人が覇を争うことより大なるものはなく、南と北
とは同じ穴の格であり、護法を称する省といえども、法律およ
び民意に甘んじて従おうとはしない」[1]と慨嘆し、5月4日大元
帥を辞任した。この辞任は、第一次広東軍政府期の護法運動の
失敗を意味した。孫文はこの失敗の一つの原因は、1916年春以
来、日本が岑春煊らの官僚勢力を扶植したことであると、その
後非難した[2]。大元帥を辞任した孫文は、広東駐在の依田大尉
に渡日の意を表わした。依田は上海駐在の松井石根中佐と田中
義一参謀次長にこの要望を報告した。田中は孫文が日本におい
て政治活動さえしなければ来日しても差し支えなしと返電
した[3]。

　陸軍が孫文の渡日を許可したのには、陸軍の陰険な目的が
あった。松井は田中に「兎ニ角之（孫文―引用者注）ヲ日本
ニ拉致スルコト有利ナリト考フ」[4]と上申した。では、なぜ有
利なのか。この時期第一次大戦が終息する日が迫るのに伴い、
日本は欧米列強が再度中国大陸に舞い戻る前に段祺瑞政権を支

----

[1]『孫中山全集』第4巻、471頁。
[2]『孫中山全集』第5巻、276、394頁。
[3]『日本外交文書』大正7年第2冊上巻、18頁。
[4]『日本外交文書』大正7年第2冊上巻、15頁。

援して中国南北を統一し、全中国を支配しようとした。したがっ
て、孫文の広東軍政府の存在は、その最大の障害であった。孫
文は南北統一の先決条件として、旧国会と「臨時約法」の回復
を主張した。北京の日本公使館付武官坂西少将は、「臨時約法」
による国会の回復は段祺瑞に辞職を迫り、かつ国会が外国と締
結した条約・借款等を審議するので、日本の対中国政策に非常
に不利であると田中に具申した[①]。林公使もこの障害物である
「孫ヲ本邦ニ招致セシムル様」[②]「孫ニシテ広東ヲ去ルニ於テハ
軍政府モ到底成立セザルベク広東平定ノ上ニ一歩ヲ進ムルハ明
白ニ有之」[③]と述べ、その有利な点を本野外相に建言した。こ
の事実は日本が孫文を来日させた目的を明らかに示すものであ
る。当時中国国内にも日本と同様のことを主張する者があった。
例えば、3月17日来日[④]した唐紹儀は、孫文来日中の6月13日
原敬を訪問し、「孫に早く去るべし、去らざれば南北妥協に害
ありと屢々実行を促したるが、やっと今回決行せしなり」[⑤]と
言った。

　孫文の渡日は犬養毅・頭山満とも直接の関係があった。松井
中佐は田中次長に「犬養等ヲシテ招致セシムルモ可ナリ」「犬養
位ヨリ重ネテ渡東ヲ勧告セシメラレテハ如何」と上申した[⑥]。
田中が松井の上申により、犬養らにこの意を伝えたかどうかは
不明であるが、犬養と頭山は3月2日孫文宛の書簡で、中国南
北が対峙し政局がごたごたしている時、東方の乱を治めること
を協議する名目で孫文を東京に招請した[⑦]。これに対し孫文は、

　①『日本外交文書』大正7年第2冊上巻、11—14頁。
　②『日本外交文書』大正7年第2冊上巻、3頁。
　③『日本外交文書』大正7年第2冊上巻、3頁。
　④『大阪朝日新聞』大正7年3月18日。
　⑤『原敬日記』第四巻、1965年、401—402頁。
　⑥『日本外交文書』大正7年第2冊上巻、15—16頁。
　⑦『孫中山全集』第4巻、409頁。

3月20日犬養・頭山に、今国会召集のため忙しいので、南北調和の問題であれば唐少川（唐紹儀）がよろしく行い、私か行く必要はない、もし東アジア百年の根本大計を協議するならば、私が必ず行かなければならないと返事した①。この返事は広東駐在武官依田大尉と菊池良一を通じて両人に伝えられた。

　3月末あるいは4月初め、孫文は朱大符を日本に派遣した。朱大符は孫文の犬養・頭山・加藤（高明？）・尾崎（行雄？）・犬塚信太郎・寺尾亨・床次（竹二郎？）・秋山（真之？定輔？）・田中（義一？）・森山宛の書簡を持参して来日した②。頭山・犬養宛の書簡は、この時期の孫文の思想と南北問題を解決する考え方を明らかに表明している。孫文はこの中で中国の共和国体を維持する重要性を強調し、共和国体を保障するのは「臨時約法」であり、「臨時約法」の命脈は国会である、今日時局を解決する唯一の根本的方法は国会を回復することであり、もし北方当局者が国会の回復を断行するならば他の条件を要求しないと述べ、6月非常国会開催後には暇を得られるので、犬養が来広するよう切望した③。犬養は孫文の招請に応じなかった。しかし犬養は朱大符に孫文が来日すれば「日本朝野ノ名士ニ親シク会見ノ労ヲ執リ南方政界ニ有利ナル結果ヲ齎スヘク且南北妥協ニ斡旋スヘキ意嚮ナリシ」④と言った。朱大符はこの意向を孫文に復命し、孫文はこれにより渡日の決心をしたのである⑤。だが孫文が広東を出発する直前の5月16・19日、寺内内閣は北京政権と陸海軍の日中共同防衛軍事協定を締結し、6月18日には西原借款の一環として吉会鉄道借款契約が成立し前貸金

①『孫中山全集』第4巻、409頁。
②『孫中山全集』第4巻、421−423頁。
③『孫中山全集』第4巻、421−423頁。
④『日本外交文書』大正7年第2冊上巻、21頁。
⑤『日本外交文書』大正7年第2冊上巻、21頁。

1000万円が北京政権に交付された。これは寺内内閣がよりいっそう援段政策を強行したことを示している。

　孫文は胡漢民・戴天仇と共に5月21日広東を出発し、汕頭・厦門・基隆を経由して渡日の途に就いた。経由地では同地駐在の日本官憲の「厚意」的接待を受けた。孫文一行は6月10日郵船の信濃丸で門司に到着した。宮崎滔天らが東京から門司に来て孫文一行を出迎えた①。孫文来日の確実な目的は不明であるが、門司で新聞記者に「久振に小閑を得て来朝したのみである、此夏を箱根に過す積りで、日本朝野の名士に会見する希望を持って来たのではない」②と語った。しかし、孫文は国民党神戸支部長楊寿彭には「犬養等ヨリ来朝ヲ促サレタルヲ以テ好機逸スヘカラストナシ内心大ナル抱負ヲ以テ来朝シタルモノニテ即チ犬養等ノ援助ヲ得テ自己並ニ南方政界ニ有利ナル一生面ヲ開カムト欲セル」③と語った。孫文はまた、今南方は日本から借款を希望する気は全くない、自分自身も借款を要求する気がないと述べた④。従来孫文の対日要望の第一項は借款であったが、今回は例外であったと言えよう。

　門司では三井物産が便宜を提供し、その日の夕方列車で神奈川県国府津に赴いた。大阪毎日新聞社東亜部顧問の沢村幸夫が大阪まで同行、神戸では菊池良一が迎え、国府津では殷汝耕が迎えた。その足で箱根に向かい四日間滞在した。箱根では日本当局者とは接触せず、頭山満・菊池良一・今井嘉幸らと面会した⑤。孫文は旧友らとの面会を通じて先ず日本の政治情勢を理

　①『宮崎滔天全集』第5巻、714頁。
　②『東京日日新聞』大正7年6月11日。
　③『日本外交文書』大正7年第2冊上巻、21頁。
　④『孫中山全集』第4巻、483－484頁。
　⑤　沢村幸夫「送迎孫中山先生私記」、陳仁朋『孫中山先生与日本友人』、大林書店、1973、119－122頁。
　『東京朝日新聞』大正7年6月13日。

解し①、中国南北問題と日本の対中国政策等に対する彼の見解を吐露したと思われる。孫文は門司で、南方は南北の和平を願っている、和平は先ず「臨時約法」と国会の回復から始めなければならない、もし北方も真に和平を願っているならば、私と私の同僚も積極的にそれに同意するであろう、その和平の条件は多数の意見に従うと語った②。3月、南北和解の前提条件として「臨時約法」と国会の回復を主張したのに比較して、その条件がゆるやかになったように思われる。

図 59　来日し箱根を訪れた孫文の動静を報じる『東京朝日新聞』1918年 6 月 13 日号（写真右から寺尾亨、孫文、頭山満）

　孫文は寺内内閣の援段政策に反対しながらも、また中日親善を希望していた。孫文は「両国の親善の実現は方法の問題でなく意思の如何である、余は従来とても日支親善を急とするもの今後更に思ひを運らして策を講じようと思ふ」③と述べた。そ

①『孫中山全集』第 4 巻、484 頁。
②『孫中山全集』第 4 巻、483 頁。
③『東京日日新聞』大正 7 年 6 月 11 日。

の後孫文は急性結膜炎のため京都大学医学部病院で一週間ほど治療し、23 日神戸港から近江丸で帰国したが、出発に際し、「日本の対支意見もさて来て見ると日本国民の同情が南方に集まって居る真情が勿論明らかとなった政府の態度なんかは初めから問題とせぬ時には更迭もあるしそんなに重く見る必要はないが国民の意思は重大である」①と語り、上海には 2 か月滞在し、今度は家族を連れて再び来遊する積りであると述べた。胡漢民は日本に残った。

　「大ナル抱負ヲ以テ」来日した孫文は、所期の目的を達することができなかった。孫文と寺内内閣の中国南北問題解決の条件と主張がまっこうから対立し、両者の間に妥協の余地がなかったからである。26 日、孫文は上海に戻ってきた。孫文は短期の渡日を通じて、何よりも寺内内閣の援段政策と中国南北問題解決策への理解が深まり、上海上陸後、寺内内閣の政策は「日本政府の南方征伐なり」②と厳しく非難し、寺内内閣にはなんらの期待も寄せず、日本の内閣の交代を待っていた。

第三節　原内閣と対日批判

　原内閣の対中国政策　二年間援段政策を固執してきた寺内内閣は、米騒動の嵐の中で 1918(大正 7)年 9 月 21 日総辞職し、9 月 29 日原敬内閣が登場した。寺内から原への内閣交代は、第一次世界大戦終了前後の国際情勢の変化と、それに伴う日本の対中国政策とも密接な関係があった。1918 年春から第一次世界大戦終結の気配が強まり、欧米列強の中国への関心が、再び高まってきた。このような状況の下で、寺内内閣は欧米列強が中

---

①『東京朝日新聞』大正 7 年 6 月 24 日。
②『東京朝日新聞』大正 7 年 6 月 28 日。

国に巻き返す前に、中国に段祺瑞を中心とした親日的中央政権を確立し、日中双方の軍事協定を締結して、中国に対する軍事・政治的支配を強化し、同時に段政権に対する経済的援助も強化して、中国における鉄道・電信・鉱山等の植民地的権益を獲得し、従来の列強協調の枠を突破しようとした。このような内閣が大戦終結後にそのまま存続するのは、大戦後の中国問題をめぐる列強との協調と交渉にたいへん不利であった。国際情勢は国際協調を主張する新しいイメージを持った内閣の登場を要求したのである。

　次には、日本の対中国政策の変化である。寺内内閣は、段政権を強化して南北に分裂した中国を武力で統一しようとし、それによって全中国に対する日本の支配体制を確立しようとした。しかし、終戦を前にこの目的を達成することができず、逆に中国国内では南北の妥協による平和統一を唱える勢力が勃興し、段の武力統一政策を非難する声が高まった。このような情勢も、南北の妥協と和平統一を唱える新しい内閣の登場を要求した。原内閣はこれらの要求に応じて成立したものである。

　原敬は政友会総裁として、また臨時外交委員会の委員として、寺内内閣の対中国政策は「小策を弄し、列国の猜忌を招き、支那人の反感を買ふは如何にも将来危険なり」①と批評し、中国内政に対する干渉を中止し、「当分不干渉に置くときは優勝劣敗結局誰か相当の力量ある者出でんも知れず、其際始めて相当の措置をなすを可とす」②と主張した。陸軍内部にも寺内の援段政策を支持しない勢力が存在していた。参謀次長田中義一は、孫文も含む南北有力政治家を網羅した挙国一致政府が樹立することを主張し、参謀本部付の青木宣純中将も南北の妥協を主張

①『原敬日記』第四巻、1965 年、176 頁。
②『原敬日記』第四巻、1965 年、302 頁。

した①。

　このような批判と主張が大戦終結前後の新しい国内・国際情勢の下で一つの政策に形成され、原内閣の対中国政策として現われた。原内閣は前内閣の極端な援段政策が国際的に日本を不利な立場に陥れたことを痛感し、先ず中国問題に対する国際協調を強調し、中国南北に妥協と平和統一を勧告した。これは部分的には前内閣の対中国政策を継承しながらも、また対中国政策の一時的転換だと言わざるを得ない。この転換を積極的に担ったのは、新陸軍大臣田中義一であった②。

　原内閣のこのような政策転換は、内外に日本政府が中国南北に対し不偏不党の態度を堅持するであろうという印象を与えた。故に、孫文も原内閣に期待を抱いた。孫文の期待は、原が1917年から南北の妥協を主張していたため③、原の組閣前から存在していた。孫文は戴天仇を日本に派遣し、書簡を託した。戴は1917年6月29日原を訪問して中国の現状を紹介し、原の協力を要望した④。9月9日、張継と戴天仇が再度原を訪ね、寺内内閣の援段政策を阻止するよう要望し、段を退去させ、南北の一致を得て中国共和政治の進歩を見るべきだと原を説得しようとした⑤。しかし、原は孫文の要望に応じず、孫文の南北問題に対する主張は単純な理論であり、「単純なる理論のみにては到底急速に成功を見るべきものにあらず」⑥と言い、孫文の「臨時約法」と旧国会の回復主張は空想であり、実行不可能なものだと批判した⑦。これは偶然な批判ではなかった。1916年春、大

① 北岡伸一『日本陸軍と大陸政策』、東京大学出版会、1978年、204－205頁
② 北岡伸一『日本陸軍と大陸政策』、東京大学出版会、1978年、231頁。
③ 『原敬日記』第四巻、1965年、307頁。
④ 『原敬日記』第四巻、1965年、297頁。
⑤ 『原敬日記』第四巻、1965年、313－314頁。
⑥ 『原敬日記』第四巻、1965年、297頁。
⑦ 『原敬日記』第四巻、1965年、314頁。

隈内閣と田中義一参謀次長らが反袁世凱のため一時孫文の革命
派を支援した時、原はその政策に反対し、「袁を倒さんとするも
袁俄に倒れざるべく、革命党を助くるも支那統一六ケしきのみ
ならず、革命党志を得るも始終日本より支持する事を得べきに
あらず、又彼等も常に日本の味方と見るべからず」[1]と述べた。
これは原の孫文とその革命党に対する見解と態度を端的に表わ
したものである。

　原の主張する南北妥協の「南方」には、孫文革命党は含まれ
ず、主に陸栄廷・唐継堯ら西南軍閥とそれに結びついた唐紹儀
らを指していた。1918年の春、唐紹儀が来日していた。唐は陸
と結びつきながらも、また孫文とも微妙な関係を持っていた人
物である。原は南方では唐に依拠して南北妥協を推し進めよう
とした。4月14日、原は小川・床次・岡崎らと帝国ホテルに唐
紹義を招待した[2]。27日唐は殷汝耕と原を訪ねて会談したが、
唐も孫文は「理論に走り実行に適せざる事を云へり、単純なる
理論家とのみ思ひ居る」[3]と述べ、孫文を排除した南北妥協を
実現しようとした。

　原が南北妥協を主張した目的は何であっただろうか。第一に
は、ソビエト・ロシアと対抗するためであった。原は1918年4
月30日山県に、ソビエト・ロシアとドイツの停戦により、ドイ
ツの勢力が東に伸び中国に及ぶことを防止するため、南北を妥
協させて一つの政府をつくり、それを助ける必要ありと述べた[4]。
第二には、中国における日本の勢力を拡大するためであった。4
月22日寺内首相との会談で「南北妥協と云ふも我勢力を注入す

---

①『原敬日記』第四巻、1965年、163頁。
②『原敬日記』第四巻、1965年、382頁。
③『原敬日記』第四巻、1965年、393頁。
④『原敬日記』第四巻、1965年、376-377頁。

べき端緒を得べき最好の口実なり、是非とも之を試むべし」①と
語り、その侵略的意図を露骨に吐露した。第三には、欧米列強
と対抗するためであった。4月27日唐紹儀に「欧洲大戦後各国
は東洋に於て国力の恢復を図るべし、吾々東洋人は一日も油断
すべからず」②と語り、大戦後欧米列強と中国を争奪する一手
段として、南北妥協を主張したのである。原はこのような陰険
な帝国主義的な目的を抱いて南北妥協を主張し、また孫文の革
命党をこの妥協から排除しようとしたが、孫文は同僚を派遣し
て原に自己の主張への支持を訴えた。孫文は原からなんらの支
援も得られなかったが、五国列強が正式に南北和平会議を勧告
した時に、依然として原内閣に期待を寄せ、その支持を得よう
と努力した。

　南北和平会議　大戦の終結が迫るに伴い、イギリスは9月26
日率先して中国南北和平＝妥協問題を日本に提出した③。これ
は大戦の終結を迎えれば、イギリスが中国に巻返しを図って、
中国に対する支配権を大戦前のように強化しようとする合図で
あった。新たに登場した原内閣はこの南北和平＝妥協の主導権
を掌握するため、先ず北京政権の参議院議長になる梁士詒と大
統領になる徐世昌の意向を探り、彼らの賛成の下でイギリスの
提案に賛意を表する準備をした。10月18日、原内閣は各国共
同して南北妥協を勧告することを閣議で決定し④、外交調査委
員会は22日この件を審議した。原首相は中国の南北妥協問題を
そのまま放任すれば「他国ヨリ干渉ヲ試ルノ端ヲ開クヘキ形勢
トナリ……我帝国ヨリ公然発議スレハ与国モ亦之ニ同意スルナ
ラン」と述べ、主導権を掌握して、中国に対する支配権を強化

---

①『原敬日記』第四巻、1965年、390頁。
②『原敬日記』第四巻、1965年、393頁。
③『日本外交文書』大正7年第2冊上巻、32—35頁。
④『原敬日記』第五巻、1965年、28頁。

しようとした①。

　当時中国民衆も平和と統一を望み、南北妥協の気運が高まっ
てきた。しかし、北京政権内部では段の安徽系と直隷系（呉佩
孚・李純）の対立が激化し、日本の借款と兵器で武力統一政策
を推進した段祺瑞政権への非難が痛烈になり、安福国会（1918
年8月段祺瑞が召集した国会）の選挙で内戦に反対し中立を標
榜した徐世昌が大統領になり、10月には段も国務総理を辞職せ
ざるを得なかった。

　このような国際・国内情勢の下で、孫文は南北和平＝妥協に
どう対応したであろうか。孫文は五月広東軍政府の大元帥の職
は辞任したが、七人総裁の一人であった。孫文は依然として広
東軍政府の目標であった「臨時約法」と旧国会の回復を共和政
体を維持する前提だと主張し、その回復のため戦った。しかし
陸栄廷・唐継堯ら西南軍閥は孫文を排除し、「臨時約法」と旧国
会を犠牲にして、北京政権と妥協しようとした。故に孫文は先
ず南北妥協に断固反対した。しかし、南北妥協が必至になると、
「護法」精神の尊重を南北和平＝妥協の基礎とすべきだと主張し、
それに賛同せざるを得なかった。

　そのような南北和平＝妥協を実現するため、孫文は日本の支
持を要望した。11月3日には上海総領事有吉明に面会し、南北
「会合ガ飽迄護法ノ精神ヲ尊重スルモノナラサル可カラス即チ
旧国会ヲシテ憲法ヲ制定シ終ラシメ、及ビ改メテ大総統ヲ選挙
セシムルノ二条件ヲ以テ妥協ノ基礎トスルヲ要ス」と述べ、日
本と中国のため日本が「断乎干渉マデノ決心ヲ以テ右二条件ヲ
命令シテ解決セシメラレンコトヲ希望」し、「今次会議ノ成否ハ
一ニ日本ノ態度ニ懸レリ」と断言しながら、「戦後「アングロサ

---

① 小林竜夫編『翠雨荘日記』、原書房、1966年、278頁。

クソン」ノ活動ヲ予期シ日支ノ提携ノ急務ナルヲ説キ切ニ日本
ノ勇断ヲ望ム旨ヲ繰返シ」①だ。孫文には当時李烈鈞・柏文蔚・
許崇智・陳炯明・黎天才・林海修・于右任らの指揮する護法軍
が広東・湖南・湖北・福建・陝西等各省に散在していたが、そ
れが統一した軍事力として南北の軍閥に抵抗し得る勢力にはな
らず、また南方の代表であった唐紹儀とは微妙な関係があった
が、「彼ニ重キヲ置カス」②、それほど信頼していなかった。こ
のような状況で孫文は大戦後中国をめぐる欧米列強と日本との
矛盾・対立の激化を予期し、日本を利用して「護法」の目的を
達成し、共和体制を回復しようとした。孫文派に属する孫洪伊・
張継らも有吉総領事に同様の意を表わし、「特ニ日本ノ好意ニ依
頼セサルヲ得ス」③と言った。

　11月、中国南北両政権間に停戦が実現し、南北妥協は必至の
ものになった。孫文はこの停戦令はアメリカ政府の勧告によっ
て発したものだと判断し、11月26日有吉総領事を再度訪問し、
これは米・英が結託して中国南北を挙げてその支配下に置こう
とするものであり、その結果「日支協約（二十一箇条？中日軍
事協定？一引用者注）ノ如キハ全然破毀ノ運命ヲ招クモ亦知ル
可ラス即結局東亜ニ於ケル日本ノ勢力駆逐」④せられると言っ
た。孫文が有吉に中国に対する日本と英米との争奪を強調した
のは、依然としてその対立を利用して、孫文一派に対する日本
の支援を獲得するためであった。孫文は自分は福建に三万の兵
を有し、「若シ日本ニシテ適当ナル援助ヲ与ヘラルルニ於テハ即
チ立チテ福建ヲ基礎トシテ浙江ヲ衝キ広東ヲ従フ」、そして雲
南・四川・江西・山東の勢力を連合して、中国の過半を従え、

①『日本外交文書』大正7年第2冊上巻、79−80頁。
②『日本外交文書』大正7年第2冊上巻、79頁。
③『日本外交文書』大正7年第2冊上巻、97頁。
④『日本外交文書』大正7年第2冊上巻、113頁。

「日本ト提携シテ英米ノ跋扈ヲ牽制シ得可シ」①と述べた。有吉が、もしそうするとすれば、列国の干渉を招くおそれがあると言うと、孫文は「日本カ座シテ英米ノ跋扈ニ黙従センヨリ今ニ於テ果断ノ措置ニ出テ飽ク迄東亜ノ連盟ヲ理想トスル自分ニ援助シテ以テ将来ノ大計ニ資センコトヲ望ム」②と要望し、この意を至急日本政府に伝達するよう希望した。有吉は日本の援助を得るためにアメリカの停戦令勧告を利用する孫文の意図を把握しながらも、日中連盟を必要とする信念を有する孫文を内外に利用するのが得策だと内田外相に建言し、孫文援助の方に心が動いた③。

　日本と英米諸国による南北妥協勧告の期日が差し迫ると、孫文はよりいっそう日本の支援を切望した。孫文は 11 月 28 日朝夕二回有吉総領事を訪問して、第一に南北妥協による中国の統一が中国と日本に大なる不利益を与えること、第二に「日本トシテ誠心誠意ノ日本党ヲ支那ニ有スル」必要と、自分が「東亜ノ将来ヲ慮リテ日本ト離ルル能ハサル所以」、第三に、もし段祺瑞が真の親日論者であれば自分は直ちに彼と握手をするし、「南北ノ妥協ハ段ト自分トノ間ニアラサレハ成立スルノ理由ナク北方ヲ纏メ得ルモノハ段ニシテ南方ノ主力ハ自己ナリトシ此両者ヲ除キテノ妥協ノ成立セサルヘキ」を力説し、26 日有吉に話したのと同様の援助を日本に懇願した④。昨日まで段祺瑞を最大の政敵と見なしていた孫文が、突然段と妥協して南北統一を実現しようとした目的は、親日的な段との妥協により自分に対する日本の援助を獲得することにあったと思われる。しかし段は10 月 10 日既に辞職し、原内閣が極端な援段政策を改めている

①『日本外交文書』大正 7 年第 2 冊上巻、114 頁。
②『日本外交文書』大正 7 年第 2 冊上巻、114 頁。
③『日本外交文書』大正 7 年第 2 冊上巻、114 頁。
④『日本外交文書』大正 7 年第 2 冊上巻、119 頁。

この時期に、原は徐世昌と梁士詒に好意を持っており①、段を支持して孫文と握手させようとはしなかった。

　日本と英米等五か国は12月2日、共同で南北和平＝妥協勧告を北方の徐世昌総統と南方軍政府の伍廷芳に手交した。日本は孫文の懇請を入れなかったばかりでなく、逆に孫文が日本の勧告を支持するよう要求し、内田外相は12月4日有吉総領事に、「孫文ニ対シ大勢ノ帰向ニ顧ミ此際穏健自重ノ態度ヲ持シ日本ノ方針ニ賛同スル様」②指示した。有吉は翌日これを孫文に伝えた。そこで孫文は南北和平＝妥協に対し日本が断固干渉するよう要望した11月3日の立場に戻り、日本の発意に基づいて発した南北妥協に対し、日本が責任を持って正義に基づいて遂行するよう要望し、日本が「宜シク干渉ヲモ敢テシテ旧国会ヲ回復セシムル等正義ニ従ツテ行動サレンコト希望ニ堪ヘス」③と有吉に述べた。

　同時に孫文は再び段祺瑞との妥協から段に反対する立場に転換し、段を参戦督弁とした参戦督弁処に対する日本の援助を批判し、「今ヤ一律裁兵ノ要有ルニ当リ日本ガ尚一部軍閥ニ勢力ヲ附スルト同様ノ結果ヲ生ズル措置ヲ執ルノ徒ニ中外ノ疑惑ヲ招ク所以」④を力説した。原内閣は寺内内閣の極端な援段政策を改めながらも、その政策の一部を継承し、1918年9月に成立した参戦借款2000万円の第一回分350万円を12月4日北京政府に交付し、大戦が終結したにもかかわらず、参戦軍の編制と訓練を着々と推進した。孫文は日本の支援で段との連合が不可能になった状況の下で、日本と段に対する批判を再開したのである。

---

①『日本外交文書』大正7年第2冊上巻、19－20頁。
②『日本外交文書』大正7年第2冊上巻、134頁。
③『日本外交文書』大正7年第2冊上巻、135－136頁。
④『日本外交文書』大正7年第2冊上巻、136頁。

　孫文は同時に一時アメリカに頼ろうとして、11 月 18 日ウィルソン大統領に、19 日在中国アメリカ公使にそれぞれ書簡を送った。この中で、孫文は日本の援段政策と段祺瑞が旧国会を破壊したことを非難し、中国の民権・正義・永久平和確立の唯一の条件は、民国の旧国会が完全に自由にその権利を行使することであり、北方の軍閥にこの国会を尊重するよう大統領が勧告することを懇願した①。

　この時期に孫文がまた国会の回復を主張したのは、その後南方の代表唐紹儀が旧国会の回復を南北妥協の先決問題として取り上げていたため、南北会議が有望だとの判断によるものと思われる。日本は孫文の南北妥協に対する主張を極端な論だと非難し、その「極端論ヲ押ヘ妥協促進ヲ図ラシメ」るため、内田外相は1919 年 1 月 31 日、孫文の知人寺尾亨を上海に派遣して、孫文を押さえようとした②。

　南北和平＝妥協会議は五か国の共同勧告と南北軍閥・政客の内部交渉により、2 月 20 日から上海で開催された。孫文は胡漢民を自分の代理として参加させ、福建・陝西両省の停戦問題、南北軍縮問題、会議の焦点であった国会問題、二十一箇条と中日軍事協定問題等に対し、南北軍閥勢力と戦っ

　たが、結局は失敗した。孫文は会議開催中の 2 月 23 日自分の考えを有吉総領事に、「自分ハ今ヤ政界ノ孤立者タレバ何等策ノ施スベキナク東亜ノ大局ニ必要トスル日本ノ勢力維持ノ途トシテ自分ハ今猶ホ自己ヲ中心トシテ南方ヲ殉フ可シトスル当初ノ意見ニ何等変更ヲ見ザルモ右ノ行ハレザル以上静カニ欧米ノ態度ヲ見テ徐ロニ計画スルノ外ナカルベク自分ハ飽迄徹底的ノ

---

①『孫中山全集』第 4 巻、512−514 頁。
②『日本外交文書』大正 8 年第 2 冊上巻、3−4 頁。

革命者今次ノ会議ノ如キ始メヨリ重キヲ措カズ」[①]と語り、日本に対する期待を完全に放棄しなかった意を示した。

　会議は双方の対立により、5月13日決裂した。上海に派遣された寺尾亨は、帰国後、5月15日原首相に会議が決裂・停頓したことを復命した[②]。しかし、日本は親日的な徐世昌大統領と南方の代表唐紹儀を妥協させ、南北に対する支配力を強化するため、金で徐・唐を買収しようとした。5月31日内田外相は原首相にこの意を上申した。原は「余初より南北妥協には結局金なくしては出来得ずと信じ其事を内話したる事ある」と言い、「親日派には相当の援助を要すべし」として、徐に日本商人を通じて金を与え、「飽まで政府が干与するの疑惑を列国より招かざる事必要なり」と指示した[③]。内田外相はこの件につき高橋蔵相と協議した。同時に、唐継堯にも武器を提供しようとした。唐は李黄宗を日本に派遣し、李は7月25日原首相を訪ね、唐に対する日本政府の好意を要望した[④]。このようにして、原内閣と南北和平会議に対する孫文の期待は完全に潰えた。

　孫文の対日批判　孫文の対日批判は、彼の対日期待の破滅と密接な関係があった。孫文の対日観は、対日期待と失望で構成されていると言っても過言ではない。その対日批判を検討するには、先ず彼の日本への期待を知るべきである。この時期孫文は何を日本に期待していたか。1917（大正6）年1月1日『大阪朝日新聞』に発表した「日支親善の根本義」は、この時期の前半期における孫文の対日期待を集中的に表わしていると思う。

① 大正8年2月24日、在上海有吉総領事より内田外務大臣宛電報、藤井昇三『孫文の研究』、145頁。
②『原敬日記』第五巻、1965年、92頁。
③『原敬日記』第五巻、1965年、101頁。
④『原敬日記』第五巻、1965年、121頁。

　孫文は、袁世凱の死去から1917年6月国会を解散する以前の
時期を、中国の共和政治が復活された平和建設の時期だと見な
し、これは「日本の道徳的援助に由り」①できたものだと言っ
た。「道徳的援助」とは、孫文の革命党と西南軍閥の反袁護国
戦争に対する日本の支援を指すものであり、この平和建設の
時期に、中日親善の根本問題を解決して真の中日親善を実現
しようとした。孫文はこの文章において先ず「両国の親善を
計るには、両国人民の根本的思想と両国人民の其の国家に対
しての根本的希望とを十分に会得し而して根本的政策方針を
樹てなければならぬ」②と述べ、両国間における葛藤の原因と
中国の希望を率直に日本に吐露した。さらに「元来支那と日
本とは同じく東洋的道徳の根本の上に立って居る国家であり、
而して両国民は共に同系統の道徳的薫陶を受けて生れた人間
であるから、思想の上に於いて感情の疎隔を来たす恐れなく、
又道徳の上に於いて衝突を来たす理由がないものだ」③と述べ
た。明治維新前における中日関係は、孫文の述べたとおりで
あったと言えよう。しかし、「今までの誤解紛糾は凡て人為的
原因から生じたもので一番重要なる原因は両国の今日世界に
於ける立場の相異即ち国勢の強弱の同じからざるに帰するの
ではないかと思ふ」④と分析した。両国の国勢の強弱は客観的
存在であるが、その本質的相異は資本主義的あるいは帝国主
義的侵略と半植民地的被侵略であったと言えよう。この文章
で孫文は「欧米各国の圧迫侵略」の用語は使用しながらも、
日本に対しては、この用語を避けていた。これは孫文の自制
であったと言えよう。

①『東京朝日新聞』大正8年1月1日。
②『原敬日記』第五巻、1965年、19-20頁。
③『原敬日記』第五巻、1965年、19-20頁。
④『原敬日記』第五巻、1965年、19-20頁。

図 60　「日支親善の根本義」と題する論説を掲載した『大阪朝日新聞』1917 年 1 月 1 日号

　孫文は「支那の新思想を有して居る人達は、世界の大勢に通達し東洋の将来に嘱目して、支那の政治的改革を計り以て文化と国力との向上に資するを必要なりと認め、随って之に関して先進国たる日本に対しては多大なる希望を有して居る」が、「日本は今までは支那の此の希望に副ふこと少なく支那に対する方針は依然、欧米列強に依って唱へられ、且つ実行されつゝある利益均霑機会均等と云ふ恐しい縄を打破するのではなく、唯之れに随って欧米列強は斯様であるから日本もと云ふ姑息的利権拡張に囚はれるに過ぎないのである」、故に中国人は日本に対して不満足と危懼と疑惑を抱くのであると言った①。孫文は日本に欧米の「利益均霑機会均等と云ふ蚕食的主張に囚はれず」「支那の国勢改善に助力を与へ」、機会均等利益均霑主義の結晶であ

　①『原敬日記』第五巻、1965 年、19－20 頁。

る不平等条約改正に助力してくれるよう要望した①。「日本が若しも此の支那有識者の共に希望して止まない条約改正に助力を与へるならば、支那全国の人民は精神上に於いて日本に感激するのみならず」、条約改正に伴う中国経済の発展により中国の購買力は 10 倍に増大するようになり、そうすれば中国への大なる工業品の供給国である日本は経済上 10 倍の利益を獲得し得るので、両国の利益が共通となり、親交もますます増進するであろうと予言した②。故に孫文は「日本は維新後に於いて一番政治上に於いて艱難困苦をなめたのは即ち位権税権の回収であつたではないか、日本国民の希望することは支那国民も仍り希望して止まない、若し日本にして己れの欲する所を支那に施さば、支那は道徳的に日本に報いなければならぬ、此の道徳的結合・精神的結合に由って始めて真に日支親善が徹底し得るのである」と力説した③。

　孫文はこのように中日親善を実現しようとしたが、日本は孫文の期待とは正反対に、中国の軍閥を支援して中国侵略を強化し、南北和平会議においても孫文の呼びかけに耳を傾けなかった。これは孫文をおおいに失望させた。この失望とロシア革命・五四運動の影響により、孫文は日本への期待から日本への批判に転換し始めた。過去にも孫文は日本の中国侵略を批判しているが、1919 年 6 月以来、対日批判の回数が多くなり、その深度も大きくなり、日本の対中国侵略を欧米の白色人種の侵略より危険だと見なし、日本を最大の敵国だと批判している。孫文は1919 年 6 月 24 日「日本『朝日新聞』記者の質問に答える」、1920年 1 月 26 日「『益世報』記者との談話」、同年 6 月 29 日「田中

①『原敬日記』第五巻、1965 年、19－20 頁。
②『原敬日記』第五巻、1965 年、19－20 頁。
③『原敬日記』第五巻、1965 年、19－20 頁。

義一宛書簡」、同年 8 月 5 日「上海において米国議員団歓迎の演
説」、同年 11 月 8 日「上海通信社記者との談話」等で日本の対
中国政策を批判した。「宮崎寅蔵宛の書簡」でも、対日問題に対
して触れた。これらの中で孫文は日本の対中国政策を次のよう
に批判した。

　第一に、「近代日本の対東亜政策は武力的、資本的侵略を基本
とし……中国に対しては、この目的達成のために常に保守的反
対勢力を扶植し革新運動を抑圧する」と非難した①。辛亥革命
以来日本は袁を援助して民国を四、五年間撹乱し、袁の死後に
は段祺瑞を援助し、張勲の復辟を支持し、国会を破壊し、「臨時
約法」を廃棄させた②。その後は、安直戦争を契機に直隷系軍
閥と結託した張作霖を支援して入京させた③。「これら過去の
種々の事実から論ずれば、日本政府の対中国政策はもっぱら反
動的な党を援助して民主主義者を排除」し、広東軍政府を抑圧
し民党を圧迫したと激しく非難した④。孫文は 1921 年 4 月来訪
した重光葵に対し日本の軍閥を罵り、日本の中国侵略政策を激
越な口調で非難した。

　第二は、二十一箇条に対する激しい非難である。孫文は「こ
の二十一箇条が規定したのはほぼ完全に中国の主権を日本に譲
渡したものである。この協定の下で中国は日本の付属国になり、
日本の陪臣国になり、あたかも日本が過去朝鮮において使用し
た方法と同様なものであった」⑤と言い、この二十一箇条によ
り「日本は全中国を征服し……中国の大混乱もこの二十一箇条
により起こり、若しこれを排除したら中国の統一はすぐ実現さ

---

①『孫中山全集』第 5 巻、276 頁。
②『孫中山全集』第 5 巻、276、299 頁。
③『孫中山全集』第 5 巻、277、299 頁。
④『孫中山全集』第 5 巻、276 頁。
⑤『孫中山全集』第 5 巻、298 頁。

れるであろう」と述べ、中国革命党は最後の一人までこの条項
の排除のため戦うべきだとの決意を表明した①。二十一箇条締
結の時期、孫文はこの条項を公然と批判しなかった。この時期
のこうした批判は、孫文の二十一箇条に対する認識の飛躍と言
うよりも、新しい情勢の下での公然的行動であり、過去におけ
る自制からの解放だと言えよう。

　第三は、山東問題に対する激しい非難である。孫文は「日本
がついに膠州と青島を強行に占拠したことはたしかに泥棒の行
為である。日本は泥棒である。我国は泥棒と交渉することは出
来ない。なお泥棒が我国の領土を強行に奪掠する権利を承認す
ることも出来ない」②と述べ、パリ講和会議において日本が山
東を中国に返還しないことを非難し、「若し日本が山東における
独国の権利を継承するならば、これは他年独国の敗北を継承す
る前兆である」③と警告し、日本に山東の返還を強く要求した。
さらに山東問題を二十一箇条と参戦問題とに関連させ、山東問
題を含む二十一箇条を排除しなければ、山東問題も解決できな
いと強調し④、日本は中国の参戦の勧誘を契機に、山東におけ
るドイツの利権を継承する条約を列強と締結し、漁夫の利を得
ようとしているのだと述べた⑤。

　第四に、孫文は山東問題解決の第一歩として、先ず一八九五
年の下関条約を廃止して朝鮮を扶助することを主張した⑥。孫
文が下関条約の廃止を主張したのは、これが初めてだと思う。
満洲問題に対しては、租借期間満期後、日本は満洲から撤退す

---

①『孫中山全集』第 5 巻、300 頁。
②『孫中山全集』第 5 巻、206 頁。
③『孫中山全集』第 5 巻、74 頁。
④『孫中山全集』第 5 巻、399 頁。
⑤『孫中山全集』第 5 巻、72 頁。
⑥『孫中山全集』第 5 巻、206、399 頁。

べきだと強調した。

　第五には、中国の参戦問題と中日軍事協定に対しても激しく日本を非難した。日本が中国に参戦を勧誘した陰険な目的は、参戦の名の下に軍事的支配を強化して中国を征服するためであり①、1918年5月に締結した中日軍事協定はこれを実現するための具体的措置であるとして、この協定の撤廃を強く要求した。

　最後に、孫文は日本の北洋軍閥に対する援助政策を批判し、彼らが北京の政権を保つのは「一に日本が陰に陽に援助を為すの結果である」。故に「日本と戦ふの意思を固めた」と、来訪した日本人神田生に日本への敵意を示した②。

　次に孫文は、中日両国の関係がこれほど悪化した原因を分析した。それは「日本武人は帝国主義の野心を逞うし……中国を以て最も抵抗少きの方向となし、而して之に向って其侵略政策を発展せんとは、これ中国と日本の立国方針が根本的に対立している」③ことであると述べ、これがためにわが国の人民は「日本は民国の敵」だと思っており、もし日本が再度中国の平和事業を撹乱すれば、中国人民の悪感情は日増しに高まり、積もり積もった恨みが爆発する時、その災難は日貨ボイコットにとどまらないと警告した④。そして、日本の中国への圧迫と掠奪は、台湾・朝鮮以上であり、中国人民はこれに対し、これ以上忍ぶことはできないし、今回の山東問題に対し中国人民の「日本に対する恨み骨髄に徹す」⑤と言った。孫文は9月（？）来訪した北海道大学農学部教授森本厚吉に、反日を公言する理由は、

①『孫中山全集』第5巻、298頁。
②『東京朝日新聞』大正9年6月12日。
③『孫中山全集』第5巻、72頁。
④『孫中山全集』第5巻、277頁。
⑤『孫中山全集』第5巻、73頁。

「日清・日露戦役後及び其後の日本の行動に徴し日本に領土的野心あるを信ぜざるべからざるに至りたるが為めなり」と言って日本の中国侵略をあばいた①。

　孫文は、今後「白人の外来災難は心配することない。今後我党の災難は依然として日本の軍閥政策にある」②、と宮崎滔天宛の書簡で指摘している。これは第一次世界大戦を契機に、新興日本がアヘン戦争以来中国侵略の先兵イギリスに代わり、最も危険な中国侵略国になった事実への正確な判断である。

　孫文は日本のこのような侵略政策にどう対応しようとしたのであろうか。先ず、欧米、特にアメリカと連合しようとした。1920年8月5日、アメリカ議員団③を歓迎する孫文の演説は、この対外政策の変化を意味した。孫文は、中国の訪問を終えた議員団が渡日して二十一箇条の排除を唱導するよう要望した④。10月5日、宮崎滔天への書簡でも英米と連合して排日を行う意を伝え、この責任は日本側にあると言った⑤。孫文は言論だけでなく、行動においてもアメリカと連合しようとした。1917年8、9月、胡漢民と共にアメリカの広東総領事に財政的援助・武器の提供・広東政府の承認等を要請した⑥。

　第二に、国会の役割を重視する孫文は、旧国会を回復して、国会の議決によりこの二十一箇条と中日軍事協定を廃止するこ

---

① 『読売新聞』大正9年9月17日。
② 『孫中山全集』第5巻、354頁。
③ 上海では、上海総商会・欧米同学会・寰球学生会等の反日団体がアメリカ議員団を熱烈に歓迎した。
④ 『孫中山全集』第5巻、300−301頁。
議員団が来日した後、日本に孫文の意を伝えなかったばかりでなく、かえって内田外相らに好意を示した、『原敬日記』第五巻、1965年、279頁。
⑤ 『孫中山全集』第5巻、354頁。
⑥ 韋慕廷『孫中山—壮志未酬的愛国者』、中山大学出版社、1986年、102−103頁。

とを主張した①。同時に南北和平会議再開の先決条件として、北方がこの両協定を廃止するように迫った②。

図61　孫文の対日批判を掲載した『読売新聞』1920年9月17日号

　第三に、二十一箇条の問題等は単なる中国人の問題ではなく、また単純な外国人の問題でもないために、中国人と日本の民主主義者を含む人民が、共に協力して廃止しなければならないと主張した③。孫文は日本を批判しながらも、日本の支配層と民主主義者とを区別し、宮崎滔天ら日本の民間同志に軍閥の政策・方針を改正させ、共に救済の対策を講ずるよう切望した④。孫文は、同年10月蒋介石を日本に派遣した。蒋介石は頭山満・寺尾亨宛の孫文の書簡を持参し、孫文の近状とその意思を伝えた⑤。

①『孫中山全集』第5巻、299頁。
②『孫中山全集』第5巻、299−300頁。
③『孫中山全集』第5巻、300頁。
④『孫中山全集』第5巻、354頁。
⑤沢村幸夫「送迎孫中山先生私記」、陳仁朋『孫中山先生与日本友人』、大林書店、1973年、272頁。

　孫文は日本を批判したこの時期にも、過去に中国革命を援助
してくれた日本の友人には常に敬意を表していた。1919年9月、
山田良政碑の建立にあたって孫文は紀念詞で良政が中国人民の
自由のため奮闘した平等の精神を顕彰した[①]。同年 5 月 30 日、
菊池良一の兄の死去に際し、金 100 円を贈ってその死を追悼し[②]、
10 月日本に派遣した蒋介石を通じて病患の犬塚信太郎に慰問
の意を表わし[③]、日本志士との友情を深めた。

第四節　第二次広東軍政府と三大政策

　ロシア革命と五四運動　孫文の対日批判は、日本への失望か
ら発したものであると同時に、ロシア革命と五四運動が孫文に
与えたインパクトとも密接な関係があった。
　孫文の日本への期待は、日本の中国革命党に対する経済的・
軍事的援助と、日本と中国との間に締結した不平等条約を撤廃
することであった。しかし、日本は一時的に援助を与えたこと
はあったが、孫文の対日期待は基本的には破滅した。故に孫文
は激しく日本を批判したのである。折しもこのような時期に、
ロシアの十月革命が成功した。ソビエト・ロシアは、世界被圧
迫民族との連合を唱え、帝政ロシアが外国と締結したいっさい
の不平等条約を撤廃し、被圧迫民族の平等を主張した。1919（大
正 8）年 7 月と 1920 年 9 月の二回にわたり、対中国宣言を発表
し、従来ロシアが日本・中国および連合国側と締結していた秘
密条約を廃棄し、東支鉄道・租借地、租借した鉱山・森林およ
び他の産業等、いっさいを無条件で中国に返還し、1900 年の義

---

①『孫中山全集』第 5 巻、119−121 頁。
②『孫中山全集』第 5 巻、61 頁。
③ 沢村幸夫「送迎孫中山先生私記」、陳仁朋『孫中山先生与日本友人』、大林書店、
1973 年、271−272 頁。

和団の賠償金を放棄し、中国における治外法権をも撤廃し、中国と友好条約および東支鉄道に関する新条約を締結する意を表明した。このようなソビエト・ロシアに対し、孫文は 1918 年夏と 1921 年 8 月電報と書簡により、ロシア革命党の苦難の闘争に敬意を表して、中・露両党団結して共に戦うことを念願した。孫文はソビエトの組織、軍隊と教育にも関心を寄せた[①]。1920 年秋、孫文は上海でコミンテルンの代表と会談し、ソビエト・ロシアの軍事援助と、ソビエト・ロシアのラジオ放送局との連絡を希望し、中国南方の闘争とソビエト・ロシアの闘争とを連合させるよう期待した[②]。孫文の日本に対する失望と批判は、このようにソビエト・ロシアへの期待に転換し始めたのである。

　1919 年 5 月 4 日、日本が占領した山東返還の要求が、パリ講和会議において日本と英・米・仏など列強に拒絶されたことを契機に、北京と中国各地で学生を先頭とした五四運動が勃発した。五四運動は反封建的新文化運動であり、また反帝国主義運動であった。青年学生と民衆は、日本占領下の山東返還と二十一箇条の撤廃を強く要求し、親日分子に打撃を与えた。五四運動は、ある意味において、反日運動だとも言える。このような全国的運動が、孫文の対日批判にインパクトを与えたのは当然なことであった。孫文はこのような闘争を支持・激励し、上海青年学生の集会に出席して、彼らの正義の戦いを支持した。孫文はこの運動を通じて、初めて民衆の力に気づき、このような青年学生と民衆が革命に参加すれば、革命が必ず勝利を収めると確信し始めた。過去における日本への依頼と期待は、中国国内の民衆の力に対する認識が欠けていたため、外国にしか頼らざるを得ないという発想から出たものであった。中国国内で革

① 広東省哲学社会科学研究所歴史研究室等編『孫中山年譜』、230、280−281 頁。
② 金冲及主編『孫中山研究論文集』、四川人民出版社、1986 年、993 頁。

命の新しい力を発見した孫文は、これにより日本に対する依頼と期待が相対的に減少し、それが対日批判として現われたのである。

ロシア革命と五四運動の孫文に与えたインパクトは、彼の対日批判と対日観の変化を促進したのみでなく、旧三民主義を新三民主義に発展させ、彼の革命運動を新段階へ推進させた。第二次広東軍政府と連ソ・連共・扶助工農の三大政策は、このような歴史的背景の下で成立したものであった。

第二次広東軍政府　　五四運動後、孫文は過去の旧約法と旧国会回復を目ざす護法運動から、新たな革命運動を目ざして歩み始めた。1919 年 8 月 7 日、孫文は第一次広東軍政府政務総裁の職を正式に辞任し、西南軍閥と断固決裂した。10 月 18 日、上海寰球中国学生会での講演で、「われわれが民国を救おうとする場合、採るべきものには二つの道がおるだけである。一つは原状を維持し、合法国会を回復し、真正永久の和平を維持することであり、もう一つは、あらたに革命事業を開始し、根本の改革を求めることである」と述べ、「根本の改革を求める」道を歩み始めた①。

孫文は先ず広東を占拠している西南軍閥を打倒し、広東の革命根拠地を回収して南方を統一し、北伐を敢行して北洋軍閥の北京政権を打倒しようとした。当時孫文の革命党には、陳炯明を司令官とする革命軍二万人が福建の漳州に駐屯していた。孫文は陳を信頼し、廖仲愷・朱執信らを福建に派遣して、陳が広東を攻撃するよう命令した。陳は 1920 年 8 月、三つの方面から広東を攻撃し、陸栄廷・岑春煊らの軍閥と政客を広東から駆逐した。孫文は 11 月 28 日、二年半ぶりに広州に戻り、29 日第二

---

①『孫中山全集』第 5 巻、139 頁。

次広東軍政府を建てた。復活した軍政府は一時「護法」のスロー
ガンを掲げたが、これは根本的問題を解決し得ないので、1921
年1月1日孫文は北京政権の国会破壊・約法無視の非法行為を
矯正することを主旨とした護法のスローガンを放棄し、従来の
軍政府の枠を大きく踏み出して、正式政府樹立の構想を提出し、
その準備を積極的に進めた。4月7日参衆両院は、「中華民国政
府組織大綱」を制定した。5月4日、軍政府が廃棄され、5日中
華民国が正式に発足し、孫文は非常大総統に就任し、「大総統就
任宣言」および「大総統就任対外宣言」を発表した。宣言は新
政府が南北を含む全中国を代表する政府であり、北京政府は非
合法な政府であると宣言し、友邦政府が孫文の新政府を中華民
国の唯一の政府として承認することを求めた①。宣言は、列強
とその人民が条約あるいは契約により正当に獲得した権利を尊
重し、門戸を開放し、外国の資本および技術を歓迎する意を表
わした②。

　広東新政府の成立に驚いた北京政府は、広西に逃亡した陸栄
廷をして広東新政府に対抗するように働きかけ、広東に侵犯し
た。孫文は6月末、陳炯明・李烈鈞・許崇智らにこれを迎撃す
るよう命じ、8月広西を平定し、新政府の基盤を固めた。広東
新政府の任務は、北伐を遂行し、中国の統一を遂げることであっ
た。この時期北京の北洋軍閥内部には、政権争いが絶えまなく
繰り返されていた。1920年7月、安徽系の段祺瑞と直隷系の呉
佩孚・曹錕の対立により、安直戦争が勃発した。従来日本の支
援により北京政権を掌握していた段祺瑞は、直隷系およびこれ
と結んだ奉天系の張作霖の連合軍に敗れて没落し、北京政権は
直・奉両系の支配下に置かれた。孫文はこの政権を打倒して中

---

①『孫中山全集』第5巻、531−533頁。
②『孫中山全集』第5巻、531−533頁。

国の統一を遂げるため、12月4日桂林に大本営を設置し、翌年の2月3日北伐令を発した。しかし、陳炯明との対立により、3月26日一時北伐を中止した。

　孫文北伐の政敵は呉佩孚と張作霖であった。しかし、孫文は張作霖とは公然と対立したが、親英米的呉佩孚とは公然と対立することは避けた。それは、この時期に孫文がアメリカの支援を得て日本に対応しようとしていたためであった。孫文は戦いの矛先をまず張作霖に向けた。張作霖は親日的な人物であり、日本の支援を受けていた。故に孫文はこの時期に張作霖と日本との関係を通して、北京政権と日本との関係をあばき、反張・反北京政権の戦いと日本との戦いを結びつけた。張作霖は日露戦争の時から日本と往来し、寺内内閣の反袁政策の時に日本から積極的援助を受け、中国東北を支配する奉天派軍閥に成長した。孫文は1921年4月ソビエト・ロシアの記者との談話で、張作霖は日本人の命令に服従している反動君主派勢力の頭であり、その周辺に中国のすべての暗黒勢力が集中して、旧中国の勢力を形成し、中国の統一と強大のために奮闘するわれらが、民主的新中国の代表として彼らと闘っていると述べた①。孫文はまたこの張作霖が北京政府の主宰者であり、日本と関係するすべての重大な問題に対して、東京の命令に服従しているので、日本の身近な利益と関係するすべての重大な政策問題に北京政府は事実上東京の道具になっていると判断した②。このような分析と断言から、革命の任務は、「中国統一のための闘争と日本との戦い」だと言明した③。1921年11月、なぜ北伐を行うのかというアメリカの記者の質問に対し、孫文は、「我は中国の北方を

①『孫中山全集』第5巻、527-528頁。
②『孫中山全集』第5巻、592頁。
③『孫中山全集』第5巻、529頁。

討伐するのではなく、日本と戦うのだ」①と答えた。これは、
北伐は日本との戦いだという意味と同じであった。孫文は言論
での対日批判から行動での反日を強調し、それを実行しようと
した。

　この時期孫文は依然として二十一箇条の撤回を日本に要求し、
日本は中国でその勢力を拡大し、朝鮮で使用したと同じ手段で
「中国を日本の植民地にしようとする」と非難し②、南北和平の
先決条件として二十一箇条の撤廃を提議した③。日本に対抗す
るため、孫文は北洋軍伐の内訌によって 1918 年 10 月総理を辞
任した段祺瑞と、その参戦軍＝辺防軍を利用しようとしていた。
1919 年秋、孫文は段と連絡をとり、段も孫文に二十一箇条とそ
れに基づいて締結した協約を撤廃することを孫に保証した④。
段祺瑞と張作霖は共に親日的な軍閥であったが、北京政権と北
洋軍閥の内訌により一時対立して、1920 年 7 月の安直戦争にま
で発展した。孫文はこの対立を利用し、日本が訓練した段の辺
防軍で日本と戦おうと計画したが、段の失敗によりこの計画は
実現しなかった⑤。孫文は安直戦争において段祺瑞が敗北した
原因は、反日的勢力である呉佩孚と親日的勢力である張作霖に
よるものであり⑥、呉佩孚が成功した唯一の原因は、張作霖が
日本の命令により段に対戦したためであり、日本がこのような
命令を発した唯一の原因は、段が自分の二十一箇条撤廃の要求
に賛成したからであるとし、二十一箇条撤廃と反日との関係を
説明した⑦。しかし、安直戦争後、張作霖と呉佩孚との対立が

①『孫中山全集』第 5 巻、626 頁。
②『孫中山全集』第 5 巻、514、516 頁。
③『孫中山全集』第 5 巻、516 頁。
④『孫中山全集』第 5 巻、299－300、464 頁。
⑤『孫中山全集』第 5 巻、300 頁。
⑥『孫中山全集』第 5 巻、300 頁。
⑦『孫中山全集』第 5 巻、464。

また激化し始めた。孫文はこの機を利用して、張作霖と握手し、呉佩孚を打倒しようとして、段と共に工作をした。これは表では親日的な張作霖と北京政権を打倒しようとしながらも、裏では親日的な張作霖と握手しようとしていたことを物語る。

　孫文はまた北京政権の大総統徐世昌と総理梁士詒への反対をとおして、反日の意を表わした。南北妥協問題において日本は親日的な徐と梁を支持し、彼らを中心に南北の妥協を達成しようとした。故に孫文は親日的な徐・梁に反対し、特にワシントン会議に彼らの代表が参加することに反対した。孫文は徐世昌およびその徒党らの手により、二十一箇条、満蒙等の四つの鉄道密約が日本と締結されたので、会議に彼らの代表を派遣して中国問題を中心とした極東問題を解決することができない[①]、と宣言した。ワシントン会議開催後の 1922 年 1 月 9 日には、彼らの偽代表が日本からの借款を得るため日本と山東問題に対し秘密裡に妥協している事実をあばき、これを内外に通告した[②]。

　孫文はワシントン会議に際し、中国と太平洋地域における日米矛盾を利用し、アメリカの支援を得て日本に対応しようとした。1921 年 9 月 18 日、アメリカの記者との談話で「もし米国が現在中国に協力して日本に抵抗しなければ、米国は将来必ず日本と開戦するに至るであろう」と予言し、アメリカが中国における日本の植民地的権益を承認した「石井ランシング協定」を撤廃するよう希望した[③]。また中国南方の人民はアメリカの主張する門戸開放主義を支持し、一日も早く南方政府を支援してくれるよう要望し、もしアメリカの援助が期待できない場合

---

① 『孫中山全集』第 5 巻、595－596 頁。
② 『孫中山全集』第 6 巻、1984。58－59 頁。
③ 『孫中山全集』第 5 巻、604 頁。

には、日本の侵略圧力に押し倒されるであろうと述べた①。同年9月孫文はアメリカ大統領ハーディングに書簡を出し、日本は1925年に満洲を占領し、中国を征服する道を歩み、その後対米作戦を開始すると言い、このようなことを防止するため、広東軍政府を承認して親日的北京政府を打倒する必要性を強調した②。しかし、アメリカ政府は孫文と広東軍政府を支持しょうとしなかった③。

　孫文はまたドイツとの連合を主張し、極秘にドイツとの連絡を進めた。大戦中、孫文は中国の対独宣戦に反対し、戦後には、ドイツは中国と締結した不平等条約が敗戦により撤廃され中国と同様の利害関係を有するとして、朱和中をドイツに派遣した④。しかも、この連合は孫文と桂会談での日・独・中の連合ではなく、中・独連合して日本に対抗しょうとしたものであった。

　孫文の対日批判と欧米連合の傾向は、日本で強い反響を呼んだ。『東京朝日新聞』は、孫文が日本軍部と田中陸相を批判した孫文の6月29日付の田中義一宛書簡を掲載した⑤。『東京日日新聞』は「支那赤化運動－漸次具体的となる＝民党一派の暗中飛躍」の見出しで「孫文氏等は支那のレーニン、トロツキとして活動すべしと予期せらる」と報じ⑥、他の新聞も孫文の赤化・親米・親英等を報じた。

　これに多少の不満を抱いた宮崎滔天と萱野長知は、1921年3月12日から15日広東を訪問して、二回孫文と面談し、日本の

①『孫中山全集』第5巻、605頁。
② 韋慕廷『孫中山－壮志未酬的愛国者』、中山大学出版社、1986年、112－113頁。
③ 韋慕廷『孫中山－壮志未酬的愛国者』、中山大学出版社、1986年、113－117頁。
④ 韋慕廷『孫中山－壮志未酬的愛国者』、中山大学出版社、1986年、117－119頁。
呉相湘『孫逸仙伝』下、1982年、1546－1550頁。
⑤『東京朝日新聞』大正8年7月21日。
⑥『東京日日新聞』大正8年10月10日。

マスコミ・世論の動向を話した。孫文は彼らに、「多年我等の主
張し来れる三民主義を改むる必要を認めず、飽くまで此の主義
の徹底を期するものである」と言い、親米云々のことは、「僕に
問ふよりも日本当局に問ふが好い」と答えた①。滔天は孫文の
対日態度に理解を示し、「思へば大隈内閣の二十一ヶ条問題は余
リ非道であった。寺内内閣の援北主義は余リに乱暴であった。
而して商売人は余リに我利くであった。一般国民も余リ驕慢不
遜であった。苟も一国をなしてる国民が、斯る侮蔑を甘受する
道理がない」と言い、排日の挑発者が日本の悪しき外交であっ
た、と原内閣の無為無能を批判した②。滔天と孫文の面談は、
これが最後になった。帰国した滔天は翌年の12月6日死去した。

　孫文の北伐・統一と米独連合の構想は、1922年6月16日陳
炯明のクーデターにより挫折した。陳炯明は「広東人の広東」
を掲げ、当時地方軍閥が叫んでいた「連省自治」に同調して地
方政権としての軍閥基盤を強化しようとして、孫文の北伐・統
一の計画に反対し、六月クーデターを起こして孫文の総統府を
包囲攻撃した。孫文は幸い難を逃れ、50日余の洋上生活を経て、
8月24日上海に戻った。第二次広東軍政府は崩壊し、孫文の革
命はまた挫折した。

　三大政策　陳炯明のクーデターによる広東軍政府の崩壊と
革命の挫折は、孫文に大きな衝撃を与えた。9月18日「海外同
志に致す書」で、孫文は「私は同志を率いて民国のために奮闘
し、30年になろうとしている。その間生死の中をくぐり、失敗
の数はいちいち数えることができないほどである。ただ失敗の
惨めさは今回の場合ほどひどいものはなかった。そもそも、こ
れまでの失敗は、原因は一つではないが、究極のところ敵に失

①『宮崎滔天全集』第1巻、572頁。
②『宮崎滔天全集』第1巻、587−588頁。

敗したということである。今回の場合、敵はすでにこちらに屈
服していたのに、敵に代わって興った者は、ほかならぬ十余年
間はぐくんできた陳炯明であり、そのとてつもない悪辣さは、
敵でさえなすに忍びないようなことを、すべて情容赦なく行っ
た」①と述べた。中国国民党員である陳炯明の裏切りは、国民
党の改組と、これまで進めてきた革命運動に対し根底からの再
検討を迫った。

　孫文はロシア革命にいちはやく関心を寄せた。ロシア革命は
辛亥革命の 6 年後に勃発したが成功した。中国革命はなぜ失敗
に失敗を重ねるのか。孫文はロシア革命の成功への共感から、
ロシア革命を羨望し、革命を指導したロシア革命党とソビエト
の赤軍の組織等に、強い関心を抱くようになった。1921 年 12
月、桂林でコミンテルンから派遣されたマーリンとの接触は、
孫文のソビエト・ロシアへの理解をいっそう深め、翌年の 1 月
4 日「フランス、アメリカの共和国はみな旧式のものです。今
日、ロシアだけが新式のものです。われわれは、今日、最新式
の共和国をつくらなければなりません」②と述べ、ソビエト・
ロシアの中国革命に対する支援に期待を寄せた。陳炯明のクー
デターは孫文のこのような連ソに新しい拍車をかけた。

　孫文の連ソ政策は、彼の連共・扶助工農政策の発端であり、
自然に連共政策につながっていった。コミンテルンと 1921 年 7
月に成立した中国共産党および孫文と国民党左派の努力により、
国民党と共産党の合作工作も進み、1922 年 8 月共産党の李大釗
が国民党に加入した。孫文は共産党の協力の下で国民党の改組
を準備し、9 月 6 日国民党改組案起草委員 9 名を指名し、共産
党員の陳独秀がこれに参加した。国民党の改組と共産党との合

---

①『孫中山全集』第 6 巻、555 頁。
②『孫中山全集』第 5 巻、56 頁。

作は並行して行われ、1923 年 1 月 1 日「中国国民党改組宣言」
が発表された。これに伴い、連ソ政策もいっそう進み、1 月 26
日「孫文・ヨッフェ共同宣言」が発表された。宣言はソビエト・
ロシアの民国統一と国家の独立への援助を保障し、帝政ロシア
と中国間に締結された不平等条約の撤廃を再確認した[①]。こう
して孫文のソビエト・ロシアとの提携が確定された。外には連
ソ、内には連共・扶助工農、孫文はその革命に自信がつき、日
本と他の列強に依頼しようとする思想が稀薄になり、日本に対
する態度も一時冷淡になった。

　1922 年 4 月、北京政府内部における呉佩孚と張作霖の矛盾の
激化により、第一次奉直戦争が勃発した。親日的な張作霖が敗
北し、北京政府は完全に親英米的軍閥呉佩孚に掌握され、日本
の勢力は北京政府から完全に排除された。孫文は日本と呉との
矛盾、呉と張・段との対立を利用して、北京政府の主宰者＝政
敵呉佩孚を打倒するため、親日的張・段との従来の対立関係を
改め、彼らとの連合をいっそう重視した。孫文は 12 月 26 日汪
精衛を再度奉天に派遣して張作霖との関係を固め、翌 23 年 1
月 26 日于右任を天津に派遣して段祺瑞との連合を確認した。張
と段もその代表を上海・広東に派遣して孫文との関係をいっそ
うに促進した。孫文は浙江の親日的軍閥盧永祥とも連絡を保ち、
孫・段・張の三角同盟を結成するために努力した。

　孫文はこの時期に日本の北京政府に対する支援を憂い、上海
総領事館の副領事田中に、近来日本政府は新聞紙上にしばしば
中立を報じているが、「現内閣ハ其ノ声明セル中立ヲ能ク確守ス
ル実力アリヤ」と質問し、その懸念の意を表わした[②]。田中は
孫文に、現政府は極力この主義を貫徹する意を表わした。この

---

① 広東省哲学社会科学研究所歴史研究室等編『孫中山年譜』、307 頁。
②『日本外交文書』大正 11 年第 2 冊、533 頁。

時期孫文は、依然として日本との親善・提携に希望を抱いていた。1922 年ワシントン会議での中日交渉により、膠州湾の中国への返還が実現した。12 月 11 日孫文は来訪した上海駐在の津田海軍中佐に、これは「誠ニ喜フ可キ所ナリ」「東亜将来ニ対シ日支両国民カ真ニ親善提携スヘキ理解ニ到達セハ両国間凡百ノ懸案ハ刃ヲ返ヘテ解決ス可キナリ」とし、日本の「朝野トモニ旧套ヲ脱シテ根本的ニ日支両国ノ親善関係ヲ革新サレンコトヲ望ム」と述べた①。1923 年第三次広東軍政府成立後、孫文と広東政府は、日本の広東総領事天羽英二と頻繁に往来し、日本の支援を要求した。

---

① 『日本外交文書』大正 11 年第 2 冊、542−543 頁。

第七章　第三次広東軍政府と日本

　1923（大正 12）年 2 月 21 日、孫文は第三次広東軍政府を樹立し、大元帥に就任した。この時期は、孫文の旧三民主義が新三民主義に転換し、国民党の改組と反帝・反軍閥の闘争を積極的に展開して、その革命運動を新しい段階に推し進めた時期であった。本章では、この重要な時期に、孫文は日本に何を期待し、日本はこれにどう対応したかを、犬養毅宛の書簡、関余・商団事件、孫の北上・訪日と大アジア主義等を中心に究明しようと思う。

第一節　第三次広東軍政府と関余・商団事件

　第三次広東軍政府　孫文はソ連と中国共産党の協力の下で国民党を改組すると同時に、彼の革命根拠地広東を回復する闘争を繰り広げた。当時広東は第二次広東軍政府と孫文を裏切った陳炯明の支配下にあった。1922 年 10 月孫文は福建省駐屯の革命派の北伐軍を「討賊軍」（陳炯明討伐軍）に改編し、国民党の許崇智をこの軍の東路討賊軍総司令に任命した。孫文はまた西南軍閥と広東の陳炯明軍との対立を利用して、この冬、西南軍閥楊希閔・劉震寰らを連合して西路討賊軍を編制し、翌年の 1 月 4 日陳炯明討伐令を発した。広東軍内部では第一・二師団

が蜂起して陳に矛先を向けた。陳は内外の攻撃により1月16日広東から追い出され、恵州方面に逃亡した。

　孫文は2月15日上海を出発し、香港経由で21日に半年ぶりで広州に戻り、第三次広東軍政府を樹立した。この軍政府は第一・二次軍政府と異なり、軍閥連合の政権ではなく、国民党を主体にした政権であった。孫文は軍政府大元帥に就任し、胡漢民を広東省省長に、廖仲愷を財政部長に（5月7日以後は広東省省長）、伍朝枢を外交部長に、譚延闓を内務部長に、孫科を広州市長に任命した。

　第三次広東軍政府は北京の曹錕と呉佩孚との鼎立政権であった。1922（大正11）年4月の第一次奉直戦争により、直隷系の呉佩孚が北京政権の実権を握っており、背後には英米の支持があった。この時期日本は、段祺瑞の失脚と親英米的呉佩孚の登場により、北京政権への支配力を失い、北方では奉直戦争の失敗により北京から追い出された奉天軍閥張作霖を支持して呉佩孚に対抗していた。第三次広東軍政府期は、日本の加藤（友三郎）・山本・清浦・加藤（高明）の四内閣の時代であった。1924年5月清浦内閣は「対支政策綱領」を制定したが、これは、この時期の日本の対中国政策の一側面を表わしていると思う。綱領の第三は[1]、

　　支那政局ノ現状ニ顧ミ差当リ中央政府ニノミ偏重スルコ
　　トナク広ク地方実権者トノ間ニモ出来得ル限リ良好ナル
　　伺係ヲ結ヒ以テ各方面ニ対スル我勢力ノ伸長ヲ図ルコト
　　従テ常ニ公平ナル態度ヲ以テ地方実権ニ莅ミ其ノ正当ナ
　　ル目的ニ対シ好意的援助ヲ与フル事但援助ノ程度及方法
　　ニ付テハ帝国ノ利害関係ニ応シ適宜調節ヲ加フルコト

---

[1] 『日本外交年表並主要文書』下、61頁。

　と規定した。この地方実権者とは主に張作霖を指すが、一地
方政権として成立した孫文の広東軍政府に対する日本の対応を
考究する場合にも参考になると思う。

　第三次広東軍政府成立後、三月に日本外務省は天羽英二を広
東駐在の日本総領事に任命した。天羽はベルサイユ講和会議と
ワシントン会議に随員として参加し、嘱望される外交官であっ
た。このような総領事を広東に派遣したのには、孫文とかかわ
りがあった。当時『北京週報』には、「天羽広東総領事は味覚か
ら判断して、孫文といよ味の素が人間の栄養として有効なもの
か怎ふかを、兎も角嚼み分ける舌を持ち合してる。事実孫文を
一ト渡り地方軍閥並に眺めたのでは何等の珍味も出て来ない。
所謂孫文のウマ味はジックリ嚼んで舌の先に 23 度転がしてか
らでないと判らない」①という文章が掲載されている。天羽は 5
月 13 日来広し、翌年 2 月 20 日孫文死去前に離任している。天
羽は 1935（昭和 10）年 3 月 12 日、ある集会で孫文の感想を述
べているが、孫文と軍閥の相違、孫文の精神と人柄に対し相当
の認識があったと言える②。

　日本は北京政府を合法的な政府として承認し、孫文の広東軍
政府を承認していない。国際法からすれば、外務省出先機関の
代表である総領事が、日本が承認した北京政府と対立する広東
軍政府と外交的接触をすることはできない。しかし、天羽は 5
月 16 日、廖仲愷の案内で大本営に孫文を訪問した。孫文は天羽
に「「日本独立外交必要」ヲ説」③いた。9 月 16 日と関余闘争の
最中の 11 月 6 日にも大本営で孫文と会見している④。天羽は

---

　①『北京週報』第 121 号、民国極東新信社、1924 年、848 頁。
　②『天羽英二日記・資料集』第一巻、天羽英二日記資料集刊行会、1985 年、1418－
1422 頁。
　③『天羽英二日記・資料集』第一巻、1325 頁。
　④『天羽英二日記・資料集』第一巻、1344、1351 頁。

1935 年の回想で「孫先生は常に私に大亜細亜主義の主張をなし、日本は亜細亜の一国であり乍ら欧米に倣って帝国主義の政策をやるのは怪しからん、日本は進んで不平等条約を廃棄し、真に日華提携の実を挙げなければならない」[①]と要望していたと語った。しかし、天羽は中国国内政治の改造を強調し、その上で不平等条約の撤廃などを解決すべきだと言い、孫文の要望に応じようとしなかった[②]。天羽と広東軍政府の要人との招待宴や往来も非常に頻繁であった。着任の翌日天羽は広東省省長の廖仲愷らを招待し、16 日には孫科・廖仲愷・楊庶堪・呉鉄城・陳少白らが天羽を招待し、広東軍政府の要人も頻繁に天羽を招待した[③]。このような接触は、一般的外交儀礼を上回るものであり、当時の広東軍政府と日本との関係の一側面を表わすものであった。

　着任後、広東軍政府が日本に切望したのは借款であった。廖仲愷は 5 月 22 日天羽に 20 万円の借款を台湾銀行に依頼するよう要求し、省長公署をその抵当とし、支払は塩税収入で行うと言った[④]。その後、廖はその代表向品佳を数回天羽に派遣して借款交渉を行った。7 月 11 日廖は市政借款の問題で天羽と会談し[⑤]、向は 8 月 4 日・28 日、人力車税を抵当に華南銀行より借款することを天羽に申し入れた[⑥]。そのほかに葉夏声 10 万円、馬泊年 45 万円、廖朗如 2 万円、呉尚鷹 10 万円の借款を天羽に要望した。その結果は不明であるが、9 月以後には借款の要望がない。

①『天羽英二日記・資料集』第一巻、1420 頁。
②『天羽英二日記・資料集』第一巻、1420、1421 頁。
③『天羽英二日記・資料集』第一巻、1325 頁。
④『天羽英二日記・資料集』第一巻、1326 頁。
⑤『天羽英二日記・資料集』第一巻、1235 頁。
⑥『天羽英二日記・資料集』第一巻、1328、1341 頁。

図 62　広州の孫文と廖仲愷（1924 年 11 月）

　また、広東軍政府は日本農商務省より技師を招聘して高州鉱山を調査し、山田純三郎がこれを担当し、後藤新平もかかわっていた[①]。広東軍政府は天羽を通じ、日本人竹藤・甲府と数回造幣廠の件を交渉し、8 月 17 日造幣廠引受けの調印をした[②]。そのほかに、廖は 6 月 30 日に日本に広東軍政府の特派員を派遣することと、10 月 13 日に廖の日本訪問の件を天羽と会談した[③]。

　9 月 1 日、関東大震災が起こると、広東軍政府は孫文の名で直ちに後藤新平らに見舞いの書簡を送った[④]。

---

　① 李廷江「孫文と日本人」、『日本歴史』第 471 号、90 頁。
　②『天羽英二日記・資料集』第一巻、天羽英二日記資料集刊行会、1985 年、1339 −1340 頁。
　③『天羽英二日記・資料集』第一巻、天羽英二日記資料集刊行会、1985 年、1333、1348 頁。
　④ 李廷江「孫文と日本人」、『日本歴史』第 471 号。
　『孫中山全集』第 8 巻、115−116 頁。

　1922 年後半期から中国各地で反日運動が起こり、23 年には東北・華北・華中・華南地域で二十一箇条廃止・遼東半島返還を中心とした反日運動が高まった。運動は孫文の広東軍政府管轄下の広東と福建一帯にも波及した。香山県では青年学生らが日本製の綿糸を差し押さえ、日貨をボイコットした。青年学生と民衆の反日運動に対し、孫文と広東軍政府は支持すべきであったが、逆にこの反日運動を取り締まる措置をとった。これにつき天羽総領事は。7 月 19 日内田外相に、「広東政府当局ハ好意ヲ以テ取締ルモ唯如何セン其政令未夕全省ニ及ハス」「広東政府ノ遣口並ニ現在ノ排日程度ニ於テハ官憲ノ取締ヲ最有効トスル処幸ヒ現政府ハ割合ニ我方ニ対シ好意ヲ有スルカ故ニ只今ノ所支那当局ノ取締ニ一任シ本官トシテハ黙過ノ方針ヲ取ル」① と報告した。広東軍政府は他の軍閥政権のように高圧的手段によるよりも「好意」的勧誘により、それを取り締まった。8 月 15 日孫文は広州全国学生評議会で演説し、青年学生らの「外に列強と対抗し、内に軍閥を打倒する」スローガンに対し、これを同時に提出して論議することはできない、まず内政を改善し、内政がよくなれば外交は問題にならぬ、われわれの革命が成功すれば二十一箇条の廃止などは難しくない、外国人を防ぐのは空言の排斥で功を奏するものではない、ある意味から言えば「日貨ボイコットは恥ずかしいことである」と述べ、全精神を革命に注ぎ早期に自彊を図るべきだ、と勧告した②。これは日貨ボイコットよりも国内の革命がもっと重要だということを強調したものであった。孫文と広東軍政府がこのように反日運動に対応したのは、当時広東軍政府と日本政府との関係を考慮したものであった。しかしイギリスなど他の列強も孫文のこの演説に

　　①『日本外交文書』大正 12 年第 2 冊、259 頁。
　　②『孫中山全集』第 8 巻、115－116 頁。

好意を示した①。

　以上の事実は、第二次広東軍政府の時期に排日的であった孫文が、この時期にはまた日本に好意的になり、期待を寄せていたことを物語る。これは第一次奉直戦争後、親英米的呉佩孚が北京政権を掌握し、日本が孫文の政敵呉佩孚と対立するようになり、孫文の広東軍政府に対しある程度の好意を示したからである。

　犬養毅宛書簡　孫文の日本への期待は、世界の大勢と中国情勢および孫文自身の思想の変化により、絶えまなく変化していた。1923 年 11 月 16 日の犬養毅宛の書簡は、この時期の孫文の日本への期待を端的に表わしたものと言える。これは、犬養が第二次山本内閣の逓信大臣に就任したのを機に、自分の対日期待を吐露し、この旧友を動かして日本政府を広東軍政府の支持・援助に向かわせようとしたものである。書簡は私的形式を借りているが、孫文の日本政府に対する公式声明と言ってもよいものである。孫文はこの書簡において、何を日本に期待していたか。

　　一、日本は「列強追随政策を打破し、新たに一幟を立ててアジア各民族が待ちに待っていた希望にそわれること」。

　　二、英国がアイルランドとエジプトの自由と独立を許したように、日本も翻然とめざめ、朝鮮の自由と独立を許し、あやまちをふたたびせぬよう心がけ、アジアの人心を収拾すること。

　　三、日本が被圧迫者の友となることを希望し、そのため「日本政府は毅然として断固、中国革命の成功を支持し、内に統一、外に独立を達せしめ、いっきょにして列強の束

---

①『日本外交文書』大正 12 年第 2 冊、265 頁。

縛を打破」して、中日の親善を実現すること。

　四、「日本は率先してソビエト・ロシア政府を承認し」、ソ
　　ビエト・ロシアと結んで同盟国となること①。

　孫文のこの期待は、日本が欧米列強盲従の政策を一掃して、
中国革命を支持・援助し、ソビエト・ロシアを承認し、アジア
被圧迫民族の大連合を実現して、欧米列強の強権と闘うべきこ
とを主張したものである。孫文の日本へのこのような期待は、
過去の日本の政策に対する批判から出たものである。孫文は日
本への期待とは対照的に次のように日本を厳しく批判した②。

　一、「日本は中国の革命に対して、（中華民国成立以来）十
　　二年このかた、ことごとに反対行動に出て、それに失敗
　　すると、いつわりの中立をよそおって体裁をととのえ、
　　かつていちども徹底した自覚をもって、毅然として断固、
　　中国革命援助をアジアの国として立つ日本の遠大な計と
　　すること」がなかった。

　二、日本は「ヨーロッパの侵略政策をまねることを知るの
　　みで、はては朝鮮を併呑するという暴行までもあえてし、
　　アジア全域にわたって人心を失ってしまった」。

　三、日本は列強と共にソビエト・ロシアに武力的干渉をし、
　　それを承認しようとはしなかった。

　孫文は翌年2月新聞記者松島宗衛と会見し、「現下に於ける日
本国民は頗る支那国民を軽んじて居る、或はチャンコロと冷罵
し、動々もすれば凌辱せんとする傾向があり」、眼前の情勢に得
意となって、一時的現象のため中国をこのように軽蔑・冷罵・
凌辱すると批判した③。しかし、孫文は広東の官業中最も前途

①『孫中山全集』第8巻、403－406頁。
②『孫中山全集』第8巻、403－406頁。
③ 松島宗衛「故孫文の偽らざる告白」、『日本及日本人』昭和2年10月15日、50頁。

有望なセメント工場を担保に三井財閥と 3000 万円の借款交渉
をしていた①。

　以上のような孫文の対日批判と期待は、孫文の対日態度と対
日観の二重性的矛盾を示すものである。松島記者は孫文のこの
ような態度は「恰も女郎の如き無節操を示して居る」として、
孫文に反省を促したが、孫文はこれに反駁して、対日批判ある
いは排日は貴国の「反省を促さんが為」であり、「貴国朝野を覚
醒せしめんが為」であると強調した②。これは、孫文の対日批
判が、日本との決裂を意味するのではなく、日本への期待を実
現する一手段であり、中日親善と提携を実現するためのもので
あり、その対日観の二重性において、日本への期待が主であっ
たことを示している。

　孫文のこのような対日期待は、彼の国際観と中国政治情勢と
も密接な関係があった。孫文は中国の平和統一と民族の独立に
あたっての最大の障害は、中国の軍閥、特に直隷系の北洋軍閥
の呉佩孚と、それと結託している欧米列強だと判断し、対外的
には英米を中心とする欧米列強に抵抗するため、中国、日本、
ソビエト・ロシアとアジア被圧迫民族が連合して彼らと戦わな
ければならないと強調した。これは錯覚であったと言わざるを
得ない。第一次大戦以来、日本が欧米に代わって、中国に対す
る最大の侵略国として登場してきた。孫文はこの最大の敵国に
抵抗するため、欧米列強を利用すべきであった。しかし、孫文
は国内的には、英米が支持する直隷派（呉佩孚・曹錕）の北京
政権打倒のため、また英米と密接な関係がある関余および商団
事件の解決のため、対外的には、欧米が主要な敵だと判断し、

---

　① 松島宗衛「故孫文の偽らざる告白」、『日本及日本人』昭和 2 年 10 月 15 日、49－50
頁。
　② 松島宗衛「故孫文の偽らざる告白」、『日本及日本人』昭和 2 年 10 月 15 日、50
頁。

この欧米に抵抗するため日本に期待を寄せていた。これは第二次広東軍政府期の、アメリカに期待を寄せ日本に対応しようとした方針とは正反対であった。

関余問題　1923 年第三次広東軍政府樹立以来、孫文は不平等条約の撤廃を中心とした反帝闘争を展開した。1923 年から 24 年にわたる税関の関余問題は①、孫文の不平等条約撤廃と反帝闘争の一構成部分であった。孫文は関余問題を解決するため、先ず日本の支持を得ようとした。この問題を正式に提出する前に、孫文は 7 月 20 日外交部長伍朝枢を派遣して、天羽総領事に、広東軍政府に対しても関余を配布するよう北京外交団と総税務司アグレンに提議すべき旨を伝え、日本もこれに承諾を与えてほしいと懇願し、この意を内田（康哉）外相に伝達するよう依頼した②。

広東軍政府は、九月五日正式に北京外交団に、1920 年 3 月以来の未交付の分と現在および将来の関余をすべて広東軍政府に分与するよう要求した。これに対し、天羽総領事は山本（権兵衛）外相と北京の芳沢謙吉公使に、1920 年以来未交付の部分と 13.7 パーセントの割当てには相当の議論の余地があるけれど、現在および将来の分与には反対の理由なしとして、その要求に同情する意を表わした③。天羽は、一は要求の正当と公正の見地より、二は拒否した場合広東軍政府が税関の差押えを断行する可能性を考慮したからである。

---

① 関余とは、中国関税が義和団事件の賠償と外債の抵当となっているため、税関の収入はすべて条約の指定する外国銀行に交付させ、イギリス人の総税務司がこれを管理することになっていたが、その毎年の税関収入のうち、外債と義和団賠償の返済分および税関・外交部税務処などの経費を除いた剰余部分を指す。この関余の一部分が 1917 年から北京政府に返還され、その主要な財源になった。1919 年から広東軍政府にもその関余の 13.7%を配分するようになったが、1920 年 3 月からこの関余の配分が中止された。孫文はこの関余の配分を要求した。これがいわゆる関余問題である。

② 『日本外交文書』大正 12 年第 2 冊、596 頁。

③ 『日本外交文書』大正 12 年第 2 冊、597－598 頁。

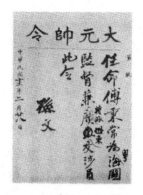

図63　1923年2月28日、孫文による大元帥令　傅秉常を広東省海関監督兼広東交渉員に命じたもの

　北京では10月6日、日・英・米・仏四か国の公使がイギリス公使館で広東軍政府の要求を検討した。イギリス公使マクレーは、広東軍政府の要求には相当の理由がある、北京・広東軍両政府の話し合いで決めるようにしようと提議した。しかし、アメリカ公使シャーマンは広東政府に対してしばらく回答を差し控え、帰国したイギリス人総税務司アグレンの帰来を待ってその対応策を講じようと提議した。日本の芳沢公使はこの意見に賛成した①。こうして広東軍政府に対する回答をしばらく見合わすことにした。アグレンが上海に戻った後、広東のイギリス総領事ジェームソンは11月2日アグレンに広東軍政府の要求を伝えた。アグレンは、上海の外国銀行団がこの地域の財政恐慌を招くおそれがあるとして反対していることを理由に、この要求を断固拒絶した②。これにより広東軍政府とイギリスの関係は日増しに悪化した。しかし、この時期広東軍政府の要人と日本総領事との往来は依然として頻繁であった。11月6日天羽は

①『日本外交文書』大正12年第2冊、598－599頁。
②『日本外交文書』大正12年第2冊、600－601頁。

大本営に孫文を訪問し、同日夕方孫文と廖仲愷省長、伍朝枢外交部長、孫科広州市長、呉鉄城公安局長らが天羽の招待宴を催した①。広東では、11 月 19 日伍朝枢がイギリス総領事に関余引渡しの成行きを聞いたが、総領事はアグレンの意見を伝え、この要求を拒否した。これに対し伍朝枢は「遺憾乍ラ最後ノ手段ニ訴ヘン」と警告し、総領事も「右ノ如キ場合ハ英国ハ経済封鎖ヲ断行スヘシ」と威嚇した②。こうして、広東軍政府とイギリスとの対立は一挙に高まり、孫文はイギリスを主とした反帝闘争を展開し始めた。

　孫文は広東税関の接収計画を立て、日本側の協力を要望した。当時広東はサイゴンから米を輸入し、生糸を輸出していた。もし広東税関の接収を断行すれば、イギリスなどの列強は広東軍政府に対する経済封鎖を行うので、広東の輸入・輸出が困難になり、財政上被る打撃も相当のものになる。故に孫文は、米の輸入と生糸の輸出を日本船に依頼しようとし、この意を 11 月 20 日顧問井上謙吉を通じて天羽に伝えた③。天羽は孫文の税関接収を「暴行」だと非難し、協力しようとしなかった④。井上は天羽に李烈鈞とこの件につき面談するよう申し入れたが、これも拒否された。孫文は 24 日財政庁長鄒魯を派遣して、もう一度天羽に協力を要望したが、天羽はこれにも応じようとしなかった⑤。

　日本は列強の共同権益維持のため列強に追随し、基本的には、共同行動をとり始めた。11 月 29 日、芳沢公使は英・米・仏・伊四か国公使と共に、万一孫文と広東軍政府が税関に干渉する

　①『天羽英二日記・資料集』第一巻、天羽英二日記資料集刊行会、1985 年、1351 頁。
　②『日本外交文書』大正 12 年第 2 冊、601 頁。
　③『日本外交文書』大正 12 年第 2 冊、599。
　④『日本外交文書』大正 12 年第 2 冊、599 頁。
　⑤『日本外交文書』大正 12 年第 2 冊、600 頁。

場合には「其ノ必要ト認ムル厳重ナル手段ヲ執ル」と決定し、
在広東の各国軍艦に然るべき準備をとるよう指示した。芳沢は
英米に追随し、「各国ト協同ノ動作ヲ執ル様尽力スベキ」旨を表
明した①。このような決定に対し、伍朝枢外交部長は 12 月 5 日
広東のイギリス総領事に、中国税関は中国の官庁である故に、
本政府管轄下の各税関は本政府の命令に服し、関余を北京に送
付することを中止して地方の費用に充てるように命令し、二週
間以内に回答することを要求した②。

　英・仏総領事はこの命令と要求に対し、税関保護を口実に海
兵隊を上陸させ、強硬な態度を示した。しかし、天羽は外交団
の大勢が関余引渡し拒絶に傾かざるを得ない場合には、「我方ヨ
リ進ンテ関税余剰ノ引渡ヲ承諾シ場合ニ依リテ右様決定セシム
ル様誘導ニ努ムルヲ賢策ナルカト思考ス」と伊集院外相に具申
した③。その理由は、一に「広東側ノ要求ヲ拒否スヘキ強キ根
拠アルモノニアラス」、二には孫文と広東軍政府は「日本ニ対シ
好感ヲ有セル事実ハ否ムヘカラサルカ故ニ帝国トシテハ北方政
府ノ立場ヲ考慮スルト同時ニ南方トノ関係ヲモ看過スルヲ得
ス」と考慮したからである④。しかし、伊集院外相は天羽の具
申とは逆に、「万一広東政府側ニ於テ外国側ノ意向ヲ無視シ不法
ノ措置ニ出テ且之ヲ阻止スル為メ領事団ニ於テ一致ノ態度ヲ取
ル場合ハ之ト歩調ヲ合ハセ軍艦側ト連絡ヲ執リ適当ノ措置ニ出
ツルコト」⑤を指示した。ワシントン会議以来日本は列強との
協調を強調し、対中国外交においても、基本的には列強との協
調策をとった。しかし、伊集院外相は、日本が「主導的態度ニ

①『日本外交文書』大正 12 年第 2 冊、602 頁。
②『日本外交文書』大正 12 年第 2 冊、604 頁。
③『日本外交文書』大正 12 年第 2 冊、606 頁。
④『日本外交文書』大正 12 年第 2 冊、606 頁。
⑤『日本外交文書』大正 12 年第 2 冊、604 頁。

出ツルコトハ避クル様」①と指示し、孫文と広東軍政府との関係には天羽と同様に余地を残そうとした。

　北京外交団は 12 月 11 日孫文と広東軍政府の先の要求への回答案を作成し、14 日これを広東側に伝えた②。この中で列強は、依然として孫文と広東軍政府の要求を拒否した。しかし列強は、孫文がこの回答に対し税関の差押えあるいは現税関長の立退きを命ずる等の非常手段をとる可能性を予測し、13 日その対応策を講じた。この時広州港には既に九隻の外国軍艦が集結していたが、日本は急遽二隻の駆逐艦を広東に派遣することを決定した。アメリカはマニラから六隻の駆逐艦を香港に派遣し、香港・澳門駐屯の外国軍隊も出動の準備をしていた。孫文は列強の武力的脅威に屈服せず、一時闘争の矛先をアメリカに向け、15 日来訪した日本人佐藤安之助に、関税収入を全部広東に保留する目的を貫徹するため断固列強と戦う決意を示した③。

　しかし、孫文は東江の陳炯明一派と軍事的に対立していたため、武力で列強と対抗する余力がなかった。故に孫文は、日本が総税務司アグレンとの間に調停斡旋の労をとるよう希望した④。15 日佐藤安之助を通じ、孫文と政府要人が天羽を訪問する意を天羽に伝えた⑤。しかし、孫文と広東軍政府要人の訪問は実現されず、その翌日井上謙吉が孫文の名で天羽を招待し、同日の夕方伍朝枢外交部長も天羽を招待して、北京の日本公使がアグレンとの調停斡旋の労をとるよう希望した⑥。しかし、

---

①『日本外交文書』大正 12 年第 2 冊、604 頁。
②『孫中山全集』第 8 巻、550 頁。
③『日本外交文書』大正 12 年第 2 冊、616 頁。
④『日本外交文書』大正 12 年第 2 冊、617 頁。
⑤『天羽英二日記・資料集』第一巻、天羽英二日記資料集刊行会、1985 年、1357 頁。
⑥『天羽英二日記・資料集』第一巻、天羽英二日記資料集刊行会、1985 年、1357 頁。
　『日本外交文書』大正 12 年第 2 冊、617 頁。

天羽は「慎重ノ考慮ヲ払フノ必要アルカト思考ス」①と伊集院
外相に上申した。

　同日、天羽はまた英米列強と共に、税関保護のため172名、
居留民のため95名ないし245名の陸戦隊を広州に上陸させる計
画を作成した。日本は40名の陸戦隊を上陸させる予定であっ
た②。翌日、伊集院外相は在日イギリス大使にできる限リ列強
と協力する意を表わした③。日本のこのような態度は、孫文の
日本への期待と要望に対する裏切りだと言わざるを得ない。

　孫文は、12月22日広東税務司に1920年3月以来未交付の関
余と現在の関余とを広東軍政府に交付するよう命令し、10日以
内に回答しない場合には、新たに税関吏を派遣すると警告し④、
同日またほぼ同様の「ステートメント」を発表した⑤。この命
令と「ステートメント」において、孫文は税関接収については
触れなかった。故に、広東領事団と広州港在泊の各国軍艦の首
席将校は、孫文の命令と「ステートメント」を検討し、イギリ
ス総領事は各国の在泊軍艦を依然留置しておく必要があるかと
いう問題を提出したが、天羽は孫文が税関管理の企図と新税関
吏任命の意向を放棄していないため、そのまま留置して孫文と
広東軍政府に圧力を加えるよう強調した⑥。他の総領事も天羽
の主張に賛成した。孫文は日本への調停斡旋の希望が拒否され
たため、12月24日・27日香港に立ち寄ったポルトガル公使フ
レイタスに依頼し、広東領事団と北京・広東両政府の代表より
なる会議を開催するよう提案した⑦。しかし北京外交団の英・

---

①『日本外交文書』大正12年第2冊、618頁。
②『日本外交文書』大正12年第2冊、619頁。
③『日本外交文書』大正12年第2冊、623頁。
④『孫中山全集』第8巻、547頁。
⑤『日本外交文書』大正12年第2冊、625頁。
⑥『日本外交文書』大正12年第2冊、624頁。
⑦『日本外交文書』大正12年第2冊、629頁。

米・仏公使は、このような会議を開くのは「事実上広東政府ヲ承認スル事トナルノ虞アルカ故ニ」[1]、この提案を拒否した。芳沢公使もこれに賛成した。

　この関余世闘争において、孫文は犬養宛の書簡で表明したように、日本がその闘争を支持することを要望していた。日本はこの期待と要望を意識しながらも、協調外交を推進し、列強と共に孫文と広東軍政府に軍事的圧力を加え、正面から対立した。これは日本と列強が中国における植民地的権益を維持する共通点から発生したものであり、日本帝国主義の本質を鮮明に表わしたものである。しかし、この共同行為において日本と列強との間には相違点もあった。英米が率先的であり、主動的であったのに対し、日本は他動的であり、追随する形式でこの行動に参加していた。これは広東地域における植民地的権益の多少の差から出てくるものであったと言える。

　翌年の1月、孫文は国民党第一回大会の宣言で、不平等条約撤廃をいっそう強調し、関余問題で引き続き列強と戦った。その結果、列強は米国公使シャーマンの調停により1924年4月1日、遂に広東税関の関余を広東軍政府に交付することに賛成した。

　関余の問題は解決されたが、税関に対する中国の主権を回復する問題はそのまま残されていた。孫文はその年10月商団軍叛乱を弾圧する闘争において、広東税関を接収しようとして、10月17日羅桂芳にその任務を命じた[2]。税関問題は再燃した。羅桂芳は軍隊を率いて沙面の税関接収に取りかかった。イギリスは前年のように各国軍艦の派遣、陸戦隊の上陸を計画し、英・米・仏・葡（ポルトガル）の軍艦八隻が広州港に集結した。英

① 『日本外交文書』大正12年第2冊、629頁。
② 広東省哲学社会科学研究所歴史研究室編『孫中山年譜』、358頁。

米は列強の統一行動を主張し、日本にも軍艦を派遣してこの軍
事行動に参加するよう要望した。しかし、ちょうどこの時、北
京で馮玉祥のクーデターが発生し、第二次奉直戦争とそれに伴
う中国政治情勢に急激な変化が起こった。日本はその植民地的
権益が満蒙にあるため、奉天軍閥の張作霖と段祺瑞を支持して
いた。孫文は張と段と三角同盟を結成して、共に北京クーデター
後の中国時局を収拾しようとした。このような情勢のもとで日
本が孫文と広東軍政府軍に軍事的圧力をかけるのは、背後から
日本が支持している張・段と孫文との話し合いを牽制すること
になり、日本の国益に背くものであった。故に、日本は 10 月
25 日「日本政府は最後の手段として列国との共同示威に参加す
る意図を有するけれども、北京の情勢が一変したのであるから、
孫文は恐らく税関接収を行なわないであろう」[1]と英米に回答
して、軍艦の派遣を断り、統一行動に参加しなかった。このた
め列強は統一行動をとり得なかったが、イギリスのみ一部の陸
戦隊を沙面に上陸させた。日本のこのような態度は、孫文の税
関闘争において客観的には有利であったが、これも真に孫文の
革命を支持しようとするものではなかった。

　日本と列強の対中国政策は二面性を持っていたと言える。一
面では中国への侵略という帝国主義の共通点から統一行動をと
る可能性をもつ。1923 年の関余問題ではこの面が主になってい
た。一方、日本と列強が互いに中国を争奪する一面がある。第
二次奉直戦争において、日本は暗々に張作霖を支持し、英米は
呉佩孚と曹錕を支持していた。これは日本と英米との中国に対
する争奪を意味する。したがって、今回の列強の孫文に対する
統一行動の要求は、背後から日本の支持する張・段と話し合い

---

① 藤井昇三『孫文の研究』、256 頁。

をしようとした孫文を英米が牽制しようとしたものであったと
言えよう。しかし日本はこの統一行動の要求に応じようとはし
なかった。これは日本と英米との中国に対する争奪戦だとも言
えよう。二回にわたる税関・関余問題における日本の対応は共
通点がありながら、また相違点もあったが、これは共に帝国主
義の侵略的本質から出たものであった。孫文はその帝国主義的
本質への認識がありながらも、イギリスに対する戦略から日本
に期待を寄せたと言える。しかし、第一次税関問題では、いか
なる支持も得られなかったが、第二次税関問題では、日本のそ
の対応は客観的にも、間接的にも、孫文と広東軍政府に有利な
一面があったと言えよう。

　商団事件　1924（大正13）年8月、広州で商団事件が発生し
た。これは、広東買弁資本の代表陳廉伯が、イギリスと結託し
て孫文の広東軍政権を顛覆し、国民革命を粉砕しようとした事
件である。故に、孫文と広東軍政府の商団軍に対する闘争は、
イギリス帝国主義に反対し、買弁資本とその他の国内反動勢力
に反対する戦いであった。商団軍団長陳廉伯は、香港の南利公
司を通じて大小銃9841挺と弾薬337万4000発を外国から輸入
し、それを積んだハブ号は8月10日広州港に入港した。孫文は
軍艦二隻を派遣してハブ号を黄埔に出航させ、この武器を黄埔
軍官学校に陸揚げさせた。商団軍はこの措置に対抗して、広東
軍政府中央銀行紙幣の使用拒否、商人のストライキ等の手段を
とり、武器の引渡しを要求した。孫文は陳廉伯が政府を顛覆し
ようとする陰謀をあばき、陳廉伯と仏山市商団軍団長陳恭受の
逮捕と、ストを行う商店に開店を命じた。商団側はこの命令に
服従せず、依然として政府と対抗する姿勢を示した。両者の対
立はいっそう激化した。

　広東軍政府の陳友仁は8月28日天羽総領事に、商団軍が渉外

事件を挑発して政府を困らせるため、外国人居留地である沙面に向かって発砲するおそれがあることを通告し、警戒を申し入れた①。天羽は当時広東領事団の首席領事であったため、当夜英・米・仏総領事および各国首席海軍将校の会議を開き、外国居留民の生命財産の保護に関し、広東軍政府が責任を負うことを口頭で通告するように、同夜広東省長廖仲愷にこれを通告した②。これは広東軍政府に対し挑発的行動をとろうとしたものではなかった。故に、孫文の秘書葦玉もこの通告は「穏当ナル」ものだと理解を示した③。しかし、英・仏総領事とその海軍将校はこの通告に満足せず、商団軍が広東軍政府に内密に軍事行動を開始したら、英・仏両国の軍艦と海兵隊はこれに呼応して軍事行動に乗り出し、商団軍を支持することを決定した29日イギリス総領事は広東軍政府に、もし中国側が市街に発砲すれば、イギリスはすべての軍艦をもって直ちにこれに応ずると威嚇し、孫文と広東軍政府への敵意を露骨に表わした④。

　この時期、日本には加藤高明の政党内閣が登場し、幣原外相は列強との協調外交を主張していたが、英・仏の軍事的威嚇には協調せず、独自の態度をとった。孫文も日本のこのような態度を見て、9月2日葦玉を天羽総領事に派遣してイギリスの29日の威嚇的通告に対し、非常に憤慨していることを伝え、日本に対する好意を表わした⑤。

　孫文は商団軍との闘争でその矛先をイギリスに集中し、反帝闘争を展開した。9月1日に発表した商団事件に関する対外宣言は、孫文の反帝闘争の決意と思想を集中的に表明したもので

　①『日本外交文書』大正12年第2冊、528頁。
　②『日本外交文書』大正12年第2冊、528−529頁。
　③『日本外交文書』大正12年第2冊、531頁。
　④『日本外交文書』大正12年第2冊、531頁。
　⑤『日本外交文書』大正12年第2冊、531頁。

ある。孫文は、

　　試みに観るに、12年来帝国主義列強は外交上、精神上及
　び種々の借款において、終始一貫して反革命を賛助してき
　た。すなわちこれらの帝国主義的行動を見れば、わが国民
　党政府の破壊を企図するものであると言える。……思うに
　帝国主義が破壊しようと欲する国民党政府は、わが中国に
　おいて革命精神を保持しようと努力している唯一の政府
　であり、反革命を防禦する唯一の中心である。故に英国は
　これに砲火を浴びせようとするのである。われわれは帝国主
　義の中国に対する干渉を防ぎ、革命の歴史的事業を完成する
　ため、その最大の障害を除去しようとするものである①。

と、全世界に向けてこれを宣言した。それは孫文の反帝・反
英宣言でもあった。

　10月に至り、孫文と商団軍との対立はいっそう激化した。10
月10日、商団軍は武昌蜂起十二周年を祝う工団軍・農民軍・学
生軍の行列に発砲して市街戦を演じ、数十名の死傷者を出した。
商団軍は孫文の下野、孫政府の打倒、陳炯明擁護のビラをまき、
大規模な武装叛乱を準備した。孫文と広東軍政府も対策を講じ
た。11日胡漢民は天羽総領事を訪問し、大砲八門ないし10門、
小銃5000挺とそれに必要な砲弾・弾薬を日本が提供してくれる
よう要望した②。孫文は中国共産党と民衆の支持の下で、15日
朝、管轄下の軍隊を出動させて商団軍を包囲し、この叛乱を弾
圧しようとした。

　天羽総領事は外国人の生命財産を保護するように再度広東軍
政府に申し入れたが、この戦乱に干渉しようとはしなかった。
このため広州港停泊の英・仏・葡の軍艦も敢て商団軍を援助す

①『孫中山全集』第11巻、1-2頁。
②『天羽英二日記・資料集』第一巻、1410頁。

る行動をとらず、ただ少数の陸戦隊を沙面に上陸させただけであった。商団軍が政府軍に完全包囲されると、沙面に潜伏していた陳廉伯は、15 日午後天羽総領事に孫文との調停を斡旋するよう依頼した。天羽は「外国人トシテ内政ニ干渉ストノ嫌疑ヲ受ケサル範囲ニ於テ若シ何等便法アラハ非公式ニ斡旋ノ労ヲトルコトハ必シモ辞スルモノニ非サルヘシ」①とし、商団軍の調停申入れを受け入れた。翌日朝、天羽は先ず胡漢民に商団軍に対する広東軍政府の意向を打診したが、胡は断固たる態度を示し、調停の余地がなかった②。天羽は商団軍の調停依頼を断念した。このことを通じて、商団事件における日本の微妙な態度をうかがうことができる。商団軍の叛乱は弾圧され、孫文と広東軍政府はイギリス帝国主義と反動勢力に一大打撃を与え、広東の革命根拠地をいっそう固めた。商団事件は終結したが、日本と列強には損害賠償の問題がまだ残っていた。各国領事は広東領事団が同一歩調に出ることを希望したが、天羽総領事は「各国政府ノ方針ハ必スシモ一致スルモノニアラサル故ニ……大体歩調ヲ一ニスルコトハ賛成ナルモ支那側ニ対シテハ各領事別々ニ交渉セラレタキ」③旨を表明し、10 月 17 日の領事団会議も各領事より個別に中国側と交渉するように決定した。

　この交渉で北京と広東のどの政府を相手とするかということが問題になった。17 日の領事団会議は、北京政府が孫の広東政権を「謀叛団体」と見なしている事実に鑑み、北京・広東双方と同時に交渉するように決定した④。しかし幣原外相は 24 日天羽総領事に「我方トシテハ孫派ヲ謀叛団体ト認メ居ラサルヲ以

①『日本外交文書』大正 13 年第 2 冊、544 頁。
②『日本外交文書』大正 13 年第 2 冊、544 頁。
③『日本外交文書』大正 13 年第 2 冊、545 頁。
④『日本外交文書』大正 13 年第 2 冊、545 頁。

テ本件要償ヲ謀叛団問題ト関連セシムルハ主義上同意シ難シ」①
と言い、先の領事団決定に不賛成の意を表わし、賠償問題に関
し孫文側と交渉するよう指示した②。これは、この問題を北京
と交渉しても解決困難であり、被害額も大ならざるためでは
あったが、第二次税関問題のように、第二次奉直戦争と馮玉祥
のクーデターによる中国政治情勢の急激な変化を考慮し、日本
の支持する張・段と話し合いをしようとする孫文と広東軍政権
に対し好意を示そうとしたものであったと言えよう。

　商団事件に対する日本のこのような微妙な外交的対応は、日
本の対孫文外交の二面性を表わしたものであった。日本は列強
と共に外国居留民の生命財産の保護と、その損害賠償を要求し
ながらも、また孫文側との個別交渉を主張し、英仏の威嚇的軍
事行動にも参加しようとしなかった。これは、客観的、間接的
に他の列強の行動を牽制し、孫文の闘争に有利な面があったが、
孫文の日本への期待と要望とその現実との間には、根本的な相
違と相当の距離があった。

　国民党の改組　税関・商団両事件における孫文の闘争は、孫
文の国民党改組とも密接な関係があった。孫文は 1923（大正 12）
年後半期から本格的に国民党を近代的政党に改組し、ソ連と中
国共産党の協力の下で、1924 年 1 月の中国国民党第一次全国代
表大会において連ソ・連共・扶助工農の三大政策を主張し、中
国共産党との統一戦線を結成して旧三民主義を新三民主義に発
展させ、国民革命の新しい時代を切り開いた。旧三民主義の民
族主義は主に反満を主張したが、新三民主義のそれは、民族の
独立と国内各民族の平等を主張した。改組された国民党は民族

---

①『日本外交文書』大正 13 年第 2 冊、550 頁。
②『日本外交文書』大正 13 年第 2 冊、550 頁。

の解放を目ざし、その大会宣言で[①]

　「いっさいの不平等条約、たとえば、外人の租借地、領事裁判権、外人の関税管理、及び外人が中国国内で行使するいっさいの政治的権力のごとき中国の主権を侵害するものは、すべて取り消し、あらためて双方が平等でたがいに主権を尊重する条約を締結すべきである」

図64　1924年1月、中国国民党第一次全国代表大会会場

　「中国が列強と締結したその他の条約で、中国の利権をそこなうものはあらためて審査決定し、つとめて双方の主権を侵害しないことをもって原則としなければならない」

　と強調した。税関・商団事件における孫文の闘争は、国民党のこのような主張を行動で実現しようとしたものであった。もし国民党の改組という歴史的できごとがなければ、孫文の実践的反帝闘争もあり得なかったとも言えよう。

　このような国民党の改組と国民党第一次全国代表大会に、日本は終始注目していた。天羽総領事は、大会の進行過程を即刻

---

①『孫中山全集』第9巻、122－123頁。

松井外相に報告した。天羽の関心は主に孫文の対外政策と連ソ・連共およびそれをめぐる国民党内部両派の闘争にあった。天羽は大会閉会後、国民党と孫文は対外政策において「平等主義ヲ主張シ」、大会におけるソ連代表ボロジンの演説、レーニン死去に対する弔意等から「広東政府ノ労農露西亜接近ハ漸ク露骨ナラント」予測し、これを「国民党ノ共産化」だと言った①。当時国民党内部には連ソ・連共、特に連共をめぐり左右両派が対立していた。天羽はこの両派の対立を重視し、一派を元老派あるいは共産派と呼び、廖仲愷・戴天仇・李書城・陳独秀・譚平山（陳・譚が共産党員であることは知らなかった）らがこの派閥に属し、元老の汪兆銘・胡漢民・雛魯らが彼らを支持し、他の一派を少壮派あるいは資本派と呼び、馮自由・張継・謝持・鄧沢如・覃振らがこの派閥に属していると判断し、この両派の対立は権力の争いだと分析した②。天羽は馮自由らの反共産党派に興味を持ち、6月23日夜、馮自由・蒋作賓・劉成禺ら9人を特別に招待した③。

　国民党は8月18日から28日まで中央委員会を開催した。天羽は孫文の顧問井上謙吉と李烈鈞のルートを通じて中央委員会におけるいわゆる共産派と反共産派の対立状況を探り、孫文の裁決により共産派が勝利したと幣原外相に報告した④。また新しく成立した最高委員会は孫文・ボロジン・胡漢民・蒋介石・廖仲愷の五人で構成されたが、天羽はこれも「確ニ共産派ノ成功ニシテ労農露国ノ広東政策ニ一段ノ躍進ヲ見ルモノト云フヘ」⑤きだと分析した。共産党との連合を主張する国民党左派

---

①『日本外交文書』大正13年第2冊、510－519頁。
②『日本外交文書』大正13年第2冊、520頁。
③『天羽英二日記・資料集』第一巻、1386頁。
④『日本外交文書』大正13年第2冊、529－530頁。
⑤『日本外交文書』大正13年第2冊、529－530頁。

の勢力が拡大するにつれて天羽は逆に反共産派の活動に期待を寄せ、少壮派の孫科・呉鉄城の広東における活動および馮自由の北京における遊説等に注目し、「孫文及元老派ノ労農露国接近益々露骨トナルニッレ党内動揺又甚シク党内ノ内訌ハ……何レハ爆発ノ期至ルヘキ」と分析した①。

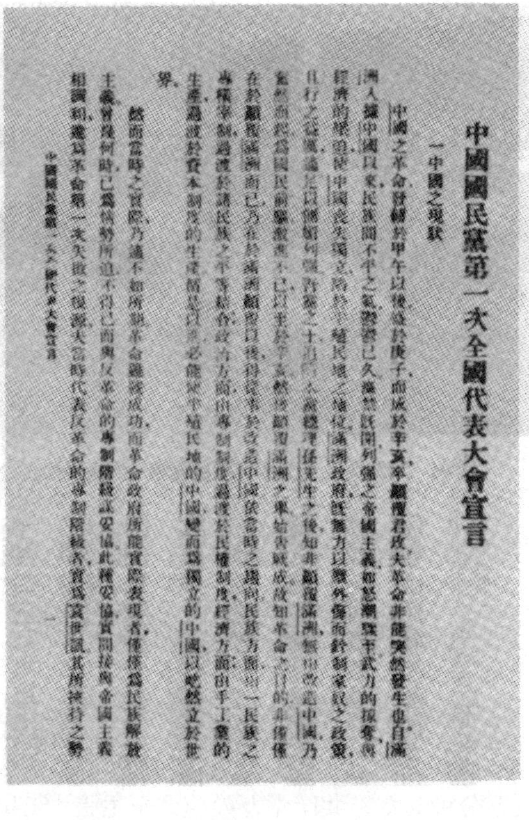

中國國民黨第一次全國代表大會宣言

一 中國之現狀

中國之革命發軔於甲午以後，盛於庚子，而成於辛亥，卒顛覆君政。夫革命非能突然發生也。自滿洲入據中國以來，民族間不平之氣，鬱積已久。海禁既開，列強之帝國主義，如怒潮驟至，武力的掠奪與經濟的壓迫，使中國喪失獨立，陷於半殖民地之地位。滿洲政府既無力以禦外侮，而鉗制家奴之政策，且行之益厲，適足以侮媚列強。吾黨之士，追隨孫先生之後，知非顛覆滿洲，無由改造中國，乃奮然而起，為國民前驅，犧牲不已，以至於辛亥，然後顛覆滿洲之舉始告厥成。故知革命之目的，非僅僅在於顛覆滿洲而已，乃在於滿洲顛覆以後，得從事於改造中國。依當時之趨向，民族方面，由一民族之專橫宰制過渡於諸民族之平等結合；政治方面，由專制制度過渡於民權制度；經濟方面，由手工業的生產過渡於資本制度的生產。循是以進，必能使半殖民地的中國，變而為獨立的中國，以屹然立於世界。

然而當時之實際，乃適不如所期，革命雖號成功，而革命政府所能實際表現者，僅僅為民族解放主義。曾幾何時，已為情勢所迫，不得已而與反革命的專制階級謀妥協，此種妥協，實間接與帝國主義相調和，遂為革命第一次失敗之根源。夫當時代表反革命的專制階級者，實為袁世凱，其所挾持之勢

中國國民黨第一次全國代表大會宣言　一

図 65　中国国民党第一次全国代表大会宣言（1924 年 1 月 23 日）

日本はソビエト・ロシアと共産主義を最大の敵と見なし、1918

①『日本外交文書』大正 13 年第 2 冊、530 頁。

年シベリアに出兵して欧米列強と共に新生のソビエト・ロシア
を圧殺しようとした。1922 年には「過激社会運動取締法」を制
定して、国内における社会主義・共産主義影響下の社会運動を
弾圧した。故に日本は孫文の連ソ・連共政策に反対した。また
孫の連ソ・連共政策も、逆に日本の対孫政策を牽制する一つの
要素になった。

第二節　孫文の渡日

　北京政変と孫文の北上　国民党改組後、孫文の国民革命の任
務は、広東の革命根拠地を拡大し、中国最大の軍閥である直隷
派の呉佩孚を打倒して、中国の統一を成し遂げることであった。
このため孫文は 3 月から東部恵州一帯の陳炯明軍の討伐に取り
かかった。1924（大正 13）年 9 月 5 日孫文は江・浙両軍閥の戦
争の勃発に伴い、大本営の軍事会議で北伐を決定し、9 月 17 日
勃発した第二次奉直戦争を契機に、18 日「北伐宣言」を発表し
た。広東の北伐軍は湖南省と江西省に向かって出征した。今回
の北伐の特徴は、単に呉佩孚の直隷軍閥を打倒することではな
く、軍閥が依拠して生きながらえている欧米帝国主義をも打倒
して、軍閥の根を永遠に絶つとともに、中国を半植民地的地位
より離脱させ、自由独立の国家につくり上げようとしたことで
ある[1]。これは孫文の新三民主義が国内の軍閥と国外の帝国主
義との一体的関係を明確に把握して、反軍閥・反帝国主義の革
命任務を同時に提出したことを意味し、その思想の新しい発展
を実践的行動で表明したものである。
　孫文は英米に依存している直隷系軍閥呉佩孚を打倒するため、

---

[1]『孫中山全集』第 11 巻、294−295 頁。

日本に依存している奉天系軍閥張作霖と安徽系の段祺瑞と、
1919年、特に1922年第一次奉直戦争後から三角同盟を結成し
ようとして頻繁な内部交渉をしていた。江浙戦争と第二次奉直
戦争の勃発は、孫文が張・段と連合して呉を打倒する最高のチャ
ンスを造成した。時あたかも奉直戦争たけなわの10月23日、
馮玉祥のクーデターにより呉佩孚軍は一挙に敗退し、呉も漢口
方面に逃れ、この政権の大総統曹錕も北京に禁固された。馮玉
祥と張作霖は天津に隠居していた段祺瑞の擁立を画策する一方、
今後の中国政局を収拾するため、孫文に北上を求めてきた。孫
文はこれを受諾した。

　胡漢民は27日天羽総領事を訪ね、孫文は段祺瑞がその三民主
義に反対しない限リ段を擁護する意があると伝えた[①]。11月4
日汪兆銘がまた天羽に、孫文は10日間以内に上海経由で天津に
行く予定を通告し、その北上の具体的目的と方針を天羽に説明
して了解を求めた[②]。その翌日、天羽が孫文を訪問したが、孫
文は彼に国民会議と民意により今後の中国の政治を決定するこ
と、主義を犠牲にしない条件の下で張・段を擁護して統一を促
進すること、国民党は今後政権にありつこうとする考えはなく
党務の拡大に努力すべきことなどを述べ、今回の奉直戦争に対
して日本は不干渉主義を標榜しているが、中国の「統一ノ機運
ニ向ピタル今日ハ之等統一ヲ援助センコトヲ希望ス」と言い、
この意を日本政府に伝達するよう申し出た[③]。汪兆銘はまた天
羽に孫文の香港・上海間の船便を依頼し、外交部長伍朝枢が香
港で日本の香港駐在総領事高橋清一と共に上船、船室保留等の

---

① 『日本外交文書』大正13年第2冊、553頁。
② 『日本外交文書』大正13年第2冊、554頁。
③ 『日本外交文書』大正13年第2冊、555頁。

打合せをした①。

　以上の事実は、孫文がその北上の目的達成のために、日本の援助と協力を要望し、日本も孫文が北上して張・段と話し合いをすることを支持し、孫文の北上に一定の便宜を提供したことを物語る。

　日本とは逆に、呉佩孚を支持した英米は、孫文の北上を妨げ、孫文の上海租界地上陸に反対した。上海駐在のイギリス総領事は、11月7日、五か国領事の緊急会議を呼びかけ、孫文が上海租界に入るのを拒否することを声明し通告するよう提案した。列強との協調を主張する日本の総領事矢田七太郎は、イギリスのこの提案に直接反対を表明することはできず、ただ声明と通告には呉佩孚の名も明記するよう要求し、各国領事もこの要求に賛成した②。これは日本とイギリスの対孫・対呉政策の相違と矛盾を表わしたものであった。10日北京の外交団はこの件を再検討した。イギリス公使マクレーはこのように露骨に孫文の上陸を拒むのは、彼の北上を阻止するものとして中国側の悪宣伝の材料となるおそれがあるから、ただ孫文が租界地をその陰謀の策源地となすべからざることを警告するのにとどめようとした③。これは、この時期の孫文の反英闘争がイギリスに一定の打撃を与えた結果であったと言わざるを得ない。芳沢公使はこの提案に賛成し、幣原外相と天羽総領事にこの意を伝えた。日本は孫文の上海上陸に対し、表では列強と協調しながらも、裏では孫文に協力しようと努力した。故に、17日孫文は上海到着後すぐ汪兆銘と戴天仇を日本領事館に派遣して、彼の上海上

---

①『日本外交文書』大正13年第2冊、555頁。
②『日本外交文書』大正13年第2冊、556頁。
③『日本外交文書』大正13年第2冊、557頁。

陸に関し矢田総領事の公平な措置に謝意を表わした[①]。

　孫文北上の目的の一つは、国民会議を召集し、全国の平和的統一と建設を図り、対内的には民生問題を解決し、対外的には列強の侵略を打破することであった[②]。孫文はこの侵略を打破するには、先ず不平等条約を撤廃し、税関・租界・領事裁判権等を回収しなければならないと主張した。孫文はこの目的達成のため、日本の援助を得ようとして訪日の準備をした。

　殷汝耕・李烈鈞の渡日　孫文が訪日する前に、先ず殷汝耕・張継・李烈鈞が渡日した。殷汝耕の来日は、孫文の指示によるのかどうか不明であるが、彼は日本の雑誌・新聞に孫文の主張を紹介し、日本朝野に中日提携の必要を訴えていた。殷汝耕は来日の李烈鈞と 10 月 21・23・24 日の三回東京で会談し、また孫文の訪日の際、裏で孫文と日本外務省との連絡をとっていた。孫文離日後、彼はまた北京に行って孫文と行動を共にした。この事実は、殷汝耕の在日は孫文の訪日と密接な関係があったことを物語る。李烈鈞は広東軍政府の総参謀長であり、孫文の特使として来日した。李の来日の噂は、6 月から既にあり、その目的は東方同盟の結成の意を日本に伝えることと財政援助を求めるためであったと報道されていた[③]。この時期、孫文はアメリカの日本移民に対する排斥により、日米関係が悪化したのを利用して、日本との提携を実現し、東方同盟を結成しようとした[④]。

　李烈鈞の渡日は 9 月 17 日第二次奉直戦争が勃発し、翌日孫文が「北伐宣言」を発表した時に決定された。当時、日本のマスコミは孫文の北伐に好意的関心を寄せていた。それは、この北

---

①『日本外交文書』大正 13 年第 2 冊、562 頁。
②『孫中山全集』第 11 巻、331、341、367−368 頁。
③『東京日日新聞』大正 13 年 6 月 28 日。
④『東京日日新聞』大正 13 年 6 月 3 日。

伐が英米の支持する呉佩孚に対する戦いであったからである①。
奉直戦争の勃発と北伐は、李烈鈞の渡日に新しい任務を与えた。
当日、孫文は衆議院議長粕谷義三、後藤新平らへの書簡で、北
伐の挙行を伝えると同時に、李が代表として渡日するからよろ
しくお願いする②、と記した。出発を前に、李は孫文と八回 24
時間の会談をし、その準備をした。李は 1905 年から 10 年まで
日本陸軍士官学校に留学した故に、従来から日本との関係が密
接であった。李は 7 月 17 日天羽総領事を招待し、天羽は 9 月
12 日李烈鈞・井上謙吉・兪応麓・伍朝枢ら 16 名を招待した。
李の訪日と天羽への接近とは一定の関係があった③。出発を前
にした李は 9 月 21 日天羽を訪問し、幣原外相をはじめ日本朝野
名士宛の孫文の書簡を携行して「日本朝野ノ有志ト忌憚無キ意
見ノ交換ヲ試ミ度キ意向ヲ洩シ」④だ。天羽は幣原外相に李の
滞在に対し便宜を提供するよう具申した⑤。李烈鈞は 9 月 24 日
香港を出発し、上海経由で、30 日長崎、10 月 1 日神戸、2 日清
水、3 日横浜経由で入京した。孫文の顧問井上謙吉も李に同行
していた。李の渡日の目的は、いったい何であったか。彼の数
回の講演と談話によれば、

　一、中日親善・中日提携の強調。

　二、中国南北の実情を紹介し、日本朝野の対中国意向を確
　　かめる。

　三、日本の資本を利用して中国の資源を開発し、日本の広

　①『大阪朝日新聞』大正 13 年 9 月 5、12、14 日。
「東京朝日新聞」大正 13 年 9 月 24 日。
　②『孫中山全集』第 11 巻、79 頁。
　③『天羽英二日記・資料集』第一巻、天羽英二日記資料集刊行会、1985 年、1392、
1406 頁。
　④　大正 13 年 9 月 23 日、在広東天羽総領事より幣原外務大臣宛電報、第 244 号、外
交史料館所蔵。
　⑤「江浙並ニ奉直紛擾関係一件　本邦ニ於ケル孫文及盧永祥等ノ行動」、外交史料館
所蔵。

東地域の開発を希望する。

四、奉直戦争に対する意向を探知し、三角同盟と反直隷派に対する支持を獲得する。

五、大アジア主義を宣伝してアジア大同盟を結成する。

等であった。これは当時孫文の意思と要望を日本の朝野と国民に訴えたものである。しかし、李は日本もアメリカのような帝国主義国家だと非難し、「之ト与スル必要ナシ」①と言った。これは彼の来日の目的と矛盾するように見えるが、実は、11月10日門司を出発して帰国の途に就く直前に彼が語ったように、中日提携を基礎とし、中・日・ソ三国連合して、米・英・仏等欧米列強と対抗しようとしたものであり②、このため帝国主義国家である日本と戦略的に連合しようとしたのである。

李烈鈞来日の特徴は、中日両国民の提携を強調し、日本国民に来日の目的を訴えたことである。これは、孫文の三大政策の一つである扶助工農の思想と国民の力に頼って革命を推進する思想が、対日外交に適用されたものだと思われる。しかし、これは日本政府を排斥するための国民の提携ではなく、国民の提携の力により両国間の提携を促進しようとしたものであった。故に、李は東京滞在中、加藤首相、高橋農相、粕谷衆議院議長、貴族院研究会の青木と水野、上原元帥、田中大将、福田大将、河合参謀総長ら政府・軍部の要人と会談し、孫文の意思と来日の目的を伝えた③。李は中国内政の不干渉を主張していた幣原外相にも大きな期待を寄せ、10月1日神戸到着後幣

---

① 『日本外交文書』大正13年第2冊、551頁。
② 大正13年11月11日、福岡県知事柴田三郎より内務大臣若槻礼次郎等宛書簡、特外秘第5458号、外交史料館所蔵。
③ 「江浙並ニ奉直紛擾関係一件　本邦ニ於ケル孫文及盧永祥等ノ行動」、外交史料館所蔵。

原外相に「此度貴国ニ参リ御教示ヲ受ケルノ日近ニアル事ヲ
欣ヒ茲ニ謹而御挨拶申上」ると打電し①、10 月 6 日午前外相と
の会見のため出かけた（会見したかは不明）②。11 月 9 日神戸
から帰国の途に就く時にも外相に、「在京中貴国朝野ノ御厚意
ヲ感謝シ尚今後東亜ノ為御高見ヲ賜ハルコトヲ祈リマス」③と
打電した。

　しかし、日本政府と軍部は李烈鈞の来日に積極的に対応した
とは言えない。李は、日本「官民カ其ノ十分ノ一ノ意ヲ伝ヘル
ノ機会ヲ与ヘラレサリシハ実ニ遺憾ノ極ミナリ」と言い、政府・
軍部要人との会談も最初から行き詰まり、「研究上又ハ熟考ノ上
等ノ其場遁レノ回答ヲ得タルニ過キスシテ何等本質的ニ得ル所
ナカリシハ日支両国ノ為メニ遺憾ニ堪ヘス」と述べた④。故に
李は 10 月中旬帰国することを孫文に申し入れたが、孫文は 10
月 13 日、彼に長期間日本に滞在して日本政府が彼を追い出す時
に離日し、もって日本の面目をあばくべきだと言った⑤。これ
は孫文の日本に対する怒りを表わしたものだと言えよう。しか
し、李の来日は無意味なものではなかった。彼は日本朝野の奉
直戦争に対する好意を得、その不干渉主義は「直隷派ニ対スル
英米ノ積極的行動ヲ牽制シ……反直隷派ニ対スル好意的措置ナ
リ」⑥と評価した。また孫文と張・段が話し合って時局を収拾
することも日本側の支持を得た。

---

　①大正 13 年 10 月 1 日、李烈鈞神戸より幣原外務大臣等宛電報、外交史料館所蔵。
　②「江浙並ニ奉直紛擾関係一件　本邦ニ於ケル孫文及盧永祥等ノ行動」、外交史料館
所蔵。
　③大正 13 年 11 月 9 日、李烈鈞神戸三ノ宮より幣原外務大臣等宛電報、外交史料館
所蔵。
　④「江浙並ニ奉直紛擾関係一件　本邦ニ於ケル孫文及盧永祥等ノ行動」、外交史料館
所蔵。
　⑤『孫中山全集』第 11 巻、180 頁。
　⑥「江浙並ニ奉直紛擾関係一件　本邦ニ於ケル孫文及盧永祥等ノ行動」、外交史料館
所蔵。

　注意すべきは、李の渡日には上海駐在武官岡村寧次中佐と密接な関係があったことである。李は在日中岡村を通じて在日活動の状況を孫文に伝え、孫文の訪日においても岡村が斡旋の労をとった。

　孫文の渡日　孫文が訪日を決定したのは、李烈鈞が上海に到着した 11 月 17 日であったと思われる。その翌日、李が上海総領事矢田七太郎に、孫文北上の際、安全経路として日本経由としたいので矢田の配慮を仰ぐ旨を述べた①。その後、李は岡村中佐を通じて矢田総領事に孫文が 20 日日本へ出発することを通告した②。故に矢田は孫文の訪日が李の「勧誘シタル結果」だと判断している③。では、孫文の訪日と李とは、いったいどういう関係があったのか。李は 11 月 6 日東京を出発し、神戸から箱根丸で帰国の途に就いた。北京政変後、馮玉祥は李を国民軍の参謀長に招聘した。李はこの件を北上の孫文と相談するため上海に帰ったのである。李の帰国予定を知った孫文は 8 日、李の部下朱培徳らに、自分はこの際李の帰国を希望せず命令あるまで東京に滞在するよう李に伝えることを依頼した④。孫文は依然として李が日本で大アジア主義を宣伝するよう希望していた。この意味で、孫文の訪日目的と李烈鈞とは共通点があった。

　列強は孫文の訪日に注目し、在中国のイタリア公使は芳沢公使にその訪問の意を打診した⑤。国民党内部にも、この際日本

---

　①『日本外交文書』大正 13 年第 2 冊、562 頁。
　② 大正 13 年 11 月 20 日、在上海矢田総領事より幣原外務大臣等宛電報、第 410 号、外交史料館所蔵。
　③ 大正 13 年 11 月 20 日、在上海矢田総領事より幣原外務大臣等宛電報、第 410 号、外交史料館所蔵。
　④ 大正 13 年 11 月 10 日、在広東天羽総領事より幣原外務大臣等宛電報、第 299 号、外交史料館所蔵。
　⑤『日本外交文書』大正 13 年第 2 冊、566 頁。

に立ち寄るのは英米の感情を害するおそれがある故に反対する
者があった。孫文は英米の機嫌をうかがう要なしとし、イギリ
ス船に乗ることさえも拒否し、日本の上海丸で渡日した①。こ
れに対し、矢田総領事は幣原外相に「孫ノ本邦立寄リヲ余リ無
意義ノモノタラシムルハ此際我方ニ執リ諸般ノ関係上面白カラ
スト存スルニ付右然ルヘキ方面へ御伝ヘヲ請フ」②と打電し、
外務省は内務省警保局外事課に孫文の来日に際し相当の保護と
便宜を与えるよう依頼した。

　孫文は11月21日上海出発、23日長崎、24日神戸に到着した。
神戸港では在日華僑の盛大な歓迎を受けたが、日本政府の要人
は顔を出さず、旧友の古島一雄・萱野長知・山田純三郎・宮崎
竜介と代議士砂田重政・森田金蔵・高見之通らの出迎えを受け
ただけである。これは広東軍政府の大元帥孫文の身分にふさわ
しくない冷淡なものであり、孫文の訪日に対する日本政府の態
度を無言で表わしたものであった。

　孫文が先ず神戸に立ち寄ったのは、船便の関係もあったが、
李烈鈞の訪神とも関係があると思われる。李が帰国する時、神
戸に寄って、11月8日神戸商業会議所・日華実業協会合同の歓
迎レセプションに出席し、「東京ト関西トハ思想上非常ナル径庭
アルヲ感知シタリ東京ハ一般ニ極メテ官僚式ニシテ関西ハ総体
ニ「デモクラチック」ナリ」③と、関西に好感を感じていた。
故に孫文も先ず神戸に立ち寄ったのだと思われる。

---

　① 大正13年11月24日、長崎県知事富永鴻より幣原外務大臣等宛電報、外高秘第
7798号、外交史料館所蔵。
　② 大正13年11月20日、在上海矢田総領事より幣原外務大臣等宛電報、第410号、
外交史料館所蔵。
　③ 大正13年11月8日、神戸商業会議所・日華実業協会合同歓迎会でのあいさつ、
外交史料館所蔵。

　図66　1924年11月24日、船で神戸に到着した孫文・宋慶齢を歓迎する日本の友人

　孫文は上京して日本政府の要人と会談する希望を抱いていたと思われる。孫文上京に対する日本政府の意見を孫文に伝えたのは殷汝耕であった。殷は11月20日、21日外務省の出淵勝次アジア局長と孫文の上京問題を相談した[①]。出淵は21日孫文が「東京迄来リテ日本ノ有力者ト会見スルハ一般ノ誤解ノ源ト為リ」と殷に述べ、同日午後また小村俊三郎を通じて殷に「孫文ノ来京ハ大局上之ヲ見合スヲ可トスヘシ」と伝えた[②]。殷は翌日出淵を訪問し、戴天仇を孫文の代表として上京させる意を申し入れた。出淵は、「若シ孫氏ニシテ代表者ニテモ上京セシムルナラハ右ハ余リ目立タスシテ日本政府方面ノ感想ヲ知ル便宜モアラム」[③]と答えた。しかし、戴天仇はその後上京していない。

---

　① 大正13年11月28日、出淵亜細亜局長「孫逸仙来邦ニ関スル件」、外交史料館所蔵。
　② 大正13年11月28日、出淵亜細亜局長「孫逸仙来邦ニ関スル件」、外交史料館所蔵。
　③ 大正13年11月28日、出淵亜細亜局長「孫逸仙来邦ニ関スル件」、外交史料館所蔵。

孫文は 11 月 29 日来訪の佐藤知恭との談話で、アジア人の大同
団結を成し遂げ欧米列強に対抗するため日本政府の理解を求め
ようとして来日したが、「政府当局ヨリ東上ハ見合セヨトノコト
ナリシニ依リ神戸ニ滞在スルコトトナリタルモノナリ」[①]と
言った。日本政府が彼の上京を見合わさせた理由として孫文は、
一に自分の中国革命における急進主義、二に日本の欧米諸国に
対する気兼ねだと分析した[②]。これは、日本政府の対孫政策を
牽制する二つの要素を正確に指摘したものである。この時、孫
文と日本政府との間で連絡の労をとったのも股汝耕であった。
出淵は 11 月 22 日個人の意見として、日本の対中国方針と孫文
に対する見解を股に次のように述べた[③]。

　（一）張作霖・段祺瑞・孫文に対し、二党一派乃至一個人ニ
　　　　偏倚スル考ナシ」。
　（二）孫文の不平等条約廃止、領事裁判権・外国租界撤廃の
　　　　主張は「余リニ理想ニ趨リ過キタル議論ニシテ却テ識者
　　　　ノ同情ヲ得ル所以ニ非ス」。
　（三）孫文が「段氏ト握手ノ為メ天津ニ向ハルル事ハ自分ノ
　　　　大ニ賛成スル所ナリ」。
　（四）段孫両人握手して中央政府を樹立せらるれば「日本ト
　　　　シテハカノ及フ限リ所有好意的援助ヲ吝マサルハ勿論ノ
　　　　儀ナリ」、だが「成ルヘク外国借款ヲ避ケ支那ノ政治ハ支
　　　　那ノ資力ニ依リテ之ヲ賄フノ方針ヲ執ルヲ可トス」、もし
　　　　「今後真ニ支那ニ於テ資金ヲ必要トスルニ至ラハ列国ト
　　　　共同シテ或程度ノ財的援助ヲ為ス」。

　　① 大正 13 年 12 月 1 日、兵庫県知事平塚広義より幣原外務大臣等宛書簡、兵外発秘
第 2634 号、外交史料館所蔵。
　　② 大正 13 年 12 月 1 日、兵庫県知事平塚広義より幣原外務大臣等宛書簡、兵外発秘
第 2634 号、外交史料館所蔵。
　　③ 大正 13 年 11 月 28 日、出淵亜細亜局長「孫逸仙来邦ニ関スル件」、外交史料館所蔵。

　殷汝耕は 23 日神戸に行って、これを孫文に伝えた。

　来日した孫文は何を日本に期待していたのか。この時期孫文は、彼自身の思想発展と中国政治情勢の変化により、一年前の犬養毅宛書簡に記したよりいっそう大きな期待を日本に抱いていた。孫文は来日中の四回の講演、六回の記者会見、歓迎者・来訪者との数回の談話等を通じて、次のような期待を日本に訴えた。

　　一、中国の統一問題は、日本との提携が実現されなければ、絶対に解決することができない。

　　二、中日提携・友好の目的は、中日両国国民が東亜と世界被圧迫民族と提携して国際平等を獲得するためである。このため日本国民は日本が列強の一員であるという概念をあらためなければならない[1]。

　　三、日本人は、中国の大事を処理・解決するのは中国の軍閥と外国人でなく、中国国民全体の意向によって処理・解決しなければならないこと、また中国国民はその能力を持っていること、中国の主人公は中国国民であること等を理解してほしい[2]。

　　四、中日両国の感情が日に日に疎遠になった原因は、中国革命と日本の革命が実際同一意義のものであるが、日本人は維新後に富強となって、中国革命の失敗を忘却したためである。故に日本人は中国革命の意義を理解してほしい[3]。

　　五、日本人は、中国が不平等条約のため半植民地になっており、中国国民が数十か国の奴隷になって非常な苦痛を味わいつつあることを知ってほしい[4]。また中国が連年大乱を続け統一されない原因も不平等条約にあることを

---

① 『孫中山全集』第 11 巻、392―393 頁。
② 『孫中山全集』第 11 巻、364 頁。
③ 『孫中山全集』第 11 巻、365 頁。
④ 『孫中山全集』第 11 巻、412 頁。

理解してほしい①。

六、中国と日本との親善・提携を結ぶためには、先ず日本が中国に同情・協力してこの不平等条約を撤廃しなければならない。中国がこの不平等条約を撤廃し得るか否かの関連は日本国民が同情するか否かにかかっている。もし日本国民が同情を表するならば即時撤廃し得るのであるから、日本国民の同情と協力を希望する②。

七、日本が中国から得た税関・租界・治外法権はソ連とドイツのように中国に返すべきである③。だが日本の東三省における地位は、香港・澳門と同様のため、現在返還するのを要望しない④。二十一箇条の要求も率先してその改正を提唱することを希望する⑤。

八、もし日本が中国を援助して不平等条約を撤廃し、日本も右記のような権益を中国に返還すれば一時損害を受けるけれど、これによって中国国民の心を得、その後の権利は無限であり、現在有している権利より何百倍何千倍になるので、不平等条約撤廃に同情・協力してほしい⑥。

この中で最も重要なものは、孫文が12月1日門司での最後の記者会見で言ったように、「日本に中国を援助して、中国がかつて締結したかの不平等条約を撤廃するように求めた事である」⑦。孫文は不平等条約を撤廃して列強の侵略を打破するため、先ず日本の同情と協力を得ようとして日本を訪問し、この意思を日本の朝野と国民に訴えたのである。孫文はなぜ先ず日本に期待

①『孫中山全集』第 11 巻、373 頁。
②『孫中山全集』第 11 巻、375 頁。
③『孫中山全集』第 11 巻、436 頁。
④『孫中山全集』第 11 巻、420 頁。
⑤『孫中山全集』第 11 巻、436 頁。
⑥『孫中山全集』第 11 巻、375 頁。
⑦『孫中山全集』第 11 巻、433 頁。

し、日本国民に訴え、その同情と協力を得ようとしたのか。

　　　一に、中国と日本とは同種同文の国家であり、兄弟の邦で
　　　　　ある故に①、

　　　二に、日本も 30 年前に同様の苦痛をなめたのであるから、
　　　　　もし同情心さえあれば、己を推して人に及ぼし、自分
　　　　　がかつて味わった苦痛を当然他人が受けるのを好ま
　　　　　ないと思い②、

　　　三に、国際的には、ソ連とドイツが中国と締結した不平等
　　　　　条約を放棄した前例があり、ワシントン会議において
　　　　　も中国における治外法権撤廃の決議が採択され、日本
　　　　　も 1922 年 3 月から外務省内部で中国における治外法
　　　　　権を率先的に廃棄しようとする動きがあった故に、先
　　　　　ず日本が放棄すれば、その事実で英米にも圧力を加え、
　　　　　不平等条約撤廃の目的を達成しようとした。

　孫文は民族の独立のため真実に不平等条約撤廃論を訴えたが、日本政府がこの訴えに応ずるかは自信がなかった。しかし、日本国民はみなこの主張に賛成していると思い、「日本国民ニ対シ不平等条約領事裁判権撤廃等ノ理想ヲ知ラシムルニ努」③め、日本国民が政府に迫ってこの主張に賛成するようにしようとした。この意味から言えば、孫文の日本における訴えは、主に日本国民に対する期待であり、この時期の孫文の民衆に対する新しい認識がその対外政策において反映したものだと言える。

　孫文・頭山満会談　孫文来日のもう一つの目的は、旧友に会うことであった。主な旧友は頭山満と犬養毅であった。彼らに会う目的も不平等条約の撤廃を求め、彼らを通じて日本政府を

①『孫中山全集』第 11 巻、414 頁。
②『孫中山全集』第 11 巻、375 頁。
③ 大正 13 年 11 月 28 日、出淵亜細亜局長「孫逸仙来邦ニ関スル件」、外交史料館所蔵。

説得することにあった。孫文は渡日の船中で、頭山宛に「今度
弊国時局収拾のため、特に神戸を経て北京に向ふ、東亜大局に
就き御相談したし。神戸まで御来駕あらば幸甚、尚朝野諸賢に
御伝声を乞ふ」[①]と打電した。頭山は 11 月 25 日来神し、八年
ぶりに孫文と再会した。孫文は頭山との二回の会談で、先ず国
際関係の将来を論じ、中国における不平等条約の撤廃の希望を
力説した。孫文は特に治外法権の撤廃と税権の独立問題で頭山
の尽力を願い、「日本が列国に率先して、これらの問題のために
弊国を助けられて弊国民が最も苦痛とするこの束縛から脱する
を得しめば、弊国民は永久に貴国の友誼に感謝すべく、これが
両国提携の第一歩であらうと思ふ。私は日支親善の具体的手段
として、右の二問題の解決を是非とも貴国民に依頼したく、そ
れについて先生の御配慮をお願ひ致したい」[②]と述べた。不平
等条約撤廃問題は、自然に満蒙における日本の植民地権益に関
連するようになる。頭山は満蒙における特殊権益の如きは「勿
論還付すべきであるが、目下オイソレと還付の要求に応るが
如きは、わが国民の大多数がこれを承知しないであろう」[③]と
して、この問題に対し太い釘を一本打った。これは大陸浪人の
満蒙への欲望を表わしたものであった。頭山は翌日孫文に旧条
約撤廃の中に旅大回収を含むか否かを質問した。孫文は香港・
澳門同様に「旅大問題にあっても、既に現在出来上っている以
上に、更にその勢力が拡大する場合には問題になるが、今の通
りの勢力が維持される以上、問題の起ることはない」[④]と答え、
妥協的意見を表明した。これは孫文と頭山との最後の面談で
あったが、両者の間には大きなギャップがあったことを示して

---

① 頭山満翁正伝編纂委員会編『頭山満翁正伝』（未定稿）、265 頁。
② 頭山満翁正伝編纂委員会編『頭山満翁正伝』（未定稿）、268 頁。
③ 頭山満翁正伝編纂委員会編『頭山満翁正伝』（未定稿）、266 頁。
④ 頭山満翁正伝編纂委員会編『頭山満翁正伝』（未定稿）、268 頁。

いる。

　孫文の病状はこの頃、既に末期的であり、野菜スープで食事をとり、顔色も悪かった。孫文に会いに来た旧友秋山定輔は、旧友としての友情から孫文に「そんなに健康を害ねてはこまる。北京行きは中止して別府か何処か温泉へ行って十分養生してはどうか」[①]と勧めた。孫文は北京の用事さえ済ませば直ちに引き返して別府へ行って充分治すことにすると言って、秋山との再会を約束した。

図 67　神戸での孫文と日本の友人（前列右端は頭山満）

第三節　孫文の大アジア主義

　大アジア主義講演　孫文は 11 月 28 日神戸商業会議所・大阪朝日新聞社の主催、大阪毎日新聞社・神戸新聞社・神戸又新日報社の後援で大アジア主義の講演をした。この講演は孫文来神

---

　① 村松梢風『金・恋・仏』、125 頁。

の翌日、即ち 25 日に決定したのである[①]。その時依頼された演題は「大亜細亜問題」であったが、孫文は講演の冒頭で「大アジア主義」と改めた。これは偶然なことではなかったと思う。孫文が李烈鈞を日本に派遣した時、彼に大アジア主義の宣伝とアジア大同盟結成の任務を与えていることから、孫文にも日本で大アジア主義を宣伝しようとする考えが元々あったと言える。

　主催者側の趣旨は、「日支親善と亜細亜民族の聯盟」と「中華民国と日本との完全なる対等同盟」による東洋平和の解決等にあった[②]。講演会場は兵庫県立神戸高等女学校（現兵庫県立神戸高等学校）講堂であった。数千人の聴衆がつめかけたので、同校体育館を第二会場にし、孫文は先ずここで簡単な挨拶をした後、講堂に向かった（本巻口絵写真参照）。

　孫文はこの講演で何を日本国民に訴え、何を日本に期待し、何を達成しようとしたのであろうか。孫文は、アジアの復興と独立運動における日本の過去の地位と役割を力説し、王道を基礎としたアジア主義でアジア民族の大連合を実現して、欧米列強の覇道と強権に対抗することを日本に期待したと言える。孫文は先ず日本が欧米列強と締結した不平等条約の改正は「アジア復興の起点」であり、日本が 1905 年ロシアに戦勝したことは、「アジア民族のヨーロッパ人に対する最初の勝利」だと高く評価し、「全アジア民族はヨーロッパを打倒しようと考えて独立運動を起こした」[③]と述べ、アジアの民族復興と独立運動における日本の地位と役割を高く評価した。隣国に対する侵略戦争の勝利による日本の不平等条約の改正と侵略戦争である日露戦争をどう評価するかは別問題として、10 年ないし 20 年前のことを

① 大正 13 年 11 月 25 日、兵庫県知事平塚広義より幣原外務大臣等宛書簡、兵外発秘第 2629 号、外交史料館所蔵。
② 陳徳仁・安井三吉『孫文と神戸』神戸新聞出版センター、1985 年、248－262 頁。
③ 『孫中山全集』第 11 巻、402－403 頁。

提起する孫文の現実的な目的は、中国とアジア諸民族の不平等
条約撤廃と民族独立運動に対し日本が果たした役割を、今日も
率先して果たしてくれるように期待したことにあった。

　次に主張したのは大アジア主義であった。この大アジア主義
を説明するために、孫文は西洋の覇道文化と東洋の王道文化を
論じ、武力を用いて人を圧迫する功利と強権の文化を覇道文化
とし、人に徳を慕わせる仁義道徳の文化を王道文化とし、この
両文化を比較して東洋王道文化の優越性を語り、この王道文化
が大アジア主義の基礎であると強調した①。孫文はこの仁義道
徳を基礎として、アジア諸民族を連合し、その連合の力（武力
も含む）を用いてヨーロッパの侵略的覇道に対抗するよう訴え
た。孫文はこのアジア民族の大連合に王道を主張するソビエ
ト・ロシアも参加し得ると主張した②。これは孫文の連ソ政策
が大アジア主義において再現されたのである。孫文が、この大
アジア主義を語る目的は、「不正排撃の叫びをあげるため」で
あった。この「不正」は先ず列強が中国とアジア諸民族に強制
的に押しつけた不平等条約であり、この不平等条約撤廃のため、
大アジア主義を基礎としてアジア民族が連合すべきだと主張し
たのである③。

　では、このアジア大連合に日本が含まれていたのであろうか。
孫文は講演の最後で、日本は「西方覇道の手先となるのか、そ
れとも東方王道の干城となるのか、それはあなたがた日本国民
が慎重にお選びになればよいことであります」④と言った。こ
の言葉から分析すれば、覇道文化と王道文化を共に持っている
日本は、いま覇道と王道の十字路に立って選択を迫られていた

---

①『孫中山全集』第 11 巻、405－407 頁。
②『孫中山全集』第 11 巻、409 頁。
③『孫中山全集』第 11 巻、409 頁。
④『孫中山全集』第 11 巻、409 頁。

　と言えよう。孫文は日本が東方王道の干城になることを願い、日本がアジア大連合の中に含まれることを期待していたと言える。孫文はまたある日本人との談話で、「日本ヲ頭主トシテ亜細亜人ノ大同団結ヲ遂ケ以テ欧米ニ対抗スル」①「日本ハ亜細亜民族聯盟ノ覇者トナリ欧米ニ対抗スベ」②きだと言い、日本がこの連合において指導的役割を果たすことを期待した。

　孫文は一方では訪日前に、日本は帝国主義国家であり、中国とアジア諸国を侵略すると批判した。この年の1月6日「反帝連合戦線に関する宣言」において、孫文は日本を英・米・仏・伊同様の帝国主義だと言い、それに対する世界弱小民族の連合を呼びかけた③。2月の「三民主義」講演においては、日本が朝鮮・台湾・澎湖島を割譲させ、英・米・仏と同様に中国を滅ぼせる国だと言い、「日本は、いつでも陸海軍を長駆突入させることができます。日本はおそらくまだ好機に恵まれないため行動を起こさないだけで、行動を起こす気になれば、いつでも中国を亡ぼせる。……中国がもし日本と国交を断絶したら、日本は10日以内に中国を亡ぼせるのであります」④と断言した。これは、孫文が日本帝国主義の侵略的本質に対し、明確な認識があったことを示す。

　孫文はこのような認識を持ちながら、なぜ日本にまた期待を寄せていたのか。この矛盾した現象はどう説明すべきか。第一に、孫文は「三民主義」講演において、中国をめぐる列強間の矛盾と対立に対し明確な認識があり、中国が列強から亡国の脅

　　①　大正13年12月1日、兵庫県知事平塚広義より幣原外務大臣等宛書簡、兵外発秘第2634号、外交史料館所蔵。
　　②　大正13年11月24日、長崎県知事富永鴻より幣原外務大臣等宛書簡、外高秘第7798号、外交史料館所蔵。
　　③　『孫中山全集』第9巻、23−24頁。
　　④　『孫中山全集』第9巻、233頁。

威を受けながらも、まだ生存している原因は、中国における各国の勢力均衡にあると言った①。孫文はこの矛盾と対立を利用して、最大の敵国と見なしている英・米に対抗するため日本と提携し、日本と連合しようとした。第二に、この時期孫文は日本の支持する奉天軍閥張作霖および段祺瑞と話し合って北京政変後の中国政局を収拾しようとしていたから、張・段との話し合いは自然に日本との提携にならざるを得なかったのである。孫文が講演の反響を非常に重視していたことは、翌年死を間近にして北京まで見舞いに来た萱野長知に「自分が神戸へ遺した演説は日本人にヒゞイたか、どうか」②と聞いたことでもわかる。萱野は「あの演説はラヂオでも放送されるし、新聞にもみんな書き立てられたので、日本の津々浦々まで、十分響き亘った」と答えると、孫文は満足したような笑みをうかべた③。しかし、この講演は、一部民間においては反響があったが、日本政府にはなんの影響も与えることができなかった。『大阪毎日新聞』、『神戸又新日報』等はこの講演を掲載した時、講演の最後の「西方覇道の手先となるのか、それとも東方王道の干城となるのか」というきわめて重要な一節を削除した。

日本のアジア主義との比較　孫文の大アジア主義講演は、彼のアジア観と革命戦略を披瀝したものであった。孫文は中国革命を中国だけの孤立した革命と見なしていたのではなく、アジア革命の一環として推し進め、アジア各国人民の連帯で革命を成し遂げようとした。孫文は中国革命の成功がアジアと世界平和に寄与することを常に念頭に置いていた。孫文は、アジアはアジア人のアジアであり、アジア各国人民が連合して欧米のア

① 『孫中山全集』第 9 巻、234－235 頁。
② 萱野長知『中華民国革命秘笈』、351 頁。
③ 萱野長知『中華民国革命秘笈』、351 頁。

ジア侵略に対抗してアジア民族の独立と解放をかち取ろうとした。しかし、過去孫文は大アジア主義の用語を使用したことはあるが、彼のこのようなアジア観と革命戦略をアジア主義と規定して公然と提唱したことはなかったと思う。近代中国において、アジア主義という用語はあまり流行せず、1919 年李大釗が「新アジア主義」を主張し、これで日本の大アジア主義と交替させようとしただけである。孫文のアジア主義はその用語あるいは名詞としては、日本で流行したアジア主義を直接利用したものだと言えよう。

　日本のアジア主義思想は、19 世紀の五、六十年代から芽生えた。当時、平野国臣・佐藤信淵・勝海舟らの「日清提携論」あるいは樽井藤吉の「大東合邦論」は、欧米列強の日本侵入により民族危機に直面した日本が、清国と提携して欧米に対抗すべきことを主張した。自由民権運動の時代にも、改進党の小野梓らは、その『外交論』で日本の朝鮮への侵略に反対し、日・朝・清の団結協力を図ることを主張し、植木枝盛・板垣退助らの『通俗無上政法論』は、アジア・アフリカおよびポーランド・アイルランドなどヨーロッパの被圧迫民族をも完全に解放し、各国各民族が独立の主権を確立し、それら諸国が平等同権の立場で協議する「万国共議政府」を設けることを主張した。これらの思想は、孫文のアジア観に似た点もあったと言えよう。その共通点は、被圧迫民族の解放と連合および各民族の平等と独立であり、侵略の意味を持たないことであった。

　しかし、日本は甲午戦争を契機に朝鮮・中国に対する侵略を敢行した。これに伴い、日本では種々のアジア主義思想が勃興した。内田良平の「亜細亜聯盟論」などは、その一例である。これらの主義あるいは理論は、中国領土保全とアジア連帯主義の美名で偽装され、日本帝国主義の積極的対華侵略政策決定の

政治過程に奉仕・利用されていたのである。このような明治以来大正中期までの大アジア主義思想は、積極的に日本の大陸政策を推進しようとする能動的・攻勢的な大アジア主義であったために、この時期孫文は中国と日本との連合・提携を訴えながらも、日本のアジア主義の用語はあまり使用していなかった。しかし一時低調であった大アジア主義が、1924 年再復活した時、これに対する孫文の対応は前期と異なり、日本の大アジア主義の名義を借りて、そのアジア観と革命戦略の一構成部分である中日提携を実現して、中国の革命を遂行しようとした。これが大アジア主義講演に現われたのである。

　1924 年に復活した日本の大アジア主義は何であったか。これは日露戦争後、日増しに激化した日米の矛盾の産物であった。日露戦争の勝利により、東アジアにおける日本の勢力は拡大された。アメリカはハリマンとノックスの鉄道中立計画を中心に満蒙におけるアメリカの勢力を伸張しようとしたが、日本の抵抗に遭い、日米の矛盾が激化し始めた。1906 年のサンフランシスコにおける日本人学童排斥問題、1920 年カリフォルニア州の「外国人土地法」の制定、1921・22 年のワシントン会議、1924 年 7 月の排日移民法の実施などは、日米矛盾をよりいっそう激化させた。排日移民法の実施は、日本人に対する人種差別として、日本政府と国民の感情を刺戟し、『東京朝日新聞』をはじめ 19 の新聞社は、6 月 5 日排日移民法反対の宣言を発表し、衆議院は 7 月 1 日満場一致で排日移民法反対の決議を採択した。日本国内には反米思想が急速に高まった。しかし、日本は小国であり、単独にアメリカに対抗することは不可能であった。故に、アメリカの人種差別に対し、アジアの黄色人種が団結して戦うべきだとして、10 月に発行された『日本及日本人』は、「大亜細亜主義」特集号を出し、各界の人 50 名がアジア主義に対する

意見を発表した。後藤新平はアメリカのモンロー主義に対抗するアジア・モンロー主義＝アジア主義を提唱し、日本の反米感情が黄・白色人種の種族闘争とアジア民族の団結にまで発展すると予測した。このような輿論が日本において一時的にアジア民族連合の気運を生んだのである。このような輿論は、中国の一部の層にも影響を及ぼし、今こそ中日提携とアジア民族連合の好機であると主張する者さえあった。中国国民党は、8月に日本国民に忠告する宣言を発表し、日本が米国の移民法に国を挙げて抗議したことに同情を示し、日本が同人種侵略の政策を放棄してアジア人の大団結に努力するよう期待した[①]。孫文も4月23日排日移民法に対し、次のように語った[②]。

　　白色人種の横暴は今更のことでなく日本が亜細亜民族の盟主として同民族の解放を図らんことは予の三十年来の希望であるが惜む可し日本は欧米の尻馬にのみ乗って亜細亜民族の糾合に留意せざるのみか弱小民族を虐ぐる事さへある。然し、今回米国の排日には日本は深刻な教訓を受けた筈である。輿論が沸騰し各種運動が行はれていると聞くも今の際日本として最後の手段に訴へる力も勇気もあるまいが此屈辱を雪がんとせば亜細亜民族の大同団結に留意し其力に依頼するの外ない。

これは、日本が欧米列強への追随とアジア弱小民族に対する圧迫をやめて、アジア各国と連合してアメリカに対抗すべきだと言ったものである。その後の商団事件と英米の支持する呉佩孚に対する北伐とからみ合って、中国と日本との対立国である英米と戦うために、日本の大アジア主義の用語を借りて、自分の大アジア主義を提唱したのである。これらが孫文の大アジア

　①『国父全集』第一冊、台北、1973年、900頁。
　②『東京朝日新聞』大正13年4月25日。

主義講演の背景であった。

　しかし、孫文の大アジア主義とこの時期の日本の大アジア主義には根本的な相違点があった。第一に、日本のアジア主義は黄・白色人種の人種闘争を中心としたアジア主義であるが、この時期の孫文のアジア主義は元来の黄・白色人種論から離脱し、アジアの黄色民族とか欧米の白色民族とかを問わず、被圧迫民族と圧迫民族、公理と強権との間の戦いを強調し、この戦いにおいて被圧迫民族が連合・提携すべきことを主張したものであった。第二に、日本のアジア主義は帝国主義国家間の問題を解決するためのものであったが、孫文のアジア主義は帝国主義と植民地民族間の矛盾と対立を解決するためのものであった。この相違により、日本の大アジア主義は中国側の反発を招いた。当時東京に滞在していた殷汝耕も、アジアの弱小民族を圧迫する日本は、大アジア主義を提唱する資格がない、またその大アジア主義も成リ立たないと批判した①。孫文の大アジア主義も、日本側の共鳴を呼び起こすことはできなかった。

　孫文の入京　大アジア主義の講演を終えた孫文は、11 月 30 日神戸を出発し、12月4日天津に到着した。孫文北上の目的は、国民会議を召集して中国の統一と建設問題を解決し、不平等条約を撤廃して列強の侵略を打破しようとすることにあった。孫文の主張は、中国の広範な民衆の支持を受けていた。中国の民衆は孫文の北上と入京に大きな期待を抱き、孫文の天津到着の際には、二万人の群衆が出迎えた。北京では、張作霖と馮玉祥の擁立により、11 月 24 日段祺瑞が北京臨時執政府の総執政に就任していた。馮玉祥は旧同盟会会員であり、北京政変後、その軍隊を国民軍と改称し、国民革命を主張した。故に封建軍閥

①『日本及日本人』第 58 号、6−14 頁。

張・段と自然に対立するようになり、この政府から離れた。執政府は張・段独占の軍閥専政政権となった。この政権の中心は天津にあった。張作霖は外交署長王大中を、段祺瑞は龔心湛を天津総領事吉田茂に派遣し、奉直戦争に対する日本朝野の好意・援助に謝意を表わし、吉田総領事も「我カ朝野ハ張段両氏ニ対シ常ニ格別ノ好意ト同情ヲ表シ居」①ると言い、張・段政権支持の意を表わした。

図 68　1924 年 12 月、神戸から天津へ向かう船中での孫文と宋慶齢

　張・段と列強は孫文の入京にどういう対策を講じ、日本はまたこれにどう対応しようとしたのだろうか。張作霖は孫文の入京に伴い、馮玉祥と北京国民党の一派が活発な活動を展開するのを恐れ、先ず彼らに痛撃を加え、孫文の北京における民衆基盤を排除するため、北京外交団に支持を要望した②。これに対

①『日本外交文書』大正 13 年第 2 冊、473−474 頁。
②『日本外交文書』大正 13 年第 2 冊、501−502 頁。

し、英・米・蘭の公使は、積極的に応ずる態勢を示した。オランダ公使は 12 月 1 日芳沢公使に、孫文の如き既に赤化した人物が来京すれば、当地の赤化分子とソ連から派遣されたカラハンらが策応して危険な事態を引き起こす憂いがある故に、張作霖を支援して、先ず当地のボリシェビキを鎮圧すべきだと提案した①。同日、張作霖も日本人町野を通じて、芳沢公使に同様の意を申し入れた②。翌日、イギリス公使マクレーは芳沢にこの件を検討する非公式の外交団会議を開催するよう提案した。芳沢は、これは張が外交団を利用して、馮・孫を押さえる道具に供しようとするものだと思いながらも、非公式の会合を催すことには異存なしと答え、会議出席者は九か国条約に調印した九か国に限るよう申し入れた③。芳沢がこの会議に賛成した理由は、一に中国の赤化は日本においても甚だ好ましくない、二に諸国が張・段を支持するのに日本が同意しないのは諸関係上不利益としたからである。

　孫文が天津に到着した 12 月 4 日、北京のオランダ公使館で、日・蘭・伊・英・ベルギー・仏・米七か国の公使が会議を開き、オランダ公使は孫文入京前に対策を執政府に提起するよう提案した。芳沢は主義上同感ながらも重大な問題であるため、政府に請訓せずに同意するのは難しいと言った④。この時列強が警戒した赤化は、馮玉祥と孫文が連合して再度クーデターを起こして、張・段政権を打倒するか否かの問題であった。芳沢はクーデターを起こすか否か断言し難いので、具体的問題を避け抽象的な声明を出すよう希望した。しかし、芳沢は孫文が不平等条約の廃棄、租界の廃止等の政綱を立てて驀進する如きことはあ

①『日本外交文書』大正 13 年第 2 冊、501－502 頁。
②『日本外交文書』大正 13 年第 2 冊、502 頁。
③『日本外交文書』大正 13 年第 2 冊、502 頁。
④『孫中山全集』第 11 巻、503 頁。

り得ると思い、その予防策を講ずることには賛成した①。

　イギリス公使マクレーは執政府への声明案を起草した。ここ
でも芳沢公使の希望同様に、赤化・過激活動とかの言葉を避け、
孫文・馮玉祥の名前も指摘せず、抽象的に列国の執政府支持を
表明すると同時に、中国と列強が締結したすべての条約と中国
における列強の権益に対する承認と保障を執政府に要求した②。
これは孫文の不平等条約廃棄への予防策であり、また警告でも
あった。

　この声明案に対し、幣原外相は賛成の意を表わしたが、双方
共同してこの条約を改正するまで承認・保障するとの一句を削
るよう提起した③。これは中国側に列国が条約改正に応ずる意
向があるかのように誤解される可能性があったからである。こ
れは幣原が孫文の不平等条約廃棄に反対する意を表わしたもの
であった。しかし、幣原は、孫文があくまで段祺瑞と提携し、
政治面のことはいっさい段に一任し、張にも別段反感はなく、
段とだいたい同一視し得ると思っていた。そして、孫文が馮玉
祥と連合して段・張政府を破壊するが如きは想像し難いと予測
していた④。幣原は、「間接ノ方法ニ依リ其ノ意向ヲ確メタ」と
言っているが、この「間接ノ方法」とは、11月27日殷汝耕が
神戸で孫文と会談した結果を出淵アジア局長に報告したのを通
じて確認したことを指す⑤。この出淵局長の「孫逸仙来邦ニ関
スル件」には、外相閲覧の印鑑が押してあったことが、これを
立証する。

　孫文の天津到着後、張作霖と日本側は依然として孫文の「赤

　①『孫中山全集』第11巻、503頁。
　②『孫中山全集』第11巻、504-505頁。
　③『孫中山全集』第11巻、505頁。
　④『孫中山全集』第11巻、505頁。
　⑤『孫中山全集』第11巻、505頁。

化問題」を警戒し、12月5日張は孫文を訪問した折、孫文に過激思想の実行は是非差し控えられたいと申し入れた。孫文は「決シテ御心配ニ及ハス」①と回答した。吉田茂総領事も、山田事務官を派遣して、再度孫文の意向を確かめ、孫文は「労農主義共産主義ノ到底支那ノ国情之ヲ容ル可カラサルハ明力」②なりと答えた。

　孫文は不平等条約廃棄のため渡日し、さらに北上したが、段祺瑞は執政府に対する列強の承認を得るため、12月6日中国と外国が締結したすべての不平等条約を尊重し、在中国の外国権益を保障する声明を発表し、不平等条約の廃止を南北調和の条件と見なす孫文と対立した。孫文は重病にもかかわらず、10万の市民の歓迎を受けて12月31日入京し、不平等条約を撤廃して国を救うことを国民に訴えた。入京後、孫文は依然として国民会議の召集を主張したが、段祺瑞は善後会議を主張し、孫文とまっこうから対立した。このために、孫文の北上の目的は達成されなかった。

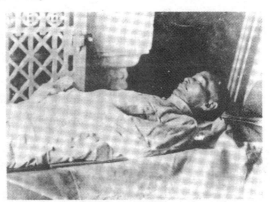

図 69　1925 年 3 月 12 日死去した孫文の遺体

---

①『孫中山全集』第 11 巻、507 頁。
②『孫中山全集』第 11 巻、514 頁。

　孫文の死去　入京後、孫文は肝臓病のためロックフェラー病院に入院し、1925 年 1 月 26 日手術した。肝臓癌と診断された。在北京の芳沢公使は、手術の翌日幣原外相に孫文の病状を報告し、2 月 5 日幣原は芳沢にその後の病状も報告するよう命じた①。しかし、民間の友人にはこのことが誤伝され、梅屋庄吉は 1 月 27 日の日記に「親友孫文死ス」と記し、28 日「孫文葬式参列ノ為メ」友人の代表として萱野長知を北京に派遣した②。2 月 4 日北京に到着した萱野から「ソンブンダイジョウブ」の電報が来て、孫文の生存が確認された③。萱野は病室に孫文を見舞ったが、孫文は「犬養さんや頭山さんは元気か？」、神戸での大アジア主義講演は日本人に響いたかを問うた④。

　孫文は、1925（大正 14）年 3 月 12 日北京で死去し、その革命の生涯を閉じた。14 日、孫文の長男孫科より梅屋庄吉ら日本の友人に「父孫文 12 日朝九時半死去ス謹ンデ生前ノ御交誼ヲ拝謝ス」⑤の訃報が入った。『東京朝日新聞』は 13 日の夕刊第一面に「民国の元勲　孫文逝く」⑥と報道した。梅屋庄吉は、孫科と宋慶齢宛に弔文を送り、「先生は、中国革命の大恩人にして、世界的偉人に御座候。今日逝去せらるるに至りしは、詢に貴国のみならず、東洋全体の不幸に候」「特に日本の不幸也」と記した⑦。これは日本民間有志の意を表わしたものであった。

---

　①『日本外交文書』大正 14 年第 2 冊上巻、623 頁。
　②「梅屋庄吉文書」、小坂哲瑯・主和子所蔵。
　③「梅屋庄吉文書」、小坂哲瑯・主和子所蔵。
　④ 萱野長知『中華民国革命秘笈』、350−351 頁。
　⑤ 萱野長知『中華民国革命秘笈』、350−351 頁。
　⑥『東京朝日新聞』(夕刊) 大正 14 年 3 月 13 日。
　⑦「梅屋庄吉文書」、小坂哲瑯・主和子所蔵。

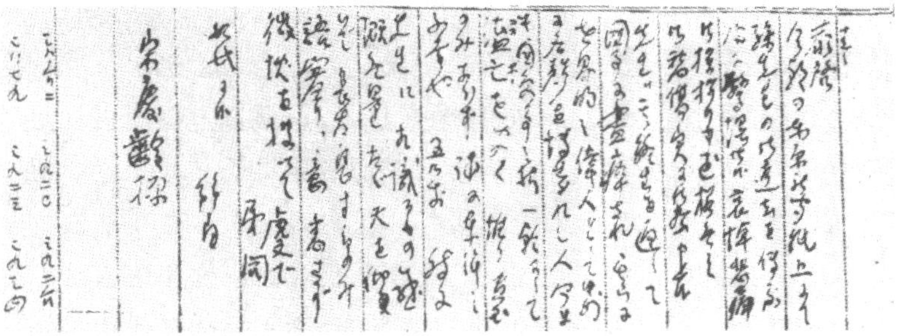

　　図 70　1925 年 3 月 12 日孫文の訃報に接し、梅屋庄吉が宋慶齢にあて
た弔文（小坂哲瑯・主和子氏蔵）

　広東軍政府は、3 月 13 日在広東の総領事代理清水に、孫文の
死去を日本政府に伝達するよう申し入れた[①]。日本政府は、国
葬の場合には芳沢公使が日本国を代表して段祺瑞執政に「深厚
ナル弔意ヲ表」し、遺族孫科らには幣原外相の名で同様の意を
表するように、芳沢に指示した[②]。しかし、中国側の内部では
国葬と国民葬の意見の相違があり、芳沢は幣原外相の名義で花
環を贈り、公使館の太田が公使の名義で 3 月 25 日北京中央公園
内で挙行された葬儀に参列した[③]。

　東京では、5 月 9 日芝増上寺で犬養毅・頭山満・萱野長知宮
崎竜介らの主催による孫文追悼会が催され、加藤首相・小川平
吉司法大臣・宇垣一成陸軍大臣、孫文とかかわりのあった後藤
新平・副島義一・秋山定輔・梅屋庄吉・久原房之助・白岩竜平
ら 350 名余が列席した。この会で中国留学生張学載・蕭学海が、
加藤首相と閣僚を前に「二一箇条撤廃旅大ヲ還付スルハ孫文ノ
真意ニ添フモノナリ」[④]と述べたことは意義深い。

---

①『日本外交文書』大正 14 年第 2 冊上巻、625 頁。
②『日本外交文書』大正 14 年第 2 冊上巻、625 頁。
③『日本外交文書』大正 14 年第 2 冊上巻、635 頁。
④『日本外交文書』大正 14 年第 2 冊上巻、641 頁。

図 71　中山陵に葬られる孫文の霊柩（1929 年 5 月）

　孫文はその遺書で、「革命はいまだなお成功していない」、中国の自由と平等の目的を達成するために、「必ず民衆を喚起し、かつ世界でわれわれを平等に待遇する民族と連合して、ともに奮闘しなければならない」「不平等条約の廃棄は、とりわけ最短の期間においてその実現を促さねばならない」と遺嘱した①。これは中国国民党に対するものでありながらも、また日本に対する期待でもあった。孫文がその革命生涯において日本に期待したのは、自由と平等を求める中国の戦いに対する日本の支援、日本の中国に対する平等、即ち不平等条約の廃棄であった。孫文はこの目的を達成することができずに死去したのである。しかし、孫文が切り開いた中国のブルジョア革命運動は、その後日本と複雑な関係を保ちながら変化・発展した。

　孫文の銅像　孫文死去後、日本政府は 1927・28 年中国山東省に三回軍隊を派遣して、国民党の北伐を阻み、済南事件を挑発

① 『孫中山全集』第 11 巻、639－640 頁。

して北京政権を掌握していた奉天系軍閥張作霖を支えようとした。しかし、これが不可能になると、河本大作ら一部の将校は北京から撤退して東北に帰る張作霖を皇姑屯で爆死させ、東北地区を中国から切り離そうとした。これにより日中関係は急速に悪化した。このような状況の下で、孫文の旧友梅屋庄吉は、日本と中国に孫文の銅像を建設して、日増しに悪化する両国の関係を改善し、孫文をきずなとして両国国民の友好を固めようとした。

　梅屋は、1928 年の春からこの仕事を始め、4 月に東京府西多摩郡調布村布田に 900 平方メートルの土地を購入して整地すると同時に、警視総監に銅像建設の許可を申請した。しかし、警視庁は「銅像建設ノ件許可相成リ難シ」[1]と返答した。それは、孫文が革命家であり、その思想が日本に与える影響を考慮したからであった。

　日本での計画は失敗したが、中国における銅像建設の計画は着々と進展した。梅屋は中国に七基の孫文銅像を建てようとして、当代一流の銅像製作業者である東京日本橋の篠原彫金店に製作を依頼し、銅像原型の製作は彫刻家牧田祥哉に頼んだ。1929 年初め一基の銅像が完成した。これは高さ 3.6 メートル、重さ 7 トンあり、フロック・コートを着た孫文が、左手を腰にかけ、右手をのばして民衆に三民主義を説き、訴える姿勢をとっていた。これは梅屋と牧田が共に想を練ったものであり、梅屋が希望していた旧友の姿であった。これは威厳あるなかに優しさが漂い、今にも動き出しそうなみごとなものであった。

---

[1]「梅屋庄吉文書」、小坂哲瑯・主和子所蔵。

図 72　梅屋庄吉（中央）が中国に寄贈した孫文銅像　写真の２基は中山大学と中山県に寄贈したもので「昭和 5 年 12 月 15 日横浜出港、白山丸護送」と写真に記されている。

　梅屋庄吉と夫人の徳は、この一基の銅像を伏見丸に積んで出国、1929 年 3 月 4 日上海に到着、盛大な歓迎を受けた。10 日、梅屋は北京西山碧雲寺の孫文霊柩に花輪を捧げ、孫文「先生ノ遺業ガ永遠ニ光輝アランコトヲ熱禱」①する祭文を朗読した。

　中国では、1929 年 5 月 31 日から 3 日間、国民政府による孫文の盛大な国葬が挙行された。孫文の霊柩は北京から南京紫金山の中腹に築かれた中山陵に安置された。日本政府はこの国葬に犬養毅を特使として派遣した。過去孫文の革命運動を援助した萱野長知・平山周・山田純三郎・古島一雄・秋山定輔（招か

①「梅屋庄吉文書」、小坂哲瑯・主和子所蔵。

れたが欠席）・菊池良一・宮崎滔天未亡人・宮崎竜介ら 80 余名
が招かれ出席した。梅屋庄吉は、宋慶齢・孫科と共に孫文の霊
柩に付き添い北京から南京に到着し、40 人の奉持者の一人とし
て霊柩をかついで中山陵の階段を上り、孫文の遺骸を安置した。

**図 73　1929 年 10 月 14 日、南京の中央軍官学校校庭に建てられた孫
文銅像の除幕式　除幕するのは蒋介石主席**

　梅屋が贈呈した第一基目の孫文銅像は、同年 10 月 14 日、南
京の中央軍官学校の校庭に建てられた（現在南京紫金山の中山
陵の階段の下に立っている孫文銅像がこれだと思う）。翌年の 5
月下旬、梅屋は第二基目の孫文銅像を広州黄埔軍官学校に寄贈
し、校庭にある高さ 40 メートルの台の上に置かれた。1931 年 1
月には、広州中山大学に一基を寄贈した（以上二基は今も黄埔
軍官学校の旧址と中山大学の構内に立っている。その後広東省
中山県に一基を寄贈した。この四基はみな牧田の原型により製
作されたものであり、その形は同じである。

　図 74　1978 年、上海の宋慶齢（中央）を訪問した国方春雄・国方千世氏（梅屋庄吉長女）

　当時、梅屋庄吉は映画会社の破産により 5 万円余の債務をかかえ、たいへんな困難に遭遇していたが、12 万 6400 円（1 基 3 万 1600 円）の巨額の資金を使ってこれを製作したのである。

　梅屋庄吉のその気高い理想と目的はどこにあったのか。梅屋は、「隣の国・日本の民衆が、これほどまで孫文を尊敬している、ということを具体的に示して、中国の人たちに、孫文の遺嘱を守り抜いてもらいたいからだよ」[1]と言った。梅屋は 1929 年 10 月 14 日銅像除幕式の式辞で、「銅像ヲ以テ単純ナル紀念トナスニ非ズシテ、万衆ノータビ仰グモノヨク先生ノ至明至徳ニ感化発奮其ノ遺訓ヲ遵奉シテ永ク三民主義的国家ノ建設ニ向ツテ統一和平ノ実ヲ挙ゲ之ガ済美ニ一致努力セラルヽアランコトヲ冀フ所以也」[2]と、その目的と理想を語った。

---

　① 車田譲治「国父孫文と梅屋庄吉」、387 頁。

　②「梅屋庄吉文書」、小坂哲瑯・主和子所蔵。

　孫文は今日も台湾海峡両側の中国人民に、合作と統一のシンボルとして生きている。中国大陸に聳え立っているこの孫文銅像は、この意味から、中国の統一と国家建設を鼓舞する精神的存在として中国人民から仰がれ、また、梅屋庄吉ら過去孫文の革命に協力した旧友の孫文に対する尊敬の意を通じて、中日両国国民の友好のきずなを固めるであろう。

附录：书评

兪辛焞著『孫文の革命運動と日本』

藤井昇三

　本書の著者兪辛焞氏は天津の南開大学歴史研究所教授である。氏は 1932 年吉林省汪清県の生れで、1958 年南開大学歴史学部を卒業し、同学部助教授を経て、八六年同大学歴史研究所の日本史研究室教授となり、現在、同大学日本問題研究センター所長を兼任。中国日本史学会副会長も務めており、中国における日本史研究の重鎮である。専攻は日本外交史、近代日中関係史であり、特に辛亥革命期と九一八事変（満洲事変）期の日中関係史の研究に中心を置いている。日本で発行した著者『満洲事変期の中日外交史研究』（東京、東方書店、1986 年）により、1988 年早稲田大学法学部から法学博士の学位を授与された。1980 年最初の訪日以来、数回の来日の中で、日本外交史、日中関係史に関する多くの資料・文献を収集し、研究を深めてきた。本書はその成果の一つである。

　本書の目次は次の通りである。

はしがき

序章　視点と方法

第一章　孫文の革命運動の勃興と日本

第二章　中国同盟会と日本

第三章　辛亥革命と日本

第四章　第二革命と日本

第五章　第三革命の準備と日本

第六章　第一・第二次広東軍政府と日本

第七章　第三次広東軍政府と日本

索引

　本書は、中国人研究者によって書かれた、孫文と日本の関係に関する最初の本格的研究書である。本書の優れた特色を挙げるならば、次の如くである。

　第一に、孫文の革命運動の全時期を通じで孫文と日本の関係を取り上げ、これを詳細に検討し、両者の関係の全体像を構築しようとして、多大の努力と苦心の跡が見られることである。

　第二に、孫文と日本の関係を、両者を取り巻く東アジアの国際関係の中で立体的に把えようとしていることである。

　第三として、特に強調したい特色は、著者が日本における一次資料を非常に広範にわたって調査し、これらを十分に活用して、極めて資料的に信頼できる実証的な研究書にまとめ上げていることである。著者は、外務省外交史料館、防衛庁防衛研究所及び三井文庫などの所蔵資料、梅屋庄吉関係資料などの孫文に関する一次資料に広く目を通しており、その他多くの日本側の最近の資料・文献も渉猟している。また、『孫中山全集』を始めとする中国側の最近の資料・文献などの研究成果も十分に採り入れており、中国人研究者の手に成る孫文・日本関係史の研究書としては、従来の水準を超えた優れた実証的研究の成果を生み出している。

　本書は、このようないくつかの優れた特色を有しているが、一方、史実についての若干の誤りがあり、また、史実あるいは対日認識についての解釈についても、かなり多くの問題があると言わねばならない。

　一、史実の記述の誤りについて

　（一）孫文の生年月日を 1866 年 11 月 22 日としている。（51

頁）

（二）犬養毅を大陸浪人と呼んでいる（172－173 頁）が、犬養は政党政治家、衆議院議員であり、決して大陸浪人ではない。一部の大陸浪人と親しい関係にあったに過ぎない。

（三）日本の第一次大戦参加に関して、著者は、「イギリスは、この時期に中国国内に革命が勃発したり、日本が責任をもってそれを弾圧することを一つの条件として、日本の対独宣戦に賛成したのである」（260 頁）としているが、この記述は誤りである。イギリスは、日本の強引な大戦参加への積極的姿勢に対して、日本の戦闘地域の限定を条件として、日本と交渉を重ねたが、日本はこれに応ずることなく、1914 年 8 月 23 日対独宣戦布告を行ったのである。

（四）孫文の「日本『朝日新聞』記者の質問に答える」の日付は、1919 年 6 月 24 日ではなくて、6 月 21 日日付『朝日新聞』に掲載されたのである。6 月 24 日は、中国文訳文が載った『国民日報』の日付である。

（五）本文と注の双方に、全体的に誤植が非常に多い。何よりも先ず正確な事実の記述が望まれる実証的な歴史研究書にあっては、当然のことながら、細心の注意が欲しかった。

　二、史実の解釈あるいは対日認識の把握の仕方について

（一）全体的に見て、著者の孫文に対する評価は、客観的に言って、高過ぎると言わねばならない。著者は、孫文の思想及び対日観を首尾一貫したものとして肯定的に把え、かつ、孫文の思想と行動の矛盾した側面も、孫文の誤りとは認めない。著者は、「孫文は、革命運動に必要な資金獲得のため、国家主権を侵犯するような抵当を承諾せざるを得なかった。これは彼の主義と一時的に矛盾することであるが、特定の歴史的条件の下では避けられないことであり、革命の最終目的のためには必要なことで

あったと言えよう」（22 頁）と述べている。このような評価は歴史上の人物の正しい評価の仕方と言えるであろうか。

　著者はまた、次のように述べている。「偉大な政治家は、その遠大な理想と最終目的を達成するために、一時的にその理想と目的と矛盾する方法を採用しようとすることがある。これは他の政治体制下の政治家にも見られる現象である。孫文のこのような行動は、彼特有のものではなかった。」（22 頁）「革命の最後の目的から見れば、この矛盾も統一される。」（32 頁）孫文においては「現象としては革命の理想と課題とその行動が矛盾しているが、最終目的を達成する一戦術としては、それが統一されていた。」（33 頁）

　このような歴史上の人物評価の論法は、個人崇拝あるいは偶像崇拝に陥る危険をはらむ謬論であると私は考えざるを得ない。国内の民主的統一と独立国家としての対外的平等の地位の獲得という孫文の中国革命の基本的目標と理想にとって、もしも「一時的にその理想と目的と矛盾する方法」たとえば「資金獲得のため、国家主権を侵犯するような抵当」を承諾するという手段を採る場合には、最小限度の歯止めとして、①その抵当が国家・国民の利益に重大な損失あるいは危害を及ぼされないこと、②その借款が一定期間内に確実に返済の見通しが立つこと、などが必要であろう。さもなければ、国家主義の譲与という危険な行為のもたらす重大な結果の本質を認識しない無謀な冒険主義的な賭けであると言わねばならない。それは「革命の最終目的」の達成を不可能にする恐れがあるからである。

　一般的に言って、歴史上の人物の正しい評価は、「偉大な政治家」という大前提から出発して、個々の行動や思考の誤りや矛盾を不可避のものとしていわば「免罪」することではなくて、逆に、時々の判断や行動における誤りや矛盾を、客観的な事実

として認めた上で、それらの誤りや矛盾が存在するにも拘らず「偉大な政治家」と評価し得るのか、それとも、それあるが故に「偉大」とは評価し得ないのかについて、その政治家の全体的評価を下すべきであろう。いかに卓越した政治家あるいは革命家にも、判断や認識の誤りや矛盾は存在する。孫文も例外ではない。誤りや矛盾の存在をあるがままに承認することから、歴史上の人物の客観な正しい評価が可能になるのである。

　（二）著者は、孫文は「日本帝国主義」あるいは「日本の中国侵略の本質」に対する「認識があったがために、日本に期待を抱いていた」（24 頁）のであると述べており、また、「過去、孫文の帝国主義に対する明確な認識と対日態度は 1919（大正 8）年を機に大きく転換したといわれている」（26〜7 頁）ことに疑問を呈し、「辛亥革命前、孫文が日本の対中国侵略に対する認識と警戒の念を相当抱いていた」（28 頁）とし、「1919 年以前にも日本帝国主義の中国侵略に対し明確な認識があった。」（29 頁）と述べ、「1919 年から対日批判の回数も多くなり、その態度も強まったのも事実であるが、これは対日認識の飛躍だというよりも、孫文の過去における自制からの解放であり、革命戦略の変化とも密接な関係があった」（29〜30 頁）と主張する。さらに著者は、辛亥革命の 1913 年の訪日から「帰国後の孫文の対日観は大きく転換した」（28 頁）ことは、特定の歴史条件の下での一時的な転換であり、日本朝野の表面上の熱烈な歓迎にまどわされた錯覚であった」（29 頁）とし、この「錯覚」を証する事例なるものを挙げる。このような解釈は、孫文の日本に対する認識を客観的に正しく把握していると言えるであろうか。

　孫文の対日認識には、辛亥革命にすでにある程度、日本の中国侵略に対する警戒心が存在してはいたが、その認識はまだ不十分なものであり、その後の相次ぐ革命運動の失敗と対日依存

の挫折を経験することによって、対日認識は次第に深まり、日本帝国主義批判を強めていったと私は考えている。著者は、孫文が日本の中国侵略に対して、辛亥革命前には「相当の」認識と警戒心を抱き、1919 年以前には「明確な認識」を有していたと主張しているが、この点について、私は根本的な疑問を抱かざるを得ない。辛亥前あるいは 1919 年以前に、孫文の対日批判が存在したのは事実であるが、それはまだ日本の対中国侵略の本質を十分に認識した上での主張であるとは考えられない。例えば、孫文が現実の行動において、日本からの援助を獲得するために、辛亥革命期には日本の「満洲」租借要求を承諾し、21 ヵ条交渉時期には「中日盟約」に見られるような大幅な中国主権の対日譲渡を約定するなどの一連の行動を直視するならば、孫文がこれらの時期において、著者の主張するような「相当の」あるいは「明確な」対日認識を有していたとは到底考えられない。著者は、辛亥革命後の孫文の日本観に「一時的な転換」があったのは、孫文の「錯覚」であったとし、1917 年の『中国存亡問題』に見られる孫文の対日楽観論も「錯覚」であったとする。著者の主張には、自己の論理に適合しない部分を、孫文の「錯覚」であるとして過小評価し、排除しようとする無理がある。「錯覚」と称して自己の論理構成の枠組みから排除するのではなくて、孫文にはこのような極めて甘い対日認識が存在した事実を直視することを通して、孫文の対日認識の実像に迫ることが可能になるであろう。

　（三）著者は「孫文の対日観は期待→失望→批判→期待の連続であった」（21 頁）と評している。しかし、孫文の対日観を、このように目まぐるしく変化する、いわば循環の過程として見るのは、極めて皮相な見方であろう。

　孫文の対日観は、革命運動初期の対日依存を基本とする考え

から、革命運動の相次ぐ挫折を経る過程で、次第に対日批判を
強めて行き、1919 年以後は、対日批判を基本とする対日認識へ
と転換し、最晩年には、連ソ政策を中心とする反帝国主義政策、
即ち不平等条約廃棄要求を核心とする対列強批判、その中での
対日批判へと収斂していったと考えられるのである。

　孫文の個々の主張の表面的な変化の側面にのみ眼を向けるの
ではなくて、革命運動の展開の中での孫文の対日認識の深化と、
それに伴う対日認識の核心的部分の変化に特に注目しなければ
ならないであろう。

（六興出版、1989 年）

（電気通信大学）

孙　文

黄自进

　　孙中山致力中国革命 40 年，其间曾先后赴日本 8 次。居留日本时日，长短不居，共达 10 年之久，徒这数字就可佐证孙中山的革命运动与日本的密切关系。此外，中国同盟会、中华革命党相继在日本成立等事实，也一再显示日本在孙中山的革命运动中所占的特殊地位。虽然，两者关系密切，但以此为主题的研究，至今还不多见，马里厄斯·詹森（Marius B. Jansen）在 1954 年所出版的 *The Japanese and Sun Yet-sen* 仍被视为探讨这段史实的经典之作，但此书过于偏重探讨日本国内政治的演变，对其标榜的主题孙日关系，却欠缺深入的研究，因此只能算是一本介绍日本近代政治史的佳作。相对而言，俞辛焞的《孙文的革命运动与日本》一书，无论在主题的探讨上，还是史料的运用上，都有其特别值得推崇之处。

　　俞辛焞，天津南开大学历史研究所教授，是大陆学者中研究日本问题的佼佼者。全书除序章外，共分七章。

　　第一章"孙文革命运动的兴起与日本"，略论孙中山的成长过程及其与日本发生关系的来龙去脉。指出孙中山一直对日本的明治维新持仰慕的态度，认为明治维新可作为中国政治改革运动的楷模。这种希望学习日本改革运动经验的热忱，是孙中山乐于接近日本的重要原因。但是日本对于孙中山的态度，完全根据日本的国家需要而定。光绪二十一年（1895），孙中山为了筹备广州起义，曾向日本驻广州领事请求武器支持，但为日本所拒。原因

是日本自认国力不能及于中国南方，孙中山的起义即使成功，日本也无利可图。光绪二十三年（1897），日本接纳孙中山，无非是想利用革命党。时值甲午战后，日本想利用南方的秘密会党来牵制清廷的反日政策。

第二章"中国同盟会与日本"，论述同盟会成立的时代背景及光绪三十三年、三十四年间（1907～1908）同盟会所领导的各地起义活动与日本的关系。同盟会成立过程中，虽有少数日本友人提供协助，但基本上同盟会的成立与日本没有关连。不过，同盟会的成员多为留日学生，这些学生往往是在接受近代文明的冲击后，思想上得到启发，进而献身革命运动。作者从这个角度肯定了日本与同盟会的间接关系，认为，日本提供给留日学生一个发展革命运动的客观环境。此外，光绪三十三年、三十四年间革命的根据地虽然已从东京移至法属安南的河内，但日本仍旧是提供各地起义活动武器的来源地。因此日本在同盟会成长过程中，一直扮演着举足轻重的角色。同时，作者也强调了光绪三十三年三月日本政府应清廷的要求，将孙中山列为不受欢迎人物，要求孙离开日本之事。这是孙日关系发生变化的转折点，自此孙中山开始怀疑日本政府的对华政策。

第三章"辛亥革命与日本"，论述武昌起义后，南京临时政府的对日外交，以及日本政府、军部及民间团体的对华政策。辛亥革命初期，日本的外交政策是一面倒（支持清廷），但自袁世凯掌权后，鉴于袁与英国日趋接近，才开始有限度地支持革命党。但基本国策还是要利用中国内乱以扩展日本在满蒙、福建及长江流域的权益。但日本军部却不这样想，武昌起义4天后，海军省就增派战舰急赴中国沿海及长江流域；其后，陆军参谋本部也开始派遣谍报人员到中国各要地部署出兵事宜。但因列国的牵制及中国的局势还未到失控的局面，日本军部最终无功而退。不过，日本民间团体方面，却与日本政府不同，他们一致同情中国革命。

这些以"支那浪人"为主的民间团体，除制造舆论要求日本政府支持革命党人外，还组团到中国，实际支持作战。辛亥革命初期，孙中山对日本政府持不信任态度，认为日本随时可能出兵干涉革命。此时他历访欧美，为的就是要牵制日本的对华政策。他也计划访问日本，准备亲自和日本政府交涉、但因日本政府不允许他作公开的访问，因而作罢。这时，孙中山与日本的关系颇为紧张，但孙中山在返国途中，在香港和宫崎滔天等日本友人会面后，受他们影响，又开始肯定日本政府的对华友谊，积极寻求日本的援助；并与日本展开借款谈判，希望借日本外资解决南京临时政府的财政危机。但因借款条件过于苛刻，这一举措遭到国内的普遍反对和英国的抵制。最终与日本的借款谈判，除沪杭甬铁路外，大多无果而终。

第四章"二次革命与日本"，探讨民国二年（1913）孙中山以国宾身份访日的前后背景与二次革命时，孙的对日工作及日本的反应。作者指陈孙中山能以国宾身份成行，主要是由于桂太郎首相的斡旋。虽然孙中山启程时，桂太郎已因政争下台，但孙中山仍受到日本朝野的盛大欢迎。在与桂太郎两次密谈中，桂太郎除指责袁世凯为民国之患外，还表达了希望能与孙中山携手合作之意，此外他也保证日本绝无侵犯中国的企图。孙、桂的会谈以及日本朝野的款待，使孙中山一扫过去对日本的猜忌，开始宣扬中日亲善。他肯定日本对中国革命的贡献，并为已往日本对华政策辩护，认为这是国际形势使然。同时他也与日本的财界合组中国兴业公司，准备利用日本资金，发展他的铁路建设计划。此时期他与日本的关系已到水乳交融的地步。但这段"蜜月期"为时甚暂。同年7月二次革命爆发，虽然事前孙中山一再恳求日本给予军事、经济上的援助，但日本不为所动。日本在谨慎评估双方的实力后，认定孙中山不堪一击，因此以维持中立为借口，拒绝孙中山的求援。

第五章"三次革命的准备与日本"，研讨二次革命后，孙中山流亡日本、力谋东山再起的过程，并解析孙中山在此时期针对日本政界、军部、财界所做的各项企求援助的工作及日本各界的反应。二次革命失败后，孙中山流亡海外，日本原无意接纳，后因犬养毅出面劝说，才勉为其难地准许孙中山入境，但对孙中山持冷淡态度。而日本财界方面，除婉拒援助孙中山外，还利用改组中国兴业公司的机会，达到排除创办人孙中山的目的。因而孙中山在成立中华革命党之初，处境相当艰辛，对日本军部的交涉也是求助无门。此刻，中华革命党主要活动目标是中国东北，由陈其美、戴季陶等人负责筹建，虽然进展迅速，但由于日本政府刻意压制，东北起义活动最后胎死腹中。尔后，因袁世凯执意称帝，云南护国军兴起，日本政府认为有机可乘，才开始改变对中华革命党的态度。当时日本的政策是支持一切反袁的力量，中华革命党也在此政策下——组织东北军在山东举兵，举兵的财源及军事设备都由日本提供；此外，在日本军部的支持下，有大约两百名的日本志愿军直接参与战斗。孙中山与日本的关系，又在打倒袁世凯的大目标下再度结合。

第六章"第一、二次广东军政府与日本"，检讨日本政府的对军阀政策及与广东军政府之间的相互关系，并探讨此一时期孙中山的日本观。在此章，作者强调，孙中山对日本幻想的破灭系由于寺内内阁及原敬内阁的对华政策。民国六年（1917），孙中山在广州成立军政府。同时他也派遣张继、戴季陶到日本访问，寻求日本朝野的支持，但无功而还。此刻的日本，正是西原借款大行其道，主政的寺内内阁大量经援段祺瑞之时，为了阻止日本的援段政策，孙中山请辞军政府大元帅后，也曾亲赴日本，但也一样的铩羽而归。赴日两周，一个日本显要都未见到。至此，孙中山放弃了对寺内内阁的幻想，将希望寄托在政友会总裁原敬身上。民国七年（1918），原敬果然出掌内阁。孙中山认为原敬出任首相，

是争取日本支持南方的一大契机，是以，孙中山不断通过日本驻上海领事，寻求日本的支持，但原敬不为所动。原敬虽然不赞成前任内阁的援段政策，可是对孙也没有好感，认为孙中山是一空想的理论家。他所属意的南方政治代表人物是唐绍仪，他希望南方在唐绍仪的领导下与北方和解。鉴于原敬的对华政策，孙中山开始明确严厉指责日本政府的不当，认为日本应对中国的分裂负历史上的责任。孙中山对日不满，其来有自，但把日本视为最大敌国却是由此开始，所以孙中山也在此时正式要求废除与日本签订的所有不平等条约。民国十年（1921），孙中山重返广州，建立第二次广东军政府，仍不改他反日的言论，明确宣称，北伐的目的不仅是讨伐北方军阀，还要与扶持北方军阀的日本一战。

第七章"第三次广东军政府与日本"，以国民党改组，孙中山大力开展反帝国主义、反军阀运动为背景，探讨此一时期孙中山的对日政策，以及他所提倡的大亚洲主义的涵义与日本方面所采取的对策。民国十二年（1923），孙中山复返广州，续行大元帅职权，之后他与日本的紧张关系渐趋缓和。原因是亲英美的直系军阀，控制了北方政府，日本为了牵制英美，对广东军政府的态度开始缓和。作者认为，此事可从日本政府对海关关余截留及镇压商团事件的态度上得到证实。当时日本政府首先在海关关余问题上，表现出异于欧美的态度。虽然日本政府基于列国共同协调的原则，派遣军舰到广州参加列强的军事示威活动，但所有的政策仅限于消极性的配合，处处留下能与广东军政府斡旋的余地。这种异于欧美的对华政策，在商团事件的处理上更可得到明显的证实。当时英国为了牵制广东军政府的镇压商团活动，曾扬言不惜以军事行动进行干涉；此政策也得到法、葡两国的响应。但由于日本的反对，英法等国的出兵活动最后不了了之。鉴于日本对广东军政府的友善态度，孙中山与日本的交流又开始紧密起来。尤其是直系倒台，亲日派的大将段祺瑞复出后，双方的交流更加

热络。日本希望借支持由段祺瑞、张作霖、孙中山等人召开的国
民会议，谋取日本势力在华的进一步发展。孙中山则期待通过与
日本的交流，争取其对广东军政府的支持，以便制衡欧美列强的
对华政策。民国十四年（1925），孙中山的日本之旅以及在神户所
发表的"大亚洲主义"演讲，就是在双方关系又趋复合的背景下
展开的。在此，作者分析了孙中山所倡导的大亚洲主义与日人所
提倡的大亚洲主义的区别。孙中山的大亚洲主义目的是追求全亚
洲所有民族的独立与自由，日人的大亚洲主义却只是其利用种族
意识与美国相抗衡的工具。作者认为，当时在日本所盛行的大亚
洲主义，是源于日俄战后，美日两国为了争夺在中国东北的经济
权利，致关系日趋紧张，日本为谋抗衡，乃利用美国国内所实施
的排日移民法作为诉求对象，指责这是种族歧视，号召所有亚洲
民族群起抗争。由于两者基本的出发点不同，诉求的目标也不一
样，合作的可能性自然微之又微。因此，孙中山的"大亚洲主义"
虽然也在日本民间有所回应，但并不能影响到日本政府。日本政
府对孙中山的理想丝毫不感兴趣。当时，日本最关心的还是如何
巩固段祺瑞、张作霖等亲日派的领导中心。日本政府是基于拥戴
段、张的心理，才愿对北上参加国民会议的孙中山提供协助的。
因此，对日本政府而言，双方的合作关系也仅止于此。这也代表
了双方长达30年的交往模式。换言之，孙中山与日本的交流史，
完全是由孙中山单方面的诉求和日本精打细算的现实政治考虑交
织而成。

　　从以上的简单介绍中，我们可以一窥俞辛焞此书的主要内
容。书中虽然没有什么特别的理论，但写得很真实，是一本忠于
史实的著作。此书的特色可以归纳为以下两点：第一点，作者不
否认日本志士及民间团体对孙中山的友谊，及对中国革命的贡献。
但在论述他们与孙中山的关系时，却将他们与日本政府融为一体，
用"日本"这个国家概念来做整体性的探讨。而在过去的研究中，

为了突出日本民间与政府的态度迥异，常将两者分别探讨。这种探讨往往忽视了二者的相关性。日本民间人士援助中国革命，动机不一，并非纯粹共鸣于中国革命的理想，往往只是因对"日本国家利益"的看法与日本政府想法有所不同而已。换言之，很多日本民间人士也是基于国家利益而支持中国革命的，其与日本政府的态度差异只是缘于对时局的判断不一。此外，日本民间对中国革命的贡献度与日本政府政策是成正比关系的。日本民间在实质上对中国革命最有助力之时，往往也是日本政府因特殊形势支持中国革命之时。有时常因政府不便出面，而由民间代为处理相关事宜。相反，当日本民间人士态度与政府政策不一致时，民间人士的支持也就有限了。因此，将民间与政府纳入一个整体进行探讨，不仅可以客观地评估日本在整个中国革命运动史上所扮演的角色，同时也可避免以偏概全，过分美化日本民间人士对中国革命的贡献。第二点，在数据的引用上，作者除利用前人所整理出的资料外，也掌握了很多至今尚未刊出的史料。例如孙中山的日人好友梅屋庄吉的日记，日本外交史料馆珍藏的革命党员监视录，日本防卫厅珍藏的《清国革命乱特报》《清国事变书类》《清国革命乱关系书类》等史料。梅屋庄吉的日记及外交史料馆的史料有助于我们了解孙中山在日本的活动情形及经济来源等问题；防卫厅的资料则使我们对辛亥革命时期日本军部的政策有更进一步的认识，尤其是历年来鲜少有人论及的日本海军对中国沿海所做的战略部署。除了以上未出版的史料外，作者也从其他日文书籍中发掘出一些与孙中山有关的重要资料，例如《原敬关系文书》《宗方小太郎文书》《小川平吉文书》《天羽英二日记》及三井物产株式会社《社报》等。由于作者在搜集资料上的努力，此书仅从史料介绍的角度来讲，就十分值得推崇。而全书在主题的掌握与探讨上，所做的努力，尤可誉为研究孙中山与日本关系的最佳代表作之一。

当然，此书也有些值得商榷的地方：第一点，欠缺理论架构。作者忠于史实的态度值得推崇，但下笔之际，完全跟着史料走的做法却使该书的论述有松散的感觉。作者在各章节里，对各时期孙中山对日政策的介绍可谓不遗余力，但却鲜少论及孙中山的对日基本态度。虽然作者在序章里也曾提到，孙中山的日本观是"期待——失望——批判——期待"这几个周期循环而成，认为孙中山的日本观，时常随着日本对华政策的变化而有所改变，但其对日本所抱持期待的基本态度却是始终一致。以这种期待支持的情结作为解释孙中山的一贯对日态度的说法，是作者的独特见解，评者也深以为然。但是作者在撰写该书时，除第六章第二节外，并没有发挥此一论点，对史料也未加以诠释，因此我们在各章节里所见到的孙中山的对日言论不是"媚日"就是"排日"。换言之，作者在行文之时，只专注于论述孙中山一时的外交辞令，而忽视了解析孙中山的本意。为了避免读者"见树不见林"，困惑于孙中山一时的言论，作者须考虑在各章节，就孙中山对日的基本态度，做一些补充性说明。第二点，作者在用词之时，有跳不出主观意识框框的痕迹。例如，在论述辛亥革命时期日本的对华政策时，作者指陈"日本是一个军事封建的帝国主义国家，是遭遇任何问题都优先想用武力解决问题的军国主义国家"；在评论日本第十八任首相寺内正毅时，作者指称"寺内是日本典型的军国主义者，是一切都想用武力去解决问题的军人"。但综观全文，却没有对这些评论有一个完整的解释，因此我们也无法确知作者笔下的"军事封建帝国主义国家"，及"典型军国主义者"这类字眼的真正涵义。像这类先入为主价值判断类的字眼，散见于全书之中。就力求客观的学术著作而言，均属美中不足，值得作者再加斟酌。

作者单位：台湾"中央研究院"近代史研究所

孙中山研究的新突破

——《孫文の革命運動と日本》

李喜所

孙中山自逝世后半个多世纪以来，一直是中外学者研究的"热点"。特别是近十年来，随着我国开放政策的推进，中外学者广泛开展学术交流，使孙中山的研究克服了封闭的、单一的教条模式，向开放的、多元的、全方位的百家争鸣的方向发展。有关孙中山的思想、人格、政治活动、文化向往、经济建设、外交格局、家庭生活、艺术追求、史实考订等，都有深入的研究，达到了较高的水平。在这种情况下，孙中山的研究如何深入，就是一个必须解决而又有较大难度的问题。首先，发掘新的资料难度很大。中华书局出版的《孙中山全集》，具有全、新、准确等特点，再有所超越极难；中山大学正在编写的《孙中山年谱长编》，力求系统、科学、博大，是几十年孙中山研究的阶段性总结。其次，社会学、科学学、人类文化学、比较史学等新的研究方法已经在孙中山的研究中得到广泛的应用，各种新观点层出不穷。因此，可以说关于孙中山的研究目前已达到高水平的"滞态"。

但是，"滞态"并不是尽头，一旦克服了"滞态"就会有长足的进展。近来很多专家、学者从推进孙中山研究的愿望出发，在思考和讨论突破这种"滞态"。他们的基本思路有两条：一是开放。因为孙中山是开放的典型，不坚持开放，就不能准确地理解孙中山，研究孙中山；孙中山又是国际知名人物，大半生跋涉海外，只有从世界的角度去观察孙中山，才能科学地揭示他的一言一行，许多国家仍存有孙中山的珍贵史料，不坚持开放，就无法

去挖掘这些新史料。二是横向联合。其含义是，中国学者与外国学者联合，增进史料、观点和研究方法的交流，不同学派的学者联合，不同学科的学者联合，共同讨论孙中山，以更新观念，开阔视野，提高孙中山研究的水平。目前一些学者已经向这方面努力，并取得了一些成果。近读俞辛焞教授在日本出版的《孙文的革命运动与日本》，更觉开放和横向联合定会使孙中山的研究有所突破。

俞先生几十年来一直从事日本史研究，1980年后将研究的重点放在中日关系史上，并以孙中山与日本的关系为突破口。孙中山一生有三分之一的时间在日本度过，他的革命活动、思想演变、婚姻家庭等都和日本有这样那样的联系。他曾十几次踏上日本，广泛开展与官方和民间的交往，孙中山亦自称日本是他的"第二故乡"。孙中山和日本的关系自然成了孙中山研究中的一个重大课题。国内外的学者很早就注意到这一点，发表了一些有价值的论著，解决了许多难点和疑点。但是，从事孙中山研究的许多中国学者，外文不过硬，限制了他们的深入研究；不少外国学者又不精通中文，无法研究中国的史料。而俞辛焞教授则充分发挥自己日文好和中文资料熟悉的双重优势，近年来，在和中国近代史学者广泛建立横向联系的基础上，又多次赴日本、美国，与国外学者加强联系，广泛交流学术观点和研究方法，同时千方百计挖掘新的史料，从而很快取得了可喜的成果。他先后发表了《孙中山与日本》《1913年至1916年孙中山在日革命活动与日本的对策》《二次革命时期孙中山的反袁策略与日本的关系》《辛亥革命时期日本的对华政策》《孙中山与日本人士》等论文，在国内外引起了较大的反响。以这些论文为基础，经数年努力，出版了目前孙中山与日本关系研究中的第一部专著《孙文的革命运动与日本》。其最鲜明的特色是：

一、打破了以《孙中山全集》为基本史料的传统格局，采用

了大量日文新资料。俞先生的新著在努力使用中文史料的同时，吸收了许多日本珍藏的原始档案、文集、报刊、日记、杂著、书信等，因而面目一新。孙中山在日本的活动，受到日本警方的监视，日本外务省档案中保存着监视孙的详细记录，俞先生认真全面地考察了这些史料，不仅寻到孙中山在日活动的踪迹，而且发现了日本政府对华政策的真实意图，解决了孙中山研究中的一些难点。孙中山在日本有不少朋友，这些朋友家里珍藏着不少有关孙中山的史料。例如，梅屋庄吉先生与孙中山交往甚密，在政治上、经济上努力支持孙中山的革命活动，还关心孙中山与宋庆龄的婚事，存有这方面的大量的难得的史料。俞先生曾多次前往梅屋家中，翻阅有关资料，用以充实自己的研究工作。孙中山在日本的举动，日本当时的报刊有很多报道和评论，从中可以发现孙中山的思想发展轨迹和日本朝野人士的观感。该书中，采用这方面的史料也颇多。总之，在资料的运用上，俞先生有较大的突破。

二、重视系统性研究。俞先生的新著长达 30 余万言，详细而准确地分析了兴中会成立后 30 余年孙中山与日本的关系。全书以孙中山为中心，但又不是就孙中山论孙中山，而是把孙中山作为一个群体的代表，刻意分析资产阶级的对日态度，探讨中国人对日政治思潮的演变对孙中山思想的影响，同时从国际环境、日本政府及朝野的各种政治变幻中，去探析孙中山与日本的微妙关系。在分析日本对孙中山的政策变化中，不仅注意其对华企图的解剖，而且涉及日本整个对外政策的分析，有助于人们理解日本的整体外交方针与局部对华措施的关系。由于俞先生善于从大系统去探求子系统，从子系统去反求大系统，所以孙中山与日本的关系研究就有某种突破。如 1910 年、1918 年、1924 年孙中山三次赴日的真实意图，过去还没有人讲清楚，俞先生的新著则论述得深入周详。"二次革命"和"南北议和"时期孙中山的对日态度，以前的论述也极含糊，俞先生的评论则极为清晰。这种系统的研

究，不仅使读者对孙中山革命活动的具体过程有清晰的了解，而且容易形成全局观念，便于宏观把握。把宏观研究和微观研究有机地结合在一起，注重系统研究，这对我们今后的史学研究也是值得提倡的好方法，因为它有助于克服我们过去采用的单纯抓主要矛盾而较少进行系统分析的片面的单一的历史研究法。

三、新观点、新视角。俞先生视野开阔，在研究孙中山与日本的关系中，不仅从政治环境的变迁中分析孙中山的方针变化，而且从文化背景，民间舆论、个人心态、经济发展及各种偶然的突发因素中寻求原因，使丰富多彩、变化不定的历史较多地再现了出来，克服了一些僵化的模式。他很注意比较研究，在书中反复把孙中山与黄兴等人加以比较，把孙中山早年和晚年加以比较，把日本政府和民间加以比较，把日本对华政策的前期和后期加以比较，还灵活地注重横的比较和纵的比较。这种比较，容易发现问题，加深理解，把叙史和深层的分析结合在一起，使本书有一定深度，使观点更新颖和更具说服力。例如，孙中山在30多年的对日交往中，有时满怀激情地赞颂日本的友好政策，有时则慷慨激昂地指责日本的侵华举动，尤其是在五四时期，指责多于赞颂。许多学者即据此论定孙中山在五四之后对日态度发生了本质的变化。俞先生经过认真的探讨和反复的比较，根据许多真实的史实，认为这个论断不符合孙中山的一贯思想。他指出，孙中山无论是"颂扬"还是"批评"，都是为了一个目的——反对日本侵略，争取日本援助。手段虽有所不同，但主旨却是一样的。即使在五四前，孙中山也指责过日本政府；五四后，孙中山更颂扬过日本政府。因此，俞先生认为孙中山的对日态度是一贯的。这种解释，令人信服和耳目一新。类似这样的新观点，在书中还有不少，这里从略。

作者单位：南开大学历史系

（本文原载《中国社会科学》1991年第1期）

对孙中山与日本关系研究的成就

——评介俞辛焞著《孙文の革命運動と日本》

李吉奎

南开大学俞辛焞教授著日文版《孙文的革命运动与日本》一书作为《东亚范围内的日本历史》丛书第 9 卷，由日本六兴出版社于 1989 年 4 月在东京出版。全书包括序言及正文 7 章，即"观点与方法""孙文革命运动的兴起与日本""中国同盟会与日本""辛亥革命与日本""二次革命与日本""三次革命的准备与日本""第一、二次广东军政府与日本"及"第三次广东军政府与日本"约合中文 20 余万字。近年来俞教授数度赴日本研修，有机会接触各种日文资料，《孙文的革命运动与日本》就是其中的成果之一。该书是中国学者撰写的研究"孙中山与日本"问题的第一部专著，是近年来"孙学"研究的新贡献，它的问世，值得祝贺。

俞书很有特色。一部长编架构，突出的问题是资料是否充实，条理是否清晰。披览之余，使人感到俞书向我们展示了日文资料的丰富库藏和日文论著的巨大成就。该书除引用已出版的《孙中山全集》《国父年谱》等中文资料外，大量引用了日文资料。著者在日期间，从外交史料馆、国会图书馆、宪政纪念馆、防卫研究所等机构汇集了日本公私文书中大量有关"孙中山与日本"的资料，如《日本外交文书》的有关报告，其中大部分是国内学者尚未使用的，同时与孙文有关系的日本人的文书、传记、日记、回顾录等也大量征引。日文报刊记载了无法计量的有关材料，包括孙在日本的言行与其对日本报界的讲话，其中不少至今仍未见诸海内外的孙文文集，例如，1917 年 1 月 1 日发表在《大阪朝日新

闻》上的《中日亲善的根本意义》一文，就是一篇极为重要的论文，俞书对此详加介绍。由"宋案"发生迄"二次革命"失败，以及自孙中山、黄兴在"二次革命"失败至袁世凯死亡前后三年多时间里孙中山反袁的这段历史的研究，过去我们主要是根据中文资料进行研究，事实上，由于这段时间孙中山与日本有密切来往而且他主要是居住在日本，在日方保存的有关资料，多属隐秘，比中文资料丰富得多。俞书据之以写成的二次、三次革命与日本的两章，其内容远胜迄今国内有关论著的深度与广度；并纠正了历来关于"宋案"发生后孙中山武力反袁而黄兴主法律解决的说法，俞书根据充分史料，证实直至 1913 年 6 月 12 日，孙黄之间在对处理"宋案"问题上并无明显分歧。在其他章节中，俞书也同样引用了许多日文资料，使全书具有明显的新意。

俞书在写作过程中，还吸收了藤井升三、车田让治、安井三吉、史扶邻、韦慕庭、巴斯蒂等人著作中的研究成果，在原有基础上提高一步，博引兼收，显示出著者广阔的视野和娴熟的驾驭资料的能力。孙中山在决策联俄之前致力于求助东西方列强，以及联俄外交开始后继续希望得到列强的帮助，而将孙中山的对日观归结为期待——失望——批判——期待的连续过程，这无疑是对已往史学界对孙中山晚年伟大转变说或笼统的坚决反帝说，更接近于历史的真实。

孙中山作为中国革命党的领导者，虽然他的失败要比成功更多，但由于他的思想言行为中国前途所系，因此研究"孙中山与日本"的关系，实际是近代中日关系史、近代远东国际关系史的组成部分，因此，著者在"观点与方法"这一序章中，深入分析了孙中山一方面要求改正（或废除）不平等条约，另一方面又一再承认既成的不平等条约与列强在华权益这一态度。著者认为，应从战略上，从防止武装干涉方面，从他对列强的二元论认识方面（一方面佩服资本主义文明，要在中国建立欧美式资本主义的

政治、经济、文化体制，一方面反对列强的侵略）以及他主张对外开放、坚决反对排外主义等方面进行解释。著者认为这是作为现象的革命理想与课题，同其行动的矛盾，作为达到目的的一个战术，它是统一的。在各章叙述中，著者贯穿着这个思想，是不无见地的。

俞书从整体上看，观点明确，能实事求是地对待孙中山与日本关系中的许多问题。例如，在孙中山革命生涯中，日本军部、大陆浪人（如头山满、内田良平等玄洋社、黑龙会系统的国家主义者以及宫崎滔天等）、财界、政界各阶层人士，都曾支持过孙中山，应当如何看待这种现象，尤其是孙中山与日本右翼分子的密切关系，这是无法回避的问题。著者力图对此加以剖析，寻求一个合理答案。他认为研究孙中山的革命运动与日本的关系，首先必须注意侵略与被侵略的关系，孙中山利用由于日本侵华造成的清朝与日本矛盾的激化，期待日本的援助，由此使中国的革命运动与日本发生了联系。其后与袁世凯的斗争，也是循此路线发展。头山满、内田良平等与孙中山的革命运动在主义上没有共同点，他们只是暂时的合作，头山等人虽然对孙中山的革命运动表示了一定的理解，但是仍然是为了侵华，孙中山则利用他们侵华与清朝或袁世凯等军阀政权之间产生的矛盾进行推翻清朝政权的活动。孙中山与犬养毅的关系，也表现了日人一方面支持、同情孙中山的革命运动，一方面为侵略中国对孙加以利用的两面性。与宫崎滔天的交往也体现了这一特点。宫崎滔天具有革命思想，为了孙中山奔走于日本政府、军部、财界之间，但其实际行为也是有利于日本侵华行动的。但是，俞书认为，并不是孙中山与所有日本人的交往性质都如此，其与梅屋庄吉的关系就不一样。梅屋作为一个实业家倾其财产诚心诚意支援孙中山革命运动，他虽与大陆浪人有关系，但与政府、军部、财阀并无联系，无论如何，都没有为日本侵华而支援孙中山的意思。另外，该书著者也认为，

在明治、大正时代与孙中山走到一起的人具有忠肝义胆精神，如头山、犬养、大陆浪人等。又如，1913 年孙中山访日与桂太郎会谈，历来为研究"孙中山与日本"关系史的学者所注意，但因史料缺乏，大多语焉不详。俞著在已往研究基础上，引用了日文资料中有关孙桂会谈中起重要作用的秋山定辅的记载，从桂支持孙中山实现大亚洲主义、桂转变外交政策方面，强调了孙桂一起排英联德的态度，深入分析了会谈的背景。至于日本对孙中山的态度，除了在序章中作了概述之外，其余各章根据历届内阁的对华政策，都有具体分析，这里仅想指出一点，孙中山在广州第三次建立政权，正是天羽英二任日本驻广州总领事的时候①。过去在讲到关余交涉、商团事件时，都认为列强包括日本在内对广东政府均采取敌视政策。但事实是，在天羽卸任的同时，日本清浦内阁制定《对华政策纲领》，决定不能偏重于中央政府，与地方实权者也应建立良好关系。所以天羽在任职广州期间，与广东政府有着良好的关系。天羽还曾任首席领事，除了与广东政府及各界名流频频来往外，抵广州的第三天，即在廖仲恺陪同下到大本营会见孙中山。孙对天羽说明"日本独立外交之必要"，天羽帮助日方对广东政府贷款，日方不承认广东政府是"叛乱团体"，所以在关余交涉、商团事件列强施加压力过程中，日本都留有余地，最后也没有派遣舰只对广东政府示威。天羽对国民党"一大"也十分关注，随时向松井外务大臣报告各种情况；他还通过孙中山的顾问井上谦吉了解国民党的内部情况。总之，俞书通过《天羽英二日记》及《日本外交文书》等资料，将这一时期的孙日关系与广东政府的内外关系，作了新的叙述，这不能不说是俞书的一个突出贡献。

作为一部跨度如此之大的史学著作，俞书当然不能包罗一切

---

① 天羽英二于 1923 年 5 月 13 日抵穗任广东总领事。

资料，也不可能事事记述详明，这是不应苛求著者的。读了这部书，感到有下面几点不足：（一）孙中山与官崎滔天的《笔谈残稿》，是早期孙日关系的重要材料，似乎著者未予应有的注意，尤其是其中提到的"中东合同，认为亚洲之盟主"的观点，实开孙中山大亚洲主义的滥觞；而残稿中有关日本政府对孙居留的态度及孙所议与康梁派合作等项，均与早期孙日关系至为密切。（二）俞书以资料充实见长，但1900年以前及1900年日本外交档案中关于"华南独立"的资料，却很少加以利用，这不能不说是一大欠缺。因为这里至少可说忽视了两个问题，即大隈、犬养等人对孙康两派围绕大同学校领导权的斗争所持的态度，以及以内田良平为首的大陆浪人在1900年与孙的合作关系和1900年9月至10月间孙中山的台湾之行。不写这些，可以说是一个欠缺。

　　俞著《孙文的革命运动与日本》是在日本出版的，因为国内尚无类似内容的著作出版，所以希望能译成中文出版或写一部适合中国读者需要的书，以嘉惠士林，鉴往知今，促进一衣带水的中日友好关系。

（本文原载《历史教学》1990年第11期）